개정판

Service Management
서비스경영론

환대산업 마케팅을 중심으로

이준혁·정규엽·정연국 공저

(주)백산출판사

개정판 머리말

호텔에서 10여 년을 근무하고 호텔관광대학에서 20여 년을 근무하고 있는 시점에 서비스경영론을 집필하기로 마음먹은 것은 2017년 초였다. 백산출판사의 진욱상 회장님께는 죄송하지만, 차일피일 미루었던 집필을 진성원 상무의 권유로 시작하였다. 진 상무의 권유는 서비스경영을 보다 쉽고 편하게 접근할 수 있는 책이 없다는 문제의식이었다. 사실 호텔경영론, 호텔마케팅 등이 모두 서비스를 가르치는 내용이다. 그러나 일반 전공자들에게 서비스란 생소할 수 있으며 접근하기 어려운 면이 없지 않겠다고 생각하였다.

직장에서 배웠던 서비스의 현장 내용과 학문적으로 배웠던 이론을 접목하여 서비스를 어떻게 인식하고 경영해야 하는가를 고민하였다. 우선 제1부에서는 서비스산업의 현황을 파악하기 위해 제1장 서비스의 정의 및 특성, 제2장 환대산업의 역사적 배경, 제3장 환대산업의 현황에 대한 인식이 필요할 것으로 보았다. 제2부에서는 서비스의 이론과 시스템을 파악하기 위해 기존의 이론을 제4장 서비스 품질 이론에서 다루었으며, 제5장에서는 호텔서비스 경영시스템을 사례로 서비스 경영 시스템 및 프로세스를 제시하였다. 제3부는 제6장에서 서비스마케팅의 개념, 서비스경영의 핵심인 제7장 서비스 내부마케팅, 제8장 서비스 관계마케팅, 제9장 기업사명문과 환경분석, 제10장 시장세분화, 표적시장, 포지셔닝 전략, 제11장 제품전략, 프레젠테이션전략, 가격전략, 촉진전략, 분배전략 등을 다루었다. 마지막으로 제4부는 제12장에서 서비스리더십, 제13장에서 교류분석을 다루었다.

본서에서 주축을 이루고 있는 서비스마케팅 이론들의 핵심은 은사님이신 세종대학교 정규엽 교수님의 저서를 많이 참조하였다. 또한 마지막 장에서 제시된 교류분석은 서비스를 경영하면서 대인관계를 어떻게 전개시킬 것인지에 대한 기초이론이다.

본서는 서비스의 이론보다는 실무적 측면을 사례 위주로 제시하여 독자들이 보다 쉽게 이해하고 접근할 수 있도록 배려하였다. 그러나 아직도 미진한 부분이 많다. 교수로서 남은 10여 년은 본서의 완성도를 높일 수 있는 서비스경영의 핵심이론과 사례를 보다 깊이 연구하여 21세기 서비스경영에 임하는 독자들과 현업의 책임자들에게 미력이나마 보탬이 되고자 노력할 것을 다짐해 본다.

2019년 8월
부산 해운대 반송골에서
저자 씀

차례

제1부 • 서비스산업의 현황

제2부 • 서비스의 이론과 시스템

제3부 • 서비스마케팅

제 1 부

서비스산업의 현황

Chapter 01

서비스의 정의 및 특성

Chapter 01 서비스의 정의 및 특성

제1절 서비스의 정의

서비스란? 서비스를 사전에서 찾아보면 ① 재화(財貨)를 생산하지는 않으나 그것을 운반 · 배급하거나 생산 · 소비에 필요한 노무를 제공하는 일, ② 개인적으로 남을 위하여 여러 가지로 봉사하는 것. 특히, 장사에서 손님을 접대하고 편의를 제공하는 것 등으로 나타나 있다.

학문적으로는 어떻게 정의하였는가를 살펴보면 다음과 같다(이유재, 2016).

첫째, 경제학에서는 서비스를 용역으로 이해해 유형재인 '재화'와 구분되는 것으로 간주한다. 애덤 스미스(A. Smith)는 서비스 노동이 부를 창출할 수 없기 때문에 '비생산적 노동'으로 간주하기도 했는데, 비물질적인 것은 보존이 용이하지 않아 富가 아니라고 생각했기 때문이었다. 이후 세이(J. B. Say)는 효용이라는 개념을 사용해 소비자에게 효용을 주는 모든 활동은 생산적이라는 논리로 서비스를 '비물질적 부'라고 정의한다. 이와 같은 학자들의 정의에 의해 경제학에서의 서비스의 정의는 "비생산적 노동, 비물질적 재화"로 정리해 볼 수 있다.

둘째, 경영학에서의 정의를 보면 미국 마케팅학회에서는 서비스를 "판매목적으로 제공되거나 또는 상품판매와 연계해 제공되는 모든 활동, 편익, 만족"이라고 정의하고 있다. 스탠턴(Stanton)은 "서비스란 소비자나 산업구매자에게 판매될 경우 욕구를 충족시키는 무형의 활동으로 제품이나 다른 서비스의 판매와 연계되지 않고도 개별적으로 확인가능한 것"이라고 정의하였다. 라스멜(Rathmell)은 서비스를 "시장에서 판매되는 무형의 상품"으로 정의하였으며, 무형과 유형의 기준은 손으로 만질 수 있느냐의 여부에 따라 구분하였다. 레빗(Levitt)은 서비스를 "인간의 인간에 대한 봉사"라고 보는 것이 기존의 통설이라고 전제하며, 현재의 서비스는 이러한 전통적 발상에서 벗어나 인간이 제공하는 서비스를 인간으로부터 분리해야 한다고 주장한 바 있다.

이상의 주장을 근거로 이유재는 "고객과의 상호작용을 통해 고객의 문제를 해결해 주는 일련의 활동"으로 정의하고 있다.

제2절 서비스의 특성[1)]

1. 무형성(intangibility)

환대산업의 제품은 보고, 듣고, 맛을 보고, 냄새 맡고, 느끼는 인간의 5관(five senses)으로 쉽게 감지하기 어려운 무형성을 갖고 있다. Shostack이 분류한 제품의 유무형성 도표를 먼저 살펴본다(그림 1-1 참조).

환대산업의 제품은 위 그림의 투자 자문, 컨설팅, 강의 등 완전히 무형적인 서비스를 제외한 유형적 제품 중 가장 무형적 제품이라고 할 수 있다. 그 이유는 환대산업의 모든 제품에는 서비스가 항상 부수적으로 동반되기 때문이다. 소비자는 환대산업의 제품 및 서비스를 소유하지 못하고 단지 경험할 수밖에 없기 때문에 무형성은 더욱 가중될 수밖에 없다. 제조업의 제품과는 달리 호텔의 객실, 직원의 태도, 모든 인적 서비스 등을 고객은 소유할 수가 없다. 단지 경험만을 할 뿐이다. 환대산업에서 구전(word-of-mouth)이 중요한 이유가 여기에 있다.

1) 정규엽(2017), 호텔외식관광마케팅, 서울: CENGAGE Learning.

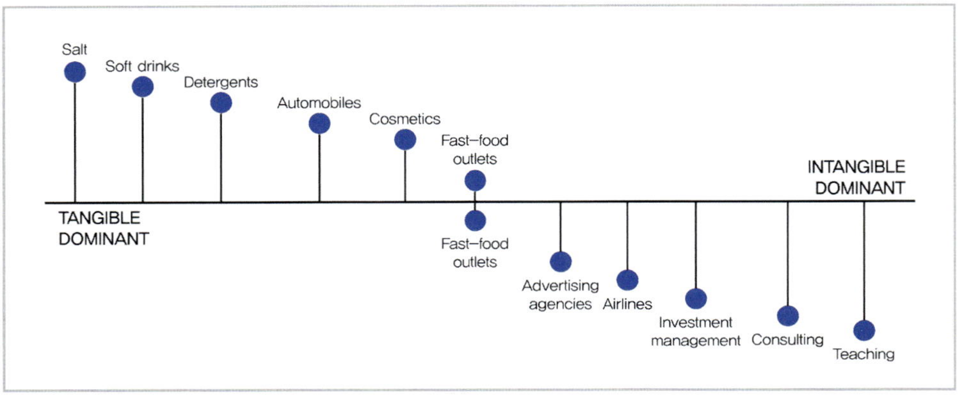

자료 : Adapted from G. Lynn Shostack, "Breaking Free form Product Marketing," The Journal of Marketing (April 1977), p. 77

그림 1-1 제품의 유무형성

□ 무형성 극복 방안

무형성을 결정하는 요인은 추상성(abstractness), 비탐색성(non-searchability: 구매나 이용 전에 탐색이나 검증하기 어려운 특성), 심리적 무형성(mentalism palpability: 대부분의 서비스가 근본적으로 안고 있는 복잡, 다차원성으로 인한 이해의 어려움) 등이다. 이러한 무형성으로 인하여 고객뿐만 아니라 마케터조차도 제품과 서비스에 대한 확신을 할 수 없다. 구매 혹은 이용 전에 평가해 볼 수 있는 유형적 정보인 탐색 품질(search qualities)은 없고, 단지 신용 품질(credence qualities)만이 있을 뿐이다. 따라서 마케터는 아지랑이처럼 몽롱한 제품과 서비스에 대해서 소비자의 기대감을 유발시킬 수 있는 약속을 해야 한다. 또한 이 약속 내에는 유형적 단서가 있어야 한다. 유형적 단서가 있어야만 무형성을 감소시킬 수 있으며, 동시에 무형성 때문에 가중되는 소비자의 위험을 감소시킬 수 있기 때문이다.

우리가 숙박업체에 투숙할 때, 컵이 하얀 종이에 싸여 있는 것을 종종 경험한다. 그 숙박업체에서는 컵의 청결함이라는 무형성에 대해 유형적 단서를 제공하고 있는 것이다. 유사한 예로써 McDonald's는 청결을 강조하기 위해 큰 유리창을 통하여 외부에서 볼 수 있도록 하고 있다. T.G.IF's(Thanks Goodness It's Friday's)

레스토랑은 그들의 상호(brand name)를 크게 디자인하여 레스토랑 주위에 부착, 보여줌으로써 분위기가 밝고 캐주얼하다는 무형적 이미지를 가시화시키고 있다(그림 1-3 참조). 미국에서 급성장하고 있는 Hampton Inn에는 모든 호텔에 있는 도어맨, 벨맨, 컨시어지(concierge) 데스크가 없다. 대신 호출기(beeper)를 갖고 있는 직원이 대기하고 있다가 고객이 필요할 때만 호출을 받고 고객에게 봉사한다. 작은 로비, 호화스럽지 않은 가구, 비품 등과 함께 고객이 현관에 들어서는 순간부터 부담을 갖지 않는, 편안하고 경제적인 호텔의 이미지에 대한 유형적 단서를 제공하고 있다(그림 1-2 참조). 더욱 훌륭한 사례는 그림 1-4 와 같다. Marriott에서는 제시간을 지키지 못해 고객의 불평이 빈번히 야기되는 룸서비스의 시간적 무형성을 속도감 있게 처리하여 유형적 단서를 제공하고 있다.

그림 1-2 고객에게 부담을 주지 않는 Hampton Inn

그림 1-3 T.G.I. Friday's의 유형적 단서 제공

Trade dress

미국에서는 'Trade dress'란 용어가 환대산업의 많은 기업들에게 적용되고 있다. 제조업에서는 특허(trade mark)에 의해 제품의 스타일, 기능 등에 대한 복제를, 출판 및 비디오업계에서는 판권 및 저작권(copy right)에 의해 그 복제를 방지시킬 수 있다. 그러나 환대산업에서는 제품과 서비스의 무형성 때문에 독창적인 서비스가 개발되어도 아무런 법적 하자 없이 무수히 복제되어 왔다. 미국의 법정에서는 시각적 이미지, 외관, 장식, 메뉴, 심지어 완전히 무형적인 서비스 스타일 등에 대한 복제를 법적으로 보호할 수 있다는 판결을 내린 바 있다. 이것이 'trade dress'인데 향후 환대산업의 많은 기업들은 이 'trade dress'를 잘 이용해야 할 것이며, 이러한 사실은 환대산업 제품과 서비스의 무형적 특성과 관련된 또 하나의 주요 마케팅 시사점이라고 할 수 있다.

그림 1-4 무형적 서비스에 대한 유형적 단서의 제공: Marriott에서는 호텔에서 많은 불평이 야기되고 있는 적시(on-time) 룸서비스에 대해 속도감이 있는 사진 처리로 유형적 단서를 제공하고 있으며, 시간을 지키지 못하였을 경우에 돈을 받지 않는다는 약속을 통하여 고객의 위험을 최소화시키고 있음

2. 소멸성 · 비저장성(perishability/nonstorability)

환대산업 제품과 서비스의 두 번째 특성은 소멸성 혹은 비저장성이다.

이해를 돕기 위해 가장 대표적인 제품인 객실의 예를 들면 다음과 같다. 객실 100개 규모의 호텔이 시장에 진출해 50년을 영업한다고 가정해 보자. 객실을 하루에 한 번만 판매한다고 가정할 때, 그 호텔은 50년 동안 최대 100×50×365개의 객실을 판매할 수 있다. 그런데 영업 첫날 객실점유율(occupancy rate)이 70%가 되며 30개의 객실을 판매하지 못했다고 가정하자. 첫날 판매하지 못한 30개의 객실은 향후 50년 동안 영원히 판매되지 않는다는 것이다. 제조업자로부터 100개의 통조림을 구매하여 첫날 10개만 판매해도 나머지 90개는 유통기간 내에 몇 달, 몇 년에 걸쳐 판매할 수 있는 것과는 분명히 차이가 난다. 즉 호텔 객실의 유통기간(판매주기)은 24시간으로서, 그 시간 내에 판매되지 않으면 저장할 수가 없기 때문에 영원히 판매되지 않는 것이다. 유사한 예가 항공기의 좌석이라고 할 수 있다.

▌그림 1-5▌ 비저장성에 대한 판매 전략: Marriott Hotels · Resorts · Suites에서는 1~3주 전에 예약을 할 경우 30%의 할인을 약속하며, 비저장성의 특성을 갖고 있는 객실 제품에 대한 판매 전략을 수행함

비저장성 극복 방안

이러한 비저장적 특성 때문에 환대산업에서는 상용(常用) 고객(repeat guest, client)이 더욱 중요한 것이다. 즉 환대산업에서는 소멸성과 대조되는 지속성(perpetuality)이 강조돼야 한다. 객실을 저장할 수 없기 때문에 호텔은 특히 비수기에 50%, 그 이상의 할인율을 적용해서 판매하려고 한다. 물론 그 결정은 판매 당일보다도 몇 주 전, 몇 달 전에 이루어져야 한다. 따라서 단골 고객이 많은 호텔일수록 수요예측이 보다 용이하고 많은 할인율이 적용돼야 하는 객실의 수를 줄일 수 있다. 결론적으로 환대산업에서는 제품과 서비스의 소멸성, 비저장성으로 인해 단골 고객의 확보, 수요 예측이 타 산업보다 중요하다(그림 1-5 참조).

마케터는 재고 관리 혹은 통제(inventory management or control)라는 숙제를 항상 안고 있다. 현대는 인터넷의 발달로 Hotwire.com, Priceline.com, Hotels.com 등 재고를 줄여주는 많은 인터넷 사이트나 유통 채널이 증가하고 있어 그 숙제를 부분적으로 해결해 주고는 있으나 판매 주기가 짧은 환대산업의 제품은 마케터에게 고정된 공간에 대한 수요 관리, 혹은 통제라는 숙제를 항상 부과하고 있는 것이다.

3. 이질성(heterogeneity, variability)

환대산업에서도 제조업 못지않게 많은 차별적 제품이 시장에 진출한다. 그러나 이질성이라는 특성은 그 사실보다 다른 측면에서 이해되어야 한다. 환대산업에서는 제품을 무수한 이질적 서비스를 통하여 판매하고 있다. 100% 동일한 쌍둥이가 없듯이 어떠한 인간도 동일할 수 없다. 즉 무수한 이질적 서비스라는 것은 이질적 사람들이 서비스를 제공하며, 또한 이질적 사람들이 서비스를 제공받는다는 것이다.

여기에는 많은 시사점이 내포되어 있다. 인적 판매로 인해 서비스의 표준화 설정이 어려우며, 또한 동일한 서비스도 고객의 특성에 의해 차별화된다는 의미다. 극단적인 예로 같은 나이, 유사한 체격, 같은 전공으로 같은 학교를 졸업한 두 사원이 같은 호텔에 입사해 동일한 교육을 받고 종사한다고 해도, 그 두 사람으로부터 제공되는 서비스는 결코 동일할 수 없다. 아니 그중 한 사람에 의해 제공되는 서비스도 매일 동일하기는 어렵다. 서비스의 질은 특정일의 컨디션, 기분 등에 따라 좌우될 것이기 때문이다.

이질성 극복 방안

환대산업 제품과 서비스는 매우 이질적이다. 이질적인 사람들이 제공하고 이질적인 사람들이 제공받는 'people business'이기 때문이다. 위의 이유로 환대산업의 기업을 포함한 모든 기업에 있어서 시장세분화전략(market segmentation strategy)이 필요한 것이다. 모든 소비자를 만족시킬 수 없기 때문에 각 기업들은 그들의 제품과 서비스에 부합되는 고객을 찾아야 하고, 그것을 위하여 소비자들을 그 특성에 따라 분류하고, 세분화하여 선택함으로써 이질성을 최소화시키는 것이다. 인적 판매와 구매가 주를 이루는 환대산업에서 그 중요성은 가중될 수밖에 없다. 제조업에서 시장에 보내는 제품은 그 제품 계열(product line)별로 동일한 것이며, 하자가 있는 제품 외에는 이질성이 크게 존재하지 않는다. 최소 95%의 동일한 제품으로 제공되며, 또한 그것을 원하고 필요로 하는 고객만이 그 제품을 선택한다. 이후에 설명되겠지만 환대산업에서는 생산과 소비가 동시에 이루어지기 때문에, 마케터와 고객 모두 그러한 좋은 환경을 공유할 수 없다.

이질성과 관련된 또 하나의 마케팅 시사점은 서비스 표준화(service standardization)다. 많은 체인 호텔들의 업무지침서(manual)를 보면 예약과 및 front desk에서는 전화벨이 네 번 이상 울리지 못하게 되어 있다. 레스토랑에서는 고객을 1분 이상 기다리지 않게 해야 한다. 이러한 것이 곧 서비스 표준화의 개념이다. 아무리 표준화시켜도 서비스가 완전히 표준화되지는 못하겠지만, 최소 이러한 노력을 경주해야 하는 것이 모든 서비스 및 환대산업 마케터들의 책임이다. Four Seasons & Regent Hotels에서는 지역 부사장들이 각 호텔의 서비스 품질을 정기적으로 점검하고, 외부 전문기관을 통해 모든 호텔을 1년에 두 번 조사하며 분기별로 이사진 미팅을 갖는다. Consortium 유명 호텔 그룹인 Preferred Hotels & Resorts Worldwide에는 1,500가지 서비스 표준 지침이 있다(그림 1-6 참조).

그림 1-6 Preferred hotel group

McDonald's의 표준화

McDonald's의 빵 두께는 17mm×2=34mm다. 고기 다짐 패치는 10mm로서 보통 사람이 입을 벌렸을 때 50mm임을 감안할 경우, 가장 행복감을 느끼는 44mm에 맞춘 것이다. 카운터의 높이도 사람들이 가장 편안하게 지갑을 꺼낼 수 있는 72cm이며, 15°의 밀크셰이크를 4mm 빨대로 빨면 어머니의 젖을 빨던 잠재의식으로 되돌아간다고 한다. McDonald's에서는 또한 햄버거나 french fry를 주문하면 "감사합니다"라고 말하고, 3초 이내에 "콜라도 드시겠습니까?"라고 말하게 되어 있다. "감사합니다"는 3초의 최면효과가 있기 때문이다.

이질적 고객을 세분화하고 그중 표적시장(target market)을 선택하는 것이 고객 측의 이질성을 최소화하기 위한 노력이라면, 서비스 표준화는 서비스를 제공하는 기업 측(직원)의 이질성을 최소화하기 위한 필연적 노력이다.

Levitt은 서비스산업화(service industrialization)라는 표현을 했다. 서비스산업화란 서비스 활동의 노동 집약적 부분을 기계로 대체해서 인간 대신 시스템을 매체로 서비스를 수행하는 것을 의미한다. 단 서비스산업화를 수행할 때 'service paradox' 현상을 조심해야 한다. 'Service paradox'란 여가시간이 증대되고 기술도 발달되는데, 사람들이 체감하는 서비스 질이 거꾸로 떨어지는 현상을 말한다. 'Service paradox'가 발생하는 가장 근본적인 이유는 기계나 기술의 발달이 침범할 수 없는 서비스의 영역이 매우 많기 때문이다.

4. 생산과 소비의 동시성(simultaneous production and consumption)

서비스가 제공된다는 것은 곧 서비스가 생산된다는 것이며, 동시에 제공된다는 것이다. 즉 판매자와 구매자가 공존해야 하며, 그들이 만나야만 생산과 소비가 이루어질 수 있다. 시계를 구매하기 위해선 시계공장으로 가지 않고 백화점에서 구매할 수 있지만, 품위있는 식사를 구매하기 위해선 레스토랑이라고 하는 공장에 가지 않으면 안 된다. 즉 공장(주방)에서 생산과 소비가 동시에 일어나는 것이다.

☐ 생산과 소비의 동시성 극복 방안

앞에서 설명했던 이질성의 많은 부분이 곧 생산과 소비의 동시성이라는 특성 때문에 야기되는 것이다. 환대산업에서 매뉴얼 및 서비스 표준화에 의해 이질성을 희석시켜야 하는 것이 필수 조건이라면, 예견될 수 있는 상황(고객과 직원이 만나서 발생되는 상황)을 파악하고 대비하여 직원의 순발력을 제고시킬 수 있는 교육의 수행은 충분 조건이라고 할 수 있다. 서비스는 크게 두 형태로 나누어진다. 하나는 저접촉 활동(호텔 standard의 접시 세척)이고, 다른 하나는 고접촉 활동(레스토랑의 음식 서비스)이다. Peter Doyle은 전자는 효율성(efficiency)을, 후자는 효과(effectiveness)를 극대화해야 한다고 주장한다.

또 하나의 마케팅 시사점은 고객의 통제가 중요하며 따라서 직원뿐만 아니라 고객에게도 서비스 제공체계(service delivery system)를 이해시켜야 한다는 것이다. 한 번 엎지른 물은 다시 담을 수 없고, 한 번 실수한 말은 다시 취소할 수 없다. 제품은 얼마든지 개선시킬 수 있지만, 한 번 잘못된, 결함이 있는 서비스를 개선시키기는 어렵다. 잘못된 서비스의 개선이 불가능하지는 않겠지만, 그것을 위하여 어떠한 희생이 요구될지 모르며 또한 그 결과를 예측하기도 어렵다. 더욱 심각한 사실은 그 서비스가 잘못되었는지를 모르는 경우가 대다수라는 데에 있다. 마케터가 영원히 모르고 지나가기 쉬운, 알았다고 해도 제조업과는 완전히 다른 차원으로 큰 희생을 통하여 개선되어야 하는, 고객의 오해와 불만족은 모두 생산과 소비가 동시에 발생되는 특성에 기인한 것이다. 미국 백악관 소비자 조사국의 조사에 의하면, 서비스에 크게 불만족한 고객의 무려 96%가 그 기업에 직접적으로 불평하지 않고, 다시는 방문하지 않는다고 한다. 대신 그중 대다수는 친구, 동료, 친지, 언론, 경쟁기업에 그 사실을 말한다는 것이다. 얼마나 무서운 조사 결과인가?

고객에 대한 서비스 제공체계의 공지와 그에 따른 고객 통제, 이것은 고객의 오해와 불만족을 최소화시킬 수 있는 작은 부분이기는 하지만, 환대산업 마케터에 있어서 또 하나의 필수 조건이다. 기술이 발달하며 생산과 소비의 동시성에 서비스의 유통이라는 새로운 논제가 추가되고 있다. 즉 SST(self-service technologies)가 점차 다양하게 확대되고 있다. 인터넷뱅킹, 폰뱅킹, 셀프주유소, 자동 호텔 체크인 · 아웃 등이 그것이다. 인간의 상호 작용 없이 자동 현금지급기, PC, 인터넷 등을 통하여 서비스가 유통된다는 의미다. 향후 이러한 현상은 점차 확대될 것이나, 생산과 소비의 동시성이라는 주제는 변하지 않을 것이다. 기계가 도저히 침범할 수 없는 서비스의 영역이 영원히 존재할 것이기 때문이다.

5. 고정된 수용 규모(fixed capacity)

환대산업의 제품적 특성 중 제조업과 근본적으로 차이가 나는 것은 공급의 규모(수용 규모)가 고정되어 있다는 점이다. 호텔 객실, 레스토랑, 연회장, 항공기의 좌석, 주제공원 등 대부분의 제품은 수용 규모가 제한돼 있다. 수요의 변동이 심한 환대산업에 있어서 이 사실은 매우 중요한 의미를 갖고 있다. 즉 수요 주기에 따라 수요를 융통적으로 통제해야 한다는 것이다. 이와 관련된 주제가 일드(yield) 관리인데, 다음과 같은 여러 방법의 수용 규모 관리 전술이 있다.

1) 예약 관리

수용 규모가 고정되어 있기 때문에 성수기 시의 예약 관리는 가장 중요한 전술적 과제다. 고정된 수용 규모를 갖고 있는 환대산업에 있어서 가장 중요한 것은 수요의 통제다. 수요가 많으면 그에 맞추어 제품을 생산할 수 있는 제조업과는 근본적인 차이가 있다. 비수기에는 수용 인원을 증대시키는 것이 전략의 초점이지만, 성수기에는 인원이 많거나, 객단가가 높거나, 파생 비즈니스의 잠재성이 높은 수요를 선택하여 효율성을 높이는 것이 고정된 수용 규모 관리 전략의 초점이 된다.

수용 규모와 관련된 예약 관리에 있어서 다른 측면이 있다면, 예약을 받지 않거나 초과 예약(overbooking)을 받는 경우다. 수요가 많은 중저가, fast food 레스토랑에서는 거의 예약을 받지 않는다. 예약이 오히려 좌석 회전율을 감소시키기 때문이다. 이와 반대의 경우는 초과 예약이다. 예약에는 항상 'no show'가 있기 때문에 초과 예약 정책을 수행하는 기업이 많은데, 이 경우 그룹별, 고객 형태별로 과거의 'no show' 비율에 대한 조사가 필요하다. 조사에 의하면, 예약의 'lead time'이 짧을수록 'no show'의 비율이 높다고 한다. 초과 예약에 있어서 약속 이행을 하지 못하는 'regret business'의 상황은 최악이다. 인근 지역 타 호텔에의 무료 투숙과 무료 전화비, 다음 날 무료 투숙, 레스토랑 이용권 등 모든 방법을 동원하여 고객의 항의를 최소화시켜야 한다.

미국 열차의 대명사인 Amtrak의 경우 5~10%의 초과 예약을 받고 있으며, 항공사에서는 20%까지 초과 예약을 받고 있는 사례가 많다. 이는 수요의 분산과 확대를 동시에 유도할 수 있는 장점이 있다. 이와 반대로 행사 주최 측의 운영 부진으로 인해 예약(block)된 객실이 점유되지 않거나, 인원 감소가 발생될 수 있다. 전자의 경우는 호텔 측이 재판매할 수 있도록 계약을 해서 해결할 수 있으며(이것을 전문 용어로 'double dipping'이라고 함), 후자의 경우는 최소 지불 인원(guaranteed number of people)을 계약해서 어느 정도 해결할 수 있다.

2) 시간 관리

고정된 공급 규모 관리에 있어서 시간 관리 역시 중요한 전술 중 하나다. 가장 간단한 형태는 서비스 제공 시간(영업시간)을 연장하는 것이다. 그러나 단지 시간을 연장한다는 차원보다는 수요의 동향을 잘 파악하여 효율적 영업시간을 배정하는 것이 중요하다. 호텔 식음료 부문에서 실시하고 있는 점심과 저녁 시간 사이의 'break time'이 대표적인 예이다. 즉 수요가 거의 없는 3~5시에는 식음료 업장의 문을 닫아 사원에게 휴식 시간을 제공하는 것이 그것이다.

효율적 영업시간 배정에 있어서 다른 하나의 예는 영업시간의 이원화다. 국내 레스토랑에서 수요가 많을 경우 점심과 저녁 시간을 이원화(예: 11:30~1:00, 1:00~2:30)하고 있는 것이 대표적인 예이다. 호텔의 입·퇴숙 시간도 시간 관리의 영역에 포함된다. 12시를 기준으로 객실 이용 시간을 정했던 과거의 시간 개념이 최근 많은 호텔들에 의해 바뀌고 있다. 효시라고 할 수 있는 ITT Sheraton North America의 '9 to 5' 입·퇴숙 프로그램으로부터 Peninsula Beverly Hills의 24시간 입·퇴숙 프로그램에 이르기까지 많은 유명 호텔들은 고객의 혜택 충족을 위한 범주에 시간 관리를 포함시키고 있다.

3) 인력 및 공간 관리

한정된 수용 규모와 변동이 심한 수요에 직면하고 있는 환대산업에서 인력 및 공간 관리는 고질적 문제점 중 하나다. 교차훈련(cross-training)과 직무순환(job rotation)이 근본적 해결책이나, 특히 수요의 변동이 심한 리조트에서는 성수기 시 임시직의 활용, 비수기 시 인력의 대안적 활용이 불가피하다. 사원의 휴가 기간을 비수기에 배정하는 경우가 많으며, 또한 비수기를 교육·훈련 기간으로 활용하고 있다. 미국 Las Vegas에 있는 한 리조트에서는 비수기에 직원들을 마케팅 자료 수집에 참여시키고 있다.

공간 관리 역시 환대산업에 있어서 또 하나의 숙제다. 연회에서의 출장 연회(outside catering)는 고정된 수용 규모를 확대시킬 수 있는 좋은 예다. France Paris에서는 Seine강에 있는 크루즈에서, 홍콩에서는 선상 레스토랑인 Jumbo에서 저녁식사를 대신할 수 있도록 호텔들과 계약하고 있다.

4) 고객 관리

환대산업의 고정된 공급 규모는 고객 관리에 있어서 불리함을 제공하고 있다.

서비스 절차에 있어서 고객의 참여는 한정된 규모를 개념적으로 확장시킬 수 있는 가장 바람직한 전술이라고 할 수 있다. 대형 행사가 많은 컨벤션 호텔에서는 셀프 서비스 레스토랑(kiosks)을 운영하는 경우가 많은데, 미국 Dallas의 Wyndham Greenspoint Hotel, Orlando의 Stouffer's Hotel 등이 대표적인 예이다. Hardee's, Burger King, Subway, Taco Bell 등 fast food 레스토랑들은 고객이 음료 혹은 음식의 재료를 직접 선택하도록 유도함으로써, 직원 서비스 부담을 줄이고(인원을 줄이고), 고객의 기다림에 대한 지각을 낮춤으로써, 효율적 영업과 고객의 만족을 동시에 제고시키고 있다.

❑ 고질적 고객 관리의 대상 : 고객의 기다림

한정된 수용 규모는 고객의 기다림이라는 고질적 문제점을 내포하고 있다. 호텔의 입·퇴숙, 항공기의 check-in 수속과 기내 이용 대기, 레스토랑과 주제공원에서의 대기 등이 그것인데, 고객은 예상 혹은 예정 시간보다 시설을 빨리 이용할 수 있을 때 좋은 기분을 갖게 된다. David Maister는 다음과 같이 심리적 대기 시간이 길게 느껴지는 8가지 원칙을 제시한 바 있다.

① 대기 중에 아무 일도 하지 않을 때
② 주문하지 않고 대기할 때
③ 근심에 휩싸여 있을 때
④ 언제 서비스를 받을지 모를 때
⑤ 서비스가 지체되는 원인을 모를 때
⑥ 불공정한 일이 발생될 때
⑦ 자신이 받을 서비스의 가치가 적을 때
⑧ 혼자 기다릴 때

Disney와 롯데월드의 대기 줄 관리

Disney Land와 Disney World의 경영진은 주말 등 특정 시간에 집중적으로 몰리는 이용객들에 대한 대책을 마련, 대기 시간에도 즐거움을 줄 수 있는 방법을 모색했다. 우선 대기 줄의 동선을 일렬이 아닌 곡선으로 유도, 줄이 계속 움직일 수 있도록 하여 지루함을 줄였다. 또한 앞으로 기다려야 할 시간을 과장해 안내판에 적어, 고객이 예상보다 빨리 입장함으로써 오히려 서비스를 받았다는 느낌이 들도록 했다. 줄을 서서 기다리는 동안에는 주변에서 Mickey Mouse가 말을 걸거나, 고적대 공연을 하는 등 계속 볼거리를 제공했다. 결과적으로 Disney에서는 대기 줄이 매년 길어지고 고객 만족도 동시에 높아지는 기이한 현상이 발생되고 있다. 2006년 롯데월드는 국내 최초로 고객들의 대기 시간을 획기적으로 줄일 수 있는 '매직패스' 시스템을 도입했다. '매직패스'란 놀이시설 앞에 설치된 탑승 예약기에 자유이용권을 넣으면 탑승 가능 시간을 알려주는 시스템이다.

The Showboat Hotel은 front desk에서 입숙 수속을 기다리는 고객의 지루함을 덜기 위해 마술사를 고용하고 있으며, Las Vegas의 The Rio Hotel은 buffet 레스토랑의 대기 지역에 TV를 설치하여 타 시설들을 홍보하고 있다. Marriott은 고객의 입숙 수속 대기 지연을 방지하기 위하여 front desk에 전화를 비치하지 않는 정책을 실시하고 있다. 많은 레스토랑들은 대기 지역에 바 및 칵테일 라운지를 설치하고 있다.

유명 체인 레스토랑인 Todai에서는 대기 시 호출기(beeper)를 사용하고 있고, 국내 Sheraton Grande 에스코트 서비스 등으로 일반 고객의 불편을 줄이려고 노력하고 있다. Walkerhill에서는 예약 후 바로 핸드폰 번호로 예약 날짜와 예약 번호 등의 confirm을 문자 메시지로 전송하며, Outback에서는 15분 이내 음식 제공 보장을 위해 주문 시 테이블에 15분에 맞춘 자명종을 놓아둔다. 많은 레스토랑들은 전자 pad로 주문을 받으면 즉시 주방으로 전송되는 'electronic order service' 시스템을 사용하고 있다.

Amazon에서는 고객의 주문 제품이 현재 어디쯤 배송되고 있는지를 e-mail로 확인시켜 주고 있다. Disney와 Six Flags 주제공원에서는 컴퓨터를 이용해서 순서를 등록시킨 후, 고객이 가상 대기 선상에서 서비스받을 시간의 예측 정보를 보고, 그 시간에 맞추어 올 수 있도록 하는 '가상 대기' 시스템을 운용하고 있다.

일부 기업에서는 줄을 서지 않는 'fast track' 우선권제도를 실시한다. United Airways는 추가로 돈을 지불하면 보안검색대 통과와 탑승에 우선권을 부여한다. Universal Studio Hollywood 등의 주제공원, Empire State Building 등에서도 약 2배의 입장권을 내면 '새치기'가 가능하다. 그러나 흥미롭게도 주제공원들은 이 특별한 권리를 숨기려고 할 때가 많다. 그 이유는 미국인들의 대표적 'culture code'인 기다림(당연한 것)의 민주화를 저해하기 때문이다. 1980년대에 도입된 미국 고속도로에서의 'car pool'제도도 유사한 맥락의 'fast track'제도다.

미국에서는 대리 줄서기 사업도 있다. Craigslist, Line Standing.com 등의 기업들은 'line standers'들을 고용해서 시간당 0 $ 같은 식으로 사업을 하고 있다. 'Fast track'제도나 대리 줄서기 사업에 대해 찬반 양론이 있을 수 있겠지만, 경제학의 공리주의(utilitarianism)의 원칙으로 해석한다면, 양측(fast track은 고객과 주제공원, 대리 줄서기 사업은 고객과 'line standers') 모두에게 행복을 주기 때문에 바람직한 것으로 해석될 수 있다. 단 부정적 측면은 이와 같이 돈으로 많은 것을 살 수 있을수록 사회는 'skyboxification'(스카이 박스화)이 된다는 것이다. 'Skyboxification'이란 불평등이 점차 심화되면서 부유한 사람과 그렇지 않은 사람들의 삶이 분리된다는 의미다.

결론적으로 'fast track'제도나 대리 줄서기 사업은 경제적으로는 바람직하나 민주주의적으로는 바람직하지 않다. 환대산업에서 고정된 수용 규모에 대한 적절한 대응은 위와 같은 여러 방법으로 수행되어야 한다. 수요에 맞추어 생산만 하면 되는 제조업과 달리 환대산업에서의 이 문제는 타 제품적 특성에 대한 고려 못지않게 중요한 현안이다.

6. 기타 특성

환대산업 제품과 서비스는 타 산업과 다른 여러 특성을 부가적으로 갖고 있다.

peripheral service

또 하나의 특성은 환대산업의 제품은 개별적으로 판매되지 않는다는 것이다. 컴퓨터를 사용할 때, 하드웨어, 소프트웨어, 모니터, 키보드, 프린터, 스캐너 등 여러 주변 기기(peripheral device)가 필요하듯이, 환대산업의 모든 제품은 그와 관련된 부수 서비스가 많다(peripheral service). 따라서 제품의 무형적 특성과 더불어, 위의 특성 때문에 환대산업에서는 적정한 가격을 책정한다는 것이 쉽지 않다. 제조업에서 가격의 근간이 되는 원가보다는 고객에게 궁극적으로 제공되는 가치에 근거하여 가격이 책정되어야 하며, 따라서 제품이 동일하다고 하여도 고객이 갖게 되는 궁극적 제품은 매우 다양할 수밖에 없고, 또한 그 가격은 여러 수준으로 제공될 수 있다. 가격 책정이 어려운 만큼 또한 반대급부도 있다. 제품과 함께 제공되는 부수적 서비스가 가치가 있을 때, 원가를 초월한 고가격의 잠재성도 존재한다는 것이다.

호텔산업의 기타 특성

위의 제품적 특성 외에 영업적, 관리적 측면의 대표적 특성은 다음과 같다. 환대산업에서 가장 중심이 되는 호텔산업의 경우 높은 고정비(high fixed cost), 변동이 심한 수요(fluctuating demand), 연중무휴의 영업이라는 특성이 있으며, 또한 노동 집약적(labor-intensive) 특성을 갖고 있다. 수요의 변동이 심한 상황에서 바람직한 수요의 균형화를 위한 노력을 동시화 마케팅(synchro-marketing)이라고 하며, 초과 수요의 상태에서 수요를 적정 수준으로 감축하고자 하는 노력은 demarketing이라고 한다.

Chapter 02

환대산업의 역사적 배경

Chapter 02 환대산업의 역사적 배경

환대산업(hospitality industry)은 호텔산업, 외식산업 등의 접객산업들을 포함하고 있으며, 관광산업과 더불어 빠르게 성장하고 있는 산업이다. 또한 사람과 서비스가 중심이 되는 'people business'이며, 동시에 'service business'에서 핵심적 산업이기도 하다. 본 장에서는 환대산업의 역사적 발전과정 및 범위에 대해 살펴보고, 관광 및 호텔의 개념, 호텔서비스의 정의 및 특성에 대해 알아보고자 한다.

제1절 환대산업의 역사적 배경[1)]

1. 환대산업의 발전과정

페르시아 상인들이 여행할 때 숙박하였던 Caravan은 지금의 텐트와 같은 형태로서 Khan이라 불리었으며, 이것이 최초의 집을 떠난 숙박 기능(home away from home)으로 기록되고 있다.

기원전 500년에는 현재의 레스토랑과 같은 기능인 공공 외식시설이 처음 도입됐다. 여기에서는 이와 같이 환대산업 역사상 무엇이 최초였으며, 산업의 발전에 기여했는가에 대한 역사적 이벤트를 추적해 보기로 한다. 마케팅적으로 표현한다

1) 정규엽(2017), 호텔외식관광마케팅, 서울: CENGAGE Learning.

면, 역사적으로 환대산업 시장의 욕구와 필요가 무엇이었으며, 산업은 그 욕구와 필요에 부응하여 어떠한 제품과 서비스를 개발하고, 제공했는가를 시간적 흐름에 따라 정리해 보자는 것이다.

■ BC 4000년

Mesopotamia의 Sumer인이 최초로 맥주 제조.

■ BC 3000년

고대 Egypt에서 맥주를 제조하여 Greece와 Rome으로 전파됐고, 북유럽에서 맥주 제조법이 정착함(중세에는 수도원이 맥주 양조 독점).

■ BC 1480년

Egypt의 Luxor에 위치한 Deir el-Bahri 성당 벽에는 Hatshepsut 여왕이 동Africa Punt로 여행한 것이 인류 최초의 순수 관광이었다고 기록되어 있음.

■ BC 776년

기록에 의한 인류 최초의 Olympic Games이 열림. 이후로 스포츠가 관광의 주요 동기 중 하나가 됨.

■ BC 500년

- Greece에서 미네랄과 온천이 있는 곳에 리조트가 최초로 등장함.
- Rome인이 온천 리조트(spa resorts)를 영국, Switzerland, 중동 지역까지 보급함.
- 작은 inn인 Khan이 중동지역 도시에 건립됨.

■ BC 50~60년

사람들은 여행하면서 여자로부터 독립하여 외식할 장소가 필요함을 인식함(eat away from home).

■ 중세

여행자들을 위한 숙박소(hospice)가 등장함.

■ 0년

외국의 한 숙박시설에서 예약이 초과되어(overbooking) Mary와 Joseph이 숙박하지 못하게 되었는데, 이것이 현재까지 숙박산업에서 공식적으로 알려진 최초의 예약 초과 사례임(被動的 能動=神의 뜻).

■ 70~80년

여행자에게 필요했던 외식산업이 Italy Rome에 최초로 등장함(아직 eat away from home의 개념임).

■ 1100년대

유럽식 inn이 발전하기 시작함.

■ 1200년대

- 여행자뿐만 아니라 일반인도 집이 아닌 장소에서 외식하기를 원했고, 따라서 외식산업이 발전하기 시작함(meal away from home).
- Czechoslovakia 국왕 Wenceslas의 맥주 제조 금지령 해제를 계기로 Czechoslovakia가 맥주 생산중심 국가로 성장.

■ 1200~1300년대

- 1282년 Italy Florence 지역에 있던 inn에서 최초로 허가받은(licensed) 와인을 수입·판매했으며, 이러한 inn들은 길드(guild)의 멤버로 가입되기 시작함.
- 일부 London inn을 주축으로 English country inn이 발전함.

■ 1400년대

- France에서는 법적으로 호텔 등록을 요구했고, 영국에서는 inn을 위한 규정

이 만들어짐.

- 영국에서 최초로 inn 내에 개인이 홀로 투숙할 수 있는 'individual room'의 개념이 도입됨.
- 커피 하우스(coffee house)의 개념이 도입되었는데, 이것이 현재의 카페테리아(cafeteria), 카페(cafe), 커피숍(coffee shop) 등의 형태로 분류됨.

■ 1500년대

- France에 inn을 평가한 최초의 여행객 가이드가 만들어짐.
- 1516년 Germany Bavaria 공화국 Wilhelm Ⅳ의 '맥주순수령'으로 Germany가 맥주의 중심 국가가 됨(영국은 세계 2위 생산량과 소비량을 가진 맥주 대국으로서 일상생활의 한 부분인 'pub' 문화를 탄생시킴).

■ 1600~1700년대

- 1687년, 1688년 영국은 명예혁명에 의해 의회민주주의를 확립함.
- Philadelphia의 the Blue Anchor와 같은 미국 도시들에 seaport inn이 발전함.
- Inn 내에 개인 객실, 식당 시설, 회의 시설, 약간의 서비스 등이 복합적으로 제공되며, 지금의 호텔 개념이 유럽에서 도입됨.
- 역 등의 교통 중심지에 입지한 유럽의 inn들과는 달리, 미국에서는 1630년대 중반부터 tavern 혹은 lodging tavern 개념의 투숙 시설이 발전했는데, 이 시설들은 시가지 내에 입지하여 사람들이 만나는 장소의 역할을 함.
- Austria에서는 크루아상(croissant)이 최초로 제조됐는데, 당시 Turkey와의 전쟁에서 승리 후 Turkey 깃발에 있는 초승달 모양으로 빵을 만들어 '빵을 씹으며' 승리를 자축하기 위한 목적이었음.
- 카지노 형태의 게임 클럽이 영국 및 중앙 유럽에 등장.
- Italy Venice에 법적으로 허가된 최초의 공공 게임 클럽 개장.

▌그림 2-1▌ 미국의 Tavern

▌그림 2-2▌ Tavern 내의 상상도

■ 1700년대

- 1776년 미국의 독립선언, 1775~1783년 독립전쟁에서 영국에 승리함.
- 1789~1794년 프랑스 대혁명.
- 1724년 최초의 Cognac Remy Martin 등장.

- 1743년 최초의 Champagne Moët & Chandon 등장.
- France Paris의 Place Vendome이 최초의 혼합적 이용 시설(mixed-use complex)로 탄생됨.
- 유럽에서 탄산소다(carbonated soda)가 최초로 발명됨. 현재 Dr. Pepper, Coca-Cola, Root Beer 등 유명 탄산소다들은 100년 후인 1886년에 개발됐고, 또 거의 100년이 지난 1962년에야 무설탕(sugar free), 저칼로리(low fat), 무카페인(decaffeinated) 음료 등 시장의 필요에 의한 건강식 탄산소다가 개발됨.
- 1790년 France에서 미터법(metric) 시스템을 개발했고, 미국에서도 Thomas Jefferson 대통령이 이 척도 사용을 채택함.
- 1794년에 최초의 City Hotel이 미국 New York시 Broadway에 70개의 객실로 시장에 진출함.
- 산업혁명이 영국, 유럽, 그리고 미국에 있는 호텔들을 촉진시켜 리조트들이 발전됨.
- New York의 Saratoga Springs가 미국 최초의 온천 리조트로 개발됨.

1800~1820년대

- 미국의 모든 tavern들이 호텔로 대체되기 시작함.
- 1810년 현재까지 사용되고 있는 주석 캔(tin can)이 식음료 저장 및 보존의 수단으로 개발됨.
- 1817년에는 최초의 동호인 단체인 클럽(private club)이 탄생됨.
- 일본에서 Ryokan(여관)이 발전하기 시작함.
- 1822년 최초의 컴퓨터가 영국에서 고안됨.
- 1827년 역사상 가장 유명한 France 레스토랑인 Delmonico's가 탄생함(그림 2-3 참조).
- 세계 최초의 현대 호텔로 기록되고 있는 Tremont House가 1829년 미국 Boston에서 탄생됐는데, Tremont House는 170개의 객실을 보유한 당시 최고 호텔로서, 개인 객실, 완전한 서비스, 객실 내 화장실, 비누, 주전자, a la carte 메뉴, 객실 키, 객실 문잠금 장치(door locks on rooms), front desk, bell man 등의 다양한 신개념 서비스를 제공함.

그림 2-3 Delmonico's

그림 2-4 Tremont House

■ 1830~1850년대

- 1830년 영국 Liverpool과 Manchester 사이를 잇는 철도가 개설되며 철도시대가 도래됨. 그러나 일반 대중이 기차를 최초로 이용할 수 있었던 것은 1년 후인 1831년 미국의 South Carolina Railroad임.
- New York시에 있는 Holt's Hotel에 수하물 엘리베이터가 최초로 설치됨.
- New York Hotel이 1840년대에 최초로 객실 내 욕조(private baths)를 제공함.
- 1850년 France에 세계 최초의 호화 호텔인 Grand Hotel이 탄생하며 호화 호텔시대가 개막됨.

그림 2-5 Grand Hotel

- 외식산업이 유람선, 기차, 학교(school-lunch program) 등에 진출하며 단체급식(catering) 산업이 도래되는 등 환대산업이 양적, 질적으로 발전함.
- 1850년대 Niagara Fall, New York, 그리고 New Jersey 해안을 중심으로 동부 리조트들이 발전함.
- 1859년에 숙박기능이 기차에 도입되면서 침대차(pullman railway car)가 탄생

됐고, 또한 엘리베이터가 발명된 지 7년 후인 같은 시기에 미국 New York시에 있는 Fifth Avenue Hotel에 승객용 엘리베이터가 최초로 도입됨.

1860~1870년대

- 1865년 1갤런(gallon)에 23￠였던 오일 가격이 하루 아침에 1$ 45￠까지 급등하여 세계 최초의 오일 파동(oil crisis)이 있었음. 그로 인해 소비자들은 등유 등 다른 대체재를 탐색하게 됨.
- 1874년 세계 최초의 cocktail인 Manhattan이 New York의 Manhattan 클럽에 의해 만들어짐.
- 1876년 Graham Bell이 전화를 발명했으며, 직접 다이얼을 돌릴 수 있는 공중 전화(public phone)는 1889년에 보급됨.
- 1876년 Fred Harvey에 의해 호텔 체인 개념이 처음 도입됨.
- 1870년대 미국 Chicago에 오픈한 Palmer House는 그 시대에 가장 큰 호텔이었으며, 최초로 방화 구조물로 건설됨(1925년에 재건축됨).
- 1870년대 미국 San Francisco에 오픈한 Palace Hotel에 atrium 형태의 로비가 최초로 등장함.

1880년대

- 1880년대의 하이라이트는 지금도 세계 최고의 호텔 중 하나인 Ritz-Carlton이 Cesar Ritz에 의해 탄생했다는 사실임. Ritz-Carlton은 1850년에 시작된 호화 호텔 시대를 완성하며, 동시에 체인호텔의 개념을 확산시킨 공로를 갖고 있음.
- 1881년 New York의 Prospect House가 호텔 최초로 전기를 이용한 조명 시설을 도입함.
- 1884년 접시 세척기(dishwashing machine)가 처음 발명되었고, 곧 호텔에 도입됨.
- 1885년 Germany의 Karl Benz가 최초로 가솔린을 이용한 3기통(three-wheel) Benz 자동차를 발명함.
- 미국 New York주 Lake George의 Sagamore Hotel이 모든 객실에 최초로 전기 시설을 갖춤.

- 미국 New York시의 Chelsea Hotel이 최초의 대형 장기 체재 호텔(residential hotel)로 기록됨.
- 미국 Missouri주 Kansas City의 Victoria Hotel이 모든 객실에 욕조를 갖춘 최초의 호텔로 기록됨.
- 미국 San Diego에 오픈한 Hotel Del Coronado가 당시 가장 큰 리조트 호텔로 기록됨.
- 영국 London Savoy가 극장, 예배당, 복사실, 세탁실을 갖춘 최초의 호텔로 기록됨.

■ 1890년대

- 미국의 호텔 웨이터, 바텐더들에 의해 호텔 노조(Waiters and Bartender National Union)가 결성됨. 곧 이 노조는 호텔과 레스토랑의 전 직원에 확산됨. 국내에서는 1987년도에 필자가 근무했던 Seoul Hilton International Hotel의 경우 노조의 결성으로 최저 기본급이 5만 원에서 13만 원으로 급등했음.
- 1894년 Netherlands인이 운영하던 New York의 한 호텔에서 최초로 객실 내에 전화가 도입됨.
- 1890년대 최대의 이벤트는 1896년에 건축된 The Waldorf Astoria임. 이 호텔은 호화 호텔시대를 연장시켜 주었으나 지진에 의해 붕괴됐고, 현재 New York시 Manhattan에 있는 The Waldorf Astoria는 1931년도에 재건축됨.
- Switzerland Lausanne에 있는 Ecole Hoteliere가 최초의 호텔 학교로 기록됨.
- 미국 New York시 The Waldorf Astoria(Empire State Building 부지에 있었음)가 17층으로 그 당시 가장 높은 호텔로 기록됨.

■ 1900년대

- 미국 Philadelphia의 Horn & Hardart's Automat 레스토랑에 처음으로 자동판매기(automated vending machine)가 도입됨. 그러나 최초의 자동판매기는 1901년 Germany에서 수입되던 중 사고에 의한 선박 침몰로 바다 밑에 가라앉았음.

- 1903년 Wright 형제가 인간도 날 수 있다는 희망을 주었으나, 신은 그때까지만 해도 Wright 형제에게 날개까지는 달아주지 않았음.
- 1907~1908년 사이에 세계 최초로 일반 대중에게 널리 보급된 Statler Hotel이 탄생됨. Statler는 300개의 객실을 갖추고 호텔의 모든 시설을 도입하며, 일반 대중들도 부담없이 이용할 수 있다는 강력한 시장의 필요로 호화 호텔들에게 강력히 도전한 최초의 호텔로 기록됨.

그림 2-6 Hotel Statler

- 1909년에는 영국에서 최저 임금제(minimum wage)가 세계 최초로 제정됨.
- 인도 Bombay에 Taj Mahal이 오픈됨(1972년 Inter-Continental에 의해 복구됨).
- 미국 New York주 Buffalo에 있는 Statler는 현대 호텔 유통의 흐름(modern hotel circulation flow)에 대한 주요 원칙을 만듦.

1910년대

- 세계 최초로 호텔 협회인 American Hotel Association이 결성됐는데, 이것이 그로부터 50여 년이 지나 결성된 AH & MA(American Hotel & Motel Association)의 모체가 됨. AH & MA는 2001년 4월 AH & LA(American Hotel & Lodging Association)로 그 명칭이 개정됨.
- 1910년부터 약 20여 년 동안 시장의 지속적인 필요에 부응하기 위해 장기 체재 호텔(residential hotel) 및 컨벤션 호텔(convention hotel)이 발전하기 시작함.
- 1913년 상업용 냉장고가 발명됨.
- 1919년 외식산업 최초, 최고의 협회인 NRA(National Restaurant Association)가 결성됨.
- 1919년 미국 California에 최초의 fast food 레스토랑인 A&W가 탄생됨.
- 미국 New York시의 Grand Central Terminal이 최초의 교통기관 혼합 이용 시설로 기록됨.
- 미국 Minnesota주의 Rochester에 있는 Kahler Hotel이 최초의 병원 호텔(medical hotel)로 기록됨.
- 대서양을 가로지르는 최초의 비행과 정기 항공로(scheduled airline)가 최초로 개설됨.

1920년대

- 1920년 자동차의 발달로 A & W 레스토랑은 차를 타고 가며 주문하고, 곧 음식을 제공받을 수 있는 drive-in(drive-through) 시설을 최초로 개발함.
- 1920년 상업용 라디오가 보급되었으며, 1926년에는 TV가 발명됨.
- 1926년 공인 호텔 회계 제도(The Uniform System of Accounts for Hotels)가 제정됨.

- 1927년 공인 레스토랑 회계 제도(The Uniform System of Accounts for Restaurants)가 제정됨.
- 1929년 미국 California에 Oakland Airport Inn이 개관되며 최초의 공항 호텔로 기록됨.
- 미국 New York주 Cornell대학에 School of Hotel Administration이 설립됨.
- 미국 Boston의 Statler가 최초의 호텔/사무실 건물(hotel/office building)로 기록됨.

■ 1930년대

- 1930년대는 호텔산업에 가장 큰 변화가 있었던 시기로 기록되고 있음. 공황의 여파로 1930~1935년 기간 동안 미국에서 85%의 호텔들이 도산하며 무수한 시장의 기회를 제공했고, 특히 체인 호텔이 급증하기 시작함.
- 1930년 Howard D. Johnson은 처음으로 환대산업에 franchise 개념을 도입함. 최초의 franchise는 1860년 제조업체인 Singer Sewing Machine Company에서 도입되었으므로, 무려 70년 후에 그 개념이 환대산업에 도입된 것임.
- 1939년 Germany에서 제트 엔진을 발명하였는데, 1975년에 이르러서야 모든 비행기의 반 이상이 제트 엔진을 사용하게 됨.
- 미국 New York시의 새로운 The Waldorf Astoria가 당시 가장 대규모 호텔로 재건설됨.

■ 1940년대

- 1940년 페니실린(penicillin)이 발명됨.
- 1945년 미국 해군에 의해서 음식을 냉동시키고, 다시 정상적인 상태로 복원시키는 기계가 발명됨.
- 1945년 미국 Las Vegas의 Flamingo(현재의 Flamingo Hilton)가 최초의 카지노 호텔로 기록됨.
- 1946년 호텔의 위탁 경영(management contract) 개념이 Inter-Continental 호텔에 의해서 최초로 도입됨.

■ 1950년대

- 1950~1960년 사이에 호텔산업과 더불어 외식산업에도 기업 간 경영 계약이 활발히 이루어짐.
- 1951년 미국 의회에서는 각 주를 잇는 고속도로 시스템(interstate highway system)의 개발을 승인함. 국내에서는 1971년 개통된 경부고속도로가 그 최초임.
- 1952년 환대산업 최대 기업이었던 Holiday Inn이 Kemmons Wilson에 의해 시장에 등장함(그림 2-7 참조).
- 1954년 Hilton Hotel의 창시자인 Conrad Hilton이 모든 Statler Hotel까지 합병하며 Hilton Hotel시대를 탄생시킴.
- 1954년 현재까지도 외식산업의 최대 기업인 McDonald's가 Ray Kroc에 의해 탄생됨(그림 2-8 참조).
- Caribbean에 리조트들이 발전하기 시작함.

그림 2-7 1952년 Holiday Inn의 개관모습 : Spence, Bob, Kem, Betty and Carole Wilson Ribbon-cutting ceremony of the first Holiday Inn-1952

그림 2-8 최초의 McDonald's

- Club Med에 의해 vacation village 개념이 발전함.
- 미국 Las Vegas에 카지노 호텔들이 발전하기 시작함.
- 상업적으로 제트 엔진을 이용하여 대서양을 횡단하는 서비스가 제공됨.
- 항공사들이 호텔을 개발하기 시작함.

그림 2-9 McDonald's의 Ray Kroc(左)과 Holiday Inn의 Kemmons Wilson(右)

■ 1960년대

- 미국에서 23,000개의 호텔, 40,000개의 모텔, 그리고 170개의 체인이 운영됨.
- Spanish Mediterranean(Spain 쪽 지중해), Portugal, Baleares Island, Scandinavia, Greek, Yugoslavia에 리조트들이 발전함.
- 미국 New York주의 Arden House of Columbia University, Tarrytown에 있는 Tarrytown House, General Electric Co.가 최초의 conference center로 기록됨.

■ 1970년대

- 미국 Florida주의 Orlando에 있는 Walt Disney World가 최초의 위락/오락 센터로 기록됨.
- 중동지역의 풍부한 석유로 대규모 호텔이 발전함.
- 호텔 서비스를 제공하는 고급 콘도미니엄이 발전함.
- 처음으로 콘도미니엄이 suite hotel로 개조됨.
- Timesharing 리조트와 콘도미니엄 리조트가 발전함.
- Hawaii의 Maui와 Mexico의 Cancun에 다양한 리조트 혼합 시설(multiresort complexes)이 발전함.
- 중국이 외국 관광객들에게 개방됨.

■ 1980년대

- Airport hotel, conference center, suite hotel, vacation village, health spa, marina hotel, ski lodge, timesharing and condo 리조트들이 급격히 증가함.
- 카지노 호텔들이 미국 New Jersey주의 Atlantic City에서 발전함.
- 제한된 서비스를 제공하는 염가(budget) 호텔들이 급격히 증가함.
- 미국 Atlanta에 Marriott Marquis가 가장 큰 convention hotel로 탄생됨.
- 미국 New York시의 Times Square에 있는 Marriott Marquis가 가장 요금이 비싼 호텔로 기록됨.
- 중국에 호텔 붐이 일어남. Peking에 2,000개의 객실을 갖춘 Lidu가 당시의 대표 호텔임.

- 호텔 계획(hotel planning)에 관련된 최초의 종합 책자가 Whitney Library of Design에 의해 출판됨.

2. 한국 호텔산업의 발전과정2)

1) 해방 이전의 한국 호텔

한국의 역사에서 호텔이 갖는 의미를 알기 위해서는 대불호텔, 손탁호텔과 철도호텔인 조선호텔과 최초의 상용호텔인 반도호텔을 빼놓을 수 없다.

▌그림 2-10▌ 대불호텔

대불호텔은 1887년 착공하여 1년 후인 1888년에 개관하였다. 1883년 인천항의 개항은 대불호텔이 건립되는 직접적인 배경이 되었다. 인천은 일본인은 물론, 서양의 선교사와 외교사절, 사업가들이 주로 방문하는 곳으로 목적지는 대부분 경성(서울)이었다. 그러나 유일한 교통수단인 조랑말과 가마로는 서울까지 한나절 안에 당도할 수 없었던 당시의 상황에서는 자연스레 숙박할 장소가 필요했으며, 이에 일본인 사업가 호리 리키타로는 주요 고객을 서양인으로 판단하여 서구식으로 설계된 대불호텔을 건립하였다. 당시 침대 객실 수는 11개, 다다미방처럼 꾸민 객실은 240개에 달했다고 하며, 당시의 화폐로 상급객실 2원 50전, 중급 2원, 하급 1원 50전이었다. 그러나 1899년 경인선이 개통되자 인천항으로 입국한 많은 외국인들의 숙박수요가 감소하면서 사양길로 접어들다가 1918년 중국인에게 매각되고 이후 중국인 역시 호텔사업에 매력을 느끼지 못해 중화루라는 중국음식점으로 바뀌었다.

---

2) 한국관광학회(2012), 한국현대관광사, 서울: 백산출판사, pp. 76-82.

불과 10분 전이었다"라며 일화로 남기었다. 이처럼 당시의 호텔은 우리나라 정치, 경제상황의 가장 중요한 시점에서 항상 이용되던 장소였다.

(4) 1970년대 한국의 호텔

1970년대는 연초에 큰 사건이 벌어졌다. 1970년 1월 17일 반도조선아케이드에 화재가 난 것이다. 국제관광공사는 관광산업의 활성화란 목표 아래 반도조선아케이드의 건설, 영빈관의 인수 · 운영 등을 위해 많은 노력을 하던 중 반도조선아케이드에 큰 화재가 났다. 특히 3개월 후인 4월 9일에는 조선호텔에서 ADB(Asian Development Bank: 아시아개발은행)총회가 열릴 예정이어서 긴박한 상황이었다. 1월에만 긴급복구를 위한 관계부처 합동회의가 3차례에 걸쳐 열렸으며, 완전복구가 이루어지긴 했으나 우리나라 관광산업 특히 호텔산업 역사에 큰 영향을 미쳤다. 당시 박정희 대통령이 관광정책을 대전환하는 계기가 반도조선아케이드의 화재였으며 당시의 최고급호텔이었던 반도호텔과 조선호텔이 이후 국제관광공사로부터 민간으로 매각되는 계기가 되었다.

1967년 국제관광공사와 미국의 아메리카항공사가 합작투자를 결정한 이후 1970년에 조선호텔이 개관하였으며, 이는 처음으로 자본과 경영을 분리하여 경영하는 호텔의 탄생이었다. 1970년에는 관광호텔등급제도와 관광호텔 지배인 자격시험제도가 실시되어 호텔의 질적 수준과 경영의 전문성을 향상시키도록 노력하였다.

1973년 반도호텔의 민영화가 확정되어 반도호텔을 전신으로 하는 롯데호텔이 1973년 5월 5일에 설립되었으며, 1974년 7월 3일 우리나라 최초의 상용호텔인 반도호텔은 종무식을 끝으로 오랜 역사를 마감하였다. 약 5년간의 공사를 통해 1979년 롯데호텔이 39층 1,019실의 객실로 개관하였다. 같은 해인 1979년에는 삼성그룹의 호텔신라도 개관하여 일본의 오쿠라호텔과 15만 달러, 총매출액의 1%, 영업이익의 4.5%선에서 체인계약을 체결하였다. 1976년 서울 프라자호텔과 1978년 Hyatt호텔, 부산조선비치호텔, 경주코오롱호텔 등이 개관하였으며, 경주조선호텔, 경주도쿄호텔, 부산서라벌호텔, 서울가든호텔 등의 대형호텔이 개관하였다.

(5) 1980년대 한국의 호텔

1980년대 초기에는 1979년의 제2차 석유파동과 10 · 26사건의 여파로 인한 정치변혁으로 사회 · 경제적으로 많은 혼란을 가져와 관광호텔사업은 이 시기에 시련을 겪는다. 그러나 1982년 1월 5일을 기해 1945년 9월부터 시작된 37년간의 통금이 해제되었고, 우리나라 국민의 국내관광이 본격적으로 시작되면서 호텔업은 다시금 부활을 꿈꾸게 되었다.

또한 1986년의 서울 아시안게임과 1988년 서울올림픽은 서울을 국제도시로 알림과 동시에 호텔의 건설에 박차를 가하는 계기가 되었다. 특히 1988년 서울올림픽이 결정된 후 정부에서 추산한 필요 객실은 38,000여 실이었으나 1987년 말 당시 전국의 호텔은 222개 28,043실이었으며, 서울의 객실은 채 5,000실이 되지도 않은 상태였다. 이에 정부는 대회기간 중 숙박대란이 일어날 수도 있는 상황을 해결하기 위하여 86 · 88숙박대책위원회를 발족하여 문제해결에 나섰다. 또한 롯데호텔은 본관 이외에 별도로 신관을 완공했는데 이는 올림픽 개최 2개월을 앞둔 1988년 6월이었으며, 올림픽 개막일을 10일 앞둔 9월에 롯데호텔월드가 개관하였다.

이 시기에 개관한 호텔은 1983년 대우그룹에서 건립한 힐튼호텔, 1988년 롯데호텔 신관과 롯데호텔월드, 1988년 서울올림픽 이후 스위스그랜드호텔, 인터컨티넨탈호텔, 라마다르네상스호텔 등이 있다.

(6) 1990년대 한국의 호텔

1990년 초기 서울올림픽의 성공으로 인한 서울의 이미지 상승과 1989년의 해외여행 완전자율화를 통한 외래관광객 입국자 수의 증가 및 내국인의 해외여행 증가로 관광선진국의 반열에 들어가는 계기가 되었으나 서울올림픽 이후 급증하는 내국인의 해외여행으로 인한 국제수지의 악화로 관광산업을 사치성 서비스업으로 규정하면서 호텔건설이 침체되었다.

1993년에는 일본에 이어 아시아에서 대전 EXPO가 개최되면서 국내 호텔의 수는 전국 446개 45,096실의 객실을 보유하는 수준에 이르렀다. 1994년 정부는 그동안 호텔업 등이 사치성 서비스업으로 규정되었던 것을 해제하고 영업시간의 연장과 객실요금에 대한 부가세 영세율 적용 및 시설자금의 지원 등 관광호텔업의 육성지원책을 실시하게 되었다.

1990년대 후반에는 우리나라 호텔업이 다시금 도약할 수 있는 계기가 조성되었다. 바로 1996년 스위스 취리히에서 열린 국제축구연맹(FIFA)의 2002년 한일월드컵 공동개최의 결정이었다. 또한 2000년 ASEM과 2002년의 부산아시안게임도 개최 예정이어서 다양한 국제행사유치를 위한 숙박시설의 확충이 필요하였다. 1997년 이런 이유 때문에 호텔건설을 촉진하기 위한 「관광숙박시설지원 등에 관한 특별법」이 2002년까지 발효되는 한시법으로 제정되어 호텔의 신축과 개관을 위한 기반이 확충되었다. 그러나 1997년 말의 IMF 구제금융요청은 국내경기를 위축시켜, 서울 마포에 동양그룹이 건설할 예정이던 호텔건립계획이 취소되는 등 국내 호텔산업이 위축되는 상황을 맞게 되었다.

(7) 2000년대 이후 한국의 호텔

2000년 IMF 이후 경기가 되살아나면서 대형호텔들이 개관하게 되었고 국내 호텔산업발전의 계기가 되었다. 특히 이 시기는 호텔업만이 아닌 관광산업이 폭발적으로 성장하던 때였으며, IMF 구제금융으로 인한 환율의 고공행진이 외래관광객의 입국을 증가시키는 촉매역할을 하여 호텔업의 수익이 개선되는 상황을 맞게 되었다. 특히 이즈음에 가장 큰 성장을 한 호텔은 조선호텔로 IMF 이후 여의도의 증권시장 투자자인 재무적 개별관광객(finance FIT: free independent traveler)의 많은 숙박으로 국내 호텔 중 선두호텔로 나아가는 계기가 되었다.

2000년대에 건립된 호텔은 서울 코엑스 인터컨티넨탈호텔, 메리어트호텔, 제주 롯데호텔, W서울 워커힐호텔, Park Hyatt호텔, 메이필드호텔 등과 더불어 인천 국제공항의 개관으로 인천 지역의 대형호텔들이 개관하였다.

3. 한국 외식산업 및 여행산업의 발전과정

1) 6 · 29선언 이전 단계(1960~1987)

국내에서 외식경영학이라는 학문이 각광받기 시작한 지는 불과 5~6년도 되지 않았으나 관광학과 호텔경영학의 경우 40여 년에 가까운 긴 역사를 가진 것에 비하면 외식경영학은 신생학문이라 할 수 있다(김태희, 2007). 국내 외식시장 규모는 1982년 2.6조 원이었으나 2010년 67.6조 원으로 28년간 26배 정도 급성장하였다. 역사적으로 보면 외식업은 국내 숙박산업과 함께 동반성장한 것을 알 수 있다. 1900년대 초반까지 1900년 손탁호텔에 최초의 양식당이 만들어졌으며, 1914년 조선호텔이 등장하면서 서양식 건물에 한식당, 양식당, 커피숍 등이 개점하였으며 여성전용식당이 별도로 있었고 아이스크림이 최초로 선보였다. 1925년 철도식당이 서울역 구내의 양식당으로 문을 열고 동시에 조선호텔에 의해 열차식당이 운영되었다. 1930년대는 종로 네거리에 이문설렁탕, 부벽루, 옥루장, 태창옥 등 유명업소가 등장하였으며, 이 밖에도 청진옥, 1936년에 개장한 반도호텔의 양식부, 천대전그릴 등이 일본인에 의해 운영되었으나 해방 이후 거의 폐점하였다. 1940년대에서 50년대까지 갈빗집 조선옥, 냉면과 불고기로 유명한 우래옥이 등장하였고 1949년 양식당으로 외교구락부가 등장하였다. 평양냉면으로 유명한 한일관, 무교동의 하동관, 명동의 고려정, 평화옥, 삼오정, 진고개 등의 식당이 개점한 시기이다. 1960년대에는 의정부 · 동두천시의 미군부대 영향으로 부대찌개의 효시인 오뎅집이 생겼으며, 홍천지역 우비닭갈비집이 생겨난 것을 시작으로 1973년 춘천의 조양동으로 이주하여 지금의 춘천 닭갈비촌이 형성되었다. 이 당시 신당동 떡볶이의 원조인 마복림 할머니집이 탄생하였다. 1970년대 마포일대 갈빗집, 주물럭집 등 고깃집이 등장하였으며, 이 시기 중식당의 짜장면이 대중화되었다. 대형 중식당으로는 홍보성, 1974년 희래등, 국일대반점, 1970년대 말 동보성, 다리원, 아리산 등이 속속 등장하였다. 특히 1970년대 말부터 햄버거, 도넛, 프라이드치킨 등 패스트푸드사들이 상륙하였으며, 서구화현상이 나타나기 시작하였다. 이때를 요식업에서 외식산업으로 성장한 시기로 보고 있다. 1978년 국내 프랜차이즈의 효시인 커피숍 난다랑이 등장하였으며, 1979년 일본의 롯데리아가 상륙하였다. 1980년대에 아메리카나(1980), 버거킹(1982), 윈첼도넛(1982), 웬디스(1984), 피자헛(1984), 피자인(1984), 맥도날드(1986), 데니스(1987) 등의 패스트푸드점이 1986년 아시안게임과 88서울올림픽을 거치면서 대중화되기 시작하였다. 장터국수(1983), 찡구짱구(1984), 다전국수(1985), 민속마당(1987) 등 80년대 말까지 체인점이 등장하였다. 또한 1980년대 중반 갈비와 불고기집들이 대형화추세로 가면서 강남 일대에 늘봄공원, 삼원가든, 한두이 등의 업소가 등장하였다(한국식품영양재

단, 2003). 우리나라 도시 가구당 외식비가 가계지출비 중 식료품비에서 차지하는 비중은 1982년 6.0%에서 2005년 46.4%로 크게 증가하였다.

또한 국내 관광산업은 일제시대 일본교통공사 지부(일본여행업협회)가 1910년도에 설립되었으며, 해방 후 조선여행사로 개칭한 후 1949년 대한여행사로 개명하였다. 1948년 미국 노스웨스트 항공사, 팬 아메리칸 항공사 등의 서울영업소가 조선호텔에서 영업을 개시하였다. 1954년 2월 교통부의 육운과에 관광과가 설치되었으며, 1958년 교통부장관 자문기관으로 중앙관광위원회, 도지사의 자문기관으로 지방관광위원회가 설치되었다. 민간여행사는 1960년 세방여행사가 설립되었으며, 1961년 8월 「관광사업진흥법」이 제정 공포되었다. 1962년 4월 「관광공사법」이 제정되고 동년 6월 관광공사가 발족되었으며, 통역안내원 자격시험이 최초로 실시되었다. 1970년에 국립공원과 도립공원이 지정되고, 1971년 경부고속도로가 개통되어 전국적으로 관광지개발이 촉진되었다. 1971년 한국관광학회가 발족하였으며, 1972년 「관광진흥개발기금법」이 제정되었다. 1973년 대한여행사가 민영화되었다. 1978년 최초로 외래관광객 100만 명 목표를 달성하였다. 1979년 제28차 PATA (Pacific Asia Travel Association)총회가 서울에서 개최되었다. 1982년에는 여행사 허가제가 등록제로 전환되었으며, 해외여행은 1989년 완전 자율화되었다.

이러한 시기에 기업들은 공채시스템을 도입하고 인사기록을 구축하며 자체 연수원을 세우는 등의 노력을 하였으며 목표관리제도, 제안제도, 분임조 등의 경영기법을 도입하고 우수인력의 확보를 위해 노력하였다. 또한 이 시기 기업경영의 원칙은 선성장 후분배의 원칙을 고수하여 서양의 인적자원관리 발전의 단계로 볼 때 과학적 관리법에 의한 경영이 주를 이루었던 시기이다.

2) 인간관계 단계(1987~1997)

외식산업은 1990년대 초반 누룽지, 죽 등 전통음식이 인스턴트 포장으로 등장하였으며, 파파이스(1992), 서브웨이(1994), 도미노피자, 시카고피자 등의 외국 유명 패스트푸드 브랜드가 도입되어 외식업체 간의 경쟁이 치열해졌다. TGIF(1992), 판다로사(1993), 스카이락(1994), 데니스(1994), 씨즐러(1995), 베니건스(1995), 삐에뜨로(1995), 마르쉐(1996) 등의 경우 대기업 자본에 의한 기술제휴 형식이나 직접투자로 다수의 해외 브랜드 패밀리 레스토랑이 진출하였다.

1989년 제2 민항기업으로 아시아나 항공이 설립되었고, 1990년 전국 관광지를 5대 관광권으로 분류하여 관광개발과 보전에 노력하였으며, 1992년 중국과 국교를 정상화하였다. 1993년 대전엑스포가 개최되었으며 제19차 EATA(East Asian Tourism Association) 총회를 유치하였다. 1994년에는 제43차 PATA총회를 개최하였고 한국방문의 해를 지정하였다.

이 시기는 1987년 6 · 29선언과 민주화의 물결이 일었던 시기여서 국내 기업들은 많은 혼란을 겪어야 했다. 특히 노조의 결성 및 쟁위행위가 많았던 시기로서 임금이 대부분 3배 정도 인상되었다. 이러한 특징은 서양의 인적자원관리 발전단계에서 인간관계론 시대에 해당되며 업무과정 리엔지니어링, 벤치마킹, 시간중심경영, 인간존중, 자율경영 등이 대두된 시기였다. 특히 1988년 서울올림픽은 전문가로 지칭되는 호텔인력(식음, 객실, 조리 등)의 대란시기로 신규 대형호텔들의 개관으로 서울지역은 인력난을 겪으며 대리가 이사로, 사원이 과장으로 진급하였다.

3) IMF 이후 단계(1997~현재)

1997년 말부터 찾아온 IMF로 인해 국내 외식업계는 시련을 겪었으며, 경기불황으로 외식비와 외식빈도가 크게 감소하였다. 1999년 중반 이후 경기가 다소 회복되면서 외식소비 인구가 급증하게 되었으며 소비자의 소득 및 외식수준의 향상으로 외식에 대한 이미지가 바뀌게 되었다.

관광산업도 1999년 관광진흥을 위한 규제완화를 위해 관광진흥법령을 개정하였으며, 2002년 월드컵 유치, 2007년 외래관광객 600만 명 시대, 2014년 외래관광객 1,200만 명 입국 등으로 관광산업은 괄목할 만한 성장을 이루었다.

이 시기는 1997년 IMF구제금융을 신청했던 시기여서 국내 기업들은 많은 혼란을 겪어야 했으며 도산되는 기업도 많았던 시기이다. 따라서 기업들은 구조조정을 통해 자구책을 강구해야 했으며 당시 팀제, 연봉제 등을 통해 그 해법을 찾으려고 하였다. 또한 무자료면접, 다면평가시스템, 발탁인사제도 등이 대두되었고 종신고용 및 연공서열에 따른 문화가 사라지기 시작한 시기라고 볼 것이다.

제2절 관광 및 호텔의 개념

1. 관광의 개념[3)]

관광이란 보양(保養) · 유람(遊覽) 등의 위락적인 목적으로 여행하는 것이다. 일본에서 관광이라는 단어를 영어의 tourism에 맞추어서 쓰게 된 것은 明治(1868~1912년까지 사용된 일본의 연호; 명치천황의 재임기간) 초기부터이며, 그 근원은 『易經』의 "觀國之光"에 근거한다고 알려져 있으나, 여기서 나라의 빛(光)을 본다고 하는 말의 뜻은 타국을 돌아다니며 그 지역의 풍속 · 제도 · 문물을 시찰하는 것을 의미한다. Tourism은 라틴어 tornus(골차: 滑車)에서 비롯된 것으로 여러 나라를 순회 여행한다는 뜻이다.

한편 학자들의 관광에 대한 정의를 살펴보면 다음과 같다.

1911년 H. Schulern(슐레른)은 "관광이란 일정한 지역 · 주 또는 나라에 들어가 체재하고, 그리고 다시 돌아가는 外客의 유입 · 체재 및 유출이라는 형태를 취하는 모든 현상과, 그 현상에 직접 관련된 모든 事象을 나타내는 개념이다"라고 정의하였다.

1935년 R. Glücksmann(글뤽스만)은 "우리는 관광을 체재지에 일시적으로 체재하고 있는 사람과, 그 지역 주민 간의 제 관계의 총체로서 정의한다"라고 하였다.

1966년 J. Médecin(메드생)은 다음과 같이 관광을 정의하고 있다.

"관광이란 사람이 기분전환을 하고 휴식을 취하며, 또한 인간활동의 새로운 여러 국면이나 미지의 자연경관에 접촉함으로써 그 경험과 교양을 넓히기 위하여 여행을 한다든가, 거주지를 떠나 체재하는 등의 일로 이루어지는 여가활동의 하나이다."

오래된 종래의 정의가 관광을 이민과 구별하기 위하여 일정기간 동안 체재한 뒤에 거주지로 돌아간다는 것을 강조했다는 점이라든가, 문제의 복잡성을 피하기 위해 의식적으로 동기나 목적을 거론하지 않았다든가, 혹은 경제적 측면으로서의 소비를 중시한 것 등에 비교하면, 최근의 정의에서는 관광을 탈출욕구, 인간성의

---

3) 영목충의 편(1995), 현대관광론, 서울: 백산출판사.

회복욕구 등의 표출로 보고, 또한 경제행위라기보다는 문화활동이라고 보는 견해가 많아진 것을 알 수 있다. 이러한 뜻에서 위에서 말한 메드생의 정의 등은 가장 현대적인 것의 하나라고 할 수 있다.

쓰다 노보루 교수는 “관광이란 사람이 일상의 생활권을 떠나서 다시 돌아올 예정으로 타국이나 타 지역의 문물·제도 등을 시찰하거나 혹은 풍경 등을 관상, 유람할 목적으로 여행하는 것이다”라고 정의하였다.

이상의 정의를 통해 관광을 정의하면 다음과 같다.

‘협의의 관광’이란 ① 사람이 일상생활권으로부터 떠나, ② 다시 돌아올 예정으로 이동하여, ③ 영리를 목적으로 하지 않고, ④ 풍물 등을 가까이 하는 것이며, ‘광의의 관광’이란 그와 같은 행위에 의해서 나타나는 사회현상의 총체이다.

역사적으로 관광의 발전단계를 살펴보면 우선 ‘Tour의 시대’로서 고대부터 1830년대까지로 보며, 귀족, 승려, 무사 등 특권계급과 일부 평민들이 종교심 향상을 위하여 여행했던 것이고, ‘Tourism의 시대’는 1840년대부터 제2차 세계대전까지(1945) 특권계급과 일부의 부유한 평민들이 지식욕을 충족시키기 위하여 여행했던 것으로 파악된다. ‘Mass tourism의 시대’는 제2차 세계대전 이후 현재까지로 대중을 포함한 전 국민들이 보양과 오락을 목적으로 여행했던 것으로 파악되고 있다.

표 2-1 관광의 발전단계

단계	시기	관광객	관광동기	조직자	조직동기
Tour의 시대	고대~1839년	특권계급과 일부 평민	종교	교회	종교심의 향상
Tourism의 시대	1840년~ 제2차 세계대전	특권계급과 일부의 부유한 평민	지식욕	기업	이윤추구
Mass tourism의 시대	제2차 세계대전 이후	대중	보양과 오락	기업, 공공단체, 국가	이윤추구, 국민후생 증대

자료 : 영목충의 편(1995), 현대관광론, 서울: 백산출판사, p. 26

2. 호텔의 개념[4)]

1) 호텔의 사전적 의미

호텔의 개념은 우리들이 일상적으로 생활하는 범주의 기본단위인 가정(home)을 확대한 것으로 생각하면 쉽게 이해할 수 있다. 즉 가정을 떠난 가정(a home away from home)의 뜻으로 사랑하는 가족이 있는 집처럼 안락하고 편안한 가정의 분위기를 포함하는 숙박시설인 것이다.

'Hospitale'란 현대어로 병원에 가까운 의미로 해석되고 있으나 Webster's Dictionary에서는 "A place of shelter and rest for travelers"로 기술하여 병원의 기능과 호텔의 기능이 합해진 숙소의 역할을 하는 공간으로 풀이되며, 따라서 'Hospitale'는 여행자의 숙소 또는 휴식의 장소, 병자나 부상자를 치료하고 간호하는 시설로 볼 수 있다. 전자의 성격이 발전하여 Hostel(여인숙), Inn(여관), 또는 현대의 Hotel이 되었고, 후자의 성격이 지금의 Hospital(병원)이 된 것으로 파악된다.

Webster's Dictionary에서는 현대적 호텔을 "A building or an institution providing lodging, meals, and service for the public"이라 정의하고 있다. 이를 토대로 현대적 호텔을 정의하면 "호텔이란 숙박과 식음료, 각종 연회행사 및 국제행사, 부대시설을 활용한 제반 이벤트 등을 수시로 제공하는 영리 서비스기업"이라고 할 수 있다.

2) 호텔의 법적 정의

호텔의 정의를 영미 법률에서 보면, 호텔이란 예절 바른 접대에 대한 지불능력 및 준비가 되어 있는 모든 사람에게 시설의 여유가 있는 한 수용이 허락되며, 체재 중에는 타당한 대가를 지불하고 식사, 침실 등을 제공받으며, 그 건물을 임시 가정으로 이용하는 데 필연적으로 부수되는 서비스와 관리를 받을 수 있는 장소이다.

일본의 호텔 관계법령에는 "외객의 숙박에 적합한 양식 구조 및 설비를 갖고 지어진 시설"이라 규정하고 있다. 이는 호텔의 기본적 개념 이전에 관광사업진흥을 목적으로 한 국가적 견지에서 규제요건을 설정한 개념이다.

4) 박대환 · 박봉규 · 이준혁 · 오흥철 · 박진우(2014), 호텔경영론, 서울: 백산출판사.

우리나라의 경우에도 1961년에 제정 · 공포된 「관광사업진흥법」에는 관광호텔의 개념을 "외국인 숙박에 적합한 구조 및 설비를 갖춘 시설에서 관광호텔 또는 이와 유사한 명칭을 사용하여 사람을 숙박시키고 음식을 제공하는 업"이라 규정하고 있다.

(1) 「관광진흥법」에 의한 분류

우리나라 「관광진흥법」은 제3조 제1항 제2호에서 관광숙박업을 호텔업과 휴양콘도미니엄업으로 나누고, 호텔업을 다시 관광호텔업, 수상관광호텔업, 한국전통호텔업, 가족호텔업, 호스텔업, 소형호텔업, 의료관광호텔업으로 세분하고 있다(동법시행령 제2조 제1항 2호).

① 관광호텔업

관광객의 숙박에 적합한 시설을 갖추어 관광객에게 이용하게 하고 숙박에 딸린 음식 · 운동 · 오락 · 휴양 · 공연 또는 연수에 적합한 시설 등을 함께 갖추어 관광객에게 이용하게 하는 업을 말한다.

② 수상관광호텔업

수상에 구조물 또는 선박을 고정하거나 정박시켜서 관광객의 숙박에 적합한 시설을 갖추거나 부대시설을 함께 갖추어 관광객에게 이용하게 하는 업을 말한다.

③ 한국전통호텔업

한국전통의 건축물에 관광객의 숙박에 적합한 시설을 갖추거나 부대시설을 함께 갖추어 관광객에게 이용하게 하는 업을 말한다.

④ 가족호텔업

가족단위 관광객의 숙박에 적합한 시설 및 취사도구를 갖추어 관광객에게 이용하게 하거나 숙박에 딸린 음식 · 운동 · 휴양 또는 연수에 적합한 시설을 함께 갖추어 관광객에게 이용하게 하는 업을 말한다.

⑤ 호스텔업

배낭여행객 등 개별 관광객의 숙박에 적합한 시설로서 샤워장, 취사장 등의 편의시설과 외국인 및 내국인 관광객을 위한 문화 · 정보 교류시설 등을 함께 갖추어 이용하게 하는 업을 말한다.

⑥ 소형호텔업

관광객의 숙박에 적합한 시설을 소규모로 갖추고 숙박에 딸린 음식 · 운동 · 휴양 또는 연수에 적합한 시설을 함께 갖추어 관광객에게 이용하게 하는 업을 말한다.

⑦ 의료관광호텔업

의료관광객의 숙박에 적합한 시설 및 취사도구를 갖추거나 숙박에 딸린 음식 · 운동 또는 휴양에 적합한 시설을 함께 갖추어 주로 외국인 관광객에게 이용하게 하는 업을 말한다.

(2) 휴양콘도미니엄업

관광객의 숙박과 취사에 적합한 시설을 갖추어 이를 당해 시설의 회원 · 공유자 기타 관광객에게 제공하거나 숙박에 부수되는 음식 · 운동 · 오락 · 휴양 또는 연수에 적합한 시설 등을 함께 갖추어 이를 이용하게 하는 업을 말한다.

3. 호텔서비스의 특성

1) 무형성(intangibility)

호텔산업은 서비스산업으로서 서비스의 특성으로 인해 제조업에 비해 제품의 마케팅 측면에서 상당부분이 상이하다고 할 수 있다. 즉 제품의 무형성으로 인해 보다 더 가시화하려는 노력이 필요하다. 여기서 무형성이란 오감으로도 측정하기 애매한 부분이 많고 또한 포장하여 판매하기 불가능한 부분을 말한다. 가시화란 manipulation of tangible clue로서 유형적 단서로의 조작이 필요한 것이다. McDonald's의 성공요인이 바로 여기에 있다. 이러한 측면 때문에 종사원들의 외모는 매우 중요한 요인으로 작용한다. 물론 looking good이 아닌 looking right의 측면이 강조되어야 할 것이다. 또한 유니폼은 차별화의 도구로 매우 중요하다.

2) 부패성(perishability)

두 번째 특징은 부패성이며, 시간상품의 특성으로 당일에 판매되지 못한 객실 및 식음료상품들은 영원히 판매할 수 없는 상품이 되어버린다. 따라서 어느 정도의 수요가 예측되어야 이러한 부패성으로 인한 손해를 만회할 수 있다. 그러므로 신규고객들보다는 단골고객이 중요하며, 이러한 고정고객들에 의한 수요예측이 매우 중요하다. 즉 수요예측이 잘 실행되지 못하면 많은 낭비요소로 인해 재료비의 비중이 과다하게 책정되며 경영의 마이너스 요소로 작용할 것이다.

3) 동시성(simultaneity)

세 번째는 동시성으로 생산과 소비가 동시에 일어난다는 것이다. 이로 인해 호텔산업은 고객과의 접점상황을 사전에 대비하여 연습하고 훈련하여 실제 상황에서 고객만족을 이루어나가는 것이 중요한 특징을 갖고 있다. 따라서 OJT(on the job training)와 같은 직무훈련이 매우 중요한 의미를 갖는다.

4) 이질성(heterogeneity)

네 번째는 이질성이다. 이는 서비스를 하는 행위의 주체가 사람이므로 항상 이질적일 수밖에 없는 특징을 갖고 있으며 또한 고객도 이질적일 수밖에 없는 특징을 갖고 있다는 것이다. 따라서 이러한 이질성을 감소시키기 위해서는 유니폼으로 통일하여 이질성을 감소시키며, 또한 매뉴얼에 의한 서비스를 교육하여 그 차이를 감소해 나가는 노력이 뒤따라야 할 것이다. 마찬가지로 고객의 이질성을 줄이기 위해서는 시장세분화를 통해 표적고객을 선별하여 만족시키는 전략이 유효할 것이다. 이렇듯 환대산업은 서비스의 특성으로 인해 1차 및 2차 산업과 구분된다.

5) 고정된 수용규모

호텔산업의 제품특성 중 제조업과 근본적으로 차이가 나는 것은 공급의 규모(수용규모)가 고정되어 있다는 점이다. 호텔 객실, 레스토랑, 연회·회의실 등 대부분의 제품은 수용규모가 제한되어 있다. 수요의 변동이 심한 호텔업에 있어서 이 사실은 매우 중요한 의미를 갖고 있다. 즉 수요주기에 따라 수요를 융통성 있게 통제해야 한다는 것이다. 따라서 예약관리, 시간관리, 인력 및 공간관리, 고객관리 등이 중요한 과제가 된다.

6) 기타

기타 특성으로 인적서비스에 대한 의존성이 높다는 것이다. 이는 매우 노동집약적인 산업(labor-intensive)이므로 고용창출효과도 있지만 인건비의 비중이 높은 단점이 있다. 또한 연중무휴 운영이다. 즉 365일 영업이 지속되어야 하는 특성을 갖고 있다. 따라서 이에 따른 직원들의 스케줄도 매우 탄력적으로 운영되어야 한다.

한편 높은 고정비(high fixed cost), 변동이 심한 수요(fluctuating demand), 부수서비스(peripheral service) 등이 특징이다.

높은 고정비란 초기 투자에 의해 세워진 건물, 시설, 인력 등은 매출과 관계없이 고정적으로 관리해야 하므로 높은 고정비를 감당해야만 하는 것이다. 이는 장치산업 또는 부동산업 등의 특징을 내포하고 있는 호텔업의 경우 고정비를 확보할 수 있는 수익률관리(yield management)가 중요한 포인트가 된다.

또한 수요의 변동이 심하여 성수기와 비수기가 존재하며, 주중과 주말 등의 효과가 나타나므로 동시화마케팅(synchro-marketing)을 통해 수요를 관리해 나가야 한다.

부수서비스란 하나의 서비스를 제공하더라도 부가적으로 많은 서비스가 필요하다는 것이다. 즉 커피숍에서 커피를 제공할 경우, 직원들의 따뜻한 서비스, 커피숍의 분위기, 안락한 테이블 및 의자, 격식에 맞는 기물 등이 뒤따라야만 커피서비스가 이루진다는 것이다.

Chapter 03

환대산업의 현황

Chapter 03 환대산업의 현황

본 장에서는 환대산업의 국내외 현황을 중심으로 그 시사점을 파악하고자 한다. 먼저 국내외 관광산업의 현황을 알아보고 다음으로 호텔산업 및 외식산업의 현황을 파악할 것이다.

제1절 국내 및 국외 관광산업의 현황[1)]

〈표 3-1〉은 2017년 공항이용객을 기준으로 세계의 공항 순위를 나타내고 있다. 인천국제공항은 16위로 나타나고 있다. 공항을 이용하는 승객의 수는 관광의 척도를 나타내는 매우 포괄적인 통계수치이므로 이를 통한 전반적인 관광산업의 인식이 매우 중요하다.

표 3-1 Top 20 Airport in the world by passenger number(2017)

Airport		Passenger numbers 2017	비고
1	Hartsfield-jackson Atlanta International Airport	107,394,029	
2	Beijing Capital International Airport	100,983,290	
3	Dubai International Airport	89,189,387	
4	Los Angeles International Airport	87,131,973	
5	Tokyo Haneda Airport	87,131,973	

1) 문화체육관광부(2018), 2017년 기준 관광동향에 관한 연차보고서.

	Airport	Passenger numbers 2017	비고
6	O'Hare International Airport, Chicago	83,339,186	
7	London Heathrow	80126320	
8	Hong Kong International Airport	70,502,000	
9	Shanghai Pudong International Airport	74,006,331	
10	Paris Charles de Gaulle Airport	72,229,723	
11	Amsterdam Airport Schiphol	71,053,147	
12	Indira Gandhi International Airport	69,900,983	
13	Guangzhou Baiyun International Airport	69,769,497	
14	Frankfurt Airport	69,510,269	
15	Dallas/Fort Worth International Airport	69,112,607	
16	Seoul Incheon International Airport	68,350,784	
17	Istanbul Atatürk Airport	68,192,683	
18	Soekarno-Hatta International Airport	66,908,159	
19	Singapore Changi Airport	65,628,000	
20	Denver International Airport	64,494,613	

자료 : International Airport Review(2019), http://www.internationalairportreview.com

1. 관광환경 변화

1) 경제환경 변화

(1) 세계경제환경 변화

2017년 세계경제는 2016년 하반기 이후 자원가격 회복의 영향과 글로벌 투자 회복세와 선진국의 경기회복이 신흥국으로 확산되면서 약 3.4%의 성장률을 나타내었다. 미국은 고용여건 및 민간소비가 개선되는 가운데, 달러화 약세의 영향으로 기업투자도 회복되어 2%의 성장을 보였다. 또한 트럼프 행정부 출범 이후 정부지출은 감소세를 나타내고 있으나 TPP 탈퇴, NAFTA 재협상, 한미 FTA 개정협상 등 보호무역주의적인 통상정책 방향이 강화되고 있다. 유로지역은 브렉시트의 불확실성이 완화되며 내수 증가와 수출회복세로 2% 정도의 성장세를 기록하였다. 한편, 영국은 파운드화 가치 하락으로 수입물가 상승에 따라 실질소득이 감소하며 브렉시트 협상의 불확실성 영향이 상대적으로 더 크게 나타난 것으로 파악된다. 일본은 공공투자 및 수출 증가와 고용환경 및 기업수익이 개선되어 민간소비가 확대되며 내수성장을 이끌며 안정적인 경기회복세를 나타내었다. 중국은 소비, 수출, 산업생산 등의 개선으로 안정적인 경제성장세를 유지하였으나 민간 및 제조업의 투자성장률은 둔화된 것으로 나타났으며, 아세안 5개국은 소비와 수출의 호조로 성장세가 강화되었다. 한편, 국제 원자재가격 상승으로 브라질과 러시아 등 자원부국의 성장세가 나타났다.

(2) 국내경제환경 변화

2017년 국내경제는 고정투자가 호조를 보이며 3.1%의 성장세를 기록하였다. 이는 글로벌 투자 증가와 자본재 및 중간재 중심의 세계교역 확대의 영향과, 반도체의 수요확대와 공급제약에 따른 가격상승으로 수출 및 투자확대가 중요한 역할을 한 것으로 분석된다. 이러한 영향으로 투자 성장기여율이 84%에 달하였다. 민간소비는 물가오름세 확대에 의한 실질 구매력 둔화에도 불구하고 소비심리 개선과 일자리 추경 등으로 완만한 증가세를 나타내었다. 건설투자 및 설비투자 모두 증가세를 보이며 고정투자는 전년 대비 8.6% 증가하였다. 건설투자는 연말에는 둔화되는 양상을 보였으며 건물 건설을 중심으로 7.6% 늘어났고, 설비투자는 반도체 업계의 호조세에 따른 IT부문 투자증가에 따라 14.6% 증가하였다. 재화 및 서비스 수출은 IT기기 고사양화와 데이터센터 확대 등으로 메모리 수요가 증가함에 따라 호조를 보였다. 석유제품·화공품 및 기계류 수출도 글로벌 수급여건 개선과 신흥국 설비투자 확대 등으로 증가세를 나타내었다. 재화 및 서비스 수입(실질 기준)은 7.0% 증가했다. 설비투자 확대로 자본재가 수입 증가를 이끌었으며, 민간소비도 양호한 모습을 나타내며 소비재 수입도 상승하였다. 또한 국제유가와 농축수산물 가격상승 등으로 소비자물가는 전년 대비 약 1.9% 증가하며 물가안정목표에 근접하였다. 한편, 서비스 수출은 사드(THAAD) 배치 문제로 인한 방한 관광객 제한조치에 따라 중국인 관광객이 감소하면서 여행서비스를 중심으로 큰 폭으로 감소하는 특징을 보였다.

(3) 관광의 경제적 기여도 변화

세계여행관광협회(World Travel & Tourism Council, WTTC)에 따르면, 2017년 여행 및 관광 분야의 세계 GDP와 일자리에 대한 직접적 기여도가 2.6조 달러와 1억 1,845만 개에 달하였다. 여행 및 관광 분야의 GDP에 대한 직접적 기여도는 약 4.6%, 고용에 대한 기여도는 약 8.2% 증가하였다. 좀 더 광범위하게 직·간접적인 영향력을 고려할 경우, 세계 경제에서 여행 및 관광 분야의 GDP에 대한 총 기여도가 8.3조 달러로 세계 GDP의 10.4%에 해당하며, 고용에 대한 총 기여는 3억 1,300만 개로 조사되었다. 이와 같이 전세계적으로 여행 및 관광 수요와 해외 관광지출이 지속적으로 증가함에 따라 여행 및 관광산업은 기타 산업에 비해 GDP 성장 및 일자리 창출에 높은 기여를 하였다.

2) 사회문화 환경 변화

(1) 고령화와 인구구조 변화

우리나라 인구는 고령자 급증으로 초고령 사회에 진입하고 있다. 2017년 65세 이상 인구는 707만 6천명으로 전체 인구의 13.8%를 차지하고 있는데 가구별로는 5가구 중 1가구가 고령자 가구이며, 그 중 33.5%는 고령자 1인 가구로 나타났다. 전체 인구 중 65세 이상 고령인구 비중이 2040년에는 32.8%, 2060년에는 41%까지 증가할 것으로 전망되었다.

고령층의 규모 증가와 잠재 소비시장으로서의 가능성이 확대되며 은퇴 이후 적극적으로 소비하고 여가생활을 즐기는 액티브 시니어 시장이 블루오션으로 부상하고 있다. 액티브 시니어는 자기 자신에 대한 투자와 문화생활의 소비에 적극적인 특징을 나타낸다. 우리나라 시니어 관련 산업 규모는 2012년 약 27조 원에서 2020년 약 78조 원으로 매년 약 13% 성장할 것으로 전망되어 주요 성장산업으로 기대되고 있다. 또한 2016년 통계청의 조사결과에 의하면, 65세 이상 응답자의 51%가 향후 하고 싶은 여가 활동으로 '관광활동'을 꼽아 잠재 관광수요가 높은 편으로 파악되었다.

한편, 우리나라에서 1인 가구는 전 연령대에서 지속적으로 증가하고 있는데 2017년 기준 1인 가구는 약 556만 가구로, 전체 가구의 28.5%를 차지하였다. 1인

가구는 점진적으로 증가하여 2045년에는 약 810만 가구로 전체 가구의 36.3%를 차지할 것으로 전망되고 있다. 1인 가구의 증가와 함께 결혼이민 및 귀화 등에 의한 다문화 가구도 꾸준하게 증가하는 추세이다. 2002년 이후 매년 28% 이상의 높은 증가율을 보이던 결혼이민자는 2014년 4월 국제결혼 건전화를 위한 결혼이민 사증발급심사 강화 및 국제결혼 안내프로그램 이수 의무화조치 등으로 인하여 최근 3년간 평균 증가율은 0.96%였다. 2017년에는 155,457명으로 전년 대비 2% 증가하였다. 결혼이민자의 경우 1990년까지는 일본여성이 다수를 차지하고 있었으나, 2000년대 초부터 중국 및 필리핀 등의 국적 결혼이민자의 증가가 두드러졌으며 베트남, 캄보디아, 몽골, 태국 등으로 다양화되고 있다. 2017년 결혼 이민자는 국적별로 살펴보면 중국이 37.1%로 가장 많은 비중을 차지하고 있으며 베트남 27.1%, 일본 8.6%, 필리핀 7.6% 순으로 나타났다. 성별로는 여성이 130,227명으로 전체의 83.8%를 차지하고 있으며 남성은 25,230명으로 16.2%이다. 2017년도 기준으로 우리나라로 귀화한 외국인은 전년 대비 0.2% 감소한 총 10,086명으로 나타났는데, 중국인이 47.4%로 가장 많은 비중을 차지하며 다음으로 베트남이 37.1%이다. 귀화자 중 중국 및 베트남의 비중이 상대적으로 높은 것은 한국인과의 혼인을 통한 간이귀화 비율이 높기 때문이다.

(2) 여가 및 라이프스타일 트렌드

현재의 행복을 중시하며 나를 위한 투자를 아끼지 않는 욜로족(YOLO: You Only Live Once)의 라이프스타일이 트렌드가 되고 있다. 지금 이 순간을 즐기기 위한 하나의 방법으로서 나홀로 여행을 떠나는 모습은 이제 일상이 되었다. 욜로족 라이프스타일에 대한 조사에서 욜로족은 20~30대가 가장 많으며, 취미생활에 투자하는 돈을 아까워하지 않는 경향이 나타났다. 또한 '몇 달치 월급을 모아서 평생 기억에 남을 여행을 가고 싶다'에 대해 '매우 그렇다' 혹은 '그렇다'고 응답한 비율이 약 34%로 나타나 최근 젊은층의 가치관이 변화하고 있음을 알 수 있다. 「2017 국민여행실태조사」에서는 혼자서 국내여행을 다녀온 비율이 34.5%로 3명 중 1명 정도가 혼행족인 것으로 나타났다. 이와 같이 1인 가구와 욜로족의 증가에 따라 1conomy(1+economy)에 주목하고 소비패턴의 변화가 뚜렷하게 나타나는 문화관광 분야의 성장에 관심이 모아지고 있다.

최근 우리 사회에서는 일과 삶의 균형을 중요시하는 '워라밸(Work and Life Balance)'이 주요 화두로 떠오르고 있다. 다만, 우리나라의 평균 근무시간은 연 2,069시간(2016년 기준)으로 OECD 국가 중 가장 많은 편에 속하며, '시간부족'이 여가활동의 주요 제약요인으로 꼽히고 있는 것이 현실이다. 또한 여가산업이 외식, 영화, 게임 등의 엔터테인먼트 중심이며 수도권에 여가기반이 집중되어 있다. 문화체육관광부 · 한국관광공사가 실시한 조사(2017)에서는 국내 근로자들의 평균 연차휴가 취득일수는 15.1일이며 사용률은 52.3%로 나타나 OECD 평균인 70%에 비해 미흡한 수준인 것으로 나타났다. 과도한 업무량과 휴가사용에 대한 직장 내 경직된 분위기 등의 한계가 지적되며 정부는 공휴일 제도 개선 및 휴가복지 지원을 국정과제로 정하며 여가활성화를 위한 정책적인 시도를 하고 있다. 아울러 「국민여가활성화기본법」을 바탕으로 국민의 다양한 여가활동을 통한 삶의 질 향상을 위한 기반을 마련하고 궁극적으로 행복추구권을 보장하기 위해 노력하고 있다.

한편, 지역별, 연령별, 소득수준별 문화향유 기회 격차 등의 과제를 해결하기 위해 2014년 1월부터 매월 마지막 주 수요일마다 미술관, 박물관, 문화재 등 주요 문화시설의 할인 및 무료이용 혜택을 받을 수 있는 '문화가 있는 날'을 추진하고 있다. 문화가 있는 날은 2014년 시행 이후 참여 프로그램이 증가('14년 883개 → '16년 2,657개)하였으며, 인지도('14년 19% → '16년 57.8%)도 향상되었다. 2016년에는 「문화기본법」 개정을 통해 법적 근거를 마련하였고, 2017년 7월부터는 매월 마지막 주 수요일에서 그 주말까지 확대 시행하여 문화향유 기회를 확대하고자 하였으며 민관이 협력하여 지역문화 콘텐츠 특성화, 청춘마이크, 직장 배달 콘서트 등의 기획 사업을 실시하였다.

(3) 한국 문화콘텐츠의 해외소비 동향

한국의 문화콘텐츠는 방한 동기형성에 영향을 미치는 주요 요인 중 하나이다. 2017년은 사드배치 등 동북아 지역의 정치외교적인 요인에 의해 주요 문화콘텐츠 수출국인 중국 내에서의 한류 확산에 어려움이 있었던 해였다. 다만, 이를 계기로 동남아, 중남미 등 콘텐츠 수출시장의 저변을 확대하고 쌍방향 문화교류 강화 및 기업들의 CSR 연계 사회공헌활동 등을 통해 지속가능한 한류창출을 위해 노력하였다. 특히, 타 산업과의 융복합 한류 프로젝트를 추진하여 외국인 관광객을 대상으로 하는 위치기반 한류 콘텐츠 앱 서비스나 K-Housing Fair 등 새로운 사업모델을 지원하였다. 또한 문화콘텐츠의 해외진출 인프라 및 네트워크 확대를 위해 콘텐츠진흥원의 해외사무소를 비즈니스 센터화하여 역할을 강화하고, 수출마케팅 플랫폼(WelCon)을 구축하여 해외수출에 관련된 맞춤형 정보를 제공하고 있다.

문화체육관광부가 실시한 「콘텐츠산업 통계조사」에 의하면, 2016년 기준 국내 콘텐츠산업 수출액은 전년 대비 6.1% 증가한 60억 806만 달러를 기록하였다. 한류의 지속적인 영향으로 콘텐츠산업 수출액은 2012년 이후 5년 동안 연평균 6.8%씩 증가하여 성장세를 유지하였다. 수출액은 게임 산업이 32억 7,735만 달러로 가장 규모가 크며, 다음으로 캐릭터(6억 1,284만 달러), 지식정보(5억 6,641만 달러), 음악(4억 4,257만 달러), 방송(4억 1,121만 달러) 등의 순으로 조사되었다.

또한 9개 한류콘텐츠별 월평균 소비지출은 2016년 52.23달러에서 2017년 60.44달러로 15.7% 증가하였다. 그중에서도 한국 패션/뷰티의 증가폭이 가장 큰 것으로 조사되었으며, 다음으로 한식의 소비지출액도 전년 대비 월 1.39달러 늘어났다. 또한 국가별로는 한국의 TV 드라마, 예능, 영화, K-pop에 대해 UAE, 인도네시아, 프랑스, 미국, 태국, 말레이시아등의 지역에서 지출금액이 큰 것으로 나타났다. 한편, 한류콘텐츠로 인한 2017년의 소비재 및 관광 수출의 경제적 효과는 43.9억 달러로 분석되었다. 외국인 관광객으로 인한 수입은 10.5억 달러로 추정되었는데, 2017년의 경우 사드 배치에 의한 중국인 관광객 감소의 영향으로 전년 대비 22% 감소한 것으로 파악된다.

3) 기술환경 변화

2017년에도 디지털 전환(digital transformation)에 대한 세계적인 이목이 집중되는 가운데 빅데이터, 머신러닝, IoT, 클라우드 컴퓨팅, 인공지능(AI) 등의 기술개발에 주력하고 있다. 이와 같은 기술 발전이 불러일으킬 산업과 사회 각 영역의 변화에 대해, 우리나라에서도 4차 산업혁명 관련 이슈는 핵심 국정과제로서 논의되고 있다. 기획재정부의 중장기전략위원회에서는 2017년 4차 산업혁명 대응을 위한 중장기 정책과제를 발표하였으며, 대통령 직속 4차 산업혁명 위원회가 구성되어 혁신성장을 위한 사람 중심의 4차 산업혁명 대응계획이 수립되었다. 4차 산업혁명 대응계획에서는 연구자 중심의 R&D 체계 개편과 신기술 촉진을 위한 규제제도 개선, 핵심인력 양성 등에 대한 내용이 포함되었다. 스마트카 개발과 자율주행차 산업 육성, 드론산업 활성화 지원 로드맵 마련, IoT 네트워크 인프라 구축 등 신산업 육성은 관광산업에 직·간접적 영향을 줄 수 있는 요인으로 파악되고 있다. 또한 최근의 딥러닝 기술을 활용한 삼성의 빅스비(Bixby), 애플의 시리(Siri), 구글 어시스턴트(Google Assistant) 등은 모바일이나 가전기기에 탑재되어 음성 및 이미지 인식 기술발전을 보여주고 있다.

한편, 디지털 미디어 발전에 따라 이용자들의 행동패턴에도 변화가 나타나고 있다. 「2017 언론수용자 의식조사」에 따르면, 텔레비전, 종이신문, 라디오, 잡지 등의 전통 미디어 이용시간은 감소하는 한편, 모바일 인터넷의 이용시간은 증가 추세를 보이고 있다. 모바일 인터넷 이용률은 82.3%로 2011년 이용률 36.7%에 비해 2배 이상 증가하였으며, 하루 평균 이용시간은 71.1분으로 나타났다. 또한 「2017 인터넷이용 실태조사」의 결과에 의하면, 가구 인터넷 접속률은 99.5%로 거의 100%에 이르렀으며, 만 6세 이상 인구 중 스마트폰 보유 비율은 2017년 기준 89.5%로 나타났다. 만 6세 이상 인터넷이용자 중 인스턴트 메신저 이용률은 95.1%로 나타났으며, 모바일기기의 이용률이 컴퓨터 이용률보다 3배 이상 높은 것으로 조사되었다. 인스턴트 메신저는 대화를 비롯하여 사진, 동영상, 일정, 업무용 파일 등 공유와 음성 및 영상통화, 게임 등 다양한 목적으로 활용되고 있어 국민들의 커뮤니케이션에 크게 영향을 미치는 것으로 파악된다. 또한 2017년 기준 만 65세 이상 고령자의 인터넷 이용률이 45.7%로 5년 전 대비 3배 이상 증가(2012년 14.5% → 2017년 45.7%)하였으며 44.4%가 스마트폰을 보유한 것으로 조사되었다.

「2017 국민여행 실태조사」 결과를 보면, 여행 선택 시 주로 참고하는 인터넷 정보원으로 포털 사이트를 꼽는 경우가 약 80% 정도로 가장 많았으며, 다음으로 SNS를 이용하는 비중 이 약 10%대로 나타났다. 또한 「2017 외래관광객 실태조사」에서도 한국 여행정보 입수경로는 인터넷(71.8%)이 가장 많이 활용되는 것으로 조사되었다. 인터넷 사용이 보편화되며 소비 및 여행 예약서비스 이용행태도 변화하고 있다. 「온라인 쇼핑동향조사」에 따르면 온라인쇼핑몰 거래액은 2007년 약 158억 원에서 2017년 약 800억 원으로 10년 동안 5배 넘게 증가하였다. 이중 여행 및 예약서비스는 2007년 약 24억 원이었으나 2017년 약 128억 원으로 급증한 것으로 나타나, 온라인을 통한 여행 예약이 확대된 것을 확인할 수 있다.

또한 「2017년 사물인터넷 산업 실태조사」에 따르면, 2017년 사물인터넷 전체 매출액은 7조 1,623억 원으로 2016년 대비 23.4% 증가한 것으로 조사되었다. 사업 분야별 매출액은 제품기기 분야의 비율이 47.8%로 가장 높았으며, 서비스(21.3%), 플랫폼(15.5%), 네트워크(15.4%) 등이 뒤를 잇는 것으로 나타났다. 그리고 「2017년 데이터 산업 현황 조사」 결과에 따르면, 2017년 국내 데이터산업 시장은 13조 7,547억 원 규모로, 전년 대비 4%의 성장세를 나타냈다.

한편, 최근 안전사고와 재난 등이 빈번히 발생함에 따라 첨단 과학기술을 통해 각종 재난을 예방 및 해결해야 한다는 요구가 커지고 있다. 주요 선진국에서는 과학기술을 재난대응의 핵심 수단으로 적극 활용하고 있다. 특히 재해발생 통보와 긴급구조에 소셜 네트워킹서비스(SNS)를 비롯한 정보통신기술(ICT)이 폭넓게 적용되고 있다. 이에 정부는 제3차 재난 및 안전 관리 기술개발 종합계획을 발표하여 국민안전 확보를 위한 맞춤형 서비스 개발, 미래 신종 재난 대비 안전 기술 선진화, 범부처 협의체를 통한 협업형 R&D 추진체계 구축 등 3대 추진전략을 제시하였다.

4) 기후환경 변화

온실가스 배출 증대에 의한 지구 온난화 현상이 전 세계적 이슈가 되며 국제사회는 환경적으로 지속가능한 발전을 의제로 설정하고 국제적 협력을 모색하고 있다. 최근에는 지구환경보호 및 생물다양성 보존을 위한 '지속가능한 소비 및 생산(Sustainable Consumption and Production ; SCP)'을 위한 각 국가들의 협력이 강화되고 있다.

2015년 뉴욕에서 개최된 유엔정상회담에서 각국 정부에게 향후 15년을 위한 '포스트 2015 개발 의제(Post 2015 Development)'를 채택할 것을 촉구한 후, 2016년부터는 광범한 이해관계자들의 합의를 바탕으로 수립된 17개의 목표와 169개의 세부목표를 달성하기 위해 노력하고 있다. 또한 유엔지속가능개발회의(리우+20)에서 각국 정상들은 지속가능한 소비 및 생산 패턴의 추구가 지속가능한 발전을 위한 3대 주요 목표이자 필수 요건임을 재확인하고 '지속가능한 소비 및 생산프로그램 10개년 계획(10YFP)'을 채택하였다. 2017년에도 각국 정부들은 관광을 비롯한 공공조달, 생활방식 및 교육, 식량 등 각 분과별로 지속가능한 발전을 달성하기 위한 세부 사업의 이행을 추진하였다.

전 세계 탄소배출의 약 5%를 차지하고 있는 관광부문도 지구온난화 및 수질오염 등으로부터 자유로울 수 없는데, 유엔세계관광기구(UNWTO)는 현재와 같은 관광행태가 지속되는 경우 2050년까지 에너지 소비는 154%, 온실가스 배출은 131%, 물 소비는 152%, 고형폐기물은 251% 증가할 것으로 전망하였다. 관광은 자연 및 생태자원, 그리고 기후와 밀접한 관련성이 있으므로 관광산업에서의 에너지 사용은 물론, 탄소 및 폐기물 배출량이 증가할 경우 관광산업의 지속적인 발전이 어려우므로 관광산업 부문에서의 에너지 사용량 절감 및 탄소배출 감축은 중요한 과제가 되었다.

우리나라는 이산화탄소 배출 및 에너지 소비의 지속적 증가, 기온상승, 극한 기상, 해수면 상승 등 한반도 기후변화 영향 심화에 의한 사회적 비용이 증가, 유해화학물질 및 초미세먼지 등으로 인한 건강피해 위험 증가 등 기후변화, 자원사용, 환경보건 문제 악화에 대응할 목적으로 「저탄소 녹색성장 기본법」 제50조에 근거하여 「지속가능발전 기본계획」을 수립하고 있다. 본 계획은 지속가능한 발전 관련 국제적 합의를 이행하고 국가의 지속가능발전을 촉진하기 위해 20년 계획 기간으로 5년마다 수립하는데, 2016년에는 「제3차 지속가능발전 기본계획(2016~2035)」을 마련하였다.

범정부 부처가 참여하는 제3차 기본계획은 UN 지속가능발전목표(SDGs)의 국내 여건에 대한 반영을 전제로 환경 · 사회 · 경제의 조화로운 발전이라는 비전 하에 건강한 국토환경, 통합된 안심사회, 포용적 혁신경제, 글로벌 책임국가 등 4대 목표, 부문별 14개 전략, 50개 이행과제로 구성되었다. 본 계획을 통해 쾌적한 생활환경 조성과 건강한 자연생태계 유지, 불평등 및 차별 완화, 국민건강 및 안전 증진, 포용적 성장기반 구축, 친환경적 경제체제 확립, 글로벌 파트너십 확대, 기후변화 대응체계 확립 등과 같은 효과들을 예상했다.

한편, 유엔(UN)은 2017년을 '지속가능한 관광의 해(The International Year of Sustainable Tourism for Development)'로 지정하였다. 이를 계기로 국내에서는 유엔환경계획(UNEP), 유엔세계관광기구(UNWTO), 지속가능관광위원회(GSTC) 등을 포함하여 국내외 전문가들이 '자원 효율적 저탄소 관광 산업 증진 방안' 등에 대해 논의하기도 했다.

또한 서울에서 '2017 서울 공정관광 국제포럼'을 개최하여 공정하고 지속가능한 도시 의제를 주제로 논의하였으며, 서울시와 바르셀로나시는 공정하고 지속가능한 관광 공동캠페인을 펼치기로 협약했다. 한편, 이와 관련하여 지속가능발전목표(SDGs: Sustainable Development Goals)에서는 관광의 역할 강화를 위하여 공개적 지지와 인식 제고, 지식 창출과 배포, 정책 결정, 역량 형성과 교육의 네 가지 영역에서 가이드라인을 제시하였다. 이에 2030년 아젠다와 SDGs 목표에 기여하는 관광정책 및 교육 프로그램 개발 등에 대해 다양한 이해관계자 간 협력을 추진하고 있다.

2. 국제관광 동향

1) 개관

세계관광기구(UNWTO)의 통계에 따르면, 국제관광객 수가 2012년 최초로 10억 명을 돌파한 이래 2017년에는 전년 대비 6.8% 증가한 13억 2,300만 명으로 집계되었다. 2017년 국제관광 수입은 전년 대비 4.8% 증가한 1조 3,320억 달러를 기록하였다.

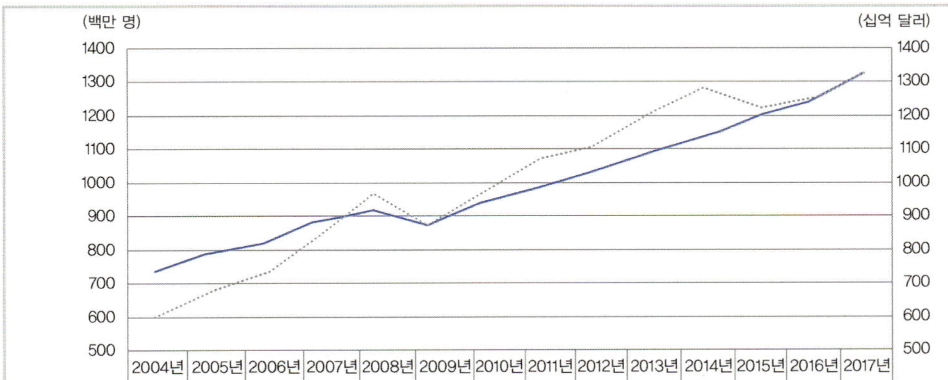

	2004년	2005년	2006년	2007년	2008년	2009년	2010년	2011년	2012년	2013년	2014년	2015년	2016년	2017년
— 여행객수 (백만 명)	761	809	842	898	930	892	952	997	1043	1095	1142	1195	1239	1323
····· 관광수입 (US$ 십억)	633	704	744	856	973	886	977	1080	1117	1204	1274	1217	1239	1332

주) 2017년은 잠정치임

자료 : 관광지식정보시스템 세계관광지표(원자료 : UNWTO World Tourism Barometer) 토대로 작성

그림 3-1 세계관광 성장추이

2) 대륙별 동향

2017년 기준 대륙별 국제관광객 유치 동향을 살펴보면 유럽지역은 전년 대비 8.4% 증가한 6억 7,110만 명의 외국인 관광객을 유치함으로써 전체 대륙 가운데 1위를 고수하였다. 아시아·태평양 지역의 경우 전년 대비 5.6% 증가한 3억 2,320만 명의 외국인 관광객이 방문하였고, 미주대륙은 전년 대비 3.3% 증가한 2억 730만 명의 외국인 관광객을 유치하였다. 아프리카는 전년 대비 9.0% 증가한 6,300만 명의 관광객이 방문하였고 중동지역의 외국인 관광객은 전년 대비 4.6% 증가한 5,820만 명으로 집계되었다.

표 3-2 연도별/지역별 세계관광객 수 (단위 : 백만 명, %)

구 분	관광객 수						성장률		구성비
	2000	2005	2010	2015	2016	2017	16/15	17/16	2017
전 세계	680	809	952	1,186	1,235	1,323	3.7	6.8	100.0
유럽	392.9	452.7	487.7	607.7	615.2	671.1	2.3	8.4	50.7
아시아 · 태평양	110.4	154.1	208.2	279.2	308.7	323.2	7.7	5.6	24.4
미주	128.2	133.3	150.4	192.6	199.9	207.3	3.6	3.3	15.7
아프리카	26.2	34.8	50.4	53.5	57.8	63.0	7.9	9.0	4.8
중동	22.4	33.7	55.4	53.3	53.6	58.2	-4.3	4.6	4.4

주) 2017년은 잠정치임
자료 : UNWTO World Tourism Barometer(Vol. 16, June 2018)

표 3-3 지역별 세계 관광수입 (단위 : 십억 달러(US$), %)

구 분	관광수입		성장률		구성비
	2016	2017	16/15	17/16	2017
전 세계	1,239	1,332	2.6	4.8	100.0
유럽	461.7	511.6	1.2	7.8	38.4
아시아 · 태평양	370.8	389.5	4.1	2.6	29.2
미주	313.7	325.7	2.3	1.2	24.4
아프리카	33.4	37.8	4.8	8.1	2.8
중동	59.0	67.8	1.1	12.9	5.1

주 1) 2017년은 잠정치임
2) 성장률은 자국 화폐 불변가격을 기준으로 산정한 것임
자료 : UNWTO World Tourism Barometer(Vol. 16, June 2018)

표 3-4 주요 국가 외국인 관광객 현황 (단위 : 백만 명, %)

순 위	국가명	방문객 수		증가율	
		2016	2017	15/14	16/15
1	프랑스	82.6	-	0.9	-2.2
2	미국	75.9	-	3.3	-2.1
3	스페인	75.3	81.8	5.0	10.5
4	중국	59.3	60.7	2.3	4.2
5	이탈리아	52.4	58.3	4.4	3.2
6	영국	35.8	-	5.6	4.0
7	독일	35.6	37.5	6.0	1.8
8	멕시코	35.1	39.3	9.4	9.3
9	태국	32.6	35.4	20.6	8.9
10	터키	30.3	37.6	-0.8	-23.3

주) 2016년은 잠정치임
자료 : UNWTO World Tourism Barometer(Vol. 16, June 2018)

표 3-5 주요 국가 관광수입 현황 (단위 : 십억 달러(US$), %)

순 위	국가명	관광수입		증가율	
		2016	2017	16/15	17/16
1	미국	206.9	210.7	0.0	1.9
2	스페인	60.5	68.0	7.2	10.1
3	프랑스	54.5	60.7	-6.3	9.0
4	태국	48.8	57.5	12.2	13.1
5	이탈리아	40.2	44.2	2.3	7.7
6	영국	41.5	43.9	3.3	10.8
7	호주	37.0	41.7	9.3	9.3
8	독일	37.5	39.8	1.7	4.2
9	마카오	30.4	35.6	-1.8	17.6
10	일본	30.7	34.1	10.4	14.4

주 1) 2017년은 잠정치임
2) 성장률은 자국 화폐 경상가격을 기준으로 산정한 것임
자료 : UNWTO World Tourism Barometer(Vol.16, July 2018)

3. 국내관광 동향

1) 외국인 관광객 입국 동향

(1) 개관

2017년 방한 외국인 관광객은 전년 대비 22.7% 감소한 1,333만 명으로 집계되었다. 중국 시장의 경우 2017년 3월 중국국가여유국의 한국여행 상품 판매 및 방한 단체여행 제한의 영향으로 전년 대비 48.3% 감소한 417만 명으로 집계되었다. 일본 시장의 경우 전년 대비 0.6% 증가한 231만 명을 기록하였는데, 이는 북한의 미사일 발사 및 핵실험 이슈 관련 한반도 정세 등으로 인해 불안감이 가중되어 방한 심리가 위축된 것으로 보인다.

대륙별로는 아시아지역의 경우 전년 대비 27.0% 감소한 1,055만 6,605명으로 전체 방한 외국인 관광객 중 79.2%를 차지했으며, 미주지역은 전년 대비 0.1% 증가한 111만 7,107명으로, 우리나라 전체 인바운드 중 8.4%를 차지하였다. 그리고 유럽지역은 전년 대비 0.7% 감소한 93만 6,057명으로 7.0%를 차지하였고, 중동지역은 전년 대비 12.4% 증가한 21만 7,538명으로 1.6%를 차지하였다. 기타 대양주,

아프리카주, 교포 및 미상 외국인은 전체 인바운드의 약 3.8%를 차지하는 것으로 나타났다.

국가별로는 아시아지역의 경우 일본(0.6%), 대만(11.1%), 홍콩(1.1%), 태국(6.0%) 등은 상승세를 기록했지만, 중국(-48.3%), 필리핀(-19.4%), 말레이시아(-1.2%), 싱가포르(-2.4%), 인도네시아(-21.9%) 등은 큰 감소세를 보였다. 미국 및 캐나다는 각각 0.3%의 소폭 성장률을 기록했으며, 유럽지역 국가 중 러시아(15.6%), 프랑스(0.9%) 등은 증가세를 보이고, 영국(-6.7%), 독일(-0.4%), 이탈리아(-31.0%)는 감소세를 보였다. 중국 관광객은 전년 대비 크게 감소했음에도 불구하고 방한 외국인 관광객 1위 국가를 차지하고 있다.

2017년도 월별 방한 외국인 관광객 수는 1, 2월을 제외하고 전년 동월 대비 감소 경향이 뚜렷하게 나타났다. 이는 2017년 3월부터 중국의 한한령으로 중국 관광객의 입국이 크게 감소한 영향으로 보인다.

성별 입국 현황을 보면 여성(55.2%)의 비중이 남성(44.8%)보다 높게 나타났고 연령별로는 21~30세(26.3%)가 가장 비중이 컸고 30대(22.3%), 40대(17.3%), 50대(14.5%) 순으로 나타났다.

표 3-6 연도별 외국인 관광객 입국 현황 (단위 : 명, %)

연 도	외국인 관광객 수	성장률	연 도	외국인 관광객 수	성장률
1996	3,683,779	−1.8	2007	6,448,240	4.8
1997	3,908,140	6.1	2008	6,890,841	6.9
1998	4,250,216	8.8	2009	7,817,533	13.4
1999	4,659,785	9.6	2010	8,797,658	12.5
2000	5,321,792	14.2	2011	9,794,796	11.3
2001	5,147,204	−3.3	2012	11,140,028	13.7
2002	5,347,468	3.9	2013	12,175,550	9.3
2003	4,752,762	-11.1	2014	14,201,516	16.6
2004	5,818,138	22.4	2015	13,231,651	-6.8
2005	6,022,752	3.5	2016	17,241,823	30.3
2006	6,155,046	2.2	2017	13,335,758	-22.7

자료 : 관광지식정보시스템(원시자료출처 : 법무부 출입국 통계 재구성)

표 3-7 월별 외국인 관광객 입국 현황 (단위 : 명, %)

월	외국인 관광객 수		성장률	구성비	
	2016	2017		2016	2017
1	1,077,431	1,220,695	13.3	6.2	9.2
2	1,126,250	1,252,080	11.2	6.5	9.4
3	1,389,399	1,233,640	-11.2	8.1	9.3
4	1,469,674	1,075,899	-26.8	8.5	8.1
5	1,492,680	977,889	-34.5	8.7	7.3
6	1,554,413	991,802	-36.2	9.0	7.4
7	1,703,495	1,008,671	-40.8	9.9	7.6
8	1,664,303	1,103,506	-33.7	9.7	8.3
9	1,523,928	1,078,653	-29.2	8.8	8.1
10	1,587,797	1,165,638	-26.6	9.2	8.7
11	1,309,055	1,093,217	-16.5	7.6	8.2
12	1,343,398	1,134,068	-15.6	7.8	8.5

주) 성장률은 전년 동월 대비임
자료 : 관광지식정보시스템(원시자료출처 : 법무부 출입국 통계 재구성)

표 3-8 연도별/국적별 시장점유율 추이 (단위 : %)

연 도	일본	중국	미국	유럽	교포	기타	계
2001	46.2	9.4	8.3	8.3	5.6	22.2	100.0
2002	43.4	10.1	8.6	9.4	5.9	22.6	100.0
2003	37.9	10.8	8.9	10.1	6.0	26.3	100.0
2004	42.0	10.8	8.8	8.6	5.2	24.6	100.0
2005	40.5	11.8	8.8	8.5	4.7	25.7	100.0
2006	38.0	14.6	9.0	8.7	3.7	26.0	100.0
2007	34.7	16.6	9.1	8.7	4.6	26.3	100.0
2008	34.5	17.0	8.9	8.6	4.5	26.5	100.0
2009	39.1	17.2	7.8	7.7	3.0	25.2	100.0
2010	34.4	21.3	7.4	7.3	3.6	26.0	100.0
2011	33.6	22.7	6.8	7.0	3.3	26.6	100.0
2012	31.6	25.5	6.3	6.4	3.0	27.2	100.0
2013	22.6	35.5	5.9	6.3	2.5	27.2	100.0
2014	16.1	43.1	5.4	6.0	2.1	27.3	100.0
2015	13.9	45.2	5.8	6.1	2.0	27.0	100.0
2016	13.3	46.8	5.0	5.5	1.6	27.8	100.0
2017	17.3	31.3	6.5	7.0	2.0	35.9	100.0

자료 : 관광지식정보시스템(원시자료출처 : 법무부 출입국 통계 재구성)

(2) 주요 시장별 입국 현황

① 중국

2013년부터 우리나라 제1의 인바운드 시장으로 자리매김한 중국시장의 경우 경제성장 및 소득수준 향상과 아웃바운드 규모 증대 등에 힘입어 방한 중국인 관광객 수는 가파른 성장세를 유지해왔다. 방한 외국인 1위 국가인 중국은 전년 동기 대비 48.3% 감소한 총 4,169,353명으로 전체 외국인 입국자의 31.3% 비중을 나타냈다. 메르스 사태 후 방한 중국인이 회복세로 전환되어 2017년 초까지 증가세를 이어가다가 2017년 3월 중국의 방한 제한 조치로 인해 방한 중국인이 급감하여 감소세로 전환되었다. 이후 급격한 감소세를 이어오다가 12월 한·중 관계 개선 및 개별비자 발급 증가에 따라 전월 대비 감소세가 둔화되고 있는 경향을 보였다.

② 일본

2016년 큰 폭의 성장세와는 반대로 2017년 한국을 방문한 일본인 관광객 수는 전년 대비 0.6% 소폭 증가한 2,311,447명을 기록하였다. 이는 북한 도발 관련 한반도 정세 영향 등으로 인해 일본 내 한국관광에 대한 불안감이 가중되면서 한국을 찾는 일본인 관광객 수는 미미한 변화를 보였다. 그럼에도 불구하고 일본인 관광객은 전체 방한 외국인 관광객의 17.3%를 기록하며 방한 관광시장 제2위 국가를 차지하였다.

③ 대만

2017년 방한 대만인 관광객 수가 미국인 관광객 수를 제치고 3위를 차지하였다. 2015년에는 중동호흡기증후군(MERS) 사태로 인해 방한 대만인 관광객 수가 감소하며 5위로 하락하였지만, 2016년에는 큰 폭의 성장세를 보이며 다시 4위 시장으로 상향되었다. 2017년 에어텔 및 테마형 데이투어(지방, 축제, 스키, 봄꽃여행 등) FIT 상품 개발 및 모객 관광 실시 등 FIT 대상 홍보 마케팅 지속 추진으로 전년 대비 11.1% 상승한 92만 5,616명의 관광객이 한국을 방문하였다.

④ 미국

교포 및 환승객 등의 수요로 인해 우리나라 인바운드 시장의 네 번째 자리를 차지하고 있는 미국의 경우 2017년 초 트럼프 행정부의 반이민 행정명령에 따른 아웃바운드 여행수요 감소와 한반도 정세 불안에 따른 요인이 복합적으로 작용하여 방한 미국인 관광객이 감소하였다. 2017년 말 북한 도발이 소강상태를 보임에 따라 방한수요가 증가하며 전년 대비 0.3% 증가한 86만 8,881명을 기록하였다.

2) 국민 해외여행 동향

(1) 개관

2017년 국민 해외여행객은 26,496,447명으로 전년 대비 18.4%의 성장률을 보였으며, 아웃바운드 집계 사상 처음으로 국민 해외여행 2,000만 명을 기록한 2016년보다 더 큰 성장세를 보였다. 저비용항공사 성장 및 원화강세로 인한 해외여행 수요 상승 등으로 국제여객이 증가하여 2017년도 월별 국민 해외여행 출국 현황을 보면 3월을 제외하고 매월 200만 명 이상 출국한 것으로 나타났다.

표 3-9 연도별 국민 해외여행 출국 현황 (단위 : 명, %)

연 도	출국자 수	성장률	해외여행 허용연령 확대단계
1988	725,176	42.0	45세 이상(1987.9.16)
1989	1,213,112	67.3	40세 이상(1988.1.1)
1990	1,560,923	28.7	30세 이상(1988.7.1)
1991	1,856,018	18.9	연령제한 폐지(1989.1.1)
1992	2,043,299	10.1	
1993	2,419,930	18.4	
1994	3,154,326	30.3	
1995	3,818,740	21.1	
1996	4,649,251	21.7	
1997	4,542,159	-2.3	
1998	3,066,926	-32.5	
1999	4,341,546	41.6	
2000	5,508,242	26.9	
2001	6,084,476	10.5	
2002	7,123,407	17.1	
2003	7,086,133	-0.5	
2004	8,825,585	24.5	
2005	10,080,143	14.2	
2006	11,609,879	15.2	
2007	13,324,977	14.8	

연 도	출국자 수	성장률	해외여행 허용연령 확대단계
2008	11,996,094	-10.0	
2009	9,494,111	-20.9	
2010	12,488,364	31.5	
2011	12,693,733	1.6	
2012	13,736,976	8.2	
2013	14,846,485	8.1	
2014	16,080,684	8.3	
2015	19,310,430	20.1	
2016	22,383,190	15.9	
2017	26,496,447	18.4	

주) 1998년부터 승무원 포함
자료 : 관광지식정보시스템(원시자료출처 : 법무부 출입국 통계 재구성)

(2) 주요 목적지 국가별 출국 동향

해외 주요 국가들의 관광청(NTO) 통계에 근거하여 우리나라 국민의 해외여행 주요 행선지를 살펴보면 중국, 일본, 대만, 홍콩, 태국, 필리핀, 베트남 등이 국민 해외여행의 주요 목적지인 것으로 나타났다. 2017년에 일본을 여행한 우리나라 국민은 전년 대비 40.3% 증가한 714만 명이었으며, 대만은 19.2% 증가한 105만 명을 기록하였다. 베트남의 경우에는 전년 대비 56.4% 증가한 242만 명으로 나타났는데, 최근 들어 베트남 다낭 및 하노이 등이 우리나라 국민이 선호하는 관광지로 각광받고 있어 큰 폭의 성장세를 이어가고 있는 것으로 나타났다. 홍콩을 방문한 국민은 전년 대비 6.8% 증가한 149만 명이었으며, 태국은 16.7% 증가한 171만 명으로 집계되었다. 필리핀으로 여행한 국민은 전년 대비 9.0% 증가한 161만 명이다. 중국의 경우 우리나라 국민의 여행수요가 많은 지역이지만 중국 정부가 2016년부터 출입국자 수를 공표하고 있지 않는 관계로 중국을 방문한 우리나라 국민 규모를 파악하는 것이 가능하지 않은 상황이다.

표 3-10 월별 국민 해외여행 출국 현황 (단위 : 명, %)

월	출국자 수		성장률	구성비	
	2016	2017		2016	2017
1	2,112,337	2,343,048	10.9	9.4	8.8
2	1,876,928	2,231,269	18.9	8.4	8.4
3	1,569,162	1,940,542	23.7	7.0	7.3
4	1,636,597	2,003,943	22.4	7.3	7.6
5	1,656,728	2,003,834	21	7.4	7.6
6	1,778,317	2,098,126	18	7.9	7.9
7	2,086,068	2,389,447	14.5	9.3	9.0
8	2,064,241	2,385,301	15.6	9.2	9.0
9	1,904,524	2,236,500	17.4	8.5	8.4
10	1,865,552	2,231,748	19.6	8.3	8.4
11	1,825,701	2,227,747	22	8.2	8.4
12	2,007,035	2,404,942	19.8	9.0	9.1
계	19,310,430	22,383,190	15.9	100.0	100.0

주) 성장률은 전년 동월 대비임
자료 : 관광지식정보시스템(원시자료출처 : 법무부 출입국 통계 재구성)

(3) 국민 국내여행 동향

2017년 내국인 국내여행 참가자 수는 전년 대비 3.0% 증가한 약 4,048만 명으로 나타났으며, 당일여행은 4.8%, 숙박여행은 5.2% 증가하였다. 국민 국내여행 이동총량은 1월 1일부터 12월 31일까지 국내 당일여행과 국내 숙박여행을 합한 총 일수를 의미하는데, 2017년의 경우 국민 국내여행 이동총량은 전년 대비 16.3% 증가한 4억 7,967만 3,688일로 나타났다.

(4) 관광수지

방한 외국인 관광객의 관광지출에 의한 관광수입은 2001년부터 2007년까지 50~60억 달러 수준이었으나, 방한 외국인 관광객의 점진적인 증가와 함께 쇼핑관광의 활성화에 의해 2008년 관광수입은 전년 대비 59.7% 증가하며 처음으로 90억 달러를 넘어섰다. 2010년에는 100억 달러를 초과하였으며, 2014년에는 전년 대비 21.9% 증가한 177억 달러로 사상 최고치를 기록하였다. 2017년 잠정 관광수입은 전년 대비 22.5% 감소한 133억 달러로 추산된다.

우리나라 국민의 관광 지출은 2005년에 전년 대비 22.0% 증가하며 처음으로

100억 달러를 넘어섰고, 이후 지속적인 증가세를 유지하며 2017년 전년 대비 14.3% 증가한 271억 달러를 기록하였다.

2017년도 관광수지는 중국의 한한령과 한반도 정세 불안에 따라 외국인 관광객이 급감하고, 내국인 출국자 수가 2,650만 명으로 집계 이래 사상 최대 규모를 기록하면서 약 138억 달러(잠정치)의 적자를 기록하였다.

(5) 남북왕래 현황

2017년도 남북왕래자 수는 38명으로 지난해 29,645명보다 대폭 감소하였다. 북한을 방문한 남한 주민은 19명이며, 남한을 방문한 북한 주민은 없었다. 2008년 7월 발생한 금강산 관광객 피살사건으로 금강산과 개성 관광이 전면 중단되었고 2010년 3월 천안함 피격사건, 11월 북한의 연평도 포격 사건, 2013년 4~5월 북한의 개성공단 근로자 출경 제한, 2016년 2월 개성공단 폐쇄 등으로 남북교류는 중단된 상태에 있다.

제2절 호텔산업의 현황

1. 국외 호텔현황

〈표 3-11〉은 세계 10대 호텔체인을 나타내고 있다. 2018년 기준 세계 최고의 호텔체인은 OYO 호텔 체인이다.

표 3-11 Top 10 hotel Chains in the world(2018)

호텔 체인 순위		호텔 수/객실 수	비고
1	OYO	10,000개	India
2	Wyndham Worldwide	9,221개/697,607실	USA
3	Jin Jiang International	7,000개	China
4	Marriott International	6,717개/ 1,286,723실	USA(1927 founded)
5	Choice Hotels	6,627개/525,573실	USA(1939 founded)
6	Hilton Worldwide	5,456개	USA(1919 founded)

호텔 체인 순위		호텔 수/객실 수	비고
7	InterContinental Hotels Group	5,431개/809,889실	UK
8	AccorHotels	4,283개	France
9	Best Western Hotels	4,200개	USA
10	Huazhu Hotels Group	3,656개/372,000실	China

자료 : https://corporatemaldives.com/top-10-largest-hotel-chains-in-the-world/

2. 국내 호텔현황2)

「관광진흥법」에 따른 관광숙박업은 호텔업과 휴양콘도미니엄업으로 구분되며 호텔업은 관광호텔업, 수상관광호텔업, 한국전통호텔업, 가족호텔업, 호스텔업, 소형호텔업, 의료관광호텔업으로 구성되어 있다.

2007년에는 과거 호텔업에서 휴양콘도미니엄업과 달리 공유제 분양 또는 회원모집을 할 수 없도록 규정(가족호텔업에 한해서는 회원모집을 허용)하였던 것을 2006년 2월 2일 이후 사업계획승인을 받은 모든 호텔업에 대하여 회원모집을 허용함으로써 호텔업의 경영 효율화를 도모하였고(「관광진흥법 시행령」 개정/'07.11.13), 2008년에는 2006년 2월 2일 이전에 사업계획의 승인을 받은 관광호텔업, 수상관광호텔업 및 한국전통호텔업에 대해서도 회원모집을 허용하였으며(「관광진흥법 시행령」 개정/'08.8.26), 2009년에는 배낭여행객 등 개별 관광객의 숙박시설로 호스텔업이 추가(「관광진흥법 시행령」 개정/'09.10.7)되었다. 2012년에는 외래 관광객 2천만 명 시대를 대비한 관광숙박시설 확충기반을 조성하고, 국내 관광산업의 경쟁력을 획기적으로 강화하기 위한 제도적 기반을 구축하기 위해서 「관광숙박시설확충을 위한 특별법」을 제정 · 시행하였다(제정/'12.1.26). 2013년에는 숙박시설의 다양성 부족 문제 해소를 위하여 중저가 · 부티크 호텔 확충 기반을 마련하기 위한 소형호텔업과 의료관광활성화를 위한 의료관광호텔업을 신설하였다(「관광진흥법 시행령」 개정/'13.11.29). 2014년에는 등급제도 신뢰성 강화를 위하여 호텔업 등급제도 의무화(「관광진흥법」 개정/'14.3.11), 등급구분을 성(星)급으로 변경(「관광진흥법 시행령」 개정/'14.11.28)하였다. 2015년에는 호텔업 등급제도 신뢰성 강화

2) 문화체육관광부(2018), 2017년 기준 관광동향에 관한 연차보고서.

를 위하여 등급별 평가기준 도입 및 암행 · 불시평가 시행(문체부고시 개정/'15.2.13), 등급결정업무를 한국관광공사로 이관(문체부 공고/'15.1.1), 호텔 등급표지 고시 제정(문체부고시 제정/'15.5.8)을 추진하였고, 관광숙박업 입지 확충을 위하여 유해 부대시설이 없는 관광숙박시설에 한하여 일정기준을 충족하면 학교환경위생 정화구역 내 입지를 허용(「관광진흥법」 개정/'15.12.22)토록 개선하였으며, 관광숙박업에 대한 한시적 인센티브를 연장시행(「관광숙박시설 확충을 위한 특별법」/'15.12.31)하였다.

정부는 「관광진흥법」에 규정되어 있는 관광숙박업 외에도 다양한 숙박공간 확충사업을 추진하여 관광수요에 부응하고 있으며 향후에도 지속적으로 쾌적하고 저렴한 관광숙박시설을 확충해 나갈 계획이다.

1) 관광호텔업

2017년 12월 말 기준으로 관광호텔업의 등록 현황은 전국 1,026개 업체에 120,556실로 2016년에 비해 10,676실이 증가되었다. 이를 지역별로 보면 서울 308개 업체에 48,618실, 제주 124개 업체에 14,795실, 경기 123개 업체에 10,814실, 부산 79개 업체에 10,349실, 인천 75개 업체에 7,893실 순으로 등록되어 있다.

등급별로 보면 5성급 · 특1등급이 78업체 28,709실, 4성급 · 특2등급이 117업체 23,535실, 3성급 · 1등급이 211업체 23,552실, 2성급·2등급이 209업체 14,197실, 1성급 · 3등급이 187업체 10,274실로 나타나고 있다.

2) 한국전통호텔업

한국전통호텔업은 관광객의 숙박과 체재에 적합한 한국 고유의 시설을 갖춘 숙박업종으로 1991년 7월 26일 최초로 제주도 중문관광단지 내에 객실수 26실의 한국전통호텔이 등록되었으며 2017년 말 전국 8개소, 202실이 운영되고 있다.

표 3-12 시 · 도별 관광숙박업 현황 (2018.12.31.기준)

구분			서울	부산	대구	인천	광주	대전	울산	세종	경기	강원	충북	충남	전북	전남	경북	경남	제주	소계
관광호텔업	5성급 특1급	업체수	25	8		5			1		1	6				1	2	1	15	65
		객실수	11449	2942		2484			200		377	1165				311	764	166	5357	25,215
	4성급 특2급	업체수	41	2	4	4	1	2			8	6		1	4	3	4	3	12	95
		객실수	11564	767	558	918	205	510			1818	1576		151	495	321	1009	586	2213	22,691
	3성급 1등급	업체수	82	14	5	5	1	6	2		20	9	5	3	2	7	3	11	17	192
		객실수	14190	1992	321	488	30	646	420		2613	713	533	461	201	541	215	879	1354	25,597
	2성급 2등급	업체수	61	29	6	20	1	3	3		34	7	5	5	8	13	11	15	8	229
		객실수	4870	3110	318	1247	110	157	265		2125	358	235	328	490	629	575	648	459	15,924
	1성급 3등급	업체수	55	14	3	18	4	2	2		17		4	2	2	8	6	13	4	154
		객실수	3139	653	158	966	194	94	101		933		191	105	68	370	310	707	219	8,208
	등급 없음	업체수	66	14	3	26	5	3	6		44	18	7	6	13	6	15	7	70	309
		객실수	7133	1256	678	2735	402	139	1094		3376	2050	773	533	1004	393	1162	488	5571	28,787
	소계	업체수	330	81	21	78	12	16	14		124	46	21	17	29	38	41	50	126	1,044
		객실수	52345	10720	2033	8838	941	1546	2080		11242	5862	1732	1578	2258	2565	4035	3474	15173	126,422
수상관광 호텔업		업체수																		-
		객실수																		-
전통호텔업		업체수				3						1			1	2	1		1	9
		객실수				152						16			20	53	16		26	283
가족호텔업		업체수	20	1		4		1	1		12	14	2	4	5	10	3	20	62	159
		객실수	3241	37		564		80	35		750	919	102	211	2085	718	150	1253	3933	14,078
호스텔업		업체수	81	65	2	58	1				11	7	2	3	7	196	19	23	163	638
		객실수	2438	620	31	776	6				456	116	35	29	148	2440	291	387	4102	11,875
소형호텔업		업체수	9	2		2					6	2		1	2	2	2	1	4	33
		객실수	224	57		46					160	53		24	41	57	75	21	92	850
의료관광 호텔업		업체수																		-
		객실수																		-
소계(관광호텔업 외)		업체수	110	68	2	67	1	1	1		29	24	4	8	15	210	25	44	230	839
		객실수	5903	714	31	1538	6	80	35		1366	1104	137	264	2294	3268	532	1661	8153	27,086
호텔업 합계		업체수	440	149	23	145	13	17	15		153	70	25	25	44	248	66	94	356	1,883
		객실수	58248	11434	2064	10376	947	1626	2115		12608	6966	1869	1842	4552	5833	4567	5135	23326	153,508
휴양콘도업 합계		업체수		5		2					17	75	8	15	6	9	15	16	60	228
		객실수		1603		351					3171	20623	1977	2764	743	957	3157	2786	8869	47,001
총계		업체수	440	154	23	147	13	17	15		170	145	33	40	50	257	81	110	416	2,111
		객실수	58248	13037	2064	10727	947	1626	2115		15779	27589	3846	4606	5295	6790	7724	7921	32195	200,509

3) 가족호텔업

경제성장으로 인한 국민소득 수준의 향상은 다수 국민으로 하여금 여가활동을 향유케 하였으며 이는 가족단위 관광의 증가로 이어졌다. 정부는 증가된 가족단위의 관광수요에 부응하여 국민복지 차원에서 건전한 가족관광을 영위할 수 있게 하기 위하여 가족호텔 내에 취사장, 운동 · 오락시설 및 위생설비를 겸비토록 하고 있다. 2017년 12월 말 기준 전국 146개소 13,222실이 운영되고 있다.

4) 수상관광호텔업

수상관광호텔업은 수상에 구조물 또는 선박을 고정하거나 계류시켜 놓고 관광객의 숙박과 체재에 적합한 시설을 갖춘 숙박업종으로, 2000년 7월 20일 최초로 부산 해운대구에 객실 수 53실의 수상관광호텔이 등록되었으나 태풍으로 인해 멸실되어 현재는 존재하지 않고 있다.

5) 호스텔업

호스텔업은 배낭여행객 등 개별 관광객의 숙박에 적합한 시설로서 샤워장, 취사장 등의 편의시설과 외국인 및 내국인 관광객을 위한 문화 · 정보 교류시설 등을 함께 갖추어 이용하게 하는 숙박업종으로, 2009년 10월 7일 「관광진흥법 시행령」 개정을 통해 호텔업의 한 종류로 신설되었고 2010년 12월 21일 최초로 제주도에 객실 수 36실의 호스텔이 등록되었으며, 2017년 12월 말 전국 411개소 8,787실이 운영되고 있다.

6) 의료관광호텔업 및 소형호텔업

의료관광호텔업은 의료관광 활성화를 위하여 2013년 11월 29일자로 호텔업의 한 종류로 신설되었고, 소형호텔업은 부티크 호텔 등 객실 규모는 크지 않으나 특색이 있는 숙박경험을 제공할 수 있는 호텔을 장려하기 위하여 2013년 11월 29일에 신설되었다. 2017년 12월 말 전국 26개소 649실이 운영되고 있다.

7) 휴양콘도미니엄업

휴양콘도미니엄업은 1957년 스페인에서 기존호텔에 개인의 소유권 개념을 도입하여 개발한 것이 시초이며 관광객의 숙박과 취사에 적합한 시설을 갖추어 이를 당해 시설의 회원 공유자 및 기타 관광객에게 이용하게 하는 관광숙박시설을 말한다. 우리나라는 1982년 12월 31일자로 휴양콘도미니엄업을 「관광진흥법」 상의 관광숙박업종으로 신설하였으며 2017년 12월 말 기준 227개 업체에 46,141실이 운영되고 있다.

휴양콘도미니엄업은 우리나라 국민의 생활수준 향상에 따라 이용계층이 확대되어 국민의 주요 관광숙박시설이 되었다. 향후 지속적으로 휴양콘도미니엄을 건전한 관광숙박시설로 유도하고 이용의 편의를 도모하여 건전한 가족단위 관광숙박시설로 육성해 나갈 방침이다.

8) 국민여가캠핑장

주 5일 근무제 정착 등 국민의 여가가 확대되고 국내 숙박관광 수요가 증가됨에 따라 주요 관광지와 연계하여 캐빈, 코티지, 방갈로, 야영장 등의 관광숙박시설과 취사장, 세면장, 운동 · 놀이시설 등의 공공편의시설을 갖춘 쾌적하고 저렴한 가족단위 관광숙박공간을 조성하기 위해 국민여가캠핑장 조성 사업을 추진하고 있다. 2017년까지 96개소를 지원하였으며, 2017년 말 기준 56개소가 완공되어 운영 중에 있다. 국민여가캠핑장은 지속적으로 확대하여 가족단위 관광객의 다양한 숙박수요를 충족하고 국민의 관광복지 증진에 기여해 나갈 계획이다.

제3절 외식산업의 현황[3)]

〈표 3-13〉은 세계 10대 레스토랑기업 현황을 나타내고 있다. 전체 매출을 기준으로 McDonald's가 1위이다.

표 3-13 The World's 10 Biggest Restaurant Companies(2019)

Restaurant		특·장점
1	McDonald's	37,000개 매장, 115개국, CEO Steve Easterbrook
2	Starbucks	27,000개 매장
3	Yum! Brands	45,000개 매장, 125개국, KFC, Pizza Hut, Taco Bell, Little Sheep
4	Chipotle Mexican Grill	$4.4 billion in sales(2017)
5	Restaurant Brands International	Global quick service restaurant; Burger King, Tim Horton's
6	Darden Restaurants	Dining restaurants; Red Lobster, Olive Garden, LongHorn Steakhouse, Bahama Breeze, Seasons 52, Eddie V's, Yard House
7	Domino's Pizza	11,600개 매장
8	Panera	1,800개 매장, Franchise-owned bakery-cafes
9	Dunkin' Brands Group	11,000개 매장(Dunkin' Donuts), 7,800개 매장(Baskin-Robbins)
10	Brinker International	1,600개 매장(casual dining restaurants)

자료 : https://www.investopedia.com/articles/markets/012516/worlds-top-10-restaurant-companies-mcdsbux.asp

1. 국내 식품산업(식품제조업 · 외식산업) 시장규모

2016년 식품산업 규모는 205.4조 원으로 2015년 대비 7.0% 증가(2006~2016년 평균 7.7% 증가)하였다.

- 음식료품 제조업(2016 : 86.6조 원)은 2015년 대비 3.2% 증가(2006~2016년 평균 6.9% 증가)하였다.
- 음식점업(2016 : 118.8조 원)은 2015년 대비 10.0% 증가(2006~2016년 평균 8.3% 증가)하였다.

3) 농림축산식품부 한국농수산식품유통공사(2018). 식품산업 주요통계(2016 · 2017년도 기준)

- 농림업 생산액(2016 : 49.9조 원)은 2015년 대비 3.0% 감소(2006~2016년 평균 3.2% 증가), 10년 전인 2006년도에 비해서는 109.5% 증가(약 107조 원 증가)하였다.
- 부문별로는 음식료품 제조업은 동 기간에 95.2%, 음식점업은 121.3%, 농림업 생산액은 37.0% 증가하였다.

1) 식품 유통(식품 도소매업)까지 포함한 시장규모

- 2016년 450.9조 원(담배 도소매업 제외)으로 추정된다.
- 2016년 음식료품 도매업은 147.5조 원, 음식료품 소매업은 22.6조 원이고, 전체 소매업 판매액 중 식품 판매액은 101.0조 원이다.
- '음식료품 소매업'은 음식료품을 전문적으로 판매하는 업종(통계청 도소매업 조사)이다.
- '식품 판매액'(2016 : 101.0조 원, 2017 : 105.2조 원)은 종합소매업 등을 포함한 모든 소매점에서 거래된 식품 판매액(통계청 소매판매액 통계)이다.

표 3-14 국내 식품산업규모(2006~2016) (단위 : 10억 원)

구 분	2006	2007	2008	2009	2010	2011	2012	2013	2014	2015	2016
□ 제조 · 외식(A+B)	98,082.8	107,514.4	119,923.6	130,636.5	131,290.8	143,715.2	152,435.1	156,870.1	163,745.2	191,950.5	205,440.4
○음식료품 제조업(A)[1]	44,381.4	48,149.1	55,211.7	60,771.3	63,725.0	70,208.2	75,149.9	77,320.5	79,925.3	83,937.2	86,661.2
- 사료 제외	39,797.8	42,414.2	47,319.5	52,598.6	55,574.4	61,157.2	64,410.5	66,009.2	69,461.4	73,588.6	76,725.2
○음식점업(B)[2]	53,701.3	59,365.4	64,711.9	69,865.2	67,565.8	73,507.0	77,285.2	79,549.6	83,819.9	108,013.3	118,829.2
□ 식품유통(C+D)	97,606.9	107,744.1	117,414.5	123,840.6	150,550.8	163,134.3	173,465.4	175,155.6	179,552.9	218,765.2	245,477.8
○ 음식료품 및 담배도매업	55,589.3	61,976.8	68,337.4	70,753.9	88,527.0	94,598.4	100,310.5	100,606.5	103,435.3	139,195.0	147,514.8
- 담배 제외(C)	52,461.0	58,612.4	64,748.4	67,076.9	85,386.9	91,432.8	96,996.3	97,330.0	100,048.6	135,542.3	144,450.9
○ 음식료품 및 담배소매업	9,647.3	10,147.4	11,169.1	12,228.3	12,674.1	13,677.3	13,575.1	13,475.1	13,882.7	20,892.0	22,612.6
- 담배 제외	9,503.0	10,011.5	11,086.2	12,154.6	12,593.0	13,587.4	13,494.0	13,398.7	13,787.9	20,733.8	22,463.1
○식품 소매업(D)[3]	45,145.9	49,131.7	52,666.1	56,763.8	65,163.9	71,701.5	76,469.1	77,825.6	79,504.3	83,222.9	101,026.9
□제조 · 외식 · 유통(A+B+C+D)	195,689.6	215,258.6	237,338.1	254,477.1	131,290.8	306,849.5	325,900.5	332,025.7	343,298.1	410,715.7	450,918.2
□농림업[4]	36,389.3	35,837.2	39,662.6	42,995.1	43,523.3	43,214.1	46,357.1	46,648.0	47,292.2	46,890.9	49,864.1

주) 2006년, 2010년, 2015년 자료는 통계청 경제총조사(특성편, 광업 및 제조업) 자료임

자료 : 1) 통계청 광업제조업조사(종사자 수 10인 이상 사업체)(2006~2015년 : 9차 표준산업분류, 2016년 : 10차 표분산업분류)

2) 통계청 도소매업조사 매출액(음식점 및 주점업)

3) 통계청 소매판매액 통계(2006~2009년은 2006년 기준, 2010~2014년은 2010년 기준임, 2015~2016년은 2015년 기준임)

4) 농림축산식품부 2017 농림축산식품 주요통계 농림업 생산액

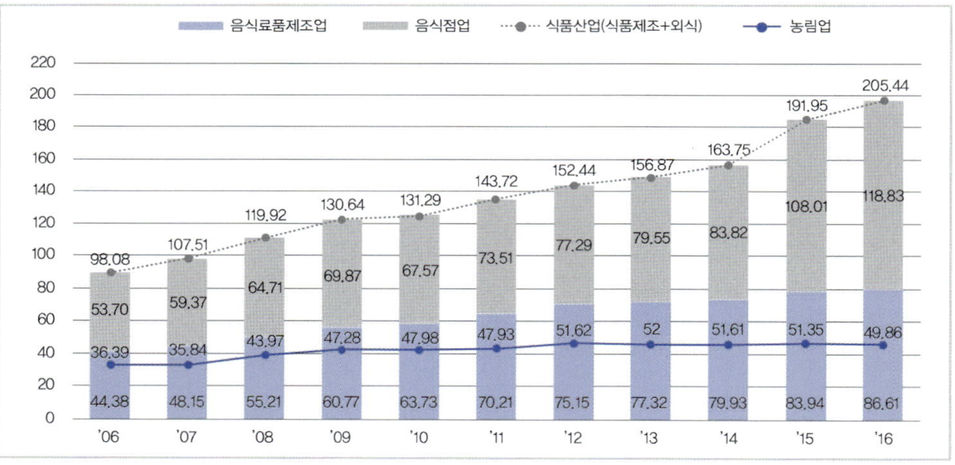

그림 3-2 10년간 국내 식품산업 성장추이(2006~2016)

2) 한국은행 국민계정의 총산출 및 부가가치와 비교

- 음식료품 · 담배제조업의 시장 규모(총산출액 기준)는 2016년 115.8조 원으로 2007년 68.2조 원에 비해 69.8% 증가(2007~2016년 평균 6.1% 증가)하였다.
- 전체 산업의 총산출액이 동 기간 54.7% 증가한 것(2007~2016년 평균 5.0% 증가)과 비교하면 식품산업의 근간인 음식료 · 담배제조업의 성장률은 다소 높은 것으로 나타났다.
- 음식료품 · 담배제조업의 부가가치는 2016년 21.1조 원으로 전체 산업(국내 총부가가치 대비 비중) 중에서 1.4%를 차지하였다.
- 2016년 음식료품 · 담배제조업은 전년 대비 6.5%, 음식점 · 숙박업은 5.1% 성장하였고, 농림어업은 전년 대비 3.1% 감소하였다.

표 3-15 총산출 및 부가가치와 비교(국민계정) (단위: 조 원, %, 명목 기준)

구 분	총산출(≒생산액)				부가가치(총산출 – 중간투입)			
	2007	2014	2015	2016	2007	2014	2015	2016
ㅇ전체	2,338.3	3,564.1	3,548.2	3,616.3	871.1	1,354.9	1,423.6	1,490.9
- 제조업	1076.9	1,728.4	1,659.4	1,644.5	242.3	408.5	423.7	439.7
(전체에서 차지하는 비중)	(46.1)	(48.5)	(46.8)	(45.5)	(27.8)	(30.1)	(29.8)	(29.5)
- 음식료품 · 담배제조업(A)[1)2)]	68.2	110.6	113.4	115.8	12.4	18.3	19.8	21.1
	(2.9)	(3.1)	(3.2)	(3.2)	(1.4)	(1.4)	(1.4)	(1.4)
- 도소매 및 음식 · 숙박업[3)]	202.1	320.8	329.9	347.7	97.2	152.2	156.4	164.4
	(8.8)	(9.0)	(9.3)	(9.3)	(11.2)	(11.2)	(11.0)	(11.0)
- 농림어업	44.0	57.1	57.6	56.1	26.0	31.6	32.6	31.6
	(2.0)	(1.6)	(1.6)	(1.6)	(3.0)	(2.3)	(2.3)	(2.3)

주 1) 한국은행의 산업구분 체계상 담배제조업이 포함
2) 다른 산업에 비해 음식료품 · 담배제조업이 부가가치율(부가가치/총산출×100)이 낮은데, 이는 원재료를 구입해서 가공 · 판매하는 제조업의 특성에 따라 중간 투입 비용이 높기 때문임
3) 한국은행의 「국민계정」 중 '경제활동별 국내총부가가치와 요소소득(명목, 연간)' 지표는 한국은행의 산업구분 체계상 도소매업과 음식 · 숙박업을 포함하여 공표함

자료 : 한국은행 국민계정(2010년 기준)

표 3-16 농식품 산업 실질GDP 및 경제성장률 (단위: 조 원, %, 실질 기준)

구 분	2007	2008	2009	2010	2011	2012	2013	2014	2015	2016	2017
국내총생산 (명목GDP)	1,043.3	1,104.5	1,151.7	1,265.3	1,332.7	1,377.5	1,429.4	1,486.1	1,564.1	1,637.4	1,730.4
(실질GDP)	1,147.3	1,179.8	1,188.1	1,265.3	1,311.9	1,342.0	1,380.8	1,427.0	1,466.8	1,508.3	1,556.0
(전년 대비/실질GDP)	(5.5)	(2.8)	(0.7)	(6.5)	(3.7)	(2.3)	(2.9)	(3.3)	(2.8)	(2.8)	(3.1)
농림어업	27.1	28.6	29.6	28.3	27.7	27.5	28.4	29.4	29.3	28.4	28.5
(전년 대비)	(3.8)	(5.5)	(3.5)	(-4.4)	(-2.1)	(-0.7)	(3.3)	(3.5)	(-0.3)	(-3.1)	(0.4)
음식료품 · 담배제조업	14.7	15.0	14.6	14.9	15.0	14.8	15.0	15.6	16.0	16.4	16.7
(전년 대비)	(2.1)	(2.0)	(-2.7)	(2.1)	(0.7)	(-1.3)	(1.4)	(4.0)	(2.6)	(2.5)	(1.8)
음식점 · 숙박업	29.0	29.5	29.3	29.9	30.0	30.5	30.8	31.5	31.4	31.4	30.9
(전년 대비)	(4.3)	(1.7)	(-0.7)	(2.0)	(0.3)	(1.7)	(1.0)	(2.3)	(-0.3)	(0.0)	(-2.2)

주 1) 경제성장률 : 실질GDP의 전년 대비 증감률
2) 경제성장률을 계산할 때에는 명목GDP보다는 물가 등의 수치를 반영한 실질GDP를 사용하여 과대평가되지 않도록 하고 있음

자료 : 한국은행 국민계정(2010년 기준)

〈주요 용어〉

○ 식품산업 시장규모 지표로 생산액, 출하액, 매출액 등을 이용하며 편의상 생산액 또는 매출액으로 일괄 표현하고 있으나, 산업의 특성에 따라 아래와 같이 정의

○ 총산출(생산액) : 일정기간 동안 생산된 산출물을 시장에 판매한 가격(기초가격 또는 생산자가격)으로 평가하여 합산한 총액

- 농림어업 부문 : 생산량 × 가격
- 사업체 부문 : 사업체가 실제 생산한 금액(판매+재고증감)

○ 부가가치 : 생산활동에 의해 새로이 창출된 가치(총산출–중간소비)

○ 국내총생산(GDP) : 경제주체들이 국내에서 생산활동을 수행한 결과 받은 소득 총액(총부가가치 + 순생산물세)

- 순생산물세 : 생산물세 – 생산물보조금
- 생산물세 : 생산자가 재화 및 서비스를 생산, 배달, 판매, 이전 또는 기타 용도로 사용하였을 때 재화 및 서비스에 부과되는 조세
- 생산물보조금 : 물량단위당 일정 화폐금액 또는 단위당 가격의 일정 비율만큼 생산된 재화 또는 서비스 한 단위에 지급하는 보조금

○ 명목 GDP : 국내 최종 생산물 × 당시 가격, 경제규모 등의 파악에 주로 이용

○ 실질 GDP : 지수기준년부터 당해년까지 개별 재화와 서비스의 상대가격 및 가중치 변화를 반영하여 측정. 경제성장률 산정에 이용

○ 출하액 : 제품출하액 + 부산물 · 폐품판매액 + 임가공수입액 + 수리수입액

- 제품출하액 : 사업체에서 직접 생산한 완제품과 원재료 또는 반제품을 타 사업체에 공급하여 위탁 · 제조한 완제품의 판매액
- 부산물 · 폐품판매액 : 제품의 생산과정에서 나온 폐품, 불량품 판매액(단, 생산과정 이외에서 나오는 것은 제외)
- 임가공수입액 : 원재료 또는 중간제품을 타 제조업 사업체로부터 지급받아 제조 또는 가공처리하여 준 대가로 받은 임가공 수입액
- 수리수입액 : 타인의 소유에 속하는 물품을 수리하여 준 대가로 받았거나 받아야 할 수입액

○ 매출액 : 상품의 매출 또는 서비스의 제공에 대한 수입 금액

표 3-17 제조업 및 서비스업 경제활동별 GDP 추이(명목) (단위 : 1조 원)

산업별	2006	2007	2008	2009	2010	2011	2012	2013	2014	2015	2016	2017
ㅁ국내총생산(명목)	966.1	1,043.3	1,104.5	1,151.7	1,265.3	1,332.7	1,377.5	1,429.4	1,486.1	1,564.1	1,637.4	1,730.4
ㅁ총부가가치	871.1	941.9	996.3	1,044.6	1,145.1	1,210.0	1,251.5	1,303.2	1,354.9	1,423.6	1,485.9	1,569.0
ㅇ제조업	242.3	265.6	284.9	300.0	351.8	379.5	388.0	403.7	408.5	423.7	435.9	477.1
- 음식료품 및 담배 제조업	12.4	12.9	13.6	14.5	14.9	15.8	16.1	17.2	18.3	19.8	20.7	21.2
- 섬유 및 가죽제품 제조업	12.1	12.1	13.7	15.6	17.0	18.8	20.5	20.9	20.8	20.1	20.3	20.3
- 목재, 종이, 인쇄 및 복제업	8.0	8.1	8.4	9.5	9.7	10.0	10.3	10.8	11.3	11.6	12.0	12.4
- 석탄 및 석유제품 제조업	6.5	6.8	6.7	5.3	7.5	10.1	9.8	10.2	9.3	9.1	9.8	13.4
- 화학제품 제조업	31.9	34.8	36.5	39.3	46.5	50.4	50.7	52.9	54.6	60.4	64.4	66.3
- 비금속광물제품 제조업	7.9	8.1	9.2	10.6	11.0	10.5	10.4	10.8	11.2	12.2	13.1	12.8
- 1차 금속제품 제조업	20.9	24.0	27.1	24.7	31.7	35.0	32.6	32.1	32.0	30.0	30.9	34.4
- 금속제품 제조업	17.2	19.0	19.9	21.3	24.5	26.7	29.0	29.5	31.2	32.5	33.9	32.6
- 기계 및 장비 제조업	20.1	21.9	23.9	24.5	29.0	31.8	33.1	34.4	35.5	37.9	38.1	43.2
- 전기 및 전자기기 제조업	60.9	65.6	71.9	77.4	92.5	98.1	100.6	108.1	107.1	109.9	113.5	142.5
- 정밀기기 제조업	5.4	6.7	4.6	4.8	5.9	6.6	7.0	7.2	7.5	7.9	8.3	9.6
- 운송장비 제조업	34.9	41.3	45.1	47.9	56.5	60.4	62.5	63.6	63.5	65.5	64.1	61.2
- 기타 제조업	4.1	4.4	4.2	4.7	5.1	5.3	5.4	5.7	6.3	6.7	6.9	7.3
ㅇ 서비스업	524	567.9	609.8	634.4	678.6	715.2	744.2	772.4	807.5	845.3	880.3	914.4
- 도소매 및 음식숙박업	97.2	104.5	113.3	118.1	130.4	140.7	146.8	150.3	152.2	156.4	163.2	168.4
- 운수 및 보관업	36.5	40.4	42.1	40.5	44.5	42.5	43.6	46.8	50.3	56.2	59.7	57.0
- 금융 및 보험업	55.7	61.9	64.9	65.4	71.7	77.9	75.8	72.5	75.9	78.7	80.5	85.8
- 부동산 및 임대업	75.5	80.2	84.6	88.2	91.0	94.7	98.9	103.5	109.5	114.6	118.2	122.3
- 정보통신업	40.8	42.0	42.4	44.0	45.4	46.8	48.8	50.6	52.5	54.3	56.2	57.6
- 사업서비스업	54.6	60.8	67.8	70.2	78.0	83.3	88.8	94.8	100.9	106.9	110.3	115.4
- 공공행정 및 국방	60.5	64.7	71.2	76.2	78.9	83.3	88.7	93.8	98.3	102.8	108.2	114.8
- 교육서비스업	50.1	54.3	59.7	61.9	63.7	66.6	68.5	71.6	74.0	76.2	78.2	79.4
- 보건 및 사회복지서비스업	29.6	33.3	35.9	40.6	43.9	46.7	50.0	52.9	57.1	62.0	67.8	74.4
- 문화 및 기타 서비스업	23.5	25.8	27.9	29.3	31.1	32.7	34.3	35.6	36.8	37.2	38.2	39.4

자료 : 한국은행, 국민계정

2. 세계 식품시장 규모

시장조사 전문기관인 GlobalData의 추정 결과 세계 식품시장은 2016년 약 6.3조 달러로 전년 대비 0.5% 소폭 증가하였다.

- 식품분류별 시장규모는 식료품 2.9조 달러, 음료 2.6조 달러, 담배 0.6조 달러로 세계식품시장의 분류별 비중은 음료는 증가하고 식료품과 담배는 감소 추세이다.
- 식료품 시장비중(%): 2014년 48.9 → 2016년 48.2 → 2021년 47.2
- 음료 시장비중(%): 2014년 38.5 → 2016년 39.2 → 2021년 43.5
- 담배 시장비중(%): 2014년 12.6 → 2016년 12.6 → 2021년 9.3

향후 세계식품시장(2017~2021년)은 음료와 식료품이 성장을 주도하며, 특히 음료시장이 빠르게 성장할 전망이다(음료시장의 예상 연평균 성장률은 4.5%임).

표 3-18 전 세계 식품시장 규모(시장구분별) (단위 : 10억 달러, %)

구 분	2014	2015	2016	2017	2018	2019	2020	2021
세계 식품시장	6,853.1	6,317.6	6,347.2	6,651.5	6,981.4	7,340.5	7,735.0	7,382.1
	(100.0)	(100.0)	(100.0)	(100.0)	(100.0)	(100.0)	(100.0)	(100.0)
- 식료품시장	3,349.8	3,058.0	3,061.3	3,180.0	3,303.4	3,434.9	3,576.7	3,486.9
	(48.9)	(48.4)	(48.2)	(47.8)	(47.3)	(46.8)	(46.2)	(47.2)
- 음료시장	2,637.4	2,459.5	2,488.9	2,629.8	2,787.6	2,973.5	3,184.3	3,208.2
	(38.5)	(38.9)	(39.2)	(39.5)	(39.9)	(40.5)	(41.2)	(43.5)
- 담배시장	865.9	800.2	797.0	841.8	890.4	932.1	974.0	687.0
	(12.6)	(12.7)	(12.6)	(12.7)	(12.8)	(12.7)	(12.6)	(9.3)

주 1) 제조업만 포함되며, 외식업은 포함되지 않음
2) 포함된 제조업은 Food, Alcoholic Beverages, Non-Alcoholic Beverages, Tobacco 및 식품무역액이 포함된 합계임(2017~2021년은 추정치)

자료 : 2018년 6월 GlobalData(http://consumer.globaldata.com 영국의 리서치 & 컨설팅 회사)

타 주요 산업규모와 비교했을 때 세계식품시장 규모는 2016년 6.3조 달러로, 세계 자동차시장(1.4조 달러), 세계 IT시장(1.0조 달러), 세계 철강시장(0.8조 달러)의 규모보다 각각 4.4배, 6.3배, 8.1배 큰 것으로 나타났다.

세계 식품시장의 향후 연평균 성장률(2017~2021년)은 3.8%로 예상되며, 이는 세계 IT시장 4.8%보다는 낮으나 세계 자동차 시장 3.5%, 세계 철강시장 1.0%보다는 높은 수준이다.

표 3-19 전 세계 식품시장 규모(타 주요 산업과 비교) (단위 : 10억 달러)

구 분	2014	2015	2016	2017	2018	2019	2020	2021
세계 식품시장	6,853.1	6,317.6	6,347.2	6,651.5	6,981.4	7,340.5	7,735.0	7,382.1
세계 자동차시장	1,346.7	1,340.5	1,390.4	1,450.0	1,509.6	1,551.0	1,616.4	1,594.1
세계 IT시장	916.8	913.7	920.5	935.5	957.1	985.7	1,021.1	1,214.5
세계 철강시장	1,046.8	753.4	703.2	748.4	823.1	836.6	865.4	971.0

주 1) 2017~2021년은 추정치임
2) 2016년 자료와 2017년 자료의 조사방법, 조사대상 국가 등의 변경으로 기존의 수치와는 차이가 있음
3) 자동차, IT, 철강시장의 규모는 시장 조사기관의 분류 방식 변화, 지표 개선 등의 이유로 매년 추정치가 다르므로 이용에 유의 바람

자료 1) 2018.6월 GlobalData(http://consumer.globaldata.com)
2) 2018.4월 Marketline(www.marketline.com)/GlobalData · Marketline : 영국의 리서치& 컨설팅 기관

※ GlobalData
영국의 비즈니스 정보 서비스 · 컨설팅 회사
Canadean, Marketline 등 규모있는 시장조사 회사들을 자회사로 보유하고 있음
2017년 1월, GlobalData가 Canadean을 인수하면서 Canadean 사이트가 GlobalData intelligence Center 사이트로 전환됨

향후 5년간(2017~2021년) 식품시장 증가 규모가 클 것으로 예상되는 지역은 아시아 · 태평양, 유럽, 북미 등의 순으로 나타났다.

표 3-20 전 세계 식품시장 규모(대륙별) (단위 : 10억 달러, %)

구 분	2014	2015	2016	2017	2018	2019	2020	2021
ㅇ 세계 식품시장	6,853.1	6,317.6	6,347.2	6,651.5	6,981.4	7,340.5	7,735.	7,382.1
	(100.0)	(100.0)	(100.0)	(100.0)	(100.0)	(100.0)	(100.0	(100.0)
- 유럽	2,539.5	2,126.8	2,084.6	2,145.9	2,209.2	2,276.0	2,350.3	2,249.7
	(37.1)	(33.7)	(31.8)	(31.4)	(31.0)	(30.6)	(30.4)	(30.5)
- 아시아 · 태평양	2,126.5	2,123.0	2,207.1	2,397.3	2,597.1	2,813.1	3,050.0	2,768.4
	(31.0)	(33.6)	(34.2)	(35.1)	(36.1)	(37.0)	(39.4)	(37.5)
- 북미	1,273.3	1,298.4	1,331.1	1,369.1	1,410.4	1,453.8	1,498.6	1,478.4
	(18.6)	(20.6)	(21.4)	(21.1)	(20.8)	(20.4)	(19.4)	(20.0)
- 중남미	744.4	603.1	565.6	588.4	606.0	630.4	658.5	690.3
	(10.9)	(9.5)	(9.8)	(9.5)	(9.3)	(9.1)	(8.5)	(9.4)
- 중동 · 아프리카	169.5	166.3	158.9	150.8	158.7	167.3	177.5	195.2
	(2.5)	(2.6)	(2.5)	(2.3)	(2.3)	(2.3)	(2.3)	(2.6)

주 1) 제조업만 포함되며, 외식업은 포함되지 않음
2) 포함된 제조업은 Food, Alcoholic Beverages, Non-Alcoholic Beverages, Tobacco 및 식품무역액이 포함된 합계임(2017~2021년은 추정치)

자료 : GlobalData(http://consumer.globaldata.com, 영국의 리서치 & 컨설팅 회사)

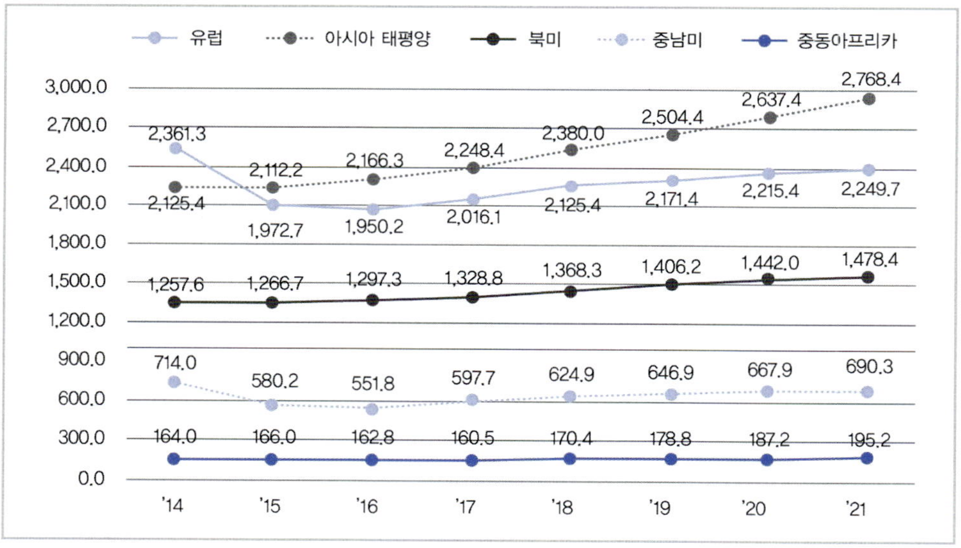

그림 3-3 전 세계 식품시장 규모(대륙별) 추이

3. 주요 식품기업

1) 국내 주요 식품기업 순위

2017년 공시정보 기준 연매출 1조 이상 식품기업은 20개사로 집계되었으며, 20개사 중 매출액이 증가한 기업은 15개사이다(〈표 3-21〉 참조).

2) 글로벌 식품기업 순위

Forbes誌 2,000개 기업 중 음식료품 관련 기업은 97개, 시장가치는 총 2.7조 달러이며, 담배를 포함한 105개 기업의 시장가치는 3.2조 달러이다.

① 식품제조 : 44개 / Nestle(48위, 스위스), Kraft Heinz Company(126위, 미국) 등
② 음료 : 10개 / Anheuser-Busch InBev(41위, 벨기에), PepsiCo(84위, 미국) 등
③ 외식 : 9개 / 맥도날드(241위, 미국), 스타벅스(370위, 미국) 등

우리나라 식품관련 기업은 CJ, KT & G, CJ제일제당 등 3개(담배 포함)이다.

① CJ : 순위(2016) 1,226 → (2017) 1,067 / 매출액(2016) 206억 달러 → (2017) 238억 달러
  * CJ Corp은 2012년부터 CJ제일제당과 분리되었으며, 엔터테인먼트 등 비식품 부문을 포함
② KT & G : 순위(2016) 1,292 → (2017) 1,406 / 매출액(2016) 39억 달러 → (2017) 41억 달러
③ CJ제일제당 : 순위(2016) 1,601 → (2017) 1,528 / 매출액(2016) 126억 달러 → (2017) 146억 달러

표 3-21 국내 주요 식품기업 매출실적 (단위 : 백만 원)

순 위	업체명	2016년		2017년		증감률
		매출액[1](A)	영업이익	매출액[1](B)	영업이익	(B/A)(%)
1	CJ제일제당㈜	4,862,290	288,524	5,267,128	253,127	8.3
2	롯데칠성음료㈜	2,264,212	146,182	2,279,283	74,566	0.7
3	대상㈜	1,852,715	100,306	2,190,129	103,141	18.2
4	㈜오뚜기	1,959,105	125,860	2,050,192	129,473	4.6
5	㈜농심	1,862,187	69,097	1,855,364	76,062	-0.4
6	롯데푸드㈜	1,762,405	79,830	1,818,563	66,230	3.2
7	㈜파리크라상	1,777,179	66,466	1,774,316	43,545	-0.2
8	하이트진로㈜	1,637,185	117,919	1,664,922	83,494	1.7
9	오비맥주㈜	1,545,319	372,310	1,663,511	494,097	7.6
10	㈜삼양사	1,583,353	106,780	1,624,180	50,120	2.6
11	서울우유협동조합	1,603,738	47,724	1,623,789	50,492	1.3
12	동서식품㈜	1,516,905	208,062	1,584,750	208,155	4.5
13	㈜동원F&B	1,464,992	44,483	1,569,205	43,885	7.1
14	㈜한국인삼공사	1,107,646	174,890	1,200,003	185,418	8.3
15	코카콜라음료㈜	1,130,223	106,869	1,191,156	123,122	5.4
16	㈜농협사료	1,193,848	60,533	1,159,462	46,329	-2.9
17	남양유업㈜	1,216,822	35,116	1,157,334	1,153	-4.9
18	대한제당㈜	1,144,287	33,496	1,153,583	7,373	0.8
19	㈜한국야쿠르트	980,709	103,740	1,031,423	108,206	5.2
20	㈜SPC삼립	1,053,614	29,084	1,010,119	28,677	-4.1
21	㈜팜스코	926,709	38,158	987,089	31,176	6.5
22	㈜동원홈푸드	816,097	30,156	978,005	28,050	19.8
23	매일유업㈜	1,328,083	69,129	881,178	51,150	-33.7
24	㈜하림	822,136	20,915	866,517	17,023	5.4
25	㈜빙그레	804,140	35,617	841,320	30,951	4.6

주) 매출액은 기업 전체의 매출액을 의미함

자료 : 금융감독원 공시자료 기준 국내 식품기업(식품제조업) 매출상위 상장기업 및 외감기업(순위는 '17년도 매출액 기준)

상세자료는 식품산업통계정보시스템(FIS), 국내 주요 식품기업, 'http://www.aTFIS.or.kr' 참조

표 3-22 Forbes 선정 글로벌 식품기업 (단위: 10억 달러)

식품 순위	전체 순위	기업명	국가	매출액	이익	자산	시장가치	비고
1	41	Anheuser-Busch InBev	벨기에	56.4	7.9	248.6	184.3	음료
2	48	Nestle	스위스	91.2	7.3	133.8	237.3	식품제조
3	88	British American Tobacco	영국	26.1	48.3	190.8	120.0	담배
4	102	PepsiCo	미국	64.0	4.9	81.9	138.1	음료
5	126	Kraft Heinz Company	미국	262.0	11.1	120.8	72.2	식품제조
6	193	Philip Morris International	미국	29.6	6.0	43.1	126.2	담배
7	209	Coca-Cola	미국	33.7	1.4	93.3	179.3	음료
8	211	Mondelēz International	미국	26.2	3.2	64.5	57.9	식품제조
9	217	Altria Group	미국	19.6	10.7	43.9	104.5	담배
10	239	Danone	프랑스	27.8	2.8	53.2	48.9	식품제조
11	241	McDonald's	미국	22.3	5.4	33.7	129.9	외식
12	257	Japan Tobacco	일본	19.4	3.5	46.5	55.0	담배
13	263	Seven & I Holdings	일본	54.2	1.6	51.5	38.9	유통
14	272	Diageo	영국	15.7	4.1	40.7	89.4	음료
15	276	Tesco	영국	75.4	1.3	61.8	32.7	유통
16	280	Royal Ahold Delhaize N.V.	네덜란드	72.4	2.2	42.2	28.8	유통
17	324	Archer Daniels Midland	미국	61.4	1.6	41.1	24.6	식품제조
18	326	Kroger	미국	122.7	1.9	37.8	21.0	유통
19	361	Imperial Tobacco Group	영국	20.1	1.6	42.5	35.7	담배
20	362	Tyson Foods	미국	40.0	2.8	28.1	24.6	식품제조
57	1067	CJ Corp	한국	23.8	0.4	27.4	4.5	식품제조
81	1406	KT&G	한국	4.1	1.0	9.3	11.8	담배
86	1528	CJ Cheiljedang	한국	14.6	0.3	15.8	5.3	식품제조

주 1) 식품기업 : Beverages, Food processing, Food retail, Restaurant, Tobacco 부문(Forbes 분류기준), 2011년부터 Tobacco 산업 분리

2) 평가기준: 매출액, 이익, 자산, 시장가치 고려하여 Forbes 자체 평가

3) 식품 순위: 식품 부문 내 순위/전체 순위: 전 산업 카테고리 내 순위(2,000개사 중 순위)

자료: Forbes, The Global 2000: The World's Biggest Public Companies(http://www.forbes.com/global2000/)

제2부

서비스의 이론과 시스템

Chapter 04

서비스품질 이론

Chapter 04

서비스품질 이론

제1절 서비스품질

1. 서비스품질의 정의

서비스품질에 대한 정의는 다양하지만 사용자 중심적 접근(user-based approach)을 보면 품질은 보는 사람의 눈에 따라 다르다는 가정에서 출발한다. 이러한 주관적이고 수요자 지향적인 관점은 고객들의 다양한 욕구를 반영한다. 개별 고객들은 서로 다른 욕구와 필요를 가지고 있으므로 그들의 선호를 가장 잘 만족시켜 주는 상품이 가장 높은 품질을 가진 것으로 간주한다. 즉 품질은 개인에 따라 특정 고객에게 최대의 만족을 제공하는 상품특성의 최적결합인 이상점의 개념을 도출할 수 있다(이유재, 2016).

서비스품질에 대한 학자들의 정의를 살펴보면 다음과 같다.

Lehtinen(1985)은 서비스품질을 과정요소와 산출요소로 정의하고 있는데, 여기서 과정품질(process quality)이란 서비스의 수행 중 행하여진 행동들로부터 나오며, 산출품질(output quality)은 서비스가 행해진 후에 얻어진 결과에 근거한다는 것이다.

Bitner(1990)는 서비스품질을 서비스에 대한 전반적인 태도와 평가로 정의하고 있다. 여기서 평가란 서비스인카운터(service encounter)의 여러 가지 과정상의 평가이며, 서비스에 대한 전반적인 탁월성과 우수성의 결과를 의미한다는 것이다.

Andrews et al.(1987)은 품질측정은 자사의 내용뿐 아니라 경쟁사에 대해서 비교되어야만 한다고 하면서 품질에 대한 고객의 정의는 시장에서 다른 서비스 제공자들(service providers)에 의존한다고 말하고 있다.

Olshavsky & Miller(1972)는 품질이란 특정 제품에 대한 전체적인 평가로서 태도와 유사한 개념이며 제품소비에 대한 기대와 제품의 소비 후 평가에 따르는 갈등에 달려 있다고 하였다.

Grönroos(1984)는 서비스품질이 자원과 활동의 함수라는 사실을 도외시한 채 그 자체가 하나의 변수로만 사용되었음을 지적하면서 서비스의 품질은 기대된 서비스와 지각된 서비스에 의존하게 된다고 하였다.

한편 Zeithaml(1988)은 지각된 서비스품질의 개념을 '서비스의 전체적 우월성 또는 우수성에 대한 소비자의 평가'라고 정의하면서 지각된 서비스품질의 성격을 다음과 같이 규정하고 있다.

① 서비스품질은 객관적 또는 실제적 품질과 다르다.

② 서비스품질은 서비스의 구체적 속성이라기보다는 매우 추상적인 개념이다.

③ 서비스품질은 태도와 유사한 개념(또는 태도의 한 형태)으로서 전반적인 평가이다.

④ 품질의 평가는 대개 비교 개념으로 이루어진다. 즉 서비스의 품질은 고객이 여러 서비스들 간의 상대적 우월성 또는 우수성을 비교함에 따라 고·저로 평가된다는 것이다.

Sherdon(1988)은 서비스품질을 고객과 서비스 제공자의 인간관계로 파악하였다. 그는 서비스품질은 서비스를 제공하는 서비스 제공자의 서비스 제공행위 과정에서 그때그때 서비스의 품질이 지각된다고 하였는데 이는 서비스인카운터의 중요성을 강조한 것으로 해석할 수 있다.

Cronin & Taylor(1992)는 지각된 서비스품질이란 특정 서비스에 대한 전체적인 평가를 의미하는 태도로서 개념화되고 측정되어야 한다고 하면서, 서비스품질이 소비자 만족의 선행요인이라고 결론짓고 있다.

Parasuraman, Zeithaml, & Berry(1985)는 지각된 서비스품질이란 소비자의 기대와 지각 간의 불일치 방향과 정도라고 하였다. 그들은 서비스에 대한 소비자의 경험은 그 서비스의 품질에 대한 소비 후 평가, 즉 지각된 서비스품질에 영향을 미친다고 보았다. 따라서 고객이 지각하는 특정 서비스의 품질은 평가과정의 결과로서 고객은 서비스에 대한 자신의 '기대된 서비스'와 제공받은 서비스에 대한

'지각된 서비스'를 비교하며 이러한 과정의 결과가 바로 '지각된 서비스품질'이라는 것이다. 이처럼 서비스품질을 기대된 서비스와 지각된 서비스의 차이에 따라 인식하여 논리의 실마리를 찾고자 하는 주장은 Olshavsky & Miller, Grönroos 등에 의해 그 이전부터 제시되어 왔었다.

PZB이론의 두 가지 공헌은 소비자 행동 측면을 서비스품질 개념으로 통합시킨 것과 소비자와 제공자들이 서비스수행과 품질표준을 평가하는 데에 이용할 수 있는 차원들에 관한 논의를 한 것이다. SERVQUAL의 차원은 신뢰성, 반응성, 유형성, 보증, 감정이입으로 요약되는데 이 차원들의 중요성은 서비스 전달과정에 적용된다는 것이고 따라서 서비스인카운터는 결과의 평가보다 더 중요한 것이다. 이것은 진실의 순간(moment of truth), 즉 동적이며 대인관계의 환경에서 일어나는 순간에 포함된다. 결과적으로 서비스환경과 서비스인카운터는 서비스가 전달되는 조직시스템의 적합성에 크게 의존한다는 것이다.

2. 서비스품질의 유형[1]

서비스품질의 수준은 다음과 같은 여러 측면에서 결정될 수 있다.

1) 제품의 특성(product features)

서비스의 속성은 크게 다음과 같은 4형태로 대분될 수 있다.

① 탐색 속성(search attributes) : 제품 구매나 이용 전에 평가할 수 있는 유형적 특성.

② 경험 속성(experience attributes) : 제품 구매 후 혹은 이용 시 평가되는 속성.

③ 신뢰 속성(credence attributes) : 서비스 경험 후에도 평가되기 어려운 속성으로 레스토랑의 위생상태, 재료의 신선도 등이 여기에 해당됨.

④ 지각된 위험(perceived risk) : 서비스의 불확실성에 대한 고객의 지각으로서 경험 속성과 신뢰 속성이 높은 서비스일수록, 그리고 최초 사용자일수록 그 위험이 커짐.

1) 정규엽(2017), 호텔외식관광마케팅, 서울: CENGAGE Learning.

'Product features'는 경쟁사와 비교되는 제품의 독특한 특성을 의미하는데, 품질 제고를 위해서는 비용이 수반된다. McDonald's에서 고급 햄버거 판매 시 토마토와 기타 야채들을 부가시키며, McDonald's의 Texas Burger는 양이 많다.

2) 불평 표현의 자유

고객이 서비스에 불만이 있을 때, 그것을 표출할 수 있는 자유의 정도이다. 물론 그 정도가 클수록 품질은 제고된다.

3) 기술적 품질

시설, 메뉴, 단체 급식의 대량 판매 시스템 등 유형적 제품으로부터 파생되는 품질을 의미한다. 기술적 품질은 hardware 측면과 software 측면이 있다. Hardware 측면은 FF & E(furniture, fixture, equipment)와 관련된 것이며, software 측면은 기술적 시스템을 의미한다. 이해를 돕기 위하여 McDonald's의 사례를 참고한다. McDonald's의 변하지 않는 공식 QSC(quality, service, cleanliness)는 철저한 기술적 품질에 의해 유지되고 있다.

❑ McDonald's의 기술적 품질

- **품질(Q)** : 10년의 제품 개발 과정을 거쳐 지역별로 설치된 Quality Assurance Center(hardware)에서 제품의 맛, 크기, 색깔, 모양, 함유량 등을 수치로 규정하고, 제품 생산 시마다 점검을 한다(software). 고기는 매장에 배달되기 전, 최소 40가지 이상의 품질 검사를 마치며, 매장에서도 항상 영하 18℃ 이하에서 냉동 저장되는지를 시간별로 체크한다(software). McDonald's는 품질관리를 위해 분자분석기(hardware)를 사용한다. 예를 들어 고형물 함량이 최소한 21% 이상인 감자로만 바삭바삭한 french fry를 만들 수 있다(software)는 연구 결과도 분자분석기를 통해 밝혀졌다. 분자분석기는 성분 분석을 통해 최적의 맛을 내는 조합을 찾아낸다(software). 또한 튀김기(hardware)의 기름 온도가 특정 수준에 이르면, 이를 감지한 감지기의 센서가 울린다(hardware). McDonald's는 이 감지기를 모든 튀김 메뉴에 적용한다(software).

- **서비스(S)** : 햄버거를 만든 지 10분, french fry는 튀긴 후 7분이 지나면 모두 폐기하며, 주문 후 30초 이내에 모든 서비스를 마친다(software). French fry는 길이별 비율까지 체크하며, 미리 규격에 맞게 자른 상태에서 적절한 크기의 fryer(hardware)를 통해서 조리된다(software).
- **청결(C)** : 음식의 보관 장소, 식기, 집기, 음식 준비 장소는 표준화되어 있으며, 쓰레기통은 쉽게 접근할 수 있는 여러 곳에 배치하고(hardware), 직원은 AMH (anti-microbial handwash)라는 소독용 전용 비누(hardware)를 사용하게 되어 있다(software).

기술적 통찰력(technology epiphanies)이라는 용어가 있다. 신체의 능동적 움직임을 통한 오락으로 전자게임의 개념을 바꾸었던 Nintendo의 MEMS(micro-electro-mechanical system; 미세 전자 기계 시스템) 기술을 응용한 가속 센서(accelerometer), Apple의 새로운 음악을 발견하고, 구매해, 자신의 재생 목록을 만들고, 저작권 침해 문제에 해결책을 제시했던 iPad와 iTunes, 시계를 저렴한 패션 액세서리로 승화시켰던 Swatch의 quartz 기술 등이 그것이다. 이와 같은 타 산업의 기술적 진화가 환대산업의 여러 부문에 점차 전파되고 있으며, 이에 따라 환대산업의 기술적 품질도 점차 제고되고 있다.

4) 기능적 품질

직원의 태도 등 서비스가 제공되는 과정과 관련된 품질로서, 환대산업에서 특히 중요한 역할을 한다. 즉 기능적 품질은 기술적 품질의 software와 유사한 개념의 품질이다. 한 컨설턴트가 호텔의 F/O 매니저들에게 경쟁 호텔 객실들의 사진을 보여주며, 어느 호텔의 객실인가를 질문한 결과, 대다수가 구별하지 못했다고 한다. 환대산업에서 기술적 품질보다 기능적 품질이 더 중요시되고 있다는 반증이 되는 사례다. McDonald's의 french fry를 종이백에 담을 때 충분한 양을 담기 때문에 몇 개를 흘리게 된다. 이때 고객은 McDonald's의 풍부한 인심을 느끼게 된다. McDonald's에서 항상 강조하고 있는 스마일과 함께 이것이 기능적 품질의 대표적인 예이다.

5) 사회적 품질

고객들이 잘 깨닫지 못하는 품질로서, 안전, 화재, 건전 제품, 건강 제품 등 기업의 사회적 윤리와 관련된 품질이다. 과거 McDonald's의 french fry는 맛이 좋아 고객들로부터 큰 호응을 얻었다. 그러나 조리의 원천인 쇠고기의 비계(beef fat)가 건강에 해롭다는 사실이 밝혀지자, 1990년 맛을 손해 보며 식물성 기름을 조리의 원료로 사용했다. McDonald's는 또한 미국의 광우병으로 인해 외식업계에 큰 영향을 미치자, 흰 살 생선을 튀겨 소스와 곁들여 먹는 신메뉴를 개발하여 사회 조류에 부응했다.

1989년 당시 국내 라면 시장점유율 60% 이상을 차지했던 삼양라면은 우지 파동으로 엄청난 타격을 입고, 8년간 법정 투쟁 끝에 무죄 판결을 받았으나, 라면 판매가 중단된 상태로 2005년 인수합병 매물로까지 나온 적이 있다. 현재는 '원조'라는 강력한 무기(포지셔닝)로 다시 어느 정도의 위치를 차지하고 있으나, 우지 파동은 사회적 품질이 얼마나 중요하고 동시에 무서운 것인가를 일깨워준 큰 사건이었다.

1970년대에 유행되었던, 샐러드를 신선하게 하고 감자를 하얀빛으로 오래 유지하게 만드는 화학적 anti-oxidant도 건강에 좋지 않다는 검사 결과가 밝혀지자, 더 이상 사용되지 않고 있다.

McDonald's는 Ronald McDonald's House Charity 재단을 통해 오랫동안 지역 사회와 우호적 관계를 구축하고 취업 창출에 기여함으로써, 1992년 LA 중남부 폭동 시에도 60여 개의 매장 모두 안전했다.

1982년 Tylenol에 독극물이 주입되어 7명의 사람들이 죽은 사건이 발생한 적이 있다. 그 후 Tylenol은 안전성에 문제가 없는 제품 약 3천만 개(총 1억$)까지 모두 회수했고, 어떠한 이물질도 투입될 수 없는 안전한 캡슐을 제작하여 그 위기를 극복했다. 2001년에는 세계적 에너지재벌 Enron사가 분식 회계 비리로 수백억$의 빚을 지고 파산했다. 1981년 Singapore Airlines은 기내 2층에 슬롯머신을 설치했으나, 줄이 길어지고, 안전에 문제가 생기자 곧 철거시켰다.

6) 정서적 품질

인간은 제품의 기술적, 기능적 품질 외에도 정서적인 품질을 중요시한다. 아마 정서적 품질이라는 용어를 필자가 최초로 도입하는 것이 아닌가 생각한다. 정서적 품질은 특히 5감과 관련되어 여러 유형에서 파생된다.

과거 미국의 세제 시장에서 기업들의 소구 및 광고의 초점은 깨끗함이었다. Tide는 '하얗다', Cheer는 '흰 것을 더 희게', Bold는 '눈이 부시다' 등을 강조했으나, Unilever의 Surf는 세제에 향수만 두 배 첨가하며 그 초점을 바꾸어 성공했다. Tide, Cheer, Bold는 세제의 기술적, 기능적 품질과 부분적으로 관련된 것이나, 다른 관점에서는 색을 봄으로써(see) 세제의 품질을 느끼는 것이기도 하다. 반면 Surf는 사람들이 세탁이 잘 됐는지를 냄새를 맡으며(smell) 판단하는 정서적 품질에 해당된다.

들으면서(hear) 느끼는 정서적 품질도 많다. 감자칩을 먹을 때 바삭바삭한 소리가 그것이며, 껌을 씹으며 나는 '딱딱' 소리도 그렇다. 청소할 때 진공청소기가 소리가 나지 않는다면 청소가 되고 있는지 아닌지 의심이 갈 것이며, 화장실 변기에 물 내려가는 소리를 들으면서 무언가 청소되고 있다고 느끼며 속 시원한 느낌을 받는 것도 같은 맥락이다. 축제와 나이트 클럽의 소음은 품질을 높여주고, Harley-Davidson의 우렁찬 기계 소리는 Harley-Davidson의 중요 품질 요소 중 하나다. 맛(taste)도 정서적 품질 범주에 해당된다. 맛이 있고 없고는 제품의 우수성에 해당되지만(제품의 기술적 혹은 기능적 품질에 해당되나), 고향의 맛, 어릴 때 느끼던 그 맛, 원조의 맛, …와 유사한 맛, 내 취향에 맞는 맛 등은 객관적으로 좋고 나쁨을 측정할 수 없는 절대적인 정서적 품질에 해당된다.

마지막으로 느낌(feel)은 가장 많은 부분에서 정서적 품질을 파생시킨다. 우리가 아끼는 물건, 집안 전통과 관련된 물건, 개인적으로 의미있는 물건 등은 객관적으로 더 좋은 물건과 교환되지 않는다. 그 이유는 정서적 가치(emotional value), 혹은 정서적 연결 고리(emotional attachment)가 있기 때문이다.

7) Servicescape(서비스 환경)

Servicescape는 자연적, 사회적 환경과 대비되는 개념으로서, 서비스가 제공되는 장소에서 인간이 인위적으로 만든 물리적 환경이라고 정의할 수 있다. Servicescape는 ① 주변 환경(ambient conditions), ② 공간 배치와 기능성(spatial layout and functionality), ③ 신호 · 상징물 · 인공물(sign, symbol and artifacts)의 3가지 차원으로 분류된다.

첫째, 주변 환경은 공기의 쾌적성, 날씨, 온도, 공기, 소음, 향기, 음악 등과 같은 환경의 배경적 특성으로 미각을 제외한 인간의 오감에 영향을 미칠 수 있는 요소다. 둘째, 공간 배치와 기능성은 좌석 배치, 계단 위치, 출입구, 화장실 등의 설계에 관한 것이다. 마지막으로 신호 · 상징물 · 인공물은 표지판, 인조물, 장식의 유형 등 고객에게 서비스 제공 장소에 대한 정보 제공, 커뮤니케이션 등을 의미한다.

Servicescape의 창시자인 Bitner에 의하면, 개발된 servicescape를 통한 물리적 환경의 중요성은 호텔 · 외식산업을 포함한 서비스산업에서 널리 인식되게 됐다고 한다. 이후 많은 학자들에 의해 스키장, 미식 축구장, 야구장, 병원, 카지노, 호텔, 레스토랑 등 다양한 부문에 적용됐다. 세종대학 유기상은 고급 레스토랑에서의 물리적 환경을 측정하기 위하여 dinescape를 개발했는데, 그는 심미성(aesthetics), 주변 환경(ambience), 조명(lightning), 테이블 세팅(table setting), 배치(layout), 사회적 요소(social factors) 등 6가지 구성요소를 제시했다. 사회적 요소는 고객의 특성, 직원의 외모, 직원의 숫자 등을 의미한다.

고객이 기업을 찾는 최종 목적인 제품과 서비스는 아니나, 위와 같은 환경적 요소는 고객이 제품과 서비스의 품질을 추론할 수 있는 단서를 제공하기 때문에 역시 중요한 요소다. 이러한 것을 'quality cue'(품질 단서)라고 한다.

대한민국은 서비스 품질을 다양한 기관 및 방법에 의해 평가하고 있다. 1992년부터 시작된 한국능률협회의 KCSI(Korean Customer Satisfaction Index), 한국표준협회의 KS-SQI(Korean Standard Service Quality Index), 서울특별시의 SSI(Seoul Service Index) 등이 대표적인 예이다.

3. 서비스 품질측정모형[2)]

서비스 품질측정에 대한 주요한 두 가지 접근법은 Grönroos의 모형과 SERVQUAL 모형이다. 이 두 가지 품질측정모형은 1980년대 중반부터 많은 연구에 의해 사용·연구되었다. 하지만 1990년대 중반 이후 SERVQUAL모형에 대한 비판과 더불어 Grönroos의 모형이 다시 조명받기 시작했고, 그 이후로 Grönroos의 모형을 개선한 3차원 품질모형이 개발되었다. 현재 개발되고 있는 다양한 서비스 품질측정모형은 업종의 고유한 특징을 반영한 수정모형들로서 이론적 출발점은 이들 모형에 토대를 두고 있다. 이하에서는 이들 서비스 품질측정모형에 대해서 살펴보도록 한다.

1) Grönroos 모형

1984년 스웨덴의 학자인 Grönroos는 2차원 품질모형을 개발하였다. Grönroos의 모형은 서비스품질이 '결과품질'과 '과정품질'로 이루어져 있다고 가정하였다. 즉 결과품질은 '기술적 품질'로서 고객들이 서비스로부터 얻는 것의 품질, 즉 '무엇'(what)에 해당하는 품질이고, 과정품질은 '기능적 품질'로서 고객들이 서비스상품을 얻는 전달과정의 품질, 즉 다시 말하면 '어떻게'(how)에 해당하는 품질이다.

그림 4-1 은 Grönroos가 제안한 2차원 품질모형을 나타내고 있다. 이러한 모형에 기초하여 우수한 서비스품질을 위한 6가지 기준이 〈표 4-1〉과 같이 제안되고 있다.

2) 이유재(2016), 서비스마케팅(제5판), 서울: 학현사.

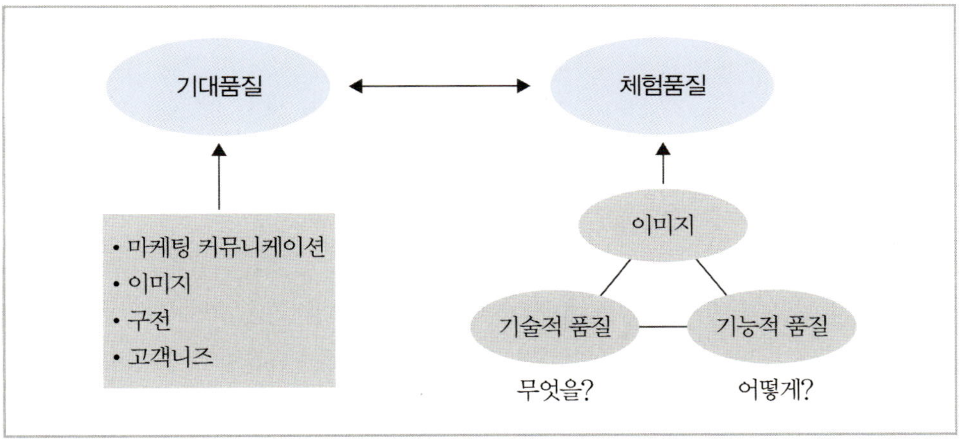

그림 4-1 2차원 품질모형(Grönroos 모형)

표 4-1 인식된 서비스 품질향상을 위한 6가지 기준

기준	품질차원	개념
전문성과 기준	결과품질	고객의 문제를 전문적으로 해결하는 데 필요한 지식과 기술
태도와 행동	과정품질	친절하고 자발적으로 고객문제를 해결하려는 접점직원의 관심과 배려
접근성과 유연성	과정품질	입지, 운영시간, 운영시스템, 직원운용 등이 고객의 서비스접근성을 높이도록 설계되고 융통성 있게 운영되는 것
신뢰성	과정품질	서비스제공자, 직원, 시스템이 고객과의 약속을 지키고 진심으로 고객을 위해 서비스를 수행한다는 믿음
서비스회복	과정품질	서비스 실패 시 언제든지 적극적이고 즉각적으로 수정해 주는 것
평판과 신용	이미지	사람들이 서비스제공자의 경영에 대해 신뢰하여 우수한 성과와 가치를 대표한다고 믿음

2) SERVQUAL모형

서비스품질은 제품품질과는 달리 불량률이나 내구성과 같은 객관적인 척도로 측정하기 어렵기 때문에 고객의 인식을 측정하여 서비스품질을 측정하고 있다. 이러한 인식의 평가를 위해 Zeithaml, Berry & Parasuraman(1988)은 여러 항목으로 구성된 측정도구를 개발하였다.

서비스품질에 관한 대부분의 연구는 '사용자 중심적'이다. Parasuraman, Zeithaml, Berry는 표적집단 인터뷰(focus group interview)를 통해 〈표 4-2〉와 같이 고객이 서비스품질을 평가하는 10가지 기준을 제시하였다.

10가지 요소 중에서 능력과 신용도를 제외하고는 모두 서비스품질의 과정차원과 관련되어 있는 만큼 품질의 과정적 측면, 즉 기능적 품질 측면이 중요하다는 사실을 확인할 수 있다. 그런데 이상의 10개 차원이 모두 독립적인 것은 아니다. 예를 들어 신용도(credibility)나 안전성(security)은 다소 중복되는 차원이라 할 수 있다. 따라서 이렇게 중복되는 측정수단을 정략적 · 실증적인 방법을 통해 다시 추린 결과, 10개 차원을 RATER(reliability, assurance, tangibles, empathy, responsiveness)라고 하는 5개의 차원으로 수정하였다. 즉 신뢰성, 확신성, 유형성, 공감성, 응답성 등이다. 기존의 10개의 평가기준들 가운데 능력, 예절, 신용도, 안전성이 확신성으로 통합되고, 접근가능성, 커뮤니케이션, 고객의 이해가 공감성으로 통합되었다.

표 4-2 고객이 서비스품질을 평가하는 10가지 차원

차원	정의
유형성 (tangibles)	서비스의 평가를 위한 외형적 단서 (물리적 시설, 장비, 직원의 외모, 서비스시설 내의 다른 고객, 의사소통, 도구의 외형)
신뢰성 (reliability)	약속된 서비스를 정확하게 수행하는 능력 (서비스수행의 철저함, 청구서의 정확도, 정확한 기록, 약속시간 엄수)
응답성 (responsiveness)	고객을 돕고 즉각적인 서비스를 제공하려는 의지 (서비스의 적시성, 고객의 문의나 요구에 즉시 응답, 신속한 서비스 제공)
능력 (competence)	서비스를 수행하는 데 필요한 기술과 지식의 소유 (조직의 연구개발력, 담당직원과 지원인력의 지식과 기술)
예절 (courtesy)	직원의 친절과 배려, 공손함 (고객의 돈과 시간에 대한 배려, 정중한 태도)
신용도 (credibility)	서비스제공자의 진실성, 정직성 (기업의 평판, 기업명, 직원의 정직성, 강매의 정도)
안전성 (security)	위험, 의심으로부터의 자유 (신체적 안전, 금전적 안전, 비밀보장)
접근가능성 (accessibility)	접근가능성과 접촉용이성 (전화예약, 대기시간, 서비스 제공시간 및 장소의 편리성)
커뮤니케이션 (communication)	고객의 말에 귀 기울이고, 고객에게 쉬운 말로 알림 (서비스에 대한 설명, 서비스비용의 설명, 문제해결 보증)
고객의 이해 (Understanding the customer)	고객과 그들의 욕구를 알려는 노력 (고객의 구체적 요구사항 학습, 개별적 관심제공, 우량고객 인정)

❑ 기대측정의 어려움

초창기의 SERVQUAL모형은 이와 같이 서비스에 대한 기대를 서비스 성과항목 다음에 측정하고 있다. 기대와 성과 사이에는 일련의 관계가 형성될 수 있는데, 다음과 같은 문제가 발생할 수 있다. 설문지상에서 서비스 성과 항목을 먼저 질문하고 그 후에 서비스기대를 질문하기 때문에 편의가 발생할 수 있다. 다시 말해서 서비스기대가 성과항목에 의해서 영향을 받을 수 있게 된다. 그리고 같은 맥락에서 서비스성과 인식에는 엄격히 말해서 기대가 내재되어 있기 때문에 기대와 성과를 별개로 측정하는 것은 사실상 기대를 두 번이나 중복 측정하는 것과 다를 바 없다. 그러므로 이러한 문제를 해결하기 위해서 개발된 SERVPERF는 서비스 성과항목만을 평가하는 모형으로 지금까지 논의한 문제를 해결한 대안적 측정도구로서 사용되고 있다.

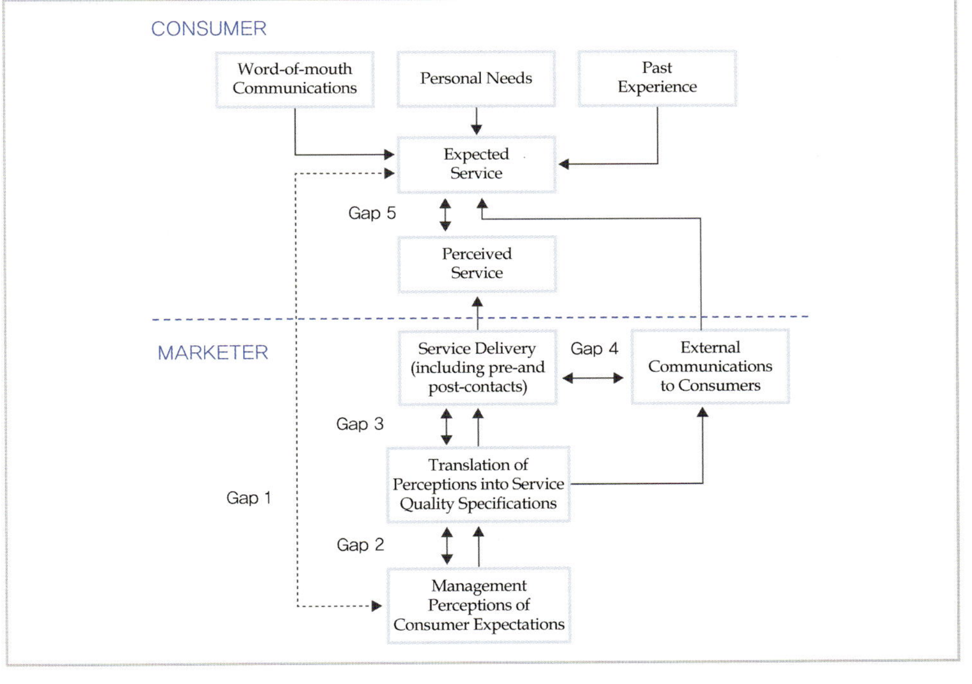

자료 : V. A. Zeithaml, L. L. Berry, & A. Parasuraman(1988), Communication and Control Processes in the Delivery of Service Quality, *Journal of Marketing*, 52(1): 35-48

그림 4-2 서비스품질의 개념적 모형(Conceptual Model of Service Quality)

표 4-3 서비스품질 Gap의 발생 이유와 전술

Gap	Gap의 발생 이유	Gap에 대한 전술
Gap 1	• 부적절한 마케팅 조사 • 커뮤니케이션의 불일치 (마케터와 고객, 마케터와 직원) • 부적절한 서비스 회복(recovery) 과정	• 공식적 마케팅조사 수행 • 비공식적 마케팅조사 수행(MBWA에 의한 관리) • 고객의 불평에 대한 의미 교육 및 고객의 불평을 환영하는 문화조성
Gap 2	• 열악한 서비스디자인 • 고객에 대한 표준화의 결여	• 고객만족에 대한 직원에의 보상 • 서비스 청사진 개발
Gap 3	• 인사관리정책의 부재 • 공급과 수요의 조화실패 • 서비스중계물의 문제	• 고용에 대한 전략적 전술개발 • 직원의 직무수행을 도울 수 있는 기물 및 집기 제공으로 인한 직원개발 • 서비스중계물 관리
Gap 4	• 통합적 마케팅 커뮤니케이션의 부재 • 과도한 약속 • 부적절한 수평적 커뮤니케이션	• 통합적 마케팅 커뮤니케이션 시스템 구축 • 기업의 '할 수 있는' 것과 '할 수 없는' 것에 대한 이해 • 각 부서 간의 미팅
Gap 5	• Gap 1~Gap 4의 문제 • 고객과 접촉 시 RATER시스템의 문제	• RATER(reliability, assurance, tangibles, empathy, responsiveness)시스템 구축

3) 3차원 품질모형

Rust and Oliver는 서비스품질의 구성차원으로 그림 4-3과 같이 상품품질, 전달품질, 환경품질의 3가지를 제안하였다. 상품품질은 Grönroos의 결과품질에 해당되고, 전달품질은 과정품질과 유사한 개념이다. 그리고 환경품질은 최근 들어 서비스품질 연구에 있어 그 중요성이 점차 부각되고 있는 차원으로서 서비스전달의 배경이라고 볼 수 있다.

보다 최근에는 3차원으로 구성된 서비스품질 위계구조 모형이 개발되었다. 그리고 각 차원을 '결과품질'(outcome quality), '상호작용품질'(interaction quality), '물리적 환경품질'(physical environment quality)로 정의하였다. 이와 같은 3차원 모형은 서비스품질의 다면적 측면을 모두 아우를 수 있어서 직관적으로나 실용적인 관점에서 볼 때 논리적이고 포괄적인 모형으로 평가할 수 있다. 이러한 이점 때문에 최근에는 3차원 모형을 사용한 후속 연구들이 등장하고 있는 실정이다.

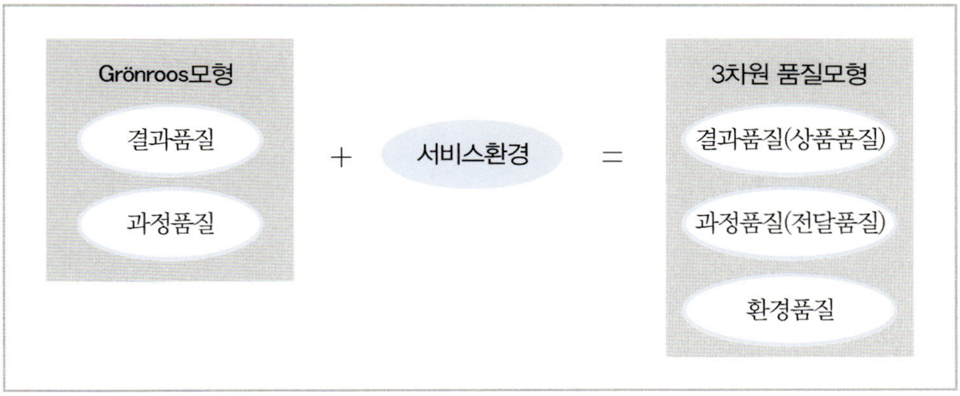

그림 4-3 3차원 품질모형

경제성 품질

B2B 서비스 상황에서는 경제적 성과를 서비스품질의 중요한 차원으로 추가할 수 있다. 경제성 품질(economic quality)이란 서비스상품으로 인해 인식된 경제적 성과 내지 결과를 가리킨다. 이는 단순히 가격이나 고객이 지불한 다른 종류의 비용을 의미하지 않는다. 그보다는 서비스상품이 가져온 경제적 결과에 대한 인식을 의미한다. 기업 고객입장에서는 자신들이 원하는 혜택이 매우 중요하다. 일반 고객들과 달리 가격과 혜택 같은 경제적 요인들, 즉 정략적인 측면이 중요하게 부각된다.

4) 인터넷 서비스 품질모형

인터넷 위상과 최근 급속히 성장하고 있는 온라인 쇼핑몰 시장추세에 발맞추어 인터넷 쇼핑몰에 대한 연구가 활발히 진행되고 있다. 서비스 연구자들도 그동안 오프라인 서비스에 집중하던 연구의 관심을 인터넷 서비스업체로 확대해 가고 있다. 특히, 인터넷 서비스품질에 대한 인식은 오프라인 서비스품질에 대한 인식과는 차원이나 상대적 중요성이 분명히 다를 것이다. 따라서 인터넷 서비스업체에 대한 이해와 인터넷 서비스 이용고객들에 대한 연구를 위해서는 우선적으로 인터넷 서비스 품질차원의 개발이 필요하다. 이러한 필요에 의해 여러 연구자들에 의해서 인터넷 서비스품질의 차원에 대한 다양한 연구가 시도되었다.

Chapter 05

서비스경영 시스템 및 프로세스

Chapter 05 서비스경영 시스템 및 프로세스[1)]

제1절 호텔 서비스경영 시스템

1. 호텔서비스

호텔은 고객에게 서비스라는 상품을 만들어 판매한 대가를 받는 기업이라고 정의할 수 있다. 객실, 식음료 및 연회, fitness 등의 호텔시설과 종업원의 서비스, 그리고 경영자의 호텔경영능력이 종합적으로 결집하여 창출되는 상품으로 호텔 그 자체가 서비스라는 상품의 의미이며, 인간이 살아가는 데에 기본적 요소인 의식주(衣食住)의 욕구를 충족시켜 주는 다양한 생활문화의 결정체이다.

식사할 때 "많이 드십시오"라고 하는 말이 "맛있게 드십시오"라는 말로 변하고 있으며, 식품에 대한 조리 · 저장 · 맛이 다양하고 새롭게 달라지고 있다. 또한 건축에 대한 스타일 · 내장 · lay-out · 공간처리와 최신시설 · 장비 · 색조 · 조명 · 음향 · 통신 그리고 주변의 조경 및 환경을 조화롭게 향상시키고 있으며, 사람을 중심으로 한 경영사고방식, 최신경영기법과 이에 따른 시스템 및 operation, 예절교육이 개발 활용되고 있다.

이렇게 인간의 욕구충족을 위해 생활문화와 결합된 hospitality를 이루어 나아가는 것으로, 호텔의 상품인 서비스를 새롭고 가치있게 만들어, 그 효용으로 고객만족에 목적을 둔 것이 호텔기업이다.

1) 전명준(1991), 호텔서비스, Tour Times.

2. 서비스를 만들어내는 요인

1) 기업의 정신(mission)

호텔 그 자체가 서비스라는 상품이라고 전제할 때, 'service quality'는 이를 만들어내는 호텔기업 정신과 많은 관련이 있다. 좋은 상품을 만들어내는 기업이 훌륭한 기업인 것처럼 'service quality' 수준이 높을수록 고객선호도가 높아져서 5성급(five-star hotel), 一流, 高級호텔이라고 한다. 따라서 좋은 서비스라는 상품을 만들어내기 위해서는 훌륭한 기업정신을 갖고 있는 호텔이어야 한다.

좋은 호텔에서는 훌륭한 기업목표를 볼 수 있다.

우리나라 호텔 중에는 "한국의 전통적 문화와 현대적 기능이 조화된 세계 정상급의 호텔"이라는 기업목표를 가진 유명한 호텔이 있고, 미국 M호텔의 목표는 "우리는 뛰어난 대고객 서비스를 제공하고, 우리 주주들의 이익을 보장할 수 있도록 직원들을 대우하며, 이에 의해 세계 최고의 숙박과 음식을 제공하는 서비스업체로 자리 잡을 수 있도록 최선을 다한다"이다.

이렇게 서비스의 질적 수준을 높이기 위해서 호텔의 기업목표와 기업의 정신을 새롭게 정립하는 호텔이 많아지고 있다. 이러한 호텔기업의 정신으로 고객이 기대하는 다양하고 높은 욕구(needs)를 만족시키기 위해서, 서비스라는 질 좋은 상품을 만들고, 이에 따라 생활문화를 향상시키고 창출하는 문화사업에 앞서가야 한다.

호텔기업을 운영하는 데에는 궁극적 목적, 즉 "왜 호텔기업을 하고 있는가?" 하는 목적과 수단이 분명하게 정립되어야 하고, 이에 따라 호텔 경영방식과 know-how가 체계적으로 잘 정리되어 서비스라는 상품을 만드는 경영혁신(management innovation)이 뒤따라야 할 것이다.

따라서 호텔기업의 목적 측면과 경영혁신이 질 좋은 서비스라는 상품을 만들어가는 데에서 중요한 의미를 갖고 있으므로 이에 대한 발전적 정립이 바로 서비스라는 상품을 잘 만들어내는 요소이기도 하며, 호텔기업의 본질적 목적에 충실하는 데에도 많은 영향을 주고 있다.

2) 서비스 상품을 만들어내는 시스템

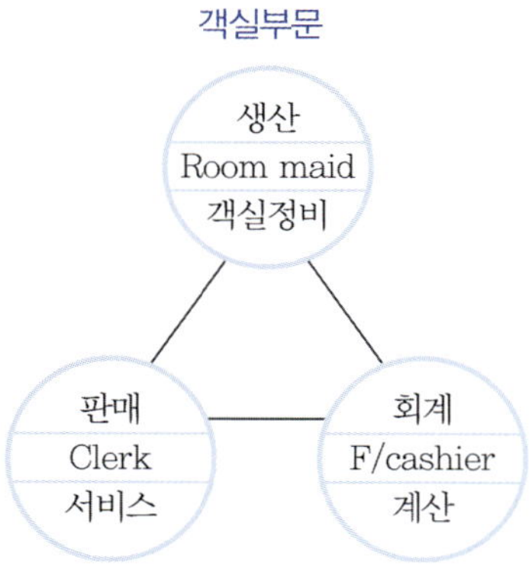

그림 5-1 객실시스템

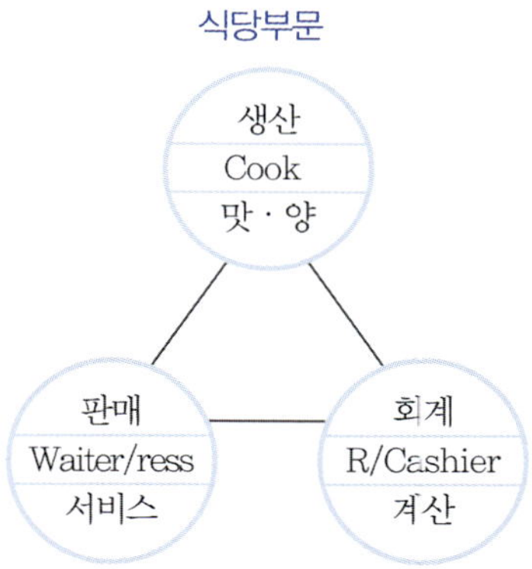

그림 5-2 식당시스템

이 시스템은 생산-판매-회계분야로 안정적 감각을 주는 삼각형 형태의 구조와 각 분야에 대한 역할이 균형과 조화를 이루어야 한다.

사람의 조직적 연결(룸메이드-클럭-프런트캐셔, 조리사-웨이터-레스토랑캐셔)과 업무기능적 연결(객실정비-서비스-계산, 맛 · 양-서비스-계산), 그리고 회계적 연결로 서비스라는 상품을 만들어내는 기능을 발휘하여 시장(호텔)에서 고객만족을 이루고 있는 것이다(그림 5-1 , 그림 5-2 참조).

위의 내용을 도표화해서 판매 · 생산 · 회계 · 시장의 분야에서 각 요소들의 객관적 내용을 보면 〈표 5-1〉 및 〈표 5-2〉와 같다. 이러한 시스템과 operation에서 각각의 객관적인 사실요소가 모여서 서비스라는 상품을 구성하게 되는 것이다.

표 5-1 객실부문에서 서비스를 만들어내는 각 기능과 역할

구 분	객 실(Room)			관계	顧客
	판 매	생 산	회 계		市場
목적(why)	서비스	효용	매출계산	service quality	satisfaction
대상(what)	객실 및 객실의 부대사항	객실이 정비된 공간, layout, 시간	revenue	인간의 욕구 · 필요 (needs & wants)	needs & wants
시간(when)	12:00-익일 12:00/day use/ late charge	좌동	좌동	공항시간/ 목적시간/기타	using time
장소(where)	frontdesk (reservation/sales/ reception)	객실내부(h/k)	front desk/cashier	五感/ 空間感	maintenance/ 편리
사람(who)	doorman, bellman, clerk, parking svc, room division manager	room maid/ inspector/ ordertaker/ housekeeping manager	front cashier/ exchange cashier/ night auditor	room guest/ check in/ check out 인적사항	顧客 guest customer client
역할(how)	check in sales-reservation -reception	stay 淸掃/ 기타 객용소모품의 정비	check out 이용한 代金을 계속 정리 · 계산하여 支拂받고	system & manual	treatment (接客)

표 5-2 식당부문에서 서비스를 만들어내는 각 기능과 역할

구 분	식 당(Restaurant)			관계	顧客
	판 매	생 산	회 계		市場
목적(why)	서비스	맛 · cost	매출계산	service quality	satisfaction
대상(what)	F&B Other	Cooking	revenue	인간의 욕구 · 필요 (needs & wants)	needs & wants
시간(when)	breakfast lunch dinner	좌동	좌동	필요시간/공항시간/shopping	using time
장소(where)	hall/table/ 좌석	주방(kitchen) 設備/器具	counter/계산대/ 회계기(POS)	五感/空間感	maintenance /분위기
사람(who)	waiter/ress captain/ manager	cook/1st cook/ 2nd cook/chef	cashier/ supervisor/ income auditor	room guest/ foreign/domestic/ mail/femail	顧客
역할(how)	고객으로부터 주문(order)을 받고 제공	注文된 메뉴를 준비된 材料로 만들고	판매대금을 계산하여 지불받고	정감/말씨/솜씨/맵씨/ 연출(presentation)	treatment (接客)

제2절 서비스 프로세스 및 성과

1. 서비스 프로세스

서비스 질(service quality)은 이것을 만들어가는 호텔기업의 사람, 시스템 그리고 오퍼레이션 등이 어떠하냐에 따라 서비스의 질적 수준이 달라지는 것은 물론, 서비스라는 상품을 만들어가는 행위요소에 전문적이고 과학적인 분석이 이루어져야 할 것이다.

호텔기업 정신의 목적에 따라 고객만족을 위한 정신이 서비스를 만드는 전문인으로서 갖추어야 할 기본요소이다. 따라서 실행적 연구가 반드시 뒤따라야 할 것이다. 또한 서비스 행위요소 하나하나에 질적 수준을 향상시켜 만들어 나가기 위해서는 “왜, 그가, 그렇게, 그 자리에서, 그때에, 그것을 하지 않으면 안 되는가?”를 행동도식으로 도출할 수 있는 경영 전반에 걸친 운영방침의 실행이 그 바탕으로 이루어져야 할 것이다.

서비스를 만들어내는 기능과 역할에서 고객의 입장에서 본 서비스라는 상품을 느낄 수 있는 프로세스에 따라 서비스라는 상품의 요소를 보면 다음과 같이 호텔의 입지와 영업장 및 호텔 운영의 인적자원으로서 종업원의 접객태도로 대분할 수 있다.

1) 호텔의 입지와 영업장에 대하여(hardware 측면)

관찰항목	관찰요점
가. 고객의 이용편리	• 그 레스토랑을 찾아 이용하는 데 위치와 교통은 편리한가? • 주차를 하고 차량을 호출하는 데 편리한가? • 테이블, 의자의 배열이 주는 공간감은 어떤가?
나. 고객층의 선호도	• 품위있는 고객이 비즈니스로 이용하기 적절한가? • 가족끼리 이용하기에 적절한가? • 그 업장의 지명, 전망 상태는 어떤가?
다. 업장 분위기	• 업장의 주변 및 전망 상태는 어떤가? • 내장, 장식, BGM 등의 업장 분위기는 훌륭한가? • 업장의 청결상태는 어느 정도인가?
라. 음식의 특성	• 특징적 메뉴(event, 오늘의 메뉴, 와인류 등)의 다양성은 어떤가? • 음식의 맛, 모양, 기물은 어느 정도인가? • 메뉴의 가격수준은 적정한가?

이것은 호텔의 위치, 규모, 성격, 특성에 대한 것으로 호텔을 설립하고자 할 때 결정되어야 할 기본정책이다. 이 정책은 호텔이 서비스라는 상품을 만들어내는 데 기본적 요건이 되는 동시에 판매에 대한 정책과 아울러 서비스의 질적 수준이 결정되는 중요한 요소들이다(hardware).

2) 호텔 운영의 인적자원으로서 종업원의 접객태도(software)

(1) 용모

항목	속성
가. 두 발	• 짧은 머리로 청결한가? • 착유한 머리로 단아(端雅)하게 하고 있는가? • 뚜렷이 눈에 띄는 머리핀, 액세서리를 부착하고 있는가?
나. 표 정	• 밝은 표정으로 항상 미소가 있는가? • 말끔한 면도, 진하지 않은 밝은 화장인가? • 부드러운 말씨로 편안하게 말하는가?
다. 복 장	• 유니폼이 청결, 다림질이 잘된 착용인가? • 가슴에 명찰을 바르게 패용하고 있는가? • 잘 손질된 통일된 색의 구두를 신고 있는가?
라. 몸가짐	• 바른 걸음으로 활기차게 걷는가? • 고객을 방해하지 않고 잘 피해 걷는 몸가짐인가? • 몸가짐이 자연스럽고 안정감이 있는가?

이것은 사람에 관한 것으로 그 사람이 서비스를 만들어내는 입장에서 개인 스스로가 전문인으로서의 자긍심과 인성에 바탕을 둔 예절과 스스로 지켜야 할 규범을 교육과 훈련을 통해 이루어야 할 것이다.

또한 용모를 단정히 할 수 있는 라커, 이 · 미용실의 시설적 여건, 밝은 표정이 나올 수 있는 근무스케줄 및 근무분위기, 유니폼에 대한 세탁을 비롯한 착용방법, 몸가짐에 대한 규범훈련 등의 요건이 갖추어져야 할 것이다.

이것은 개인에 관한 복지사항일 뿐만 아니라 서비스라는 상품을 만들어내는 경우에 갖추어야 할 준비 시스템이라는 인식이 되어야 할 것이다. 또한 그 사람의 규범에 따라서 스스로 향상된 행동을 할 수 있도록 공감을 불러일으킬 수 있는 관리가 되어야 할 것이다. 강한 자극에 의해서나 물리적인 힘을 가해서 실현하고자 하면 오히려 잘 되지 않는 특성이 있다.

(2) 고객맞이, 안내, 대기, 전송

항목	속성
가. 예약	• 신속하고 친절하게 예약전화를 잘 받는가? • 고객이 원하는 예약상황을 잘 권유하는가? • 예약내용을 완벽히 확인 후 고객보다 늦게 수화기를 놓는가?
나. 고객맞이	• 예약객, 고객을 먼저 알아보고 반갑게 맞이하는가? • 상냥하고 친절하게 인사하는가? • 간단 명료한 인사말을 하는가?
다. 안내/대기	• 좌석까지 잘 안내하고 상석을 뽑아 편하게 앉도록 도와주는가? • 감사한 마음을 표한 후 바른 자세로 고객에게 세심한 배려를 하는가? • 동료끼리도 친절하고 존중하는가?
라. 고객전송	• 계산할 사전 준비를 잘 하는가? • 고객의 옷, 소지품을 잘 챙겨주는가? • 감사한 마음으로 전송인사를 하는가?

이는 고객을 맞아들이는 것부터 본격적인 서비스에 잘 접근하여 좋은 서비스를 위한 세심한 배려로 목적을 달성하고 이에 따른 마무리로서 다음에도 이용할 수 있도록 고객의 동기를 유발시키는 사항이다.

이것은 고객의 욕구에 따라 원하는 사항이 편안하고 자연스럽게 전달되어야 고객의 심리적 안정(만족)을 기할 수 있다고 할 수 있다. 따라서 종사원은 고객의 행동이나 언어의 표현에서 고객으로부터 원하는 사항을 잘 파악할 줄 아는 감각을 익혀서 원활한 커뮤니케이션 기술을 발휘해야 할 것이다.

또한 고객이 하려고 하는 행위내용 속에 '자신을 알아주었으면 하는' 숨어 있는 기대를 잘 이해할 수 있는 것이 바로 고객의 품격이나 인간존중이라는 사실을 깨달을 수 있도록 'human relation skill'에 대한 인식이 있어야 한다. 그리고 서비스를 판매하는 과정이 연결된 것이므로, 본 단계는 고객이 원하는 바를 끝까지 신속하게 찾아서 권유할 줄 아는 selling skill의 중요한 단계이다.

전문 서비스맨이라면 이러한 communication, human relation, selling skill에 대해 많은 전문지식이 있어야 하고, 경험에서 오는 감각과 인간에 대한 이해가 있어야 하며, 적절한 판단을 할 줄 알아야 한다.

(3) 서비스라는 상품 판매

항목	속성
가. 주문	• 고객의 기분에 맞게 신속히 주문을 받는가? • 고객취향을 알고 메뉴를 잘 권유하는가? • 주문내용에 바뀜 없이 복창하며 정확을 기하는가?
나. 서브	• 물, 차, 물수건 등을 적절히 잘 서브하는가? • 주문한 메뉴를 정확, 신속한 흐름으로 서브하는가? • 음식을 잘 들도록 기대하는 마음의 말을 하는가?
다. 서비스마감	• 고객이 원하는 시간에 기물을 안전하게 잘 치우는가? • 디저트 후에 고객편리를 잘 도모하는가? • 고객이 떠날 때까지 완벽하게 서비스를 확인하는가?
라. 서비스감독	• 지배인은 서비스 조화를 잘 이루는가? • 종업원의 서비스 태도에 주의를 기울이는가? • 고객의 서비스 만족에 주의를 기울이는가?

이는 서비스라는 상품의 판매활동의 장에서 고객의 기분, 취향에 맞게 적절하고 순조로운 판매가 진행되어야 한다는 것을 의미한다. 고객이 기대한 것과 고객이 이용한 결과에 따라 인지된 것이 똑같이 일치되어야 고객의 만족수준이 높아질 수 있는 것이다(service quality).

고객의 기대와 인지가 맞지 않았을 경우에 오는 욕구불만의 폭이 큰 것으로 알아야 한다. 커피를 주문했는데 콜라를 가지고 왔다면 뜨거운 것과 차가운 것과의 차이만큼 고객 불만의 폭은 큰 것으로 이해되어야 한다.

이러한 고객의 불평(complaint)이 있을 경우 '적극적인 경청'과 '즉각적인 개선실행'이 될 수 있는 개선 시스템이 뒤따르면서, 이에 대해 해소된 사항을 감지해야 한다. 대체로 개선으로 실행된 행동이 만족까지로 바뀔 수는 없어도 그런 기회를 포착할 수 있도록 최선을 다해야 한다.

판매에 대한 전문적 상품지식을 충분히 갖추어야 하며 이를 필요시에 간단, 명료하고 쉽게 설명할 수 있어야 하며, 음식을 즉석에서 만들거나 보여줄 필요가 있을 때, 적극적인 연출자세가 판매효율을 높이는 것이다(simultaneity).

(4) 계산할 때

항목	속성
가. cashier자세	• 밝은 표정이고 용모는 단정한가? • 일어서서 고객을 맞이하는 태도가 좋은가? • 고객이 데스크 가까이 가면 인사를 잘 하는가?
나. 계산속도와 고객 기다림	• 고객이 기다리지 않게 신속히 계산하는가? • 계산금액을 정확히 똑똑하게 고객에게 말하는가? • 현금을 받으면 "얼마 받았습니다"라고 명료하게 말하는가?
다. 영수증, 카드, 수표 등의 처리	• 고객이 무안하지 않게 수표, 카드 등을 대조하는가? • 영수증을 고객에게 공손하게 드리는가? • 잔돈은 신권, 헌돈은 잘 펴서 캐셔 트레이에 주는가?
라. 계산 후 인사	• 계산을 기다렸던 고객에게 미안한 마음을 표하는가? • 분리계산, 지불방법 변경에도 친절히 잘 응대하는가? • 계산이 끝난 후 감사하다는 인사를 하는가?

고객이 지금까지는 서비스라는 상품을 받고 있었지만, 계산을 기점으로 고객이 서비스에 대한 대가를 지불하게 되는 것이므로 만족도에 대한 기분과 감정의 계량이 일어나게 된다. 따라서 고객만족도를 충분히 이해하면서 계산해야 할 것이다.

계산할 때 기다리는 경우가 많은데 고객이 기다리는 시간은 객관적으로 보아 오래되지 않았는데도 고객의 기다림 자체는 상당히 오래된 것으로 또는 수십 배 이상으로 느껴지는 관념(觀念)의 시간이 있게 된다.

또한 계산은 정확하게 표현되어야 한다. 경우에 따라 계산 자체를 실수했을 때 서비스상품의 내용 전체가 잘못된 것으로 착각하게 되는 기분과 감정을 고객이 느낄 수 있으므로 정확한 계산과 명백한 시스템이 갖추어져야 하고 회계원도 이에 대한 내용을 잘 알고 있어야만 잘못된 계산에서 오는 오해의 폭을 줄일 수 있을 것이다.

최근에 고객에게 정확한 회계처리를 인식시키는 데 컴퓨터, P.O.S.회계기가 큰 도움을 주며, 지식이나 취급기술이 서비스라는 상품을 만들어내는 데 큰 역할을 할 수 있다는 것을 알고 보다 많은 연구를 하여야 할 것이다.

(5) 서비스상품의 관리*

항목	속성
가. No tipping	• 팁을 주면 무안하지 않게 끝내 사양하는가? • 잔돈 받기를 거부, 무시해도 적극적으로 주는가? • 팁을 주지 않아도 되는 느낌과 분위기인가?
나. 고객관리	• 단골 고객의 얼굴, 성명, 직위, 취향을 잘 알고 있는가? • 혜택을 주어야 할 고객에게 잘해 주고 있는가? • 처음 온 고객에게도 차별하지 않고 잘해 주는가?
다. 외국어구사	• 영어가 잘 구사되고 있는가? • 일어가 잘 구사되고 있는가? • 메뉴 bill의 표기가 잘 쓰여 있는가?
라. 컴플레인 처리	• 고객의 불편내용을 잘 경청하는가? • 잘못을 변명하지 않고 솔직히 시인하는가? • 불편내용을 즉각적으로 개선해 주는가?

주) * : Maslow의 욕구단계에서 4단계에 해당(self-esteem needs)

이는 서비스라는 상품을 잘 만들어가는 데에 정책적인 관리사항들로서 이런 부문에서 잘못되는 점이 발생하는 것은 서비스라는 상품에 치명적이라 할 정도로 중요한 사항이다.

우리나라의 제도상으로 팁(tip: to insurance promptness)을 받을 수 있는 명분은 전혀 없다. 그 이유는 계산금액의 10%가 봉사료(service charge)로 부과되기 때문인데, 그럼에도 불구하고 팁을 주려고 하는 고객의 마음이 있는가 하면, 반대로 팁을 강요받는 분위기를 느끼는 고객도 있다고 한다. 이런 고객에게는 서비스라는 상품이 존재할 수 없는 경우가 되어버린다.

더 많은 고객을 확보하고 서비스라는 상품을 발전시키기 위해 고객관리가 필요한데 가장 중요한 것은 고객을 차별하지 않고 공평하게 대하는 것이다. 남·여, 내·외국인, 직위의 인지 여부 등 여러 가지 경우에 고객이 차별받는다고 생각하면 이 또한 서비스라는 상품은 존재하지 않는 것이다.

2. 서비스가 만들어낸 성과

고객의 입장에서 본 서비스라는 상품을 느낄 수 있는 프로세스에서 서비스라는 상품 요소를 실증적 조사에 의해 파악해 보면 그림 5-3과 같은 결과를 얻을 수 있다.

우선 서비스라는 상품이 좋으면 좋을수록 매출수준도 이에 따라 높아지고 유명한 호텔로 평가되고 있으며 고객의 호텔 선호도, 즉 서비스라는 상품의 선호도가 높아지고 있다.

따라서 질이 높은 서비스라는 상품을 만들려면 우선적으로 그 호텔기업의 정신 그리고 목적과 목표가 분명하게 정립되어 사람을 비롯한 전 부문에 폭넓게 공감되어 있어야 하고, 이에 따른 시스템이 확고한 체계를 갖추고 있어야 한다. 고객의 입장에서 느낀 서비스라는 상품요소가 전문적인 지식과 이의 각성에서 오는 서비스 인력의 적극적이고 실천적인 행동을 통하여 이루어질 때 이에 따른 성과는 반드시 이루어지게 될 것이다.

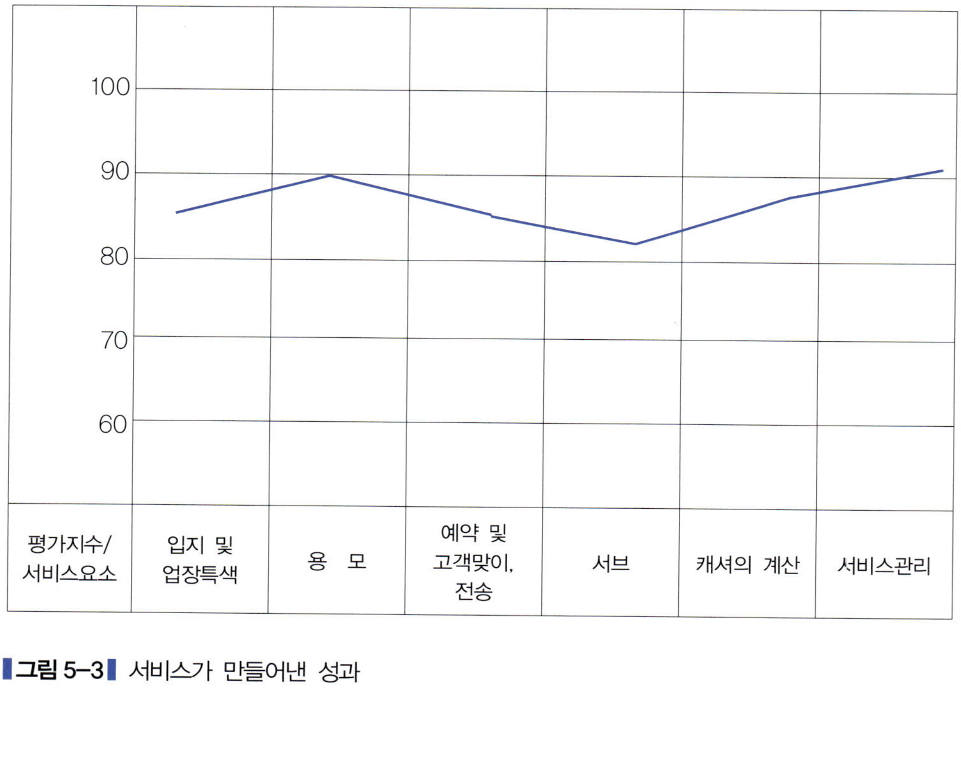

그림 5-3 서비스가 만들어낸 성과

표 5-3 호텔서비스 평가를 위한 72Point*

입지 및 영업장	관찰요점	1	2	3	4	5
가. 고객의 이용편리	• 그 레스토랑을 찾아 이용하는 데 위치와 교통은 편리한가?					
	• 주차를 하고 차량을 호출하는 데 편리한가?					
	• 테이블, 의자의 배열이 주는 공간감은 어떤가?					
나. 고객층의 선호도	• 품위있는 고객이 비즈니스로 이용하기에 적절한가?					
	• 가족끼리 이용하기에 적절한가?					
	• 그 업장의 지명, 전망 상태는 어떤가?					
다. 업장 분위기	• 업장의 주변 및 전망 상태는 어떤가?					
	• 내장, 장식, BGM 등의 업장 분위기는 훌륭한가?					
	• 업장의 청결상태는 어느 정도인가?					
라. 음식의 특성	• 특징적 메뉴(event, 오늘의 메뉴, 와인류 등)의 다양성은 어떤가?					
	• 음식의 맛, 모양, 기물은 어느 정도인가?					
	• 메뉴의 가격수준은 적정한가?					
용모	**관찰요점**	**1**	**2**	**3**	**4**	**5**
가. 두 발	• 짧은 머리로 청결한가?					
	• 착유한 머리로 단아(端雅)하게 하고 있는가?					
	• 뚜렷이 눈에 띄는 머리핀, 액세서리를 부착하고 있는가?					
나. 표 정	• 밝은 표정으로 항상 미소가 있는가?					
	• 말끔한 면도, 진하지 않은 밝은 화장인가?					
	• 부드러운 말씨로 편안하게 말하는가?					
다. 복 장	• 유니폼이 청결, 다림질이 잘된 착용인가?					
	• 가슴에 명찰을 바르게 패용하고 있는가?					
	• 잘 손질된 통일된 색의 구두를 신고 있는가?					
라. 몸가짐	• 바른 걸음으로 활기차게 걷는가?					
	• 고객을 방해하지 않고 잘 피해 걷는 몸가짐인가?					
	• 몸가짐이 자연스럽고 안정감이 있는가?					
고객맞이/안내/대기/전송	**관찰요점**	**1**	**2**	**3**	**4**	**5**
가. 예약	• 신속하고 친절하게 예약전화를 잘 받는가?					
	• 고객이 원하는 예약상황을 잘 권유하는가?					
	• 예약내용을 완벽히 확인 후 고객보다 늦게 수화기를 놓는가?					
나. 고객맞이	• 예약객, 고객을 먼저 알아보고 반갑게 맞이하는가?					
	• 상냥하고 친절하게 인사하는가?					
	• 간단 명료한 인사말을 하는가?					
다. 안내/대기	• 좌석까지 잘 안내하고 상석을 뽑아 편하게 앉도록 도와주는가?					
	• 감사한 마음을 표한 후 바른 자세로 고객에게 세심한 배려를 하는가?					
	• 동료끼리도 친절하고 존중하는가?					
라. 고객전송	• 계산할 때 사전 준비를 잘 하는가?					
	• 고객의 옷, 소지품을 잘 챙겨주는가?					
	• 감사한 마음으로 전송인사를 하는가?					

상품판매	관찰요점	1	2	3	4	5
가. 주문	• 고객의 기분에 맞게 신속히 주문을 받는가?					
	• 고객취향을 알고 메뉴를 잘 권유하는가?					
	• 주문내용에 바뀜없이 복창하며 정확을 기하는가?					
나. 서브	• 물, 차, 물수건 등을 적절히 잘 서브하는가?					
	• 주문한 메뉴를 정확, 신속한 흐름으로 서브하는가?					
	• 음식을 잘 들도록 기대하는 마음의 말을 하는가?					
다. 서비스마감	• 고객이 원하는 시간에 기물을 안전하게 잘 치우는가?					
	• 디저트 후에 고객편리를 잘 도모하는가?					
	• 고객이 떠날 때까지 완벽하게 서비스를 확인하는가?					
라. 서비스감독	• 지배인은 서비스 조화를 잘 이루는가?					
	• 종업원의 서비스 태도에 주의를 기울이는가?					
	• 고객의 서비스 만족에 주의를 기울이는가?					
계산	**관찰요점**	**1**	**2**	**3**	**4**	**5**
가. cashier자세	• 밝은 표정으로 용모는 단정한가?					
	• 일어서서 고객을 맞이하는 태도가 좋은가?					
	• 고객이 데스크 가까이 가면 인사를 잘 하는가?					
나. 계산속도와 고객 기다림	• 고객이 기다리지 않게 신속히 계산하는가?					
	• 계산금액을 정확히 똑똑하게 고객에게 말하는가?					
	• 현금을 내면 "얼마 받았습니다"라고 명료하게 말하는가?					
다. 영수증, 카드, 수표 등의 처리	• 고객이 무안하지 않게 수표, 카드 등을 대조하는가?					
	• 영수증을 고객에게 공손하게 드리는가?					
	• 잔돈은 신권, 헌돈은 잘 펴서 캐셔 트레이에 주는가?					
라. 계산 후 인사	• 계산을 기다렸던 고객에게 미안한 마음을 표하는가?					
	• 분리계산, 지불방법 변경에도 친절히 잘 하는가?					
	• 계산이 끝난 후 감사하다는 인사를 하는가?					
서비스관리	**관찰요점**	**1**	**2**	**3**	**4**	**5**
가. No tipping	• 팁을 주면 무안하지 않게 끝내 사양하는가?					
	• 잔돈받기를 거부, 무시해도 적극적으로 주는가?					
	• 팁을 주지 않아도 되는 느낌과 분위기인가?					
나. 고객관리	• 단골 고객의 얼굴, 성명, 직위, 취향을 잘 알고 있는가?					
	• 혜택을 주어야 할 고객에게 잘해 주고 있는가?					
	• 처음 온 고객에게도 차별하지 않고 잘해 주는가?					
다. 외국어구사	• 영어가 잘 구사되고 있는가?					
	• 일어가 잘 구사되고 있는가?					
	• 메뉴 bill의 표기가 잘 쓰여 있는가?					
라. 컴플레인 처리	• 고객의 불편내용을 잘 경청하는가?					
	• 잘못을 변명하지 않고 솔직히 시인하는가?					
	• 불편내용을 즉각적으로 개선해 주는가?					

주) * : 만족도에 대하여 1. 매우 불만족, 5. 매우 만족 등으로 측정하여 名 호텔이나 서비스업체의 우위를 판별할 수 있는 도구임

제3부

서비스마케팅

Chapter 06

서비스마케팅

Chapter 06 서비스마케팅

본 장에서 가장 중요한 학습 목표는 마케팅과 환대산업(hospitality industry) 마케팅에 대한 이해이다. 마케팅이란 무엇인가? 문자 그대로 시장을 연구하는 학문이다. 그렇다면 시장은 무엇인가? 그 근본적인 답변은 경제학에서 정의하고 있는 시장의 의미이다. 공급과 경쟁, 수요, 환경, 기타 관련 요소가 모두 모여 있고 서로의 상호 작용이 발생되며, 끊임없이 변화하고 있는 모든 현상이 존재하는 것이 곧 시장이라고 할 수 있다. 즉 시장이라는 것은 도저히 셀 수 없을 만큼 무수한 구성요소들이 끝없는 시간을 통해서 전진하고 있는 공간과 시간을 초과한 개체이며, 그것을 연구하는 것이 곧 마케팅이다. 우리가 가장 많이 접하고 있고 가장 간단한 형태이며 가장 잘 알고 있는 밥과 쌀을 정의하기가 어렵다면, 아마 마케팅을 정의한다는 것은 불가능할 것이다.

따라서 본 장에서는 마케팅의 의미를 되새겨보고 그 근본적인 개념이 무엇이며, 학문적 접근을 어떠한 측면에서 해야 하는가에 학습 목표를 두고 그 목표를 달성하고자 한다.

제1절 마케팅의 탄생

1. 마케팅 탄생의 배경 : 고대 - 국가 자본주의시대

1) 고대/초기 자본주의시대

인류의 삶을 위하여 식량이 존재하듯이 사업과 경영의 성공을 위하여 마케팅이 존재한다. 즉 마케팅이란 처음부터 존재한 것이 아니라 사업과 경영이 성공해야 하기 때문에 그 필요에 의해서 탄생된 것이다. 마케팅의 모체는 경영학이다. 마케팅이 왜 필요하였는가를 이해하기 위해서는 그 근원을 경영학에서부터 찾아야 할 것이다.

상업시대로 대표될 수 있는 고대시대(B.C. 400~A.D. 500)만 해도 상인들의 인구는 많았으나 지위가 낮았고 철학, 법학과 같은 주요 학문 분야와 비교할 때 상학의 중요성은 매우 뒤떨어졌다. Aristoteles는 그때부터 교환, 분업, 화폐, 이자, 대금업 등 경제, 경영 문제를 언급하기 시작했으며 특히 Xenophon은 국가 재정 증대를 위하여 상업을 조장해야 한다며 수출, 수입, 공공 기금으로부터의 대출 등 보다 현실적 경영학의 필요성을 제기했다.

봉건장원제도(500~1100), 소자본주의(Petty Capitalism, 1100~1400), 프로테스탄트·중상제도(Protestant Mercantilism, 1400~1776) 등으로 대표되는 초기 자본주의(Prebusiness Capitalism)시대에는 대표적 사상가인 Saint Thomas Aquinas가 있었다. 그는 공정한 가격과 이익 개념을 언급하였으나, 이러한 초기 자본주의는 시장에 대한 근본적 개념을 이해하지 못한 문제투성이의 진보시대로 상징되던 시대였다.

2) 산업자본주의시대

1776년 미국의 독립 선언으로 인하여 이익 획득의 자유가 발표되며 전문화, 합리화, 과업 이양을 통한 작업 통제, 생산성, 이익 극대화, 비용 절감 등 근대 경영학의 근간이 생성되기 시작했다.

이 시기는 산업자본주의시대(1776~1890)로서 경제학의 아버지라고 불리는 Adam Smith가 『국부론』[1]을 통하여 이상적 자유 시장과 경제 사회의 모든 활동을 기술했다. 그는 개인적 목표 추구, 경쟁의 자유, 특히 시장의 힘이 모든 경제 문제를 해결한다는 '보이지 않는 손(invisible hand)'[2]의 개념을 언급함으로써 마케팅의 필요성을 가장 현시적(現時的)으로 제시했다. 20세기 자유방임 시장(free market) 체계의 신봉자 중 하나였던 Hayek이 인류 역사 최대의 발명품이라고 표현하였을 만큼 '보이지 않는 손'은 모든 시장 원리의 백과사전이 되고 있다.

역사적으로 살펴볼 때 경영학 부문의 최초 관심사는 이 산업자본주의시대에 강조되기 시작한 생산성(productivity)이었다. 공급이 많고 경쟁이 치열한 현재의 시장과 달리 공급이 수요를 초과하지 못하는(shortage), 시장의 필요에 의한 생산(production) 개념의 태동이 그 효시다. "모든 고객은 원하는 모든 색상의 차를 살 수 있다. 그것이 검정색이기만 하다면." 자동차 왕 Henry Ford의 악명 높은 말이 그 시대의 특징을 잘 나타내고 있다. 즉 고객의 욕구와 관계없이 생산만 하면 성공하던 시대였다. 생산성보다 한 단계 발전된 개념은 "좋은 쥐덫을 만들면 쥐는 저절로 잡힌다(Build a better mouse trap)"라는 제품의 품질적 측면이었다. 공급이 증대되고 기술이 발달되면서 생산성뿐만 아니라 제품의 품질(product quality)이 사업의 성패를 결정한다는 제품 지향적(product-oriented) 시대가 바로 이 시기라고 할 수 있다.

3) 금융자본주의시대/국가자본주의시대

그러나 시장의 흐름은 거기에 멈추지 않았다. 시장의 흐름은 '좋은 제품도 구매되지 않으면 소용이 없다(Goods are bought not sold)'는 판매 지향적(sales-oriented) 시대로 발전하고 있었다. 경영학의 역사적 흐름으로 살펴볼 때, 금융자본주의시

---

1) 국부론 : 국가의 부를 위해서는 인간으로 하여금 자기의 본성을 자유롭고 안전하게 발휘해 주는 일밖에는 아무 것도 필요 없다는 것이 국부론의 핵심임.

2) 보이지 않는 손 : Adam Smith는 정부 정책에 대해 자유방임을 강조함. 이기심이라는 기름이 경제라는 기어를 거의 기적에 가까울 정도로 잘 돌아가게 할 것이라고 설명하며 계획, 통치자의 다스림 없이 시장이 모든 것을 해결할 것이라고 주장함. '보이지 않는 손'이란 가격의 자동조절 기능, 가격의 매개 변수적 기능을 말하며 이 기능에 의해 경쟁시장에서는 수요, 공급의 균형이 부지불식간에 이루어진다는 것임. 즉, 사람들이 자신의 이익을 위하여 열심히 노력하는 가운데 사회와 국가 전체의 이익이 증대된다는 것임.

대(1890~1933)와 과도기 체제였던 국가자본주의시대(1933~1950)를 시기적으로 같은 시대로 간주할 수 있다. 금융자본주의시대에는 산업자본주의시대의 핵심이었던 생산 분야보다 금융, 재무적 측면이 강조되었고 카르텔[3], 트러스트[4], 주식회사 등이 탄생되었으며, 시장은 정부의 간섭 없는 문어발식 대기업에 의해 지배되었다. 특히, 영국의 철학자 Herbert Spencer는 Charles Darwin의 '적자 생존 법칙(The survival of the fittest)'을 사회 발전에 적용시키며 약한 기업은 강한 기업을 위해 희생되어야 한다는 기업윤리를 주장했다. 이러한 사회적, 기업적 진화론 하에 금융가들은 사업 확장으로 돈을 벌고 시장을 주도했다.

그림 6-1 대공항이 닥쳐 주가가 폭락하자 New York 증권거래소 앞에 모여든 군중(1929년)
자료 : Edward Bernays(2013), 『Propaganda』, 114p.

3) 카르텔 : 기업 연합 형태로서 시장 통제의 목적으로 동종 또는 유사 업종 간의 신사 협정에 의한 기업 집중 형태. 가격협정, 공정 거래 질서 등을 해치게 되므로 국내에서는 1976년 법률로 금지됨.

4) 트러스트 : 기업 상호 간 출자액을 결합, 대자본을 기초로 하는 기업의 복합 형태. 시장 독점 및 경영 합리화의 목적으로 개별 기업은 자본적, 법률적으로 독립성이 상실되므로 카르텔보다도 더욱 강력한 기업 합동 형태(fusion)라고 할 수 있음.

그러나 준엄한 시장은 그러한 횡포를 더 이상 용납하지 않았다. 시장은 그러한 금융자본주의시대에 사형을 선고했는데 그것이 그 유명한 대공황이며(그림6-1 참조), 어쩔 수 없이 시장의 흐름은 자본주의 세계에서 다시 탄생되어서는 안될 국가자본주의시대로 넘어가게 되었다. "공급이 수요를 창출한다"는 Say의 법칙이 거짓말로 판명된 것이다. 이 시기에 Robert Moor는 대자본가가 아니라 노동자와 소자본가를 위해 국가가 시장을 통제해야 한다는 국가자본주의의 기본적 이념을 주장했다.[5] 미국 Roosevelt 대통령의 New Deal 정책에 의해 국가적 차원의 경제 복구 운동이 전개되었고 어느 정도의 성공은 거두었으나 시장은 역시 이러한 흐름을 장기적으로 허용하지 않았다. 국가자본주의는 사회 민주주의의 과도적 시스템으로서 장기적으로 지속될 경우 개인의 자유가 희생되어야 하는 사회주의, 파시즘으로 진행되기 때문이다.

2. 마케팅의 탄생

국가자본주의시대가 종결되는 1950년대는 현대 경영학의 모체라고 할 수 있는 관리자본주의시대가 도래한 시기이며 마케팅의 진정한 개념이 등장한 매우 의미 있는 시대였다. 즉 좋은 제품을 생산하여 판매하는 것이 사업의 사명이 아니라, 그 제품은 소비자가 원하는 것이어야 한다는 것이다. 실질적으로 세계적으로 유명하며 또한 우리들이 알고 있는 많은 기업들이 그 사상에 의해서 탄생되었다 (1960년대 McDonald's, Levi's Jeans, Marlboro/ 1970년대 Miller Lite Beer, Adidas & Nike Shoes, Walkman, Boeing 747/ 1980년대 Apple Computers, Atari Videogames...)

경영학의 거시적 차원에서 고찰해볼 때 마케팅을 대체하는, 혹은 마케팅을 능가할 수 있는 학문 분야가 탄생될 것인가? 필자의 견해로서는 없을 것이라고 확신한다. 사업과 경영의 성패를 100% 결정하는 것은 시장이고 그 시장을 연구하는 것이 마케팅이며, 이 원리는 인류가 생존하는 한 변하지 않을 것이 확실하기 때문이다.

---

5) 이 당시의 대표적 경제학자는 Keynes임. Keynes주의란 민간 경제가 완전고용에 이르지 못할 수 있다는 전제와 정부 지출은 경제를 활성화시켜 불완전 고용의 틈을 메울 수 있다는 전제임.

단, 마케팅은 사회의 여러 분야로 확대되고 있는데 범세계적 마케팅[6](Global Marketing, 그림6-2 참조), 사회 지향적 마케팅(Societal Marketing, CSR : Corporate Social Responsibility), 기업의 시민 정신(Corporate Citizenship), 소비자 보호주의(Consumerism, 그림6-3 참조), 그린 마케팅(Green Marketing, 그림6-4 참조), 마케팅 윤리(Marketing Ethics) 등이 그것이다.

마케팅은 위와 같이 시장이 필요하고 시대 흐름에 병행해야 하고 마케팅 관리론, 소비자 행동론, 전략론, 조사 방법론 등 다양한 연구 분야로 세분되기는 하지만 마케팅을 대체할 수 있는 학문 분야는 향후 탄생되지 않을 것이다. 자본주의 사회에서 시장보다 더 필요하고 중요한 것은 분명히 없었고, 앞으로도 없을 것이다.

Kotler는 마케팅 개념의 진화를 〈표 6-1〉에 나타내고 있다.

Dev · Buchman · Bowen은 Cornell Quarterly의 논문을 분석하여 50년 동안의 환대산업 마케팅 초점 분야를 발표한 바 있다. 그들에 의하면 1960년대는 촉진, 1970년대는 제품 개발 및 시장 조사, 1980년대는 매출 관리 및 브랜드 개발, 1990년대는 고객 만족과 충성도, 2000년대는 인터넷, 웹 마케팅이 강조되어 왔다고 하며, 2010년대에는 Mobile 마케팅 기술(RFID, GPS 등)이 초점이 될 것이라고 예견했다.

6) 범세계적 마케팅 : 범세계적 마케팅은 David Ricardo와 John Stuart Mill의 공리주의(Utilitarianism) 철학, 즉 '최대 다수의 최대 행복'이념과 일치한다. 세계 경제가 점차 북미, EU, 아시아 간의 경제 블록화 등으로 영역 내 무관세 등 비용 및 시간절감 효과를 보이고 있으나, Ricardo의 비교 우위론(기회비용과 비교 우위에 따른 생산, 소비 조절)에서 파급된 문제점과 같이 궁극적으로는 그 파급효과는 비교 우위가 아니라는 것이다. 예를 들어 선진국의 보호무역주의는 저개발 국가를 경제 불황에 빠뜨리고 결국 그 파급 효과는 원조, 차관 등의 형태로 자신들에게도 돌아가게 된다. 즉 범세계적 마케팅은 공리주의의 사상 하에 실천되어야 한다.

표 6-1 마케팅 개념의 진화

1950s(전후 시대)	1960s(급 성장)	1970s(혼란)
• 마케팅 믹스 • 제품수명주기 • 브랜드 이미지 • 시장세분화 • 마케팅 개념 • 마케팅 결산	• 4P • 근시안적 마케팅 • 라이프스타일 마케팅 • 마케팅 개념의 확장	• 표적 설정 • 포지셔닝 • 전략적 마케팅 • 서비스 마케팅 • 사회적 마케팅 • 사회 지향적 마케팅 • 거시 마케팅
1980s(불안정)	**1990s(일대일)**	**2000s(재무주도적)**
• 마케팅 전쟁 • 글로벌 마케팅 • 브랜드 이미지 • 지역 마케팅 • 메가 마케팅 • 직접 마케팅 • 관계 마케팅 • 내부 마케팅	• 감성 마케팅 • 체험 마케팅 • 인터넷/e비즈니스 마케팅 • 스폰서쉽 마케팅 • 마케팅 윤리	• ROI 마케팅 • 브랜드 자산 마케팅 • 고객 자산 마케팅 • 사회적 채임 마케팅 • 소비자 권한 강화 • SNS 마케팅 • 종족주의 • 진정성 마케팅 • 공동 창조 마케팅

자료 : Kotler, P., Kartajaya, H., & Setiawan, I.(2010). Marketing 3.0: From Products to Customers to the Human Spirit. Wiley Online Library.

그림 6-2 범세계적 마케팅의 시대

그림 6-3 소비자 보호주의 시대
카지노 호텔에서는 게임 중 고객들이 담배를 많이 피우게 된다. Progressive Games Inc.에서는 카지노 호텔을 대상으로 재떨이에 담배를 놓아두었을 때 연기를 100% 흡수하는 장치를 개발하여 비흡연 고객들을 보호하는 consumerism을 실천함

▌그림 6-4▌ 그린 마케팅 시대

제2절 마케팅이란?

앞에서 언급되었듯이 마케팅의 정의를 내린다는 것은 불가능하다. 1948년도에 미국 마케팅협회(AMA: America Marketing Association)는 '생산자로부터 소비자 또는 사용자에게 재화[7] 및 서비스가 유통되도록 하는 기업 활동의 수행'이라는 최초의 정의를 내린 바 있다. AMA는 또한 1985년도에 현재 가장 대표적으로 통용되고 있는 정의를 내렸는데, '개인과 조직의 목표를 만족시키는 교환(exchange)을 창조해내기 위한 아이디어, 제품, 서비스에 대한 개념, 가격, 촉진, 유통을 계획하고 집행하는 과정'이 그것이다. 그러나 위의 정의는 기업의 입장에서만, 그것도 마케팅의 기능적 측면만 묘사한 것에 불과하다. 불가능한 마케팅의 정의를 내리는 데에 시간을 허비할 필요가 없다. 대신에 마케팅의 진정한 의미와 철학을

7) 재화 : 경제학에서 일반적으로 통용되고 있는 용어인 재화(goods)와 경영학에서 일반적으로 사용되고 있는 용어인 제품 혹은 상품(product)은 유사한 의미로서 앞으로 제품으로 통일함.

여러 각도에서 단계적으로 고찰해보고 이해하는 데에 본 절의 학습 목표를 둔다.

1. 마케팅의 연구 방법

1) 마케팅의 학문적 특성

과학이 과정을 관찰하고 수단을 인출해내는 분석적 기술이라면 철학[8]은 여러 목적을 비판하고 조절하는 종합적 해석이라고 할 수 있다. 모든 과학은 철학으로 시작되어 기술로 끝나고 철학은 미지의 것에 대한 또는 부정확하게 알고 있는 것에 대한 가설적 해석이다. Spencer는 『제1원리(First Principles)』에서 과학은 부분적으로 통일된 인식이며 철학은 완전히 통일된 인식이라고 표현한 바 있다.

학문은 지식(knowledge)을 제공하지만 그 용도를 가르쳐주지 않는다. 물론, 지식을 습득한다는 것도 쉬운 것이 아니다. 무질서한 자극(stimulus)으로부터 감각(sense)이 생기고 질서정연한 감각으로부터 지각(perception)[9]이 형성되며 질서정연한 지각으로부터 개념(concept)이 완성되지만, 지식은 개념보다 상위 개체다. 지식에 대한 관찰과 경험을 통하여 한 차원 더 진전되고 그 용도를 알 수 있을 때 지식이 곧 최종적 학문의 목적인 지혜(wisdom)가 되는 것이다.

지혜를 가르쳐주는 것이 철학[10]이며, Plato가 Immanuel Kant보다 우수하다고 평가받는 이유가 그것이다. 즉 Plato는 철학자들에게 학교 교육만이 아니라 생활을 경험시키며 사색보다는 행동, 곧 실생활과 밀착된 지혜인 능동적 교양을 중시했다. 19세기 후반 탄생한 미국적 실용주의(pragmatism) 철학의 근원도 바로 지혜다.

---

8) 철학 : BC 6세기 전반기의 고대 Greece인인 Thales가 철학의 선조로 알려지고 있으며, 이후 철학은 사고·탐구의 이상적 방법을 연구하는 논리학, 이상적 형식·아름다움에 대한 예술철학인 미학, 이상적 행위에 관한 윤리학, 이상적 사회 조직에 관한 정치 철학, 모든 사물의 궁극적 실재·물질과 정신의 상호 관계에 대한 궁극적 본성에 관한 형이상학(metaphysics) 등 여러 부문으로 확산되었음.

9) 지각 : 지각은 감각(5관의 경험) 등 환경에서 오는 정보를 해석하고 의미있는 형태로 수용·처리하는 과정임. 인식(cognition)과 유사한 의미인 용어임.

10) 철학 : 철학은 고대 Greece어의 '무엇에 대한 사랑'이라는 의미의 'Philo'와 지혜라는 의미의 'Sophia'가 합성된 용어임.

『Democracy And Education』의 저자이며 교육학의 아버지인 John Dewey의 도구주의 역시 지혜에 대한 강조에 바탕을 두고 있다. 지성적 지식은 행동의 수단과 도구로서의 의미를 가질 뿐이며, 삶에 있어서의 유용성이 진리의 가치를 갖게 된다는 것이다. 『논어』에서도 학문의 목적은 실행에 있다고 말한다. 교활한 자는 학문을 경멸하며, 단순한 자는 학문을 찬양하고, 현명한 자는 학문을 이용한다. 학문을 이용하여 지식을 지혜로 승화시킬 수 있을 때 학문의 목적이 달성된다는 것이다.

2) 마케팅은 귀납적 학문

그러한 이유로 마케팅의 연구 방법은 연역적보다는 귀납적이어야 한다. 과학은 선험적 추론(연역적)과 귀납적 실험의 끊임없는 교류다. 연역법이 합리론이라면, 귀납법은 경험론이다.

그러나 Francis Bacon은 인간 고난의 원인을 독단과 연역법, 즉 명제를 의심의 여지없이 출발점으로 삼고 이러한 전제 자체를 관찰과 실험에 의해 검토하려 하지 않기 때문에 새로운 진리를 찾지 못한다고 했다. Francis Bacon은 귀납법이 오류에 의해 만들어진 모든 왜곡을 없앨 것이라고 생각하며, 학문은 모든 경험에 입각하는 것이므로 자연 그 자체를 고찰하는 귀납법적 고찰만이 귀결이라고 했다. 확신을 갖고 시작하는 자는 결국 회의에 빠져들지만, 회의를 갖고 시작하는 자는 결국 확신을 할 수 있다. 이는 귀납법의 필요성을 역설하는 문구다.

물론 연역법에 의해서 많은 학문이 발전되어 왔다. Charles Darwin은 Malthus의 『인구론(Essay on the principle of population)』을 통하여 인구 증가가 식량 공급 증가보다 빠르며, 그 결과 생존 경쟁이 이루어진다는 추론 하에 '적자생존의 법칙(The survival of the fittest)'을 만들어냈고, Albert Einstein은 Isaac Newton의 명제인 빛은 직선이 아니라 곡선으로 움직인다는 가설을 통하여 별의 위치가 약간 기울어진 곳에 있다는 사실을 증명했다.

그러나 마케팅의 이론은 빛의 움직임과 같은 사실이 결코 아니다. 과거 Malthus의 『인구론』 이론조차도 현 시대에서는 적용되지 않는다. Malthus는 인구 증가는 출생률만이 아니라 이민자의 유입이 있다는 사실과 농업, 공업, 의학 등의 혁명적 발전을 예견하지 못했기 때문이다. 근대 철학의 아버지이며 "나는 생각한다. 고로 존재한다(Cogito ergo sum)"의 Rene Descartes는 이성과 사고를 강조하며 회의의 여지를 남기지 않는 명증적 진리로부터 연역법을 탄생시켰다.11) 연역법은 대수학, 기하학 등 변하지 않는 사실을 다루는 학문에만 적합한 방법이다. 사회과학에서 모든 연역적 방법은 위험할 수밖에 없다. 자연과학에서도 위험성이 없는 것은 아니다. 1758년에 혜성이 나타날 것이라고 예언했던 Hally의 가설이 입증되고 지금도 지속되지만 Hally 혜성의 미래는 아무도 장담할 수 없다.

마케팅의 연구 방법은 연역적보다는 귀납적이어야 한다. 귀납법이란 모든 사실의 단순 열거를 의미하는 것이 아니다. 마케팅의 연구 방법은 평야에서 짐승을 포획하고자 할 때 범위를 좁히고 포위해야 하는 것과 같이, 사실을 분류하고 가설을 제거하는 기술이 동반되어야 한다. 모든 분석에서 문제의 범위를 좁힐수록 그 처리는 용이해진다. 연역법을 제시했던 Descartes도 자신의 철학 연구를 위하여 모든 사유물을 물에 버렸다고 한다. 우리의 실생활에서도 마찬가지다. 무엇을 찾으려고 할 때 평소 있었던 곳에 없으면(연역법의 실패) 당황하게 되고 이곳저곳을 찾다가 결국 그 물건을 찾게 되는 경우가 많다(귀납법의 성공).12)

2. 마케팅은 경험적 지식(Experiential Knowledge)

『명심보감』에 의하면, 한 가지 일을 경험하지 않으면 한 가지 지혜가 자라지 않는다고 한다. 마케팅의 지혜는 철저히 경험으로부터 탄생된다. 『Experiential Marketing』의 저자 Bernd H. Schmitt은 "이 시대의 제품들은 단순히 기능과 혜택의 집합체가 아니라 소비자들에게 삶의 체험을 제공하는 도구이며, 긍정적 혹은 부정적 체험을 강화하는 매개체다"라고 주장한다.

그러나 필자가 여기에서 피력하고자 하는 것은 위와 같이 제품 혹은 제품과 관련된 소비자의 체험에 초점을 맞추자는 의미가 아니다. 필자가 피력하고자 하는 것은 원인과 과정과 목적이 되는 광의의 의미인 시장의 경험이다.

---

11) Descartes는 먼저 일반적이고 보편적인 원리를 설정한 후, 특수한 내용들을 그에 따라 설명하며, 경험을 원리에 추종시키는 방법을 최선의 방법으로 제시함.

12) 휴대폰 제품이 몰리는 경향이 있는 장소를 무게 중심(centre of gravity)이라고 함. 무게 중심은 물건을 찾을 때 습관처럼 가장 먼저 확인하는 곳이기도 함.

필자가 마케팅 교육에서 가장 중시하는 것은 사례 연구다. 실제로 대다수의 학생들이 그 효과에 찬성한다. Schopenhauer는 『여록과 보유(Parerga and Paralipomena)』라는 저서에서 독서를 많이 하는 자일수록 창의력이 저하된다고 했다. 마케팅 학습은 마케팅 교재를 많이 읽고 이론을 외우는 것보다는 상황과 시대에 따른 상황적합(contingency) 이론에 익숙해지도록 유도되어야 한다.

1) 마케팅의 공식

법관의 역할을 수행하기 위해서는 모든 법 조항을 알고 외워야 한다. 수학의 인수분해를 하기 위해서는 기본적인 근의 공식을 알아야 한다. 회계장부를 작성하기 위해서는 손익계산서(profit and loss statement), 대차대조표(balance sheet)의 작성 지침을 알아야 한다. 이와 같이 대다수 학문 분야에 있어서는 필수적으로 외워야 할 것이 매우 많다. 의학, 과학 등 이공계 분야에서는 더욱 그렇다. 그러한 학문에서는 변하지 않는 사실(fact)이 있다. 또한 위의 학문 분야들과 유사하게 철학, 종교학, 윤리학 등의 학문 분야에서는 쉽게 변하지 않는 진리(truth)가 있다.

그렇다면 마케팅은 어떠한가? 아마 소비자의 욕구(needs)와 필요(wants)에 부합되는 제품과 서비스, 같은 의미로 소비자의 문제(problem)를 해결할 수 있는 제품과 서비스를 창조해내야 한다는 것이 유일한, 그리고 변하지 않는 공식인 진리일 것이다.

한 마디로 마케팅은 entropy(무질서의 정도)가 넘쳐흐르는 학문이다. 공식과 진리가 없기 때문에 마케팅은 자유분방한 학문이며 매력적인 연구분야다. 어떤 의미에서는 의학보다도 우수한 학문이다. 의학은 자칫하면 음이 틀리기 쉬운 매우 정교하게 세공된 악기이다. 의학은 경우에 따라서 생체 해부도 해야 하나 그것은 불가능한 일이다. 마케팅은 모든 생체(시장, 기업, 환경)를 항상 해부할 수 있기 때문에 연구하고자 하는 목적을 언제든지 달성할 수 있다. Carlyle이 우울한 과학이라고 표현한, 역사적으로 수많은 천재들을 바보로 만들었던 경제학과 비교할 때 얼마나 매력적인 학문인가?

2) 마케팅의 심판

시장의 힘은 정확하고 전지전능하며, 그 심판은 매우 준엄하다. 스포츠와 비교하여 예를 들어 본다. 여러 팀 중 인기있고 실력있는(경쟁) 두 팀(공급)이 경기를 할 경우, 분명히 많은 관객(수요)이 모일 것이고 흥행에 성공할 수 있다. 그러나 그 경기의 승자를 결정하는 것은 심판이지 관객이 아니다. 그 심판은 객관적이기 어려우며 100% 정확하기는 불가능하다. 이러한 의미에서 스포츠는 비과학적일 수밖에 없다.

그러나 마케팅에서의 심판은 복합적이며 철저하게 과학적이다. Adam Smith가 언급했던 '보이지 않는 손'이 곧 심판이며, 궁극적으로 그 심판은 소비자인 것이다. 승자와 패자는 전적으로 소비자에 의해서 어떠한 이해관계도 없이 정확하게 결정된다. 즉 시장은 아무리 강력한 힘을 가진 그 무엇이라고 하여도 도저히 통제되지 않으며(적어도 자본주의, 민주주의 사회에서는) 그 심판은 정확하다는 것이다. 장기적 관점에서 마케팅에서는 Marradona의 '신의 손(La mana de dios)에 의한 승리'란 없다. Aristoteles가 언급했듯이 다수는 소수보다 부패하지 않는다. 시장의 절대 다수인 소비자가 시장의 법칙을 정하기 때문에 시장의 심판은 균형적이고 객관적이다. Abraham Lincoln의 말을 상기해 보자. "모든 사람은 한 번 속일 수 있고 한 사람은 영원히 속일 수 있지만, 모든 사람을 영원히 속일 수는 없다."

3) 마케팅 이론의 단명성

마케팅에서 소비자와 관련된 것 외에는 변하지 않고 진리와 동등한 공식이 있을 수 없다. 그렇다면 무수히 많은 마케팅 교재와 논문과 보고서에서 열거되고 있는 이론은 무엇인가? 수학에서의 근의 공식과 같이 분명히 변하지 않는 진리인가? 물론 결코 아니다. 그 모든 이론들은 마케팅이 정착되기 시작한 1950년대보다 훨씬 오래 전인 원시시대로부터 인간과 기업들이 꾸준히 경험하고 배우고 시행착오를 거듭하며 가장 최적이라고 현 시점에서만 인정되고 있는 것들이다. 현재의 마케팅 이론들은 분명히 변한다. 소비자와 환경은 향후 과거 어느 때보다도 보다 빠르고 다양하게, 상상하기 어려울 정도로 급격히 변할 것이기 때문이다.

4) 마케팅에서 실패의 의미

역사에 문제가 있다면 대부분이 승자에 의해 기록되고 보존되었다는 것이다. 역사에는 권력이 개입된 기록(정사)이 있고 입으로만 전달되는 야사가 있다. France 극작가 Jean Cocteau는 "역사는 끝내 거짓으로 판명되고, 신화는 끝내 사실로 판명된다"라는 말을 했다. 그러나 마케팅에 있어서는 성공으로부터 얻은 지식 못지않게 실패로부터 얻는 지식 또한 매우 중요하다.

'실패는 성공의 어머니'란 유명한 말을 남긴 Thomas Alva Edison은 전구를 발명하는 과정에서 무려 2,000번을 실패했다. 그러나 그는 2,000번의 실패를 성공을 위한 2,000개의 계단이라고 표현했다.[13] "시련은 있어도 실패는 없다"는 고 정주영 회장의 철학과 같은 맥락이다. Edison은 1,093가지의 발명품을 만들었으나 그 외 실패는 헤아릴 수 없다. 축전지 발명에는 무려 5만 번을 실패했다. 그가 창시한 General Electric에는 실패 사례에 대한 문서가 대외비로 항상 저장, 이용되고 있다. 세계 최연소 자수성가형 여성 부호로 Time에 세계에서 가장 영향력 있는 100인 중 한 명에 꼽힌 SPANX의 경영자 Sara Blakely는 "실패란 성공하지 못한 것이 아니라 아무 것도 시도하지 않은 것"이라는 말을 했다. Edison과는 실패에 대해 전혀 다른 관점이다. 필자는 분명히 Edison의 사상이 옳다고 생각한다. 유명 영화감독 Woody Allen의 말이다. "한 번도 실패하지 않았다는 것은 새로운 일을 전혀 시도하고 있지 않다는 신호다."

미국 20대 기업 최초 여성 CEO이자 HP의 CEO로서 전성기를 이끌었던 '전설의 여성 CEO Carleton S. Fiorina는 2014년 고려대학교에서의 강연에서 "20대의 가장 큰 자유는 실수해도 된다는 점이다. 도전하라, 20대에는 어떤 실수도 용납된다"라는 말을 남겼다. 이명박 전 대통령은 "실패는 자산……재기 못하면 낭비"라는 말을 남겼다. 영국의 유명 은행이 직원 한 사람 때문에 도산이 된 후, 그 직원이 미

---

13) 전구보다도 더 위대한 발명품이라고 할 수 있는 세계 최초 민간연구소 Menlo Park에서 발명된 전구의 Filament 개발에 약 6,000종의 식물이 테스트되었음. 연구원들은 Thomas Edison을 '실수 잘 하는 사람'이라는 의미의 'Mucker'라는 별명을 붙임. Menlo Park에서는 전구 이외에도 전화, 축음기, 영사기, 확성기, 복사기, 전기 Fuse, 전기 기차 등 천 개 이상의 특허를 획득함.

국의 은행에 고액으로 스카우트되었던 유명한 일화가 있다. 미국의 은행은 엄청난 실패의 교훈을 배우고자 했던 것이다. 중국 춘추전국시대에 3,000여 개의 나라가 흥망성쇠를 거듭하며 공자, 맹자, 순자, 노자, 장자 등 수많은 현인이 배출되었다. KFC의 정신적 지주 Colonel Sanders는 65세에 2년 동안 1,009번의 퇴짜 끝에 처음으로 치킨을 한 조각 당 4센트에 판매하기 시작했다. Abraham Lincoln은 40대 후반까지 선거에 8번 낙선했고 모든 사업에서 실패했다. Michael Jordan은 선수 시절 9,000번의 슛을 실패하고 300경기에서 졌다.

Tolstoy의 유품을 정리하다 그의 방 안이 실패작 천지였다는 사실이 밝혀졌다. Shakespeare의 평생 154편 시 중 단지 몇 개만, Darwin의 119편 논문 중 진화론 외 몇 개만, Freud의 650편 논문 중 소수만이 알려져 있다. Gogh의 수백 개 작품 중 생전에 팔린 그림은 단 한 개였다. Mozart의 600편의 발표곡들도 대부분이 실패작들이었다. 134회 도루를 시도해서 96회 성공, 즉 70%의 성공률을 기록한 Ty Cobb 선수는 많은 사람들에 의해 기억되고 있으나 53회 도루 시도에 51회 성공한(96% 성공률) Max Carey 선수나 그 기록은 거의 기억되지 않고 있다.

세계 최고 기업 중 하나인 Apple의 고 Steve Jobs도 Appleiii(1981), Lisa(1983), Next Computer(1989), Puck Mouse(1998), Cube(2000), Itunes폰(2005), Apple TV(2007) 등 무수한 실패를 경험한 바 있다.

5) 마케팅의 스승 : 시장의 경험

실패건 성공이건 과거의 경험으로부터 얻은 교훈은 마케팅에서 매우 중요한 지식의 원천이 된다. Friedrich Wilhelm Nietzsche도 Logos(logic and reasoning)보다는 Pathos(emotional appeal)를 항상 중시했다. 과거와 현재의 경험은 분명 마케팅의 근원이다. 우리는 우주의 'Big Bang'을 알 수 없지만 이후에 일어난 증거로 'Big Bang'을 증명한다. 마케팅에서의 과거는 그러한 방식으로 이용돼야 한다. 과거는 먼 것처럼 느껴지지만 결코 사라지지 않는다.

국내 호텔·관광 학계의 마케팅 교육은 지나치게 이론 위주로 치우치고 있다. 범세계적인 현 시대에서 성공과 실패의 사례는 무수히 발생되고 있다. 국내외 환대산업의 동향, 정보, 사례를 파악하고 분석하여 그로부터 지식, 나아가 지혜를 얻을 수 있는 학습 방법으로의 전환이 무엇보다도 필요하다. 스콜라 철학파

(Scholasticism)가 종말을 고한 이유가 바로 여기에 있다. 스콜라 철학은 이용과 관찰로부터의 지식 절연이라는 암 세포를 제거하지 못했으며, 경험주의 대표 학자인 Bacon의 경험적 지식에 대한 논리 뒤로 쇠퇴했던 것이다.

마케팅은 철저한 응용과학이며, 그 원천은 경험으로부터 얻은 지식과 지혜에 있다. Kant의 『선험적 분석론』에 기술되었듯이 과학의 일반 원리는 궁극적으로 과거, 현재, 미래의 모든 경험에 포함되고 전제되는 사고의 법칙이라는 사실을 마케팅을 연구하고 학습하는 모든 사람들이 수용해야 한다. 시장의 모든 현상은 원인과 결과(cause and effect)가 있다. 국내에서 웨딩 플래너라는 직종이 오랜 기간 동안 시장에서 활동을 해왔는데, 2014년에 새롭게 등장한 직종이 있다. 그것은 바로 이혼 플래너다.

결론적으로 마케팅은 철저한 경험적 지식이다. 마케팅의 모든 학문적, 이론적 근원은 시장이 가르쳐주며 모든 사업과 경영에 대한 심판은 시장이 내린다. 그 시장은 너무 복잡하지만 정확하며, 모든 것을 초월한 전지전능한 것이기 때문에 우리는 시장의 경험으로만 배워 왔고 또 영원히 시장에서의 경험을 통해서만 배울 수 있다.

3. 소비자의 욕구와 필요 그리고 문제 해결

마케팅에서 가장 중요한 것은 유일한 공식인 소비자의 욕구와 필요를 파악하고 만족시키며 문제를 해결해야 한다는 것이다. 그것을 위하여 기업은 그에 맞는 제품을 생산하고 교환하여 가치(value)를 창출시키고 있다. 이와 관련하여 Kotler는 '마케팅이란 제품과 가치를 창조하고 타인(타 기관)과의 교환을 통하여 개인들과 집단들의 욕구와 필요를 충족시키는 사회적, 관리적 과정'이라고 마케팅의 정의를 내렸다.

1) 욕구, 필요, 문제, 가치, 교환의 개념

(1) 욕구(needs)

욕구(needs)란 부족을 느끼는 상태(state of felt deprivation)를 의미한다. 즉 욕

구는 인간이 만족하기 위해 충족시켜야 하는 기본적인 조건들이며, 그것을 위해 대상을 찾거나 대상이 없거나 부족할 때에는 만족의 정도를 감소시켜야 한다. Maslow는 그림 6-5 와 같이 여러 형태의 욕구를 단계(hierarchy)별로 정리하였다.

Baruch De Spinoza의 『Ethica』에 의하면, 모든 욕구는 불충분한 관념으로 생길 때에는 덕이라고 한다. Plato는 인간의 이 욕구와 본능을 적절히 연구하지 못하는 것이 모든 문제의 원인이라고 지적한 바 있다. 미국 Ohio State University의 학자들은 Psychological Assessment라는 학술지에 총 300개의 인간 욕구 중 인간의 행동을 결정하는 기본적인 욕구 15가지를 발표한 바 있다. 그들의 연구에 의하면, 인간의 모든 욕구는 15개 욕구 유형 내에 모두 포함된다고 한다. 그 15개 욕구를 필자는 Freud가 분류한 인간의 성격에 맞추어 〈표 6-2〉에 제시하였다.

표 6-2 인간의 기본적 욕구

성격형태	욕구형태
원본능(Id) : 성적, 공격적 본능으로 고통을 피하고 즐거움을 얻으려는 본능	• 먹으려는 욕구 • 성적인 욕구 • 감정이 상했을 때 복수하려는 욕구 • 고통이나 근심에서 벗어나려는 욕구
자아(Ego) : 현실을 고려하는 본능	• 배우려는 욕구 • 사회로부터 거부당할지 모른다는 두려움을 회피하려는 욕구 • 육체적인 운동이나 활동을 하려는 욕구 • 하루 하루를 질서정연하게 꾸려나가려는 욕구 • 스스로 결정하려는 독립 욕구 • 다른 사람들과 접촉하려는 욕구 • 가족과 시간을 함께 보내려는 욕구 • 다른 사람들의 이목을 받고 싶어하는, 명성을 위한 욕구 • 공공 서비스를 받고 사회적 일원이 되려는 시민으로서의 욕구 • 다른 사람에게 영향력을 미치고 싶어하는 권력 욕구
초자아(Superego) : 도덕적, 윤리적 본능	• 행동 규범에 맞게 행동하려는 도덕적 욕구

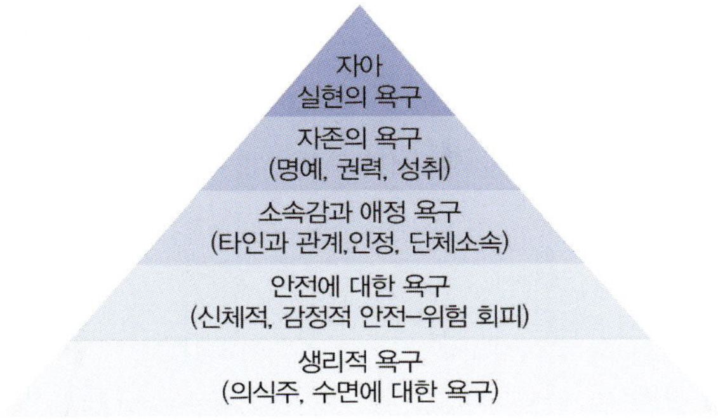

그림 6-5 매슬로우의 욕구 5단계 이론

(2) 필요(wants)

인간은 'Machiavellian Dance'(권모술수적인 움직임)의 본능을 갖고 있다. 여성들의 하이힐, 푸시업 브라, 가슴 패드, 코르셋, 화장, 성형수술 등이 그 대표적 예다. 물론 남성도 유형은 다르지만 마찬가지다. 인간의 필요는 무한하다.

필요(wants)란 욕구를 충족시키기 위한 여러 형태의 수단에 의하여 나타나는 열망으로서, 욕구가 모든 인간에게 공통적으로(정도의 차이는 있으나) 존재하는 반면에, 필요는 다양한 개인 특성에 따라 다르게 표출되고 있다는 것이 차이점이라고 할 수 있다. 배고픔이라는 동일한 욕구에 대해서 어떤 사람은 단지 배고픔을 해소하기 위해 분식집에서 라면이나 빵을 먹음으로써 만족할 것이고 어떤 사람은 분위기 있는 고급 레스토랑에서 좋은 음식을 먹어야 만족할 것이다. 즉 동일한 욕구에 대한 필요는 사람의 특성에 따라 다르게 표출되는 것이다(그림 6-5 참조).

(3) 욕망(desire)

마케팅의 관점이 욕구 중심에서 욕망(desire) 중심으로 이전한다는 주장을 하는 학자들이 늘어나고 있다. 따라서 이성적 합리성에 기반해 의사결정을 내리는 'homo economicus'적 소비자를 전제로 하는 욕망 중심적 연구들이 진행되고 있다. 인간이 합리적 사유와 이성적 논리에 따라 행동한다는 Descartes의 철학 패러

다임에 반론을 제기했던 Spinoza, Schopenhauer, Nietzsche, Freud, Hegelian, Lacan, Foucault, Deleuze 등의 철학적 사상에 동조하는 학자들의 주장이다. 욕망이란 특정 대상을 추구하도록 동기화되어 이것을 지속적으로 인식하는 심리 상태로서 특정적 대상을 열정적으로 갈망하는 상태를 의미한다. 즉 욕구와 유사한 개념이나 행동을 유발하는 강도는 욕망이 욕구보다 훨씬 크다.

(4) 필요, 욕구, 욕망의 비교

〈표 6-3〉과 〈표 6-4〉는 주요 욕망 이론 및 필요, 욕구, 욕망의 비교를 제시하고 있다.

표 6-3 주요 욕망 이론

욕망 유형	철학 이론	내용
존재 욕망	Spinoza의 Conatus	인간이 자신의 존재를 유지하고 보존하고자 하는 욕망
성적 욕망	Freud의 Libido	생물학적 · 생리적 욕망뿐만 아니라 무의식에 잠재된 성적 에너지
권력 욕망	Nietzsche의 권력 의지	타인이나 사물을 힘으로 지배하려는 욕망

자료 : DBR August 2012 Issue 1, No.110

표 6-4 욕구, 필요, 욕망의 비교

발생	욕구(Need)	필요(Want)	욕망(Desire)
대상과의 관계	고정적	개방적	개방적
데카르트적	개방적	개방적	특정적
주체 관계	육체	정신	정신과 육체
표현 방식	필수품	소망	열정
기원	사회적 제도의 자연화	개인적 신호	현대 구조의 전략
정의 및 개념	물리적 · 육체적 결핍을 채울 수 있는 필수품의 모습으로 고정적으로 발생	육체적 관계를 넘어 심리적 관계에서 발생하는 소망	특정 대상을 열정적으로 갈망하는 상태. 육체적 관계(필요)와 심리적 관계(욕구)를 넘어 사회적 관계까지 포괄하는 차원에서 발생. 욕구보다 행동을 유발하는 강도가 강력함

자료 : Belk, R. W., Ger, G., & Askegaard, S.(2003). The Fire of Desire: A Multisited Inquiry into Consumer Passion. Journal of Consumer Research, 30(3), 326-351.

결론적으로 마케팅의 제 1 key word인 욕구는 언젠가는 욕망으로 바뀌어야 할지 모른다. 깊이 생각해 본다면 현대 사회에서 욕구보다 욕망이 인간 마케팅 행위의 근본을 보다 현실적으로, 현시적으로 표현하고 있기 때문이다. "문은 두드려야 열린다"라는 말이 있듯이, 욕구, 즉 부족한 것을 느끼는 상태 자체보다는 부족한 것을 채우려고 열망하는 욕망이 마케터의 대상이 될 수 있다는 것이다. 그러나 필자는 욕구를 대표 용어로 사용하고자 한다. 아직 욕망이 더 적합하다는 확신이 서지 않기 때문이다.

(5) 문제, 가치, 교환

문제(problem)는 궁극적인 만족감과 욕구 및 필요와의 차이로서, 그 차이가 적을수록 그 제품 및 서비스는 소비자의 문제를 더욱 잘 해결하게 된다. 가치(value)는 소비자가 자신의 욕구를 만족시키는 제품과 서비스의 모든 능력에 대한 최종적 평가를 의미하는데, 이 가치는 교환(exchange)에 의해서 결정된다. 가치의 유형은 ① 금전적(financial), ② 시간적(temporal), ③ 기능적(functional), ④ 경험적(experiential), ⑤ 감성적(emotional), ⑥ 사회적(social) 가치 등 크게 6개로 구분된다.

가치를 낮추는 주요 요인 중 대표적인 것은 소비자들의 지각된 위험(perceived risk)이다. 행동과학자들은 소비자들의 위험에 대한 지각의 유형을 ① 금전적(monetary), ② 기능적(functional), ③ 물리적(physical), ④ 사회적(social), ⑤ 심리적(psychological) 위험으로 나누고 있다.

즉 소비자는 욕구와 필요, 그리고 문제 해결을 위하여 금전적, 시간적, 정신적 희생을 하게 되고 그에 대한 대가로 기업의 제품 및 서비스를 선택함으로써 교환이 이루어진다. Adam Smith를 중심으로 하는 고전학파의 기초는 인간의 공통적 욕구, 즉 '모든 인간은 보다 잘 살고 싶어한다'라는 명제이며, 이를 위하여 인간의 교역 본능을 잘 이용하는 것이 부의 첩경이라고 주장한 바 있다.

교환은 곧 가치 창출의 과정(value creating process)이다. Adam Smith의 '다이아몬드와 물의 역설'에 의하면, 왜 반짝이고 단단한 돌이 생명의 근원인 물보다 비싼지를 알 수 있다. 물은 어디에서나, 누구나, 손쉽게 얻을 수 있지만 다이아몬드는 그 희소성으로 인하여 그것을 소유할 때 누구에게나 인정을 받을 수 있는

가치가 높기 때문에 물과는 교환되지 않는다.

Guess는 사업 초기에 24인치 이하의 청바지만 판매했다. 허리가 날씬한 여성들은(과시하기 위해서라도) Guess만을 입었다. 이것 역시 희소성의 가치를 나타내주는 좋은 예다. 희소성을 잘 이용하고 있는 대표적 기업은 Nintendo다. Nintendo는 Wii의 신제품을 출시할 때 전체 시장의 물량을 모두 유통시키지 않는다. 고객들은 항상 기다려야 하고, 유통업자들은 Nintendo와의 협상 시 자세를 낮출 수밖에 없다. Collaboration에 있어서 세계적 대표 기업은 단연 H&M(Hennes&Mauritz)이다.

H&M은 매년 세계적 디자이너와 제품을 제작해서 한정 판매를 하는데, 그 제품은 며칠 전부터 줄을 서도 구하지 못할 정도로 희소성을 갖고 있다. 그럼에도 불구하고 H&M은 연 1~2회만 실시하고 있다. H&M 제품의 가치는 계속 오르고 있다.

McDonald's의 대표적 실패 메뉴 McRib도 희소성이라는 신무기로 다시 부활했다. 갈비 모양이나 실제로 돼지고기 패티를 재료로 했던 McRib은 인기가 없어 메뉴에서 사라졌으나, 10여년 후 특정 도시, 특정 매장에서만 한정 판매(처음 한 달간 Kensas City, Atlanta, LA에서만, 두 달 후에는 Chicago, Dallas, Tampa에서만) 했다. 그러자 소비자들은 McRib에 관심을 보이기 시작했고, Facebook에 "McRib을 부활시켜달라"는 항의의 글들이 쇄도했으며, Twitter에는 McRib 예찬론과 McRib 매장에 대한 이야기가 끊이지 않았다.

소비자의 욕구와 필요에 대한 복합적, 최종적 평가인 가치는 교환의 유무, 교환의 상대적 가중치에 의해서 결정된다. Stanford대학 Bryan Knustson의 뇌 반응 조사에 의하면, 소비자는 ① 제품을 보고 마음에 들면, ② 가격을 보고, ③ 양 측의 합리성을 저울질한 후 구매를 한다고 한다. ③의 과정이 곧 가치를 의미하며, 동시에 교환을 의미한다. 행동경제학에서는 이 과정을 심리적 회계(mental accounting)라고 부른다. 심리적 회계란 제품 구매 시 마음속에 제품별 회계장부를 만든 후 제품 구매에 따른 비용과 혜택을 비교하는 심리적 과정을 의미한다.

2) 욕구, 필요, 문제의 진정한 의미

(1) 욕구와 필요의 진정한 의미

욕구와 필요의 진정한 의미는 무엇일까? 소비자는 제품을 구매한다. 구매되지 않는 제품은 제품이 아니다. 박물관의 소장품에 지나지 않는다. 구매되지 않는 이유는 소비자의 근원적 욕구가 없기 때문이다. 이 근원적 욕구가 바로 가치 있는 보물인 것이다.

소비자들이 구매하는 제품들은 외형적인 것에 불과하다. 송곳을 구매하는 소비자들의 진정한 욕구와 필요는 송곳 그 자체가 아니라 구멍이다. 마케터들이 이 사실을 잘 이해하지 못한다면 튼튼한, 스타일이 좋은, 포장이 멋있는 송곳을 만들기에 주력할 것이다. 그러나 보다 더 주력하여야 하는 것은 송곳 끝의 규격과 구멍을 잘 뚫는 기능이다.

마케팅에서 제1의, 동시에 가장 중요한 사안은 소비자의 욕구와 필요를 정확하게 파악해야 한다는 것이다. 소비자들은 항공선 티켓과 좌석을 구매하는 것이 아니라 여행 일정과 속도를 구매하는 것이며, 책을 구매하는 것이 아니라 흥미 혹은 지식을 구매하는 것이다. 세계적으로 1980년 중반부터 크루즈 여행이 성장하기 시작하며, 1990년대 중반 Azure Seas는 단연 업계 1위로 부상한 적이 있다. 이때 Azure Seas의 모토는 'We sell memories'였다. Charles Revlon에서 광고했던 "우리 기업은 공장에서는 화장품을 제조하지만, 상점에서는 희망을 판매한다"라는 문구가 소비자의 욕구와 필요에 대한 진정한 의미를 부여하고 있다.

휴대폰이 등장하며 대다수 사람들의 필수품이었던 Bee Per는 흔적도 없이 사라졌고, 재래식 카메라를 비롯해 필름, 스캐너, 의료 영상 장비 등 다양한 신제품을 쏟아냈던 Polaroid는 2001년에 파산했다. 1970년대 미국 필름 시장의 90%, 카메라 시장의 85% 시장점유율을 차지했던 Kodak은 1957년 세계 최초로 디지털 카메라를 개발했으며, 세계 필름 시장의 2/3를 차지했었으나 2012년 파산보호 신청을 했다. 국내에서 단기간 크게 유행했던 포토방 역시 같은 운명이었다. 근본적으로 카메라의 운명은?

□ Levi's Jeans의 시초: 욕구에 대한 새로운 시각

과거 미국에서는 부에 대한 욕구로 인하여 많은 사람들이 금이 많이 매장되어 있는 서부로 향했다. 현재까지도 California주의 주도인 Sacramento가 대표적 목적지 중 하나였다. 그곳에 금을 발굴하러 온 사람 중의 하나는 금을 위한 치열한 경쟁 중에 새로운 사실을 발견했다. 금을 캐기 위해서는 옷이 닳게 되고, 자연적으로 튼튼한 옷이 필요하다는 사실을 깨달은 것이다. 그는 금을 캐는 치열한 경쟁을 포기하고 곧 튼튼한 옷을 만들기 시작했다. 결과적으로 그는 금을 많이 캔 사람보다도 더욱 큰 부를 얻게 되었다. 이 사람이 현재에도 청바지업계에서 세계적 명성을 얻고 있는 Levi's Jeans의 창시자다. 마케팅 용어인 시장의 기회를 발견하고 사업을 성공으로 이끈 대표적 기업가 중의 하나인 Levi Strauss가 바로 이 사람이다. 튼튼한 옷이 금을 캐는 사람들에게는 부를 위한 필요로 여겨졌지만, Levi Strauss에게는 새로운 차원의 부(욕구)가 된 것이다.

시간이 지남에 따라 필요가 더욱 다양해지고 있다. 필요는 환경 변화, 인구 수, 기술 수준, 여가 시간 등 모든 것의 증가에 비례할 수밖에 없다. 새로운 차원의 소비자 욕구는 모든 마케팅 과업의 출발점이다. 그것으로부터 파생되는 필요보다 더 근본적인 것이며, 또한 다른 차원의 욕구까지도 창출시키는 가장 중요한 것이 바로 욕구다.

마케터의 가장 첫 번째 과업이며, 동시에 가장 중요한 과업은 소비자의 욕구를 파악하는 것이다. 기업에 있어서 핸드폰, 노트북 등 필요 충족의 성공이 강에 해당된다면 근원적 욕구의 발견과 충족의 성공은 바다에 해당된다.

근원적 혹은 새로운 차원의 욕구를 발견하는 유일한 공식이 있다면, 그것은 소비자 문제의 탐색이다. 논리학의 첫 과제도 오류의 원천을 막는 것이며, Socrates가 추앙받는 이유도 인간의 문제 해결에 평생을 보냈기 때문이다. 그러나 근원적 혹은 새로운 차원의 욕구에 대한 대체재를 발명한다고 해도 그것이 상업화되기 위해서는 경비 등 2차적 소비자 문제를 다시 한 번 해결해야 한다. 원래 'Light Beer'의 원조는 Adolph Coors Company의 Coors다. 그러나 Coors는 Miller Lite이 맥주를 출시할 때까지 상업화를 하지 않아 최초의 낙인과 선점 효과에 실패했다.

(2) 문제의 진정한 의미

Thomas Edison의 말과 같이 분명 '필요는 발명의 어머니'다. 필요는 항상 소비자의 문제로부터 발생된다. Gillette의 창업자 King C. Gillette은 기차 시간에 늦지 않기 위해 서둘러 면도하다가 얼굴을 베인 후 안전면도기를 개발하게 되었다.

는 급속 냉동 공간으로 보드카를 얼려서 마시는 냉장고로 Russia 및 동구 유럽에서 성공한 사례, TV를 보다 잠시 자리를 떠야하는 일상적인 행동으로부터 아이디어를 얻어 개발한 자동녹화기능 사례 등이 그 성공적 부산물들이다.

Disney Land에서는 건설 후 장내 건물들 사이에 길을 내지 않고 잔디 씨를 뿌렸다. 그 후 사람들이 많이 지나가 잔디가 움푹 들어간 곳에 길을 냈다고 한다. 관찰을 이용한 훌륭한 지혜다. CJ의 '모닝 두부'는 두부의 한 쪽 귀퉁이를 파내서 그 곳에 간장을 담아 고객의 아침을 단순하게 해결했다. Motorola는 중국의 사업가들이 통신 서비스가 없을 때 상호 호출기를 이용하는 독특한 시스템을 보고 쌍방향 호출기를 개발했으며, P&G는 사람들이 욕실 청소에 어려움을 겪는 것을 보고 손잡이가 길고 머리 부분이 회전하는 Magic reach를 개발했다. 고무 범퍼 OXO 해머, 50시간 로드되는 포터블 위성 라디오 플레이어, Intel의 화씨 100°에서 트럭 배터리로 작동되는 저렴한 PC 등도 모두 관찰로부터 얻어진 산물들이다. Starbucks Korea에서는 직원이 고객의 행동을 관찰하여 발견한 아이디어를 본사에 보고하는 'Siren Idea'제도가 있다.

Holiday Express에서 고객 조사를 통하여 고객은 찬 조식보다 더운 조식을 더 선호한다는 결과를 얻었으나 고객의 경비를 고려하여 찬 조식을 제공했고, 큰 성공을 거둔 사례가 있다. McDonald's도 고객 조사에서 압도적으로 높은 호응을 받았던 샐러드와 호박을 웰빙 메뉴로 개발했으나 결과는 대실패였다. 반면 Las Vegas Sands Corp.의 회장이자 CEO인 Sheldon Adelson은 주위의 비판에도 불구하고 주제공원의 성격인 막대한 자본의 신개념 호화 호텔 The Venetian을 개관하여 항상 96~98%의 객실점유율을 기록하는 등 현재 세계 최고의 호텔을 탄생시켰다.

우연한 관찰이 성공으로 이어지는 경우도 종종 발견된다. Richard James라는 사람은 길을 가다 실수로 용수철을 떨어뜨렸는데 용수철이 튀어 오르며 앞으로 나아가는 것을 보고 'Slinky'라는 장난감을 만들어 엄청난 부를 창출했다. Warners Brothers Corset Company의 대표 제품인 여성 Brassiere도 그렇게 탄생됐다.

관찰 및 직관은 대기업보다 중소기업 혹은 개인의 장점이나 특기(forte)다. 역사적으로 전화, 컴퓨터, 세탁기, 전자레인지, 드라이어, 다리미, 전구, 냉장고, 라디오, 토스터, 선풍기, 전기면도기, 전기매트, 잔디깎기, 에어컨, 냉각기, 진공청소기, 식기세척기, 그릴 등 혁신적 가전제품들의 대부분은 개인이나 중소기업에서 발명했다.

위의 사례들은 문제 파악 및 발견에 있어서 고객과의 직접적 경험으로부터 파생된 직관이 조사보다도 우선적이라는 사실을 증명하고 있다. Harvard대학의 Gerald Zaltman에 의하면, 말로 표현되는 욕구는 5%에 불과하다고 한다. Mike Leven이 이야기한 직관(소비자의 숨은 심리를 꿰뚫어 보는)을 위해 그는 ZMET (Zalman Metaphor Elicitation Technique)이라는 신조사 방법을 창안했다.

4. 마케팅 지향적 사고와 행위

1) 고객의 창조와 유지

Lewis는 '마케팅이란 소비자들이 원하는 것을, 원하는 때에, 원하는 장소에서, 그들이 지불하고자 하는 가격으로 커뮤니케이션하고 제공하는 것이다'라고 정의하고 있다. '고객이 만족할 때까지 우리는 만족하지 않는다'라는 General Electric의 슬로건, '고객을 위한 가치 창조'라는 LG의 슬로건은 마케팅 지향적 사고를 나타내고 있다.

의류와 운동 기구를 판매하는 소매 기관인 L. L. Bean은 마케팅 지향적(marketing-oriented) 사고를 다음과 같이 표현하고 있다.

□ 마케팅 지향적 사고

"고객이란 무엇인가? 고객은 바로 우리 기업에 있어서 누구보다도 중요한 사람이다. 고객이 우리에게 의존하는 것이 우리가 고객에게 의존하는 것이며, 바로 우리가 하는 일의 목적이다. 우리는 고객에게 봉사함으로써 호의를 베푸는 것이 아니라, 고객이 우리로 하여금 그렇게 할 수 있도록 우리에게 기회를 줌으로써 우리에게 호의를 베푸는 것이다. 고객은 우리가 논쟁을 하거나 다툴 대상이 아니다. 누구도 고객과 다투어서 이길 수 없다. 고객과 우리에게 모두 유익하도록 노력하는 것이 바로 우리들이 해야 할 일이다."

마케팅은 소비자를 위한 모든 것이다. 환언하면 마케팅의 모든 것은 오직 소비자를 위한 것이다. 소비자는 마케팅 게임의 모든 관객이며, 또한 정확하고 준엄한 심판자다. 따라서 마케팅 지향적 사고와 행위에 있어서 가장 우선적으로 고려되어야 하는 것은 고객의 창조와 유지다. "고객은 왕이다", "고객은 신이다"라는 말은 마케팅에서 진부할 정도로 많이 인용되고 있다. 그러나 그러한 말들은 근거 없는 말장난에 불과하다. 고객은 분명히 왕이 아니다. 물론 신도 아니다. 분명한 사실은 고객은 마케팅 '존재의 이유'다. 고객이 없으면 기업도, 시장도, 마케팅도 없다.

많은 기업들은 소비자로부터 고객을 창조하는 데 많은 노력을 경주하지만, 창조된 고객을 유지하는 데에는 소홀히 하고 있다. 왜 미국의 모국 영국이 세계 경제를 주도하지 못하는가? Smith와 Keagan에 의하면, 영국 기업의 49%는 그들의 고객이 누구인지 모르며, 43%는 왜 그들이 고객을 잃고 있는지를 모르고 있다고 한다.

목표 관리(MBO: Management By Objective)의 창시자인 Drucker는 사업 목적의 유일한 것은 고객을 창조하는 것이라고 했다. 여기서 주목해야 하는 것은 소비자(consumer)가 아니라 고객이라는 것이다. 소비자란 모든 인간을 뜻한다. 어린 아이도 우유, 기저귀 등 많은 물품을 소비한다. 이러한 의미에서 본다면 심지어 가축과 식물들까지도 소비자가 될 수 있다. 따라서 소비자는 모두 고객이 될 수 없고 모든 소비자를 만족시킨다는 것은 불가능하다. 고객을 창조한다는 것은 무수한 소비자 중 특정 기업에서 공헌할 수 있는 소비자를 창조한다는 것이고, 그 소비자가 창조된다는 것은 고객으로 전환된다는 것이며, 그러한 고객이 유지될 때 단골 고객(client)이 된다.

Fortune에 발표되었던 Sellers의 조사에 의하면, 고객을 창조하는 데 드는 비용과 비교할 때, 고객을 유지하는 비용은 불과 20%밖에 되지 않는다고 한다. Ogilvy Consulting의 Fleishhacker는 고객 유지 비율이 20% 이하라고 제시하고 있다(고객 창조 비용이 5~7배). 또한 'Advertising Age'에서는 고객 유지 비율을 1/6로, Bill Marriott은 그 비율이 1/10밖에 되지 않는다는 발표를 한 바 있다. Sasser 등은 고객 이탈률을 5% 줄일 때, 고객 평생 가치가 자동차 서비스 체인은 30%, 보험 기업은 50%, 은행은 85% 제고된다는 연구 결과를 발표했다. Harrah's 카지노에서는

1%의 고객 유지 비율을 제고시킬 때, 약 1억 2천5백만 달러의 주주 가치가 증대된다고 한다.

American Airlines에서는 20%의 주요 고객이 전체 매출액의 80%를 창출한다는 2:8의 법칙을 내세운 바 있으며, British Airways에서도 이와 유사하게 35%의 고객이 65%의 이익을 차지하고 있다는 조사 결과를 발표한 바 있다. First Manhattan Consulting Group의 발표에 의하면, 미국 은행에서도 상위 20% 고객이 전체 매출액의 60%, 이익의 100%에 가까운 기여한다고 한다. A&T에서도 상위 10% 고객이 전체 이익의 50% 이상을 점유하고 있다. '20-80' 법칙은 'Pareto 법칙'이라도 한다. 'Pareto 법칙'은 20%에 해당되는 'Big Head' 고객에 집중하라는 법칙이다. 나머지 80%에 해당하는 'Long Tail' 고객에 집중하게 되면 그것은 '역pareto 법칙'이 된다.

Kumar에 의하면, 많은 기업들이 전체 제품 Portfolio상의 20% 미만 정도에서 전체 수익의 80~90%를 발생시키고 있다고 한다. 그 예는 다음과 같다.

세계 최대 주류 기업인 Diageo에서는 약 40만 개의 브랜드 중 Baileys Liqueur, Captain Morgan Rum, Cuervo Tequila, Smirnoff Vodka, Tanquerary Gin, Guinness Stout, J&B, Johnnie Walker Whiskey 등 8개 브랜드가 회사 이익의 70%와 매출의 50% 이상에 기여하고 있다. Nestle 이익의 대부분은 브랜드 포트폴리오의 2.5%인 약 200개의 브랜드에서 발생되고 있다. Procter&Gamble은 10개의 대표 브랜드들(예: Pampers 기저귀류, Tide 세제류, Bounty 종이 제품류 등)이 이익의 50% 이상, 매출의 50%를 점유하고 있다.

□ 고객 유지의 절정 - USAA

세계에서 가장 고객을 잘 유지시키고 있는 기업이 있다면 1992년 군인에게의 자동차 판매를 목적으로 설립되었던 USAA(United States Automobile Association)다. 2015년 기준 USAA는 약 500만 명의 고객을 확보하고 있는데, 그 중 20만 명은 40년 이상 USAA를 한 번도 떠난 적이 없다고 한다. USAA의 고객 유지율은 98%이며, 현역 군인의 95%가 USAA의 고객이다. 영업 사원조차 두지 않고 이와 같은 기적적인 성과를 나타내고 있는 USAA의 비결은 고객 data base에 대한 과감한 투자와 텔레마케팅이다.

위의 사실들은 고객을 유지하여 단골 고객으로 만드는 것이 고객을 창조하는 것 못지않게, 아니 오히려 더 중요하다는 증거가 되고 있다. 2000년에 들어서며 이미 Ritz-Carlton에서는 한 명의 단골 고객을 확보할 때, 그 단골 고객으로부터 평생 창출되는 수입을 10만 달러로 산정한 바 있으며, Inter-Continental에서는 20만 달러로 산정한 바 있다.

2) 마케팅은 변화하는 학문

서양에 『The Book Of Changes』라고 알려진 『주역』에 의하면, 자연이나 인간사는 음양(주역의 기본 구성 요소) 두 힘의 상호 작용에 의해 변화하면서 이루어진다고 한다. 즉 "역이란 궁하면 변하고, 변하면 통하고, 통하면 오래 간다(궁 · 변 · 통 · 구)"는 주역에서 말하는 4개의 변화 양상은 끊임없이 이루어진다는 의미이다. 마지막 단계는 9인데 9로 끝나면 다시 처음으로 돌아간다는 것이다. 그러나 필자의 논리는 이 『주역』과는 다른 차원이다. 마케팅에서의 변화는 처음으로 돌아가지 않고 기하급수적 속도를 내며 앞으로만 나아간다.

(1) 마케팅의 종단적 특성

마케팅 지향적 사고와 행위에 있어서 결코 간과할 수 없는 사항이 있다면, 마케팅은 항상 종단적(longitudinal)이라는 것이다. Levitt의 유명한 논문 중 하나인 '마케팅 근시안(marketing myopia)'에 언급되었듯이 지구상에 최고의 제품이란 존재하지 않는다. Olympic Games의 모토인 '신기록은 깨어지기 위해서 세워진다'와 같은 의미로서 영원한 신제품, 영원히 최고의 제품이란 존재하기 불가능하다. 과거에 성공했던 것은 계속 성공하고, 과거에 실패했던 것은 계속 실패한다는 소위 'winner-loser effect'는 마케팅에서는 통하지 않는다. 앞에서도 언급됐지만 소비자와 환경은 끊임없이 매우 빠르게 변한다.

영원히 장수할 줄 알았던 Hollywood의 영화산업이 TV라는 신생아에게 너무도 짧은 기간 동안 침식되어 고전할 것이라고는 그 당시 아무도 예측하지 못했다. 제품뿐 아니라 하나의 산업도 마찬가지다. 돌리라는 양이 복제되어 이제는 모든 짐승들을, 나아가 인간까지 유전자(DNA : Deoxyribonucleic Acid)로 복제할 수 있는 시대가 되었다. 그렇다면 인류가 생존하는 한 영원히 존재할 줄 알았던 축산업의 운명은 어떻게 될 것인가? 인쇄물도 세계 최대 서점 Amazon을 필두로 e-Book이 등장하며 큰 위협을 받고 있다. 1990년대의 신문, 2000년대 초반의 음악물이 위협을 받던 현상이 그대로 재현되고 있다. 독자들이 책을 직접 다운로드를 받을 수 있게 됐으며 또한 Amazon이 Kindle e-Readers의 가격을 최대한 낮추며 그 현상이 가속화되고 있다.

브랜드 고수의 애국적 전통을 자랑하고 있는 일본에는 '고상케(禦三家)'라는 단어가 있다. 호텔 중에는 오쿠라, 제국, 뉴오타니 호텔이 여기에 해당된다. 그러나 일본의 호텔 시장에는 '신고상케'라는 단어가 새로 창조됐다. Park Hyatt, Four Seasons, Westin이 그것인데, 그 중 두 호텔이 객실 부문 평가에 있어서 일본의 기존 고상케 호텔을 추월한 것이다.

McDonald's의 시행착오

세계 최고의 식음료 기업인 McDonald's도 1965년 상장(going public)한 이래 2003년 6월 개관 후 처음으로 분기 손실을 경험했으며, 719개가 폐업을 하는 등 큰 고전을 한 바 있다. 2002년 Acsi(미국소비자 조사)의 품질 평점이 61점(Fast Food 부문 평균 71점)을 기록하였는데, 이는 Jack M. Greenberg라는 CEO를 영입 후, 메뉴 종류를 40개로 확대, 비햄버거 체인인 Boston Market 구입 등 고객보다 제품 지향적 영업에 치중한 결과였다. Greenberg는 2003년 해고됐으며, 그 후 James Cantalupo라는 새 CEO가 영입되어 초심(going back to basics) 경영을 선언하며 다시 영업이 개선됐다.

『In Search of Excellence』에서 소개됐던 46개의 초우량 기업 중 현재 생존하고 있는 기업은 불과 6개이며, 1957년 Fortune의 500대 기업 중 불과 1/3만이 2015년 현재 생존하고 있다. 2001년 Fortune의 100대 기업 중 불과 59개만이 2012년 100대 기업에 이름을 올리고 있다. Fortune이 선정하는 500대 기업의 평균 수명은 40년에 불과하며, 시간이 지날수록 '상전벽해'의 현상은 가속화되고 있다. 1989년 세계 10대 IT 기업 중 일본 기업이 8개였으나, 1999년에는 Sony만이 남아있었고, 2009년에는 일본 기업이 완전히 사라졌다. 일본 IT 기업들 퇴조의 이면에는 소위

'Galapagos'현상(자신들만의 표준만 고집함으로써 세계 시장에서 고립되는 현상)이 있다. 일본 IT 기업들의 환경 변화에 대한 대처보다 기술력에 중점을 둔 경영 방식이 그러한 결과를 초래한 것이다. Sony, Nintendo, Kodak 등 한 시대 세계 1위였던 기업들의 퇴조도 같은 맥락이다. 세계 휴대폰 시장에서 17년간 1위였던 Nokia는 2010년을 전후로 불과 5년 동안 시가 총액이 1/10로 줄었다. GE의 전 회장 Jack Welch의 말을 상기할 필요가 있다. "한 기업의 내부 변화율이 외부 변화율을 따라가지 못한다면, 그 기업은 끝을 보이고 있는 것이다." 변화에 적응하지 못하는 기업은 마치 장기 여행자가 장기적 시차증(Permalag, Permaphuck)에 걸린 것과 같다.

마케팅은 경험적 학문이기 때문에 변화될 수밖에 없다. 변증법의 아버지 Herakleitos의 "어느 누구도 같은 강물에서 두 번 목욕하지 못한다(마찬가지로 우리는 두 번 같은 흐름에 들어설 수 없다).", "변화 이외에 영원한 것은 아무 것도 없다"라는 말과 같이 마케팅의 이론은 변할 수밖에 없다. 세상에 있는 모든 것이 변하지만, 변하지 않는 사실은 모든 것이 변한다는 것이다. 시장, 소비자, 환경은 시간이 지날수록 보다 빠르고 다양하게 변하고 있다.

(2) 기하급수적 변화

변화의 속도는 'exponential'(기하급수적) 곡선과 같다. 미래학자 Alvin Toffler는 '너무 짧은 기간 동안 너무 많은 변화'를 경험할 때 오는 심리적 영향을 'future shock'이라고 명명했다. 이 'future shock'은 시간이 갈수록 심해질 것이다. 그 증거는 다음과 같다.

- 최근 30년 동안 생산된 정보량이 과거 5천 년 동안의 정보량보다 많다.
- 인쇄된 지식의 총량이 매 4~5년마다 두 배로 증가하고 있다.
- 1주일 분량의 New York Times의 정보량이 17세기 영국의 일반 사람이 평생 접했던 정보량보다 많다.
- Scientific American의 발표에 의하면, World Wide Web(w.w.w)은 이미 수억 전자 페이지에 달해있으며, 매일 백만 페이지가 추가되고 있다.

과거 미국에서 제품이 최초 발명되어 전체 가구 보급률이 50%를 넘어선 기간을 보면 세탁기(1926년 발명)는 39년, 에어컨(1945년 발명)은 29년, 컬러TV(1959년 발명)는 14년 등 계속 짧아져 왔다. 물론 현대 사회에서 그러한 기간의 개념은 비교도 되지 않을 만큼 짧아지고 있다. TV의 경우만 해도 흑백 → 칼라(브라운관), 20년 → 평면, 10여년 → PDP, 5년 → LCD, 2.5년 → LED, 1년 → 스마트, 6개월과 같이 기술의 진보는 가속되면서 또한 그 기간은 계속 짧아지고 있다.

현재의 이론은 현 시점에서만 최적이라고 인정되는 것이며 미래의 확고한 이론이 될 수 없다. Sony의 창립자 모리토 아키오의 말이다. "내 일은 나의 제품들을 시대에 뒤떨어진 것으로 만드는 것이다."

예를 들어 모든 마케팅 교재에 기술되고 있는 제품수명주기는 어떻게 변화되고 있는가? 인터넷 기술의 진보 등 여러 이유로 도입기와 성장기는 그래프의 기울기가 점차 상향되고 있으며, 그 기간도 짧아지고 있다. 도입기에 성장기의 현상이 나타나고 있으며, 성숙기 없이 쇠퇴기로 직행하는 제품도 종종 출현하고 있다. 광고, PR, 인적 판매, 판매촉진 등으로 대분되던 촉진 전략도 직접 마케팅(direct marketing)에 왕도를 내어주고 있으며, 재래의 유통 전략은 그 경로가 축소, 소멸되고 새로운 유통 형태가 탄생되고 있다. 모든 마케팅 믹스는 다시 대분돼야 하며 관련 이론은 모두 지속적으로 재정비되어야 한다.

(3) 과거와 미래의 의미

Bergson이 『창조적 진화(Creative Evolution)』에서 언급하였듯이 미래는 결코 과거와 같을 수 없으며, 변화는 일반 사람들이 생각하는 것보다 훨씬 근본적이다. 특히 마케팅에서는 그렇다. 모든 기업들은 현재보다 미래의 환경, 소비자, 시장, 기회, 위협, 경쟁, 전략을 항상 조사, 분석, 대비해야 한다. 생물이 진화하듯이 기업도 진화해왔고 계속 진화될 것이다. 이러한 Spencer의 사회적, 기업적 진화론에 대해 강성으로 유명한 Friedrich Wilhelm Nietzsche로부터 온화한 Spinoza에 이르기까지 실제로 많은 철학자들이 동조해 왔다. Tom Peters는 "이제 벤치마킹의 시대는 끝났다. 'Future Marking'의 시대가 왔다"는 표현으로 미래의 중요성을 강조한 바 있다.

기업은 과거의 경험과 교훈을 수용하고 지혜를 얻어야 하나, 그것에 집착하는 것은 옳지 않다. 과거의 경험과 교훈은 미래를 위한 기반이 될 뿐, 지침서가 되지 못한다. 많은 기업들이 과거의 성공 공식과 경험에 집착하다 무수한 실패의 경험을 해 왔다. 기업은 항상 잘못된 것을 과감히 버리고 위기에서 벗어날 수 있는 '탄력적 기업(resilient enterprise)'이 돼야 한다.

(4) 성공의 덫과 실패의 덫

인도 Sumantra Ghoshal의 이야기다. "태양이 지구 주위를 돈다는 이론을 많은 사람들이 믿고 있다고 해서 실제로 태양이 지구를 돌지는 않는다. 따라서 언젠가는 잘못된 이론이 수정될 것이다. 하지만 경영 이론은 다르다. 나쁜 경영 이론이 확산되면, 경영자는 이론을 토대로 실천을 한다." Peter Drucker의 이야기다. "과거를 방어하는 것은 미래를 창조하는 것보다 훨씬 더 위험하다."

Von Krogh 등은 학습을 통한 지식 창출에 있어서 가장 큰 걸림돌은 기업 내에 체화된 패러다임과 기존의 운영 원칙 또는 성공 법칙이라고 한다. 즉 학습의 가장 큰 장벽은 기존에 배운 것을 버리지 못하는(unlearning : 폐기 학습) 조직 문화라는 것이다. Peter Drucker는 기업은 시기를 정해 폐기학습을 정기적으로 실행해야 혁신할 수 있다며 계획된 폐기(planned abandonment)를 강조한 바 있다.

조직 이론의 대가인 March는 이와 같이 위험 때문에 혁신적 변화를 회피하고, 기존 성공 공식의 개선과 활용에만 치중하는 위험의 상황을 성공의 덫(success trap)이라는 용어로 표현했다. 이와 반대로 혁신에 치중하고 불확실성에 의해 실패를 하게 되며 그 손실을 만회하기 위해 과감하고 위험한 혁신을 시도하다가 실패의 확률을 점점 높여 결국 사멸하는 상황을 실패의 덫(failure trap)이라고 한다.

❑ McDonald's와 Burger King의 변신

세계 최대 레스토랑 기업인 McDonald's 또한 환경 변화 때문에 위기를 맞고 있다. McDonald's는 2012년부터 고급화를 위한 새로운 경쟁 체제를 준비하고 있다. 수 조 달러를 투자하여 fast food에서 casual dining으로 변화를 모색하고 있다. 디지털 메뉴판과 함께 과거의 fiber glass table, 산업용 강철 의자, 노랑 · 빨강의 인테리어로부터 탈피한 나무 의자, 안락한 인조(faux) 가죽 의자, 엷은(muted) 오렌지, 노랑, 은은한 초록색의 인테리어로 바뀌나가고 있다(그림 6-8 참조). 레스토랑 개발 담당 수석 부회장인 Jim Carras는 "McDonald's는 시대에 부응하여 변화해야 한다"라며 Burger King과 Wendy's를 진압하기 시작했다.

그림 6-8 McDonald's의 재탄생

McDonald's는 또한 Panera Bread, Chipotle 등의 Mexican Casual Dining 레스토랑 체인을 흡수했고, 평평하고 전통적인 지붕, 현대식 램프, 평면 스크린 TV 설치, Drive-Through 시설의 2배 증대, 넓은 홀과 'Eat-And-Run' 지역의 분리 등 대대적 환경 적응 전략을 수행하고 있다.

Burger King도 2012년부터 창업 이후 처음으로 대대적인 신메뉴 도입을 시도하고 있다. 샐러드, 과일 스무디, 얼음을 갈아 만든 음료수 prappe, 크리스피 치킨 스트립 등이 그것이며, 직원 유니폼을 교체했고, 디지털 메뉴판도 도입했다. 위 메뉴들의 광고를 위해 코미디언 Jay Leno, 축구선수 David Beckham, 가수 Mary J. Blige, Spain어 광고에 유명 배우 Salma Hayek 등을 출연시켰다.

적응과 도태의 역설을 상기하자. 생물학자들은 미래 멸종 후보로 북극곰과 호랑이를 대표적 동물로 꼽고 있다. 이 두 종은 환경에 최적으로 적응했기 때문에, 생태계가 급변하면 가장 도태되기가 쉽다는 것이다.

과거 유명 컴퓨터 기업이었던 Wang의 경우 PC Software 시장에서 호환성이라는 중요 사실에 대비하지 않고, 그 당시의 성공 공식(Word Processor)에만 집착하다 시장에서 도태됐다. 1973년 Martin Cooper에 의해 개발된 1kg의 손전화로 시작되어 핸드폰의 역사를 창조했던 Motorola는 1990년대 초부터 이동 전화 기술이 아날로그에서 디지털 기술로 변환될 것이라는 환경 변화 예측을 무시하고 자신들의 성공 공식이었던 아날로그 방식의 전화기인 Startac 기술에만 집착했다. 1994년 세계이동 전화 시장점유율의 2/3을 차지했던 Motorola, 지금의 상황은 어떠한가? 전 세계 휴대전화 판매 수는 1994년 2,600만 대에서 1999년 3억 대까지 증가했다. 1997년까지 이 부문 선두 기업이었던 Motorola가 불과 1, 2년 방심하는 사이(아날로그에서 디지털 기술로 바뀌는 사이) Nokia가 1위로 급부상했던 것이다. Nobel 문학상까지 받았던 Bernard Shaw의 묘비명이다. '우물쭈물하다가 이렇게 끝날 줄 알았지.' 그만큼 변화는 쉬운 것이 아니다.

(5) 현대는 스피드의 시대

과거에는 큰 기업이 작은 기업을 지배했으나, 현재는 빠른 기업이 느린 기업을 지배하고 있다. 규모는 오히려 변화의(스피드의) 적이다. AIG, GM, AT&T, Merrill Lynch, Citicorp 등 대규모 기업들의 쇠락을 보라. 한 예로 복사기 시장의 공룡 Xerox가 레이저 프린팅 기술을 개발했을 때, 자기업이 지배하고 있는 기존 복사 시장에 영향을 주지 않도록 큰 기계에서만 사용될 수 있게 사업 방향을 정했다. 그 결과 Hewlett-Packard가 레이저 프린팅 시장을 지배하는 결과를 초래했다.

이와 관련하여 미국 Dartmouth대학 Richard D'Aveni는 전략적 민첩성(strategic agility)을 기반으로 하는 무한 경쟁(hypercompetition) 개념을 제시한 바 있다.

Microsoft와 삼성은 과거 기민한 2위 기업(fast follower)으로 선정된 후 곧 1위 기업으로 부상했다. 1993년 삼성의 이건희 회장이 신경영을 선언하며 "마누라와 자식만 빼고 다 바꿔라"라고 한 연설은 삼성의 미래 위상을 보여주는 명언이었다. 한국 기업의 '민첩 + 벤치마킹 + 융합 + 전념 = K-Strategy'가 발전의 비결이라는 『동아 비즈니스 리뷰』의 기사가 있었다. Nokia는 삼성과 Apple의 스피드를 속수무책으로 바라보다 주요 자산을 모두 폐기하고, 20년 넘게 사용해온 자체 Symbian Platform인 운영 체제를 버렸다. 뒤늦게 Microsoft와 손을 잡아 2012년 무선 충전 스마트폰을 발명하는 등 새로운 활로를 모색하고 있으나, Nokia가 필히 알아야 할 사실이 있다. 모든 스피드에는 가속이 붙는다는 것이다. 달리기 경기에서 넘어진 선수가 입상하는 경우는 극히 드물다.

도롱뇽은 신체 부위 중 손상된 것을 ERK(extracellular signal regulated kinase)라는 유전자를 통해 계속 재생시킨다. 인간도 ERK를 갖고 있지만, 단 몇 시간만 작동되기 때문에 신체 복원이 불가능하다. 지구상에 있는 수많은 동물 중 도롱뇽 등 지극히 소수만이 신체 복원을 할 수 있듯이, 지구상의 수많은 기업 중 이것이 가능한 기업은 극소수에 불과하다.

2012년 8월 영국의 The Guardian 일간지에 'Samsung : Olympic Smarthphone Firm Aims for Big Global Win'이라는 기사가 실렸다. 삼성전자가 Apple을 제치고 세계 최대 스마트폰 기업이 된 가장 큰 요인은 스피드였다는 것이 주요 기사 내용이다. Amazon 조직의 철학은 '초스피드'다. Amazon은 물류센터의 처리 속도를 높이기 위해 8억 달러를 투자해 로봇 기업을 인수할 정도로 스피드를 경쟁력의 핵심으로 간주하고 있다.

동대문 의류 시장이 성공하고 있는 이유도 명품이나 인기 브랜드의 디자인을 최대한 빨리 모방해 제품화하고 빠른 시일 내에 유통시키는 데에 있다. 2012년 London Olympic Games에서 한국 펜싱이 놀라운 비약을 하게 된 비결도 불리한 신체 조건을 빠른 발 움직임으로 상쇄시킨 데에 있다고 한다. 이솝 우화의 '토끼와 거북이 경주'의 교훈이 바뀌어가고 있다.

(6) 결어

남미 인디언 속담 중에 "과거는 당신 앞에 있고 미래는 당신 뒤에 있다"는 말이 있다. 과거는 눈앞에 있기 때문에 잊으려 해도 잊을 수 없고 쉽게 '과거 지향적'이 되나, 미래는 등 뒤에 있으므로 의도적으로 자꾸 뒤돌아보지 않으면 잊게 된다는 것이다. '미래 지향적'이 된다는 것은 그래서 쉽지 않은 것이다. 모든 기업들은 현재의 환경, 소비자, 시장보다는 미래의 환경, 소비자, 시장, 기회, 위협, 경쟁에 대해 항상 조사하고 분석하며 대비해야 한다. 변화를 읽으려면 신문의 1면을 보지 말고 뒤의 작은 기사들을 읽는 것이 더 도움이 될 것이다.

1987년 10월 19일, 미국 Dow Jones의 산업평균지수가 22.6%(508포인트) 폭락했던 'black monday'는 충격적인 사건이었다. 그 1주일 전 Fortune에 미국 최고의 경제학자이자, FRB(Federal Reserve Board : 연방준비제도이사회) 의장이었던 Alan Greenspan이 '왜 Greenspan은 주식 시장이 활황이라고 하는가'라는 제목으로 표나 기업의 약속 이행은 진실의 순간(the moment of truth) 못지않게 중요하다(아마 더욱 중요할 것이다). Procter&Gamble에서는 이것을 두 번째 진실의 순간(the second moment of truth)이라고 명명했다.

Arizona State대학의 Bitner에 의하면, 기업과 고객 관계의 지속성은 고객과의 교환 활동에 있어서 얼마나 약속이 충실히 지켜졌는가에 달려있다고 한다. 즉 기업은 고객에게 약속을 하고(make promise), 내부 마케팅을 통하여 직원, 판매원, 중계 기관에게 약속을 지킬 수 있는 능력을 부여하며(enable promise), 관계 마케팅을 통하여 그 약속을 지켜야하는 것이다(keep promise).

❑ 그릇된 기업 윤리 AIG

2008년 9월, 1930년 대공황을 버텨내고 158년 동안 생존했던 Lehman Brothers가 무너졌다. 당시의 금융 위기를 극복하지 못한 것이다. Lehman Brothers는 사상 최대 규모의 파산 신청을 함으로써 대공항 이후 최악의 금융 위기를 더욱 악화시켰다. 그 당시 Fannie Mae와 Freddie Mac은 정부가 인수했고, Washington Mutual은 FDIC의 손에 넘어갔고, Wachovia는 매각됐으며, AIG만 긴급 구제됐다. 이에 따라 2009년 사상 최대의 손실을 기록한 세계 최대 보험회사 AIG가 미국 정부로부터 1700억 달러가 넘는 천문학적 구제 금융을 받았다. 그럼에도 불구하고 그 돈으로 임직원들에게 수백만 달러의 보너스를 지급해 큰 지탄을 받았다. Barack Obama 미국 대통령은 AIG의 이런 결정에 격분했다. 그는 미 재무부에 AIG가 임직원에게 지급한 보너스를 돌려받을 수 있도록 모든 법적인 조치를 강구하라고 지시한 바 있다.

2012년 7월 Google은 Apple의 iPad, iPhone 등에 'Cookie'를 설치해 개인 정보를 빼내었음을 시인했다. Google은 사용자 동의가 이루어지기 이전이었던 2009년에 행해진 것이라고 변명했으나, 결과는 미국 연방거래위원회로부터 개인 · 정보 침해라는 명목 하에 사상 최고인 2,250만 달러의 벌금을 내게 되었다.

1980년대 초 Holiday Inn의 슬로건은 'The best surprise is no surprise'였다. 그러나 이 슬로건은 Holiday Inn의 명성을 크게 훼손시켰다. 위의 슬로건은 다소 무리한 것이었으며, Holiday Inn에서 지키지 못했기 때문이다. 고객의 신뢰를 무엇귀속되어 있는 것이다. 반어법(oxymoron, paradox)일 수도 있지만, 마케팅의 궁극적 실패는 마케팅부보다는 타 부서의 책임이다. 고객을 창조해내는 것이 마케팅부의 책임이라면, 창조된 고객을 유지하는 데에는 마케팅부보다 영업부 등 타 부서의 역할이 더욱 중요하기 때문이다. 전사적, 통합적 마케팅의 수행 없이 기업의 최종 목표인 올바른 마케팅의 수행은 불가능하다.

마지막으로 대한민국 제1의 기업인 동시에 세계적 글로벌 기업 삼성 이건희 회장의 양면성이 조화를 이루는 'Paradox 경영' 철학은 다음과 같다. "획일적인 이분법 논리와 흑백 논리가 판을 치는 우리 현실에서 양면적인 패러독스 경영을 잘해나가기는 쉽지 않다. 내가 1993년 신경영을 주장하며 질 경영을 수차례 강조하니까 앞으로 양(量) 경영은 포기하는 것으로 오해하는 경향이 있다. 질(質)과 양(量), 매출과 이익 어느 한 쪽도 포기할 수는 없다. 기업을 잘 경영하려면 자본이나 기술도 필요하지만, 외견상 상충되는 경영 요소를 슬기롭게 관리해 나가는 능력도 필요하다."

Glocalization(Globalization + Localization), Masstige(Mass + Prestige), Coopetition(Cooperation + Competition), Flexicurity(Flexibility + Security) 등이 여기에 해당되는 용어들이다.

Chapter 07

서비스 내부마케팅

Chapter 07 서비스 내부마케팅[1)]

제1절 내부마케팅의 정의 및 활용

1. 내부마케팅의 정의

Kotler와 Hasket에 의하면, 직원을 고객이나 주주들만큼 가치있게 여기는 기업들은 그렇지 않은 기업들보다 매출에서 6배, 주가에서 9배 이상의 월등한 성과를 보여주고 있다고 한다. 서비스이익사슬 모델(service profit chain model)은 Heskett, Jones, Loveman, Sasser, and Schlesinger(1994)에 의해 제시되었다. 그들은 모델을 통해 내부서비스품질(internal service quality)은 작업장 디자인, 직무설계, 종사원 선발 및 개발, 종사원 보상 및 인정, 고객서비스도구 등에 의해 형성되는데 종사원 만족에 영향을 미치며 이는 다시 종사원 유지 및 종사원을 통한 생산성 향상에 기여한다고 하였다. 또한 종사원유지 및 종사원의 생산성은 외부서비스가치를 올리며 이는 고객만족에 이르게 되고 다시 고객충성도에 영향을 미쳐 매출액성장 및 이익률에 영향을 미친다고 하였다.

Berry에 의하면, "마케팅의 철학과 실천을 외부 고객에게 봉사하는 사람들에게 적용하는 마케팅으로서, 그것을 위하여 최고의 사람들이 고용되고 유지될 수 있어야 하며, 그들이 최고의 과업을 할 수 있도록 해야 한다"라고 내부마케팅을 정의하고 있다. 내부마케팅이란 직원의, 직원을 위한, 직원에 의한(of the employee, for the employee, by the employee) 마케팅이다. 즉 직원을 1차 고객으로 간주하여 마케팅의 모든 것을 적용하는 것이 내부마케팅이다.

1) 정규엽(2017), 호텔 · 외식 · 관광마케팅, 서울: CENGAGE Learning.

2. 내부마케팅의 활용

1) 과업(job)적 측면

마케팅의 모든 것이 내부마케팅에 적용되어야 한다면, 제품/서비스 및 고객에게 적용되어야 하는 모든 법칙이 과업과 직원에 적용되어야 한다. 먼저 과업적 측면을 고찰한다. 기업은 지속적으로 변하는 고객(외부 고객)을 만족시키기 위해 꾸준히 신제품 개발(new product development)을 수행한다. 마찬가지로 기업은 지속적으로 변하는 직원(내부 고객)을 만족시키기 위해 신과업 개발(new job development)을 수행해야 한다. 환대산업에서 가장 많은 성공 사례를 제시하고 있는 Marriott에서는 주기적으로 직원에 대한 설문조사를 한다. 그 결과는 곧 신과업에 반영되어, 우수 기업들이 우량 고객을 항상 유지하듯이 Marriott는 우량 직원을 항상 유지하고 있다. 이직률이 높은 특성을 갖고 있는 환대산업에서 우량 직원의 유지는 마케팅의 근본적 과제인 고객 유지와 맥을 같이한다. 직원의 동기부여가 가장 중요한 경영 방침인 FedEx의 이직률은 불과 약 5%다.

(1) 직원의 권한 강화(empowerment)

고객과 가장 빈번히 접촉해야 하는 일선 직원에게 고객의 문제를 해결할 수 있는 책임이 있으나 그에 해당되는 권한이 없다면, 기업은 고객의 문제를 해결해 주지 못하는 제품을 판매하는 것과 같다. 세계 제1의 건강식품 기업 Whole Foods는 일선 직원에게 의사결정 권한을 부여하는 대표적 기업으로 알려져 있다.

(2) 직원의 권한 강화 사례

직원의 권한과 관련된 모범적 사례는 Ritz-Carlton에서 찾아볼 수 있다. Ritz-Carlton의 직원에게 적용되는 내부마케팅의 핵심은 '신사 숙녀'다. Ritz-Carlton 품질 개선 매니저를 역임했던 한 간부의 말을 인용한다.

"서비스산업에서 고객은 종종 직원을 하인처럼 대한다. 그것을 감수하다 보면 비굴해진다. 그래서 우리는 모든 직원들이 신사 숙녀의 긍지를 가질 수 있는 직장 환경을 만들었다. 고객의 모든 클레임이나 때로는 명백한 억지에도 대응하지 않으면 안 되는 호텔 직원의 과업은 스트레스와의 싸움이다. 신사 숙녀를 표방하려면 그에 상응하는 자질과 행동이 요구된다. 신사 숙녀에게는 자존심이나 자립심, 책임감이 필수 불가결하다."

Ritz-Carlton에서는 그것을 권한 위임, 나아가 권한 강화로 실천하고 있다. Ritz-Carlton의 직원은 고객의 불평 해결을 위해 1건당 2,000달러까지 경비를 사용할 수 있다. 예를 들어 직원이 고객의 옷에 커피를 쏟았다면 옷을 사줄 수도 있다. 또한 고객의 불평을 빨리 해결하기 위해 SD(self-directed)팀제의 도입으로 권한 강화를 최대로 확대시키고 있다. Ritz-Carlton의 전 직원은 'Gold Standard'라는 접객 3대 원칙과 더불어 '신조'라는 기업 방침 및 20개 항목에 달하는 사원 신조를 확실하게 숙지하고 있다. 또한 고객 서비스 담당 이사로부터 매일 'mantra'(주문)라는 메모를 받는다. 그 주문은 매일 혹은 주마다 바뀌지만, 직원들의 행동으로 이어지고 이것이 곧 습관과 업무방식이 되고 있다.

매년 수행하는 매니저 연수에서 Schultz 회장은 다음과 같은 강의를 한다. "내가 회장인 Schultz입니다. 이 호텔의 중요 인물입니다. 하지만 이 점은 여러분도 마찬가지입니다. 실제로 고객 입장에서 보면 여러분이야말로 중요합니다. 내가 없더라도 아무도 개의치 않을 것입니다." Schultz 회장은 신규 고용자의 연수에서도 기꺼이 이와 같이 연설을 한다. 업무 내용의 세부 강의보다 오만하지 않고 당당한 '신사 숙녀 정신'을 반복 강조하여 직원에게 침투시키는 것이 이 연수의 주목적이다. Ritz-Carlton의 고객 지향적 황금 표준(gold standard)은 〈표 7-1〉과 같다. 참고로 Marriott의 신조는 'the spirit to service'다.

표 7-1 Ritz-Carlton의 신조와 사훈

구분	내용
신조(The Credo)	• 우리의 가장 중요한 임무는 고객에게 진정으로 편하고 안락한 공간을 제공하는 것이다. • 우리는 고객이 언제나 따뜻하고, 편안한 고품격의 분위기를 즐길 수 있도록 고객 한 분 한 분에게 최고의 서비스와 시설을 제공할 것을 다짐한다.
사훈(The Motto)	• 우리는 신사 숙녀를 모시는 신사 숙녀다.
세 단계 서비스	• 따뜻하고 진실되게 맞이하고, 가능한 한 고객의 이름을 부른다. • 고객이 원하는 바를 미리 예측하고 이에 부응한다. • 따뜻한 작별인사로 감사드리고, 되도록 고객의 이름을 부르며 따뜻하게 배웅한다.
직원에 대한 약속	• 우리의 신사 숙녀들이 고객 서비스에서 가장 중요한 자원이다. • 신뢰와 정직, 존중, 성실과 약속을 바탕으로 우리는 개인과 회사의 이익을 위해 그들의 기능을 발전시키고 최대화시킬 것이다. • Ritz-Carlton은 다양성이 존중되고, 삶의 질이 향상되며, 개인의 포부를 만족시키고, 신비함을 강화시키는 업무 환경을 조성할 것이다.

2) 직원의 태도

(1) 직원의 동기부여

Four Seasons의 핵심 간부 중 하나인 John Sharp에 의하면, 품질 높은 서비스는 오직 동기부여(motivation)를 크게 받는 직원으로부터만 가능하다고 한다. 그에 의하면, 사람이 사람을 동기부여시키는 것은 거의 불가능한 일이며, 오직 좋은 근무 환경만이 직원을 동기부여시킬 수 있다는 것이다. 앞에서 설명하였던 일선 직원의 권한, 호텔의 규율과 정책이 바로 여기에 해당된다. 직원이 고객을 만족시켜야 한다는 책임이 있다면, 직원에게 고객을 만족시킬 수 있는 권한도 동시에 주어져야 한다.

직원의 동기부여, 근무 환경은 곧 기업 문화와 깊게 관련된다.

Accor North America는 모범적 직원 동기부여 프로그램으로 유명한 호텔이다. 이 호텔에서는 매니저가 원하지 않는 과업을 직원에게 요청하지 못하는 전통과 함께, 상급자만이 아니라 동료 및 하급자에 의해서도 직무 평가를 받게 된다. 직원들은 간부들과의 주기적 'round table' 회의를 통하여 직접적으로 의사소통할 수 있는 기회를 갖고 있다. 총지배인 보너스의 30%는 직원 만족도, 30%는 고객 만족도, 40%는 이익률에 의해 결정되고 있다.

Four Seasons에서도 매니저 보너스의 ⅓이 그가 지휘하고 있는 직원의 태도 점수에 의해서(고객이 평가) 결정되고 있으며, Days Inn, Ritz-Carlton 등 우수 기업들은 직원이 고객을 돕는 일에는 어떠한 경우라도 징계하지 않으며, 철저히 보상하고 있다. 이러한 근무 환경, 나아가 기업 문화가 직원 동기부여 제고에 결정적 역할을 하고 있는 것이다. 서비스 질이 낙후되는 것은 직원들이 자기의 직속 상관에게만 잘 보이려고 하는 태도에서 기인된다. 직속 상관이 아니라 고객에게 잘 보이려고 할 때에만 서비스 질이 향상될 수 있다.

(2) 직원의 서비스 태도

TARP(Technical Assistance Research Program)에 의하면, 좋은 서비스를 기억하는 고객보다 질이 낮은 서비스를 기억하는 고객의 비율이 두 배 높다고 한다. 미국 백악관의 소비자 조사국 통계인, 기업에서 형편없는 서비스를 제공받은 고객의 96%가 그 기업에 직접적으로 불평하지 않는 대신에 그들 중 80% 이상이 구전으로 주위에 말하고 다닌다는 사실을 다시 한 번 상기할 필요가 있다.

그렇다면 일선 직원의 질 낮은 서비스는 왜 창출되는가? McDonald's의 조사에 의하면, 급여 수준의 고저조차도 서비스의 질과 크게 비례하지 않는다고 한다. 가장 근본적인 이유 중 하나는 직속 상관인 슈퍼바이저나 매니저의 태도다. 직속 상관이 제품에 대한 지식이 없으면 일선 직원도 제품에 대해 자세히 알려고 하지 않으며, 직속 상관이 일선 직원에게 무엇인가 요구하면 일선 직원은 고객에게 팁을 요구하고, 직속 상관의 품행 및 언동이 좋지 않으면 그것이 일선 직원을 통해서 그대로 고객에게 전달된다는 것이다. 만약 매니저가 고객에게 좋은 서비스가 제공되기를 원한다면 같은 방법으로 직원에게 처세를 해야 한다.

환대산업에서 내부마케팅의 올바른 실천은 제조업에서 우수 제품을 생산하는 것과 동일한 맥락이다. McDonald's는 Hamburger University를 설립하여 가맹자(franchisee), 직원 등에게 제품, 서비스, 영업, 관리 등 모든 측면에 있어서의 기초적 지식과 더불어 마케팅의 올바른 실천을 교육시키며 'Hamburgerology'라는 학위를 수여하고 있다. 이와 같은 내부마케팅의 노력이 현재의 McDonald's를 만든 것이다.

제2절 내부마케팅 전략

1. 기업 · 조직문화의 확립

환대산업 기업들의 내부마케팅 성공 사례는 올바른 기업 문화, 즉 서비스 문화를 갖고 있기 때문에 가능하다. 기업 문화를 이해하기에 앞서 기업 문화를 형성하는 요인을 알아야 한다. 기업 문화의 형성 요인 중 가장 중요한 것은 기업의 가치다.

Peters와 Waterman의 유명 저서인 『In Search of Excellence』 및 Peters와 Austin의 『A Passion for Excellence』에 의하면 우수 기업들은 기동성 있는 신속한 적응 행동과 고객에 대한 최우대 서비스, 자율적 경영과 창의적 사업 개발, 그리고 인간 위주의 경영 관리를 강조하는 것을 장점으로 갖고 있다. 그중 대표적인 것을 필자가 각색하여 주제별로 살펴보면 다음과 같다.

1) 행동 지향성(bias for action)

행동만이 개인이나 기업의 진정성을 증명해 줄 수 있다. 고 정주영 회장은 새로운 사업 추진을 앞두고 실패를 두려워하는 임직원들에게 "해보기는 했어?"라고 질타했다고 한다. 계문자는 세 번 생각한 뒤에야 행동으로 옮겼는데, 공자가 이 말을 듣고 "생각은 두 번이면 족하다"라고 말했다고 한다. 말이 행동으로 옮겨지려면 공개적으로 많은 사람에게 공언을 해야 한다. 그래야 책임감, 자존심 등이 높아져 행동의 가능성이 높아진다. 이것을 'profess effect'(공언 효과)라고 한다.

미국의 대규모 은행 Wells Fargo의 CEO가 기밀 문서를 비행기에 놓고 내린 적이 있다. 직원들은 매우 불안해 했으나, CEO는 다음과 같이 말했다. "아무 문제 없습니다. 어차피 우리의 성공은 계획이 아니라 실행력에 있으니까요."

잘 정돈된 사고보다 혼란스러운 행동이 오히려 바람직하며(chaotic action is better than well-ordered inaction), 따라서 감성이 이성 못지않게 중요하다(right brain is as important as left brain). Donald Calne은 다음과 같이 말한 바 있다. "감성과 이성은 본질적으로 다르다. 이성은 결론을 낳지만 감성은 행동을 낳기 때문이다." 환대산업에서는 많은 경우에 있어서 머리가 아주 좋은, 논리적인, 이성적인 사람보다는 감성이 풍부한 인적자원이 더욱 필요하다. 환대산업에서는 지식을 의미하는 IQ(intelligent quotient)보다는 감성, 즉 욕망과 감정을 의미하는 EQ(emotional quotient)가 인적자원 평가 시 더욱 중요한 척도가 된다.

만약 100개의 공 중 검은 공이 1개 있고, 1,000개의 공 중 검은 공이 9개 있는데, 검은 공을 뽑아야 한다면 어떤 선택을 하게 될까? IQ는 전자를, EQ는 후자를 선택할 것이다. 이러한 성향을 'affective heuristic'이라고 한다. 'Affective heuristic'이란 확률 판단을 포함한 여러 형태의 의사결정 시 이성이 아닌 감성이 선택에 영향을 미치는 것을 의미한다.

2) 방임과 통제의 혼합 경영(loose-tight control)

공자는 중용(golden mean)을 인간 생활의 가장 바람직한 척도로 간주하고 있다. 극단과 악덕 사이에는 덕, 혹은 탁월성, 비겁과 만용 사이에는 용기, 인색과 낭비 사이에는 관후, 나태와 탐욕 사이에는 포부, 비열과 자만 사이에는 겸손, 비밀과 다변 사이에는 정직, 침울과 익살 사이에는 쾌활, 호전성과 아첨 사이에는 우정이 있다.

기술도 마찬가지다. Sony, Nintendo와 같이 시장의 흐름에 병행하지 않고, 기술적 진화에만 집중했던 기업들은 쇠락하고 있다. 기술은 성능 자체의 탁월성과 소비자 시각에서의 유용성(usability) 사이에서 적절히 전개되어야 한다. Apple은 기술적으로 뛰어난 기업이지만, 절대 기술적 우월함을 전면에 내세우지 않는다. 대신 사용자의 환경과 사용 맥락을 고려하여 우수한 기술을 적절히 배합시켜 나가고 있다.

이러한 것들이 통계학에서 사용하고 있는 최빈값(mode), 중앙값(median)보다 명백한 평균인 'mean', 그중에서도 절대적으로 가운데 위치한 'golden mean'을 의미하는 중용이다. 여기서 중용에 대한 올바른 이해가 필요하다. 공자의 중용을 이도 저도 아닌 어중간한 것으로 이해하는 사람이 많은데, 중용은 그러한 것이 아니다. 맹자가 "가운데를 붙잡으면서 저울질하지 않는 것(융통성을 발휘하지 않는 것)은 오히려 일단에 집착하는 것이다"라고 말했듯이, 중용의 중간은 고정돼 있는 것이 아니라 상황에 따라 좌 또는 우로 이동할 수 있는 것이다. 즉 중용은 유연한 사고를 함축하고 있다.

"To be or not to be that is the question"이 의미하는 Hamlet의 우유부단과 Don Quixote의 저돌성 사이에는 극기가 있듯이, 기업에서는 방임과 통제 사이에 자율성(autonomy)이 있다. 지도자(leader)는 올바른 일을 하는 사람이며, 관리자(manager)는 일이 올바르게 되도록 하는 사람이다. 관리자에 있어서 일이 올바르게 되도록 하기 위해서는 통제가 불가피하다. 그러나 환대산업에서 가장 중요한 제품인 일선 직원들을 통제라는 덫으로만 다스린다면 그들의 가장 중요한 사명인 고객의 욕구 충족이라는 목적을 달성하기가 어렵다. 방임과 통제의 중용이 필요한 것이다.

3) 자율성과 기업가 정신(autonomy and entrepreneurship)

여기에 필요한 것이 곧 자율성이다. 현재 Sofitel, Novotel, Ibis, Formule1, Hotelia, Atria, Coralia, Red Roof Inns, Thalassa International, Etap, Mercure, Motel6 등 많

은 브랜드를 소유하여 규모로 세계 상위를 기록하고 있는 Accor그룹이 북미지역에 진출했을 때, 직원을 Harvard대학의 AMP(advanced management program)과정에 보내 자율성을 교육시켰던 사실이 그 중요성을 입증하고 있다.

자율성의 근원은 자유다. 직원의 자율성을 강조하는 Peter Drucker는 근로자의 손만 빌리지 말고, 머리와 가슴까지를 모두 빌리라고 하며, 3h(hand, head, heart)를 제시한 바 있다. 글로벌 헤드헌팅업체 Egon Zehnder의 상임 고문 Claudio Fernandez-Araoz는 인재들에게 특히 4T 부문(task, time, team, technique)에 있어서의 자율성을 최대한 부여하라는 조언을 했다.

Russell은 자유를 최고의 선으로 간주하고 있다. 자유 없는 인격은 불가능하며, 복잡한 생활과 지식에 있어서 오직 자유로운 토론만이 오류와 편견을 헤치고, 진리인 포괄적 전망을 찾아낼 수 있다고 그는 말한 바 있다. 환대산업 내부마케팅의 중요 영역인 교육과 트레이닝에 있어서도 이 정신이 바탕이 되어야 한다. Russell에 의하면, 교육의 궁극적 목적은 확정된 지식을 가르치기보다는 정신의 과학적 습성을 가르치는 것이라고 한다. 또한 강제 교육은 기억되지 않는다고 한다.

Niels Pflaeging은 Douglas McGregor가 Theory X-Y에서 언급했던, 남에게 지시받기 좋아하는 X형 인간은 원래 존재하지 않으며, 자율성과 창의성을 가진 Y형 인간만이 존재한다고 주장한다. 국내 호텔의 경우 직원의 의사와 관계없는 천편일률적인 교육 스케줄에 의한 의무교육은 개선되어야 한다.

Einstein에게 상대성 이론을 발전시키는 데 가장 중요한 것이 무엇이냐고 질문했을 때 그는 "그 문제에 대해 생각하는 방법을 찾아낸 것이다"라고 답변했다. Google의 설립자 Page와 Brin은 대학교수 아버지를 둔 Stanford대학원 학생들이었다. 그들은 항상 자율성과 창의성의 환경에서 자라고 교육받았으며, 결국에는 Google과 같은 창의적인 기업을 설립할 수 있었다.

4) 고객 최우대 서비스(close to customers)/ 인간을 통한 생산성(productivity through people)

Mirage Resorts의 가장 중요한 성공 요인은 인적자원이다. Mirage Resorts에서는 기업 구조와 관료주의를 제거하여 간부 사원들은 직무 기술서(job description)가 없으며, 모든 직원들은 특정 과업을 수행하는 것이 아니라 고객을 위한 최종 목표를 위해 일한다. Fairfield Inns에서는 호텔 경영 경력이 없는 총지배인을 고용하여 매너리즘과 고정 관념에서 벗어나 직원 및 고객과 가장 가깝고 효과적으로 일할 수 있는 환경을 조성해 주고 있다. Walt Disney의 'spirit'과 'imagineering'도 같은 맥락의 철학이다.

5) 잘 알고 있는 부문에 대한 가치 관리와 경영(hands-on, value-driven management)/이점 경영(stick to the knitting)

'무조건 싸게 판다'의 Wal-Mart는 경쟁기업 Target 임원진 스카우트, New York Manhattan에 상점 개장, New York Fashion Show 개최, Vogue에 80페이지 광고 등을 통한 고가 의류 및 9,988달러의 다이아몬드 반지 판매에 나선 적이 있다. 결과는 역시 대실패였고 관련 최고 경영자는 사퇴했다. Coca-Cola와 Pepsi는 일반 콜라와 다이어트 콜라 사이의 50% 칼로리 콜라인 C2, Pepsi Edge를, 미국 제1의 보통 커피 브랜드인 Folgers도 ½ 카페인 커피를 출시한 바 있다. 결과는 죽도 밥도 아닌 제품에 불과했다.

행동과학적 조직 이론의 대가인 Herbert A. Simon 박사의 이야기다. "전문성이란 경이로울 만큼 폭이 좁다." 전자산업에서 세계적으로 유명한 기업인 TI(Texas Instrument)는 전자 시계 분야에 진출했다가 일본의 Casio에 의해 실패했다. Ivory의 샴푸, 남성용 향수 Chanel, gin으로 유명한 Tanqueray의 보드카, Coors의 생수, Heinz의 이유식, Adidas의 향수, Pierre Cardin의 와인, Levi's의 구두 등 유명 기업들의 시도는 모두 실패했다.

위의 사례는 너무나 당연히 여겨진다. 세계 제1의 쇠고기 스테이크 소스 A1의 닭고기 소스도 1천8백만 달러의 광고 예산에도 불구하고 대실패로 끝났으며, Domino's의 냉동 피자 시장 진출도 대실패로 끝났으니 말이다.

6) 간결한 조직구조(simple form, lean staff)

세계에서 가장 거대한 조직 중 하나인 Roman Catholic도 단 세 개의 계층구조를 갖고 있으며, 서구의 기업들도 사장, 매니저, 사원이라는 단 세 개의 직급을 갖고 있는 경우가 많다. 국내 많은 기업들의 20개가 넘는 직급의 조직구조는 분명히 개선돼야 한다.

2. 서비스문화의 조성

1) 환대산업 서비스문화의 조성

호텔 마케팅 성공 사례에 끊임없이 등장하고 있는 Marriott는 전기나 개인용 컴퓨터의 발명처럼 거창하게 이루어진 것이 아니라, 한 톨의 도토리처럼 아주 작은 단 한 개의 A&W Root Beer 간이식당으로부터 오늘날의 거대한 기업으로 성장한 것이다. 이렇게 큰 기업으로 성장하기까지 많은 독특한 경영 방침이 있었겠지만, 그 근간은 Marriott의 기업 문화에 있다. 미국 Cincinnati에 있는 Marriott Northeast에서는 '고객을 항상 가족의 일원으로 대한다'라는 기업 문화를 창조하기 위해 12 포인트 고객 서비스 프로그램을 개발했다(〈표 7-2〉 참조).

표 7-2 Marriott Northeast의 고객 서비스 프로그램

① 가능한 한 고객 이름을 호칭
② 20 feet 거리에서 고객과 눈맞춤
③ 10 feet 거리에서 미소
④ "You are welcome" 대신 "It is my pleasure"
⑤ 고객이 위치를 물을 때 설명하는 대신 직접 동행
⑥ 고객의 요청 시 자신의 업무 영역이 아니더라도 최선을 다함(own the quest)
⑦ 항상 "I am happy to do"
⑧ 전화벨은 네 번 이상 울리지 못함
⑨ 고객의 모든 문제는 부서장에게 통지
⑩ 12 포인트 고객 서비스 카드 지참
⑪ 적시 서비스
⑫ 타 부서 직원에 대한 존중과 협조

미국 Carlson Hospitality Group의 한 호텔에서는 Ritz-Carlton을 벤치마킹하여 과업-연구(workstudy) 및 친절한 근무 환경 조성을 위해 노력하고 있다. 입사 인터뷰 시 미소를 띠지 않으면 선발되지 않으며, 지원자의 희망 부서 공개, 고용 직후 1주일간 각 부서 순환, 필수적 퇴사 인터뷰 등 인사관리 전 과정에 걸쳐서 직원 프로그램을 강화하고 있다. 타 부서를 돕는 직원에게 감사 편지, 호텔 내 공지, 'flash fund'를 통한 인센티브 제공, 고객 서비스, 직원 사기, 비용 절감, 안전 등에 기여한 아이디어에 대해서는 25달러 제공 등 직원을 위한 조직 문화 개선을 위해 노력하고 있으며, '직원은 고용되는 것이 아니라 선발되는 것이다'라는 이념

을 강조하고 있다.

환대산업에서 최적의 생산성 개념은 인간을 통한 생산성(productivity through people)이며, 그 핵심 부분이 곧 고객과 접촉하는 직원이다. 그들에게 무엇보다도 자율성(autonomy)이 크게 부여되어야 권한과 동기부여를 동시에 제고시킬 수 있다. 고객과 접촉하는 직원들은 그들이 어떻게 행동해야 하는가와 무엇이 기대되는가를 숙지하고 있어야 하며, 그러한 문화를 창조하기 위해서는 직원들이 목적의식을 갖고 기업에 좋은 감정을 가질 수 있도록 하기 위한 정책이 필요하다. 이를 위하여 환대산업의 기업에서는 시간과 재무적 자원을 직원에게 투자해야 하며, 동시에 가시화시켜야 한다.

특히 환대산업 기업의 간부들에 있어서 하루에 일정 시간을 고객 및 부하 직원과 함께 보내는 관리(MBWA : management by walking around)가 필요하다. 그림 7-1 은 Southwest Airlines의 CEO(chief executive officer)인 Kelleher가 비행기 내에서 고객 및 직원들과 접촉하는 모습을 보여준다.

그림 7-1 Southwest Airlines의 CEO(chief executive officer)인 Kelleher가 비행기 내에서 고객 및 직원들과 접촉하는 모습

그는 이러한 행동을 일상화시킴으로써 서비스 문화와 관련된 내부마케팅 전략을 훌륭히 수행하고 있다. 투자의 귀재라고 불리는 Warren Buffett은 투자 전 투자 대상 기업의 분위기를 파악하기 위해 필히 CEO와 면담을 했다고 한다.

Kotler는 환대산업에서는 그림 7-2 와 같이 조직구조를 바꿔야 한다는 견해를 제시한 바 있다. 마케팅에 있어서, 특히 환대산업 마케팅에 있어서 고객이 가장 중요하다면, 그들과 접촉하는 직원들이 그 다음으로 중요하다는 것은 얼마든지 납득할 수 있는 견해다. 환대산업에서 서비스 문화를 올바로 창조하기 위해서는 바로 그러한 사고의 전환과 내부마케팅의 실천이 있어야 한다.

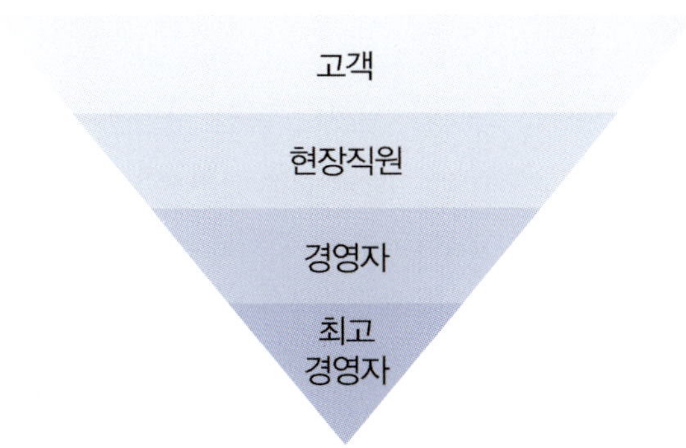

그림 7-2 역피라미드형 조직구조(의사결정구조)

1970년 AT&T의 중간관리자였던 Robert Greenleaf의 『Servant as leader』 에세이는 후에 'servant leadership'(섬기는 리더십)의 표본이 됐다. Starbucks, Southwest Airlines, TD Industries, Brooks Brothels 등 많은 기업들이 그 철학을 경영에 이용하고 있다.

국내 환대산업의 기업들은 일본 우수 기업의 'Z-theory'를 배울 필요가 있다. La Quinta Motor Inns에서는 일선 직원들의 회의를 주관하고 아이디어를 구하는 브레인 스토밍(brain storming)을 주기적으로 수행하고 있다. 이 회의에서는 일선 직원들의 좋은 측면만 평가하며, 특히 그 초점은 고객을 만족시키기 위해 어떻게 권한을 위양해야 하는가에 있다.

위의 예는 3M 기업의 모토 중 하나인 '어떠한 아이디어도 죽이지 말 것(Don't kill any idea)'과 같은 맥락으로서, 고객의 문제를 가장 많이 경험하며, 이해하고 있는 일선 직원들의 아이디어와 의견을 존중하는 환대산업 내부마케팅의 모범 사례라고 할 수 있다. Wal-Mart의 레전드 Sam Walton의 얘기다. "Our best ideas come from delivery and stock boys." 이와 같은 외국 우수기업 및 호텔의 조직 문화는 수십 년 전 Time에서 소개되었던 국내 현대그룹에 대한 '군대 조직'(military organization) 문화와 크게 대조되고 있다. 이러한 기업 혹은 조직 문화는 기업의 분위기, 환경 등과는 다른 것으로, 오랜 시간에 걸쳐 형성되는 것이며, 장기적 사업성패의 중요 요인이 된다.

2) 정보의 개방화

서비스 문화에 있어서 또 하나의 논점은 일선 사원에 대한 정보의 개방이다. Spinoza(스피노자)의 『국가론(Tractatus Politicus)』에 의하면, 국사를 비밀에 붙여지도록 요구하는 것이 국가의 이익이라고 주장하는 것은 절대 권력을 갈망하는 자의 위선이라고 한다. 국사를 은밀히 다루는 통치자는 그 권위로 국민을 압도하며, 그러한 자들은 전시에 적에게 계략을 쓰듯 평화 시 국민에게 음모를 꾸민다고 한다.

대다수의 기업에서는 마케팅 정보를 상위 직급에서만 공유하는 것을 관례화하고 있으며, 환대산업에서도 예외 없이 이러한 경향이 일반화되어 있다. 그러나 환대산업에서는 고객과 직원이 만나는 진실의 순간(moment of truth)에 대한 모든 준비가 되어 있어야 한다. 중요한 마케팅 정보야말로 직급과 관계없이 모든 일선 직원에게 필히 공지돼야 한다. 고객이 가장 문의를 많이 하며 편안하게 문의할 수 있는 대상이 곧 일선 직원들이기 때문이다.

제품에 대한 사항 외에도 크고 작은, 중요하고 중요하지 않은, 모든 마케팅 정보는 우선적으로 일선 직원들에게 공지되어야 한다. 우리가 슈퍼마켓에서 제품을 구매할 때 표찰(label)이 없는 제품을 안심하고 선택할 수 있을까?

3) 회의 문화

기업 문화의 마지막, 그러나 매우 중요한, 논점은 '회의 문화'다. 회의는 매우 중요한 경영의 한 부문이며 실제로 많은 기업들의 CEO는 하루 일과시간의 반 이상을 회의에 투자하고 있다.

GE의 회의 방식은 'work-out', 즉 일을 몰아낸다는 의미로 빠른 속도와 단순화, 조직원의 동기부여에 초점을 맞추고 있다. GE의 회의에는 전문 facilitator가 참여하며, 리더는 임무만 부과하고 자리를 떠, 솔직하고 실질적인 논의를 이끌어낸다. 회의에 제시되는 제안 75%의 가부가 그 자리에서 결정되는 효율적, 효과적 회의가 수행된다.

Google은 회의 전 모든 구성원이 명확한 agenda를 공유하며 회의 진행 시 회의실 벽 곳곳에 발표자료, 작성 중인 회의록 화면이 실시간으로 디스플레이된다. 또한 'micro-meeting'이란 명칭으로 작은 주제는 업무 중간의 소규모 미팅으로 대체한다. 정치적, 계급적, 개인적 견해보다는 철저히 자료에 의존하며, 회의실 벽에는 4feet 높이의 타이머가 비치되어, 대형 화면에 남은 시간을 분 단위로 보여주며, 회의를 정시에 끝내라는 미묘한 압박을 준다.

회의는 마라톤 경주처럼 하는 것이 아니라 단거리 경주처럼 해야 한다. Peter Drucker는 끊임없이 회의를 하고 있다면 그것은 제대로 책임질 사람이 없다는 사실의 반증이라고 주장한 바 있다.

Toyota는 사무실 벽에 '정시 개최, 한 시간 이내 완료', '회의 비용은 얼마일까요?' 등의 문구를 붙여 회의가 주는 폐해를 극소화시키고 있다.

Google에는 20% 원칙이 있다. 근무 시간의 20%를 업무와 관련없는 활동을 장려하는 원칙이다. 회의 시간에는 창의적인 사고를 할 시간도 여유도 없다. 그러나 Google의 직원들은 그 20%의 시간에 무한한 상상력과 창의력을 동원하여 Google의 'Idea Market'에 올려놓고, 좋은 평가를 받게 되면 20%의 프로젝트가 되며, 그중 임원에 의해 80%의 프로젝트로 승격되어 상품화가 된다. 이러한 제도 덕에 Google은 3, 4명 단위의 20% 프로젝트가 항상 천 개 이상 진행되며, 창의성과 상상력으로부터 시작된 '자발적' 소회의가 자생되고 있다. 이러한 회의가 진정으로 의미있는 것이 아닐까? 모든 것이 그렇듯 강제적, 강압적, 형식적인 것으로부터는 바람직한 부산물을 기대하기 힘들다. 자유롭고 자발적인 것이 적극적 사고와 행동을 유도하고, 그것은 보다 바람직한 부산물을 생성해 낸다. 기업의 회의문화는 이렇게 변화되어야 한다.

Chapter 08

서비스 관계마케팅

Chapter 08 서비스 관계마케팅[1)]

제1절 서비스 관계마케팅의 개념

1. 관계마케팅의 정의

관계마케팅이란 "고객을 유인하고 관계를 돈독하게 함으로써 고객을 자산으로 보고 보호하기 위한 마케팅(Marketing to protect the customer base seeing the customer as an asset by attracting, and enhancing relationship)"으로 정의할 수 있다. 또한 "상호가치혜택을 위해 개별고객들을 위한 새로운 가치를 확인하고 창조해 내는 지속적인 과정이며, 평생 동안 그 가치혜택을 공유하는 것이다"라고 Shoemaker는 정의하고 있다.

즉 관계마케팅이란 고객을 위해 새로운 가치를 창출하려고 노력하며, 그 가치를 공유하는 것이다. 고객들을 위한 가치란 고객들과 함께 창출되는 것이며, 기업은 고객들이 원하는 가치를 지원해야 한다. 또한 관계마케팅이란 구매자와 판매자 간의 끊임없는 협력적 노력이며, 고객의 평생가치를 인정한다.

Levitt은 관계마케팅을 결혼에 비유하였다. 즉 결혼의 성공은 이혼하지 않고 계속 결혼생활을 이어가는 것이며, 관계마케팅도 역시 고객과의 관계를 지속적으로 유지하는 것이라고 하였다. 이를 위해서 마케터들은 끊임없는 노력을 기울여야 한다.

특히 정규엽은 관계마케팅을 사랑이 아닌 우정에 비유하였다. 즉 사랑이란 상호성을 바탕으로 하지 않을 수 있지만(짝사랑), 우정이란 상호 존경심에 의한 바

---

1) 정규엽(2017), 호텔 · 외식 · 관광마케팅, 서울: CENGAGE Learning.

탕이 있어야 유지되는 것이다. 따라서 기업과 고객의 관계는 사랑이 아닌 우정의 관계로 발전해야 한다. 즉 이러한 우정을 지속적으로 간직할 수 있도록 끊임없이 노력하는 것이 바로 관계마케팅의 노력일 것이다.

2. 관계마케팅의 필요성

관계마케팅은 고객에 의해 서비스에 대한 지속적이고 주기적인 바람(desire)이 있을 경우에 가능하다(There is an ongoing and periodic desire for service by the customer). 즉 고객들이 그 제품이나 서비스를 희구하고 갈망할 경우에 고객을 유지하기 위한 관계마케팅을 시행해야 한다는 것이다. 흔히 매출액이 떨어질 경우 고객서비스를 생각하는 서비스업체의 경우에는 관계마케팅을 시행할 시기를 놓치기 쉽다. 왜냐하면 고객은 이미 타 경쟁업체로 옮겨갔기 때문이다. 둘째, 고객들이 제품이나 서비스의 선택이 자유로울 경우이다(The service customer controls the selection of the service supplier). 즉 경쟁업체가 많으므로 고객들은 그들에게 지속적인 노력을 기울인 업체로 가게 될 것이다. 따라서 경쟁이 심할 경우 관계마케팅은 필수불가결한 조건이다. 셋째, 고객들의 충성도가 약하고 거래업체의 교체가 매우 일상적이고 쉬울 경우이다(Customer loyalty is weak and switching is common and easy). 경쟁으로 인해 거래선을 변경하는 것이 용이하므로 고객이 떠나기 전에 관계마케팅이 필요할 것이다. 마지막으로 구전이 제품에 대한 특별히 강력한 커뮤니케이션 수단일 경우이다(Word of mouth is an especially potent form of communication about a product). 즉 입소문이 제품을 좌우할 경우에는 관계마케팅을 통해 고객을 유지관리하는 것이 매우 중요하다.

제2절 관계마케팅 전략

1. 관계마케팅 성공전략

Berry가 제시한 관계마케팅 전략을 소개한다.

1) 핵심서비스의 제공(core product)

고객을 유인하고 유지하며, 평생고객화시키려면 무엇인가 특별한 핵심서비스가 있어야만 한다. 맛이 없는 식당이 운영한다면 정말 한심할 노릇이다. Westin Hotel Group에서 제시했던 'heavenly bed'는 나름대로 성공의 이유가 있다. 정말 편안하고 잠이 잘 온다는 것이다. 매트리스는 기본이고 라텍스에 의해 몸을 감싸는 듯한 서비스는 일품이다.

필자가 최근 강원랜드, 하이원리조트에 투숙한 적이 있다. 메인 호텔에 객실이 없어 콘도에 묵었는데 왜 그렇게 프로젝트를 엉망으로 했는지, 도대체 고객의 동선이 고려되지 않은 무지막지한 프로젝트였음에 틀림없다. 국내 유일의 카지노가 있어 카지노를 경험하고 즐기기 위해선 가야 하지만 그 동선을 생각하면 겁부터 난다. 그러나 정말 좋았던 것은 공기였다. 강원도의 오염되지 않은 공기였다. 바로 그 공기가 하이원리조트의 핵심상품이다.

또 하나의 사례는 음식점이다. 값은 좀 비싸지만 참숯을 사용하고, 양념은 50년 전통의 맛을 유지하며, 재료의 신선도를 거의 항상 유지하는 곳이 있다. 나의 단골집, 평양집이다. 곱창, 양, 대창, 차돌박이 등을 저녁에 제공하고, 낮에는 국밥, 양밥 등을 주로 판매한다. 그곳의 핵심은 추억을 그대로 판매하는 것이며, 변하지 않는 맛이 바로 핵심일 것이다.

▌그림 8-1▌ 강원랜드(하이원리조트)

▌그림 8-2▌ 삼각지의 평양집

2) 서비스의 증대화(service augmentation)

고객을 유지하고 또한 더 유인하기 위해선 경쟁사보다 고객에게 덤 서비스를 제공할 수 있어야 한다. 똑같은 가격인데 반찬을 옆집보다 더 준다면 고객은 반찬서비스가 많은 곳으로 모일 것이다. 미국의 호텔 프로젝트를 담당한 디자이너가 객실의 욕조에 비즈니스 고객들에게 유용한 건조대 시설이 디자인에 방해된다면서 없앤 적이 있다. 그 호텔은 거의 3,000객실을 프로젝트한 라스베이거스의 맘모스호텔이었다. 타 호텔에서는 제공하는데 우리 호텔에서는 제공하지 않는다면 그것도 3,000객실에서……, 이러한 결과가 바로 관계마케팅 전략을 실패로 몰아가는 첩경이다. 서비스 증대화, 즉 좀 더 많은 서비스를 제공하는 것은 경쟁을 이기기 위한 수단이지만 고객의 입장에서는 더 없는 행복이 될 것이다.

이러한 서비스 증대화의 원칙은 경쟁이 치열한 외식산업의 경우에 있어 많은 질문을 불식시킬 수 있는 유일한 전략이 될 것이다. 밥 한 그릇 추가할 경우 반드시 추가 가격을 받아야 하지만 서비스 증대화의 사례로 보면 혜택을 주어야 할 고객에게는 무료로 제공하는 것이 서비스 증대화의 차원에 맞는 서비스일 것이다.

그림 8-3 여수에서 제공된 한정식 반찬

3) 고객과의 관계를 더욱 고객화시킴(customized the relationship)

고객과의 관계를 좀 더 편안하게 하기 위해 제공하는 것이 고객을 유지하기 위한 첩경이다. 비오는 날 식당의 입구에 우산꽂이를 위치시키는 서비스, 고객의 신발을 신발장에 보관하는 서비스, 깨끗한 화장실, 편안한 좌석(좌식이 아닌 테이블서비스), 냉난방서비스 등등이 고객을 편안하게 하는 방법들이다. 캐리비안 베이는 바다를 즐기는 고객들로 연중무휴의 성업지역이다. 그곳의 호텔 지배인은 고객들의 불편을 덜어주고자 매년 찾아오시는 고객들의 짐(스노클링장비, 수영복, 물안경 등등)을 보관하는 서비스를 제공하였다. 물론 큰돈 들이지 않고 창고를 지어 서비스를 제공했던 것이다. 이후로 고객들이 증가하였고 그 호텔의 서비스에 감동하여 충성고객이 늘어난 사례는 고객화의 중요성을 입증하고 있다. 최근 신설되는 호텔, 모텔, 외식업에서는 고객화의 중요성을 입증하듯이 고객편의서비스가 매우 발전하고 있어 바람직한 현상으로 생각된다.

4) 관계가격(relationship pricing)

호텔에 찾아오는 최고의 vip는 누구일까? 당연히 매출을 많이 올리는 고객일 것이다. 그러나 이렇듯 혜택을 주어야 할 고객들에게 discount의 혜택을 제공하지 않는다면 그 고객은 타 경쟁사를 이용하려 할 것이다. 따라서 이런 고객들에게는 가격정책을 고려하는 것이 매우 바람직하다. 예를 들어 미니바의 경우 마진이 매우 높으므로 할인을 적용해도 큰 무리가 없으며, 식음료, 객실의 경우도 마찬가지일 것이다.

필자는 부산지역 외식업체 사장들과의 모임을 10년 정도 유지하고 있다. 따라서 맛집을 찾아가 분석하는 일이 많다. 맛집으로 성공한 사장님들은 대부분 이러한 관계가격전략에 정통한 분들이었다.

그림 8-4 고객에게 편의 제공(신발장)

그림 8-5 호텔의 미니바

5) 내부마케팅(internal marketing)

이상에서 제시되었던 핵심제품의 제공, 서비스 증대화, 고객과의 관계 고객화, 관계가격전략 등은 거의 대부분 일선 종사원에 의해 수행되고 있다. 따라서 일선 종사원들이 이러한 관계마케팅 노력을 하기 위해 동기부여되지 못하면 관계마케팅 전략은 불가능할 것이다. 따라서 유능한 마케터나 최고경영자들은 일선 종사원들에게 최대한의 권한을 부여하고 있다. 예를 들면 일선 종사원들의 바로 위에 슈퍼바이저급의 주임, 대리가 있지만 과장이나 부서장들은 회식이나 일상의 회의에서 일선 종사원들의 사기를 올려줄 필요가 있다. 사기를 올리는 방법은 아주 많을 것이나 주기적인 회식이나 사원들에게 제공되는 복리후생 등은 최고경영자들이 반드시 챙겨야 하는 부분들이다. 또한 종사원들에게 줄 수 있는 최고의 복지인 교육서비스는 종사원들의 사기를 보다 더 높일 수 있는 지름길이다. 물론 여유없는 바쁜 스케줄에 종사원들에게 교육을 제공하는 것은 오히려 부정적일 수 있다. 그러나 가능한 한 교육서비스를 최대한 제공하는 서비스기업이 반드시 성공하고 있다.

제3절 고객의 불평과 만족

1. 고객의 불평에 대한 이해와 대응

1) 불평의 본질

왜 고객은 기업에 불평하지 않고 타 기업을 찾게 될까? 많은 고객들은 기업에 불평하는 것을 시간과 비용의 낭비(장거리 전화 등)라고 생각하는 경우가 많다. 또한 어떻게 하는가를 모르는 경우도 많고, 일이 커지면 반박해야 하며 다시 가지 않으면 마음이 편하다고 여기기 때문에 그러한 현상이 빈번히 발생하는 것이다.

그렇다면 기업은 고객의 불평을 어떻게 해석해야 하는가?

첫째, 근본적으로 피할 수 없는 것이다. 아무리 완벽한 서비스도 고객을 100% 만족시킬 수 있다고 장담할 수 없으며, 전혀 고려하지 못한 측면에서 빈번히 발생되고 있는 것이 고객의 불평이다. 세상에 인간이건, 제품이건, 시스템이건 완벽한 것은 없다. 완벽한 것은 오히려 부정적 감정을 이끌어낸다. 사람과 대화할 때,

자기의 장점만 말하는 사람보다는 자신의 약점을 동시에 말하는 사람에게 더욱 호감이 간다. 이것을 'pratfall effect'(실수효과) 혹은 'blemishing effect'(흠집효과)라고 한다.

둘째, 매우 건강한 것이며 기업에게 기회를 주는 것이다. 불평 없이 경쟁기업을 찾으며 부정적 구전 커뮤니케이션을 하는 고객과 비교했을 때 얼마나 고마운 고객인가? 마케팅의 유일한 공식인 고객의 문제 해결을 위한 단서를 제공해 주는 것이 곧 고객의 불평이다. 3M제품의 ⅔ 이상이 고객의 불평에 대한 개선점이 반영된 결과라고 한다. Technical Assistant Research Program의 조사에 의하면, 항의하는 고객에 대한 대응을 하지 않더라도, 항의하지 않는 고객보다 오히려 항의하는 고객의 재방문율이 높다고 한다. 무관심보다 무서운 것은 없다. 항의하는 고객은 그래도 기업에 대한 애정과 기대가 있는 것이다.

셋째, 마케팅 도구이며, 나아가 환대산업에서 가장 영향력 있는 촉진도구인 구전 커뮤니케이션의 기회를 제공하는 것이다. 심각한 불평일수록 잘 해결되었을 때 그만큼 더 긍정적인 구전 커뮤니케이션 효과를 얻을 수 있다. 'Service recovery paradox'(서비스 회복 패러독스)라는 용어가 있다. 'Service recovery paradox'란 서비스 실패를 경험한 고객이 만족할 정도로 문제가 해결된 뒤에는 문제 없던 고객보다 재방문율이 더 높아진다는 것이다.

2) 불평처리

(1) 불평고객의 유형

먼저 불평하는 고객의 유형을 살펴보기로 한다.

Case Western대학의 조사에 의하면, 불평고객은 'voicers', 'passives', 'irates', 'activists' 등의 네 유형으로 분류된다고 한다. 그중 'voicers'와 'irates'는 불평을 적극적, 혹은 과도하게 표출하는 고객 유형이지만, 'passives'는 불평을 거의 하지 않는 고객 유형이다. 일본에서는 gamen, 즉 운명에 따르고 불평을 하지 않는 미덕이 있다고 한다. 물론 'passives'가 절대적으로 많은 비율을 차지한다. 기업에 대한 고객의 침묵은 금이 아니라 독이다.

그중 가장 위험한 고객 유형은 'activists'다. 불평에 대한 표출을 행동으로 직접 연결시키는 'activists'에 대한 유명한 일화가 있다.

Starbucks의 곤혹

미국의 Jeremy Dorosin은 Starbucks에서 두 대의 불량 espresso 커피머신을 구입했다. 당연히 교체해 줄 것을 수차례 요청했지만 Starbucks는 이를 무시했다. 그 후 어느 날 New York Times의 대도시 신문 1면에 그에 대한 기사가 실린 것이다. 이어서 CBS TV 저녁 뉴스에 이 사실이 5분 동안 방영됐다. 당황한 Starbucks는 회유하려 했으나 그의 요구는 엄청난, 그러나 사회의 우호적 반응을 야기하기에 충분한 것이었다. San Fransisco에 가출 청소년의 시설을 지으라는 것이었다. Starbucks의 대응 조치가 없자, 다시 그 사실이 대중매체를 타기 시작했다. 그때 유명 조사기관인 Performance Research Associates의 Ron Zenke 회장은 "나라면 Jeremy Dorosin의 요구를 들어주겠다"라며 그의 손을 들어주었다. 국내 속담에도 있듯이 '호미로 막을 것을 가래로 막아야 하는' 일을 세계적으로 유명한 Starbucks가 겪은 것이다.

(2) 고객불평에 대한 대처

① 불평을 쉽게 할 수 있도록 해야 한다

어떻게, 어느 장소에서, 누구에게 하여야 하는가를 충분히 공지하여 고객의 불평 표출 자유를 극대화시켜야 한다. Chris Lee의 조사에 의하면, 불평을 가진 고객 중 항의하는 고객은 불과 $1/27$밖에 되지 않는다고 한다. 즉 10건의 불평이 접수됐다면, 270건의 불평사항이 있다는 것이다. 이는 미국 백악관 조사국의 통계보다 오히려 더 높은 비율이다.

② 불평이 제기되었을 때에는 신속히 해결해야 한다

Business Horizon의 한 기사에 의하면, 서비스업체에 제기된 300건의 불평에 대한 평균 응답시간은 20일이며, 응답률은 평균 41%인데, 그나마 호텔과 레스토랑은 은행, 부동산 등 타 서비스업체보다 뒤지는 것으로 나타났다. 고객의 시간은 환대산업에 있어서 특히 중요한 서비스의 부분이며, 그 시간이 지체되면 해결의 효과는 감소될 수밖에 없다. 고객 불평처리의 신속성은 고객 만족과 관련된 매우 중요한 속성이다. 불만족한 고객이라도 신속하게 해결될수록 충성도는 비례하여 상승된다. British Airways에서는 불평의 80% 이상을 단 3일 이내에 해결한다.

Northwest, American, Delta를 포함한 미국 5대 항공사 중 US Airways가 불평 제기 수에서 1위, United Airlines가 2위인 반면, Southwest는 5대 항공사 중 불평 제기 수가 가장 적은 Northwest의 ⅕~⅙밖에 되지 않는다.

우리는 나쁜 일을 당했을 때, 모든 것을 잊고 잠을 자거나, 게임을 하거나, 한적한 곳으로 가서 바람을 쐬거나 해서 감정을 누그러뜨린다. 그러면 얼마 되지 않아서 그 일에 대해 잊어버린다. 이것을 'sleeper effect'(수면자 효과)라고 한다. 기업에서는 고객의 'sleeper effect'를 어떻게 이용해야 할까? 필자는 정확한 답을 알고 있다. "No way". 마케팅에서 'sleeper effect'는 존재조차 하지 않는다.

③ 합리적 불평이 제기되었을 때에는 무조건 해결해야 한다

근거 없는, 무리한 불평이 아닐 경우에 그것을 해결하지 못하거나, 해결하지 않는 경우에의 폐해를 더 이상 언급할 필요가 없다. United Airlines는 Wall Street Journal에 고객 문제 해결 관련 광고를 지속적으로 내고 있다('For gate agents, read problem solvers'). 그럼에도 다음과 같은 사건이 발생했다.

□ UA의 반칙

2009년 한 고객이 YouTube에 'UA가 부숴버린 내 기타'라는 제목으로 동영상을 올렸다. United Airlines가 몇 달 동안 그 고객의 보상 요구를 무시한 결과였다. 이 내용 때문에 많은 인터넷 이용자들이 Facebook, Twitter 등 SNS를 통해 동영상을 알렸고, 그 결과 2009년 항공사 중 정시 도착비율 1위(92.6%)를 차지하였음에도 불구하고, 불과 45,000여 명의 follower만이 남았다. SNS 활동에 있어서 모범으로 알려져 있는 Southwest Airlines의 100만 명이 넘는 follower와 비교할 때, 그 여파가 어느 정도였는지 짐작이 갈 만하다. Southwest Airlines은 92.0%의 정시 도착 비율(2위)임에도 불구하고, 긍정적 메시지가 85%에 육박한 반면 United Airlines은 60%에 불과했다.

□ Domino's의 fair play

2009년 4월, 미국의 Domino's 한 매장에서 두 직원의 비위생적인 음식 제조과정이 담긴 동영상이 YouTube에 올려지자 SNS를 통해 빠르게 확산됐고, 47%의 소비자들이 구매하지 않겠다는 조사 결과까지 나왔다. Domino's는 사건 발생 48시간 후, CEO인 Patric Doyle이 직접 사과하고, 사건 재발 방지를 약속하는 동영상을 제작하여 YouTube에 공개했다. 이후에도 Domino's는 Twitter 등의 SNS를 통해 소비자의 반응을 지속적으로 살피며, 모든 관련 조치 내용을 실시간으로 공유하면서 위기상황을 극복했다.

American Airlines에서는 불평에 대응하기 위한 700가지의 법규가 규정되어 있다. 미국의 여론조사 전문기관 Harris Interactive의 조사에 의하면, 부정적인 평가의 글을 올린 후 회신을 받은 소비자의 약 18%가 충성 고객으로 전환됐으며, 약 70%는 자신이 올린 글을 스스로 삭제하거나 긍정적 평가의 글로 대체시켰다고 한다.

④ 오히려 고객의 불평을 찾아내야 한다

이는 고객의 문제 해결이라는 마케팅의 유일한 공식을 푸는 시발점이다. 전통적 comment 카드 외에도 고개 전용 hot line, GRO(guest relations officer)의 배치, 전술되었던 Service Guarantee 시스템 등 모든 방법이 동원되어야 한다. 영업 일선 직원들의 feedback 역시 중요한 역할을 할 수 있으며, 국내 현대백화점과 같은 암행 고객(mystery shopper)도 좋은 방법이다. Motorola에서는 한 달에 하루, 전 업무시간을 고객의 불평에 대한 회의에 투자하고 있다.

그러나 이러한 도구는 '고객이 먼저 불평을 제기하면 필요한 사후 조처를 해주겠다'는 '대응형 시스템'에 불과하다. 한 발 나아가 그들의 불평을 미리 방지하거나 파악할 수 있는 '선행형 시스템'이 필요하다.

고객이 불편하게 느끼는 고충이나 불만을 찾아내고 바로잡기 위해 시각적으로 표현해 내는 'hassle map'이란 개념이 있다. 'Hassle map'이란 시간, 에너지, 돈을 낭비하게 만드는 제품, 서비스, 시스템의 특징을 그려낸 지도다. Everland는 '고객 불만 예보제'라는 프로그램을 운영하고 있다. 예를 들어 비가 온다는 일기 예보가 있으면, 지난 해 비 온 날의 불만 사항 자료를 모아 현장에 전달하여 미리 불만을 차단하고 있다.

마케팅에서 "왜 고객이 우리 기업을 방문하는가?" 못지않게 "왜 방문하지 않는가?"가 중요하듯이, 고객이 선호하는 서비스 제공 못지않게 중요한 것은 고객이 싫어하는 서비스를 제거하는 것이다. 이것이 '선행형 시스템'이다.

⑤ 고객의 불평에 진심으로 감사해야 하며 편지, 전화 등 고객과 직접 대화하여 고마운 마음을 전달해야 한다

이와 관련하여 불평처리를 단계별로 정리하여 보자.

가. 불평이 야기되었을 때 '감사합니다'의 자세와 표현을 하고, 항의에 감사한 이유를 설명한다.
나. 잘못된 부분에 대해 사과하고 문제의 빠른 해결을 약속한다.
다. 문제 해결에 필요한 필요 정보를 얻는다.
라. 잘못된 부분을 신속히 시정하고, 고객의 만족을 동시에 확인한다.
마. 향후 문제가 다시 야기되지 않을 것임을 약속한다.

⑥ 불량 고객을 퇴출시킨다

법정스님의 저서 『함부로 인연을 맺지 마라』에 언급된 말을 되새겨보자. "진실은 진실된 사람에게만 투자해야 한다. 아무에게나 진실을 투자하는 건 위험한 일이다. 그것은 상대방에게 내가 쥔 화투 패를 일방적으로 보여주는 것과 다름없는 어리석음이다. 우리는 인연을 맺음으로써 도움을 받기도 하지만, 그에 못지않게 피해도 당하는데, 대부분의 피해는 진실 없는 사람에게 진실을 쏟아부은 대가로 받는 벌이다."

기업이 찾아야 하는 것이 불평이라면, 피해야 하는 것은 불량 고객이다. 무단횡단자를 의미하는 'jaywalker'라는 용어가 있다. 따라서 불량 고객을 'jaycustomer'라고 부른다. 불량 고객은 도둑형(thief, shoplifter), 규칙 위반형(rule breaker), 호전형(belligerent), 내분형(family feuders), 파괴형(vandal), 신용 불량형(deadbeat) 등 여러 형태로 나뉘는데, 어떠한 형태건 기업과 기타 고객들에게 부정적인 영향을 미친다. 고객 최우선주의의 기업 문화를 갖고 있는 Nordstrom, Southwest Airlines, FedEx조차도 정기적으로 불량 고객을 퇴출시키고 있다. Wing Zone 레스토랑에서는 불량 고객 출현 시 매니저가 바로 응대할 수 있도록 제도화하고 있다.

2. 고객 만족을 위한 전술

1) 만족의 본질

모든 기업이 가장 흔하게 말하는 고객 만족의 진정한 의미는 과연 무엇일까? Rome의 유명한 Stoa학파인 Lucius Annaeus Seneca에 의하면, 지금 갖고 있는 것에 만족하지 못하는 자는 세계를 다 가져도 만족하지 못한다고 한다. Arthur Schopenhauer는 『의지와 표상으로서의 세계』에서 "의지 자체는 욕망(욕구와 필요에 해당됨)이고, 의지의 탐욕은 언제나 의지의 성취보다 크다. 욕망은 무한하며 충족은 한정되어 있기 때문에, 성취란 동냥과 같이 비참한 삶을 내일까지 연장시키기 위해 오늘의 목숨을 연명하는 것과 같다. 우리의 의식이 의지에 의해 실현되는 한(욕망의 충동에 쫓기는 한), 결코 지속적인 행복과 평화는 기대하기 어렵다"라는 말로 만족의 의미를 표현한 바 있다.

Irvine에 의하면, 욕망은 기본적으로 인간에게 쾌락을 추구시키기 때문에 무엇인가를 강렬하게 추구하게 되는데, 철학자들은 이것을 생물학적 보상 시스템(biological incentive system)이라고 부른다. 인간에게는 고통을 회피하고 쾌락을 추구하는 고차원적인 생물학적 보상 시스템이 내장돼 있어서, 다른 개체보다 더 높은 생존과 번식이 가능했다는 것이다.

Aristoteles에 의하면, 만족은 쾌락 추구보다는 근심과 걱정으로부터 해방되는 것을 의미한다고 한다. 즉 불편함이 없는 부가 최선이며, 그것을 잃을 때 그 가치를 알게 된다는 것이다. 인간에게 있어서 무엇이든 지나치면 근심과 걱정이 다시 시작되며, 곤궁 · 고뇌가 인간을 쉬게 하면(해결되면) 권태가 다가와서 다시 오락을 추구하게 되고, 이것이 다시 문제를 발생시키는 인생은 그 자체가 악이다. 구약 전도서 1장 18절에도 "지식을 더하는 자는 근심을 더하며, 무지한 자가 행복하다"고 하고 있다. 법정스님은 "아무것도 갖지 않을 때 비로소 온 세상을 갖게 된다"고 했다. 인간은 불행의 씨앗을 끊임없이 소유하려는 욕망 때문에 불행해진다. Diogenes는 모든 재산과 지위를 포기하고 남루한 단벌옷과 집조차 없는 생활에

만족했다. 후에 Zenon 등의 Stoa철학자들이 이를 계승했다.

관계마케팅에서 의미하는 진정한 만족은 문제 해결에 가깝지, 과도한 욕구와 필요의 충족에 있지 않다. 진정한 행복은 소유나 포만보다는 성취에 있으며, 마케팅의 변하지 않는 유일한 진리이자 공식인 고객의 문제해결에 있는 것이다. Epicurus학파에서 말하는 'ataraxia'(이성이 본성을 지배하는 정신적 안정 부동)도 이것을 의미한다. 우리가 극시, 서사시, 소설, 영화 등을 읽고 볼 때, 공통적인 사실이 있다. 클라이맥스를 지나 천신만고 끝에 목표에 이르나(행복 혹은 만족 달성), 곧 모든 것이 끝나버린다. 목표 달성 후 전과 달라진 것이 없다는 것 외에는 더 이상 보여줄 것이 없기 때문이다.

California대학의 Sonja Lyubomirsky는 "행복은 환경, 운, 머리가 아니라 상황을 바라보는 시각이 결정한다"고 한다. 미국 Illinois대학의 Ed Diener는 행복을 '주관적 안녕감'(subjective well-being)으로 정의하며, '행복 = 우리가 가진 것(달성한 것) ÷ 우리가 원하는 것(열망하는 것)'이라는 공식을 제시했다. Ed Diener에 의하면 행복에 필요한 긍정적 태도로서 A.I.M(attention, interpretation, memory)이 있어야 한다고 한다. 즉 성공과 축복에 주의를 기울이고, 사건에 대한 긍정적 해석에 마음을 열고, 좋았던 것을 기억하는 것이 행복의 열쇠라는 것이다. Ed Diener는 또한 '83% 행복의 법칙'을 제시했는데, 그 근거가 'Mona Lisa의 미소'를 컴퓨터로 분석한 결과, 행복한 감정 83%, 혐오감 9%, 두려움 6%, 분노심이 2%였다는 것이다. 즉 100%가 아니라 83%만 돼도 인간은 행복하다는 의미다.

불교에 '일체 유심조'라는 말이 있다. 『명심보감』에 의하면, 만족할 줄 아는 자는 가난하고, 천하다고 해도 즐겁게 살지만, 만족할 줄 모르는 자는 부귀를 누리더라도 근심스럽게 산다고 한다. 우리 모두 최대 만족을 추구하는, 항상 불행한 'maximizer'가 되지 말고, 주어진 현실에 만족하고 사는 'satisfier'가 되자.

2) 고객 만족에 대한 전술

Knutson은 고객 만족 제고를 위한 10개의 법칙을 제시한 바 있다.

(1) 고객을 인식해야 한다

고객이 방문할 때 이름을 기억하고 있다면 최선일 것이다. 그러나 모든 고객의 이름을 다 외울 수가 없기 때문에 미소, 인사, 친밀한 태도 등으로 '알고 있다'는 의식 전달에 접근할 수는 있다. Recognition은 '인정'이라는 의미이다. 교류분석의 창시자인 Eric Berne은 인간은 보통 'recognition hunger'에 빠진다고 한다. 어려서는 부모로부터의 자극에 의해 인정을 받았지만 성인이 되어서는 그렇게 할 수 없으므로, 성인이 된 다음에는 이러한 '인정기아'(recognition hunger)에서 해방시키기 위한 인사, 좋은 touch, 진실된 교류 등이 고객을 만족시킬 수 있다는 것이다.

(2) 긍정적인 첫인상을 주어야 한다

2012년 취업포털 잡코리아가 남녀 직장인 822명을 대상으로 조사한 결과, 인상을 결정짓는 1위 요소는 표정(74.5%)이었다. Benfield 등 수천 명의 고객 대상 연구에 의하면, 환영 인사와 리셉셔니스트의 응대가 이루어지는 처음 5초의 순간이 고객 만족도에 가장 큰 영향을 미친다고 한다. 첫인상이 중요하다는 것은 'priming effect'(점화효과)로부터 기인된다. 'Priming effect'란 처음에 노출된 약한 자극이 노출이 많이 된 자극보다 더 강한 동인(driving force)이 된다는 것을 의미한다. 예를 들어, 크루즈 여행을 경험하지 못한 사람이 매체에서 처음 Diamond Princess 크루즈를 보게 되면, 바다 여행의 환상에 젖을 것이고, 처음에 세월호 보도를 들은 사람은 바다 여행은 가급적 지양하겠다는 마음이 들 것이다.

광고가 중요한 이유 중 하나는 제품의 첫인상을 주기 때문이다. 늑대인간의 예와 같이 동물은 본능적으로 탄생 시 처음 보는 동물을 부모로 생각한다고 한다. 환대산업의 기업 중 Disney Land와 McDonald's는 청결이라는 첫인상으로 고객에게 큰 호응을 얻은 바 있다. Marriott는 1991년에 'first ten'이라는 프로그램을 도입했다. 호텔까지 온 피곤한 고객들에게 처음 10분 동안 모든 일을 처리해 주고, 쉬게 해주는 프로그램으로서, 첫 10분 동안 고객은 매우 우호적인 인상을 갖게 된다. 유사한 맥락으로 2012년 4월 13일자 Wall Street Journal의 기사에 의하면, 미국 호텔업계에서는 고객이 호텔 입구에 들어선 첫 15분 내에 고객을 감동시키는 것을 목표로 하고 있다고 한다. Trout와 Ries는 단 한 번뿐인 첫인상의 기회에 최대한의 매체를 동원해 강한 영향을 줄 수 있는 'big bang' 접근법을 사용하라고 조언한 바 있다.

(3) 고객의 기대를 충족시켜야 한다

S(만족)=Q(품질)-E(기대). 만족을 의미하는 불변의 공식이다. 환대산업의 제품은 무형적 특성으로 인해 고객의 기대를 창조해 내는 과업이 우선적 과제가 된다. 그러나 약속된 기대가 충족되어야 고객이 유지될 수 있다. 과대로 포장된 광고는 고객을 창조할 수는 있으나, 창조된 고객을 유지하는 데에는 역효과를 낸다. 패스트푸드점에서는 고객의 기대에 맞는 제품을 제공할 수 없다. 왜냐하면 그들 나름대로의 매뉴얼에 의해 제공되어야 하는 원칙이 있으므로 이를 어기고 고객의 기대에 맞는 제품을 제공할 수 없는 단점이 있는 것이다.

(4) 고객의 노력을 줄여주어야 한다

고객은 귀찮은 것을 싫어한다. 고객은 호텔의 매뉴얼, 정책, 규칙 등을 알 필요도 없고, 그것으로 구속받기는 더욱 싫어한다. 고객은 백화점의 사인보드 등 아주 작은 편의에 대해 크게 감사한다. Mr. Steak에서는 고객이 좌석에 앉아 있는 동안 직원이 모든 계산을 해주는 서비스를 최초로 도입했다. 이렇게 아주 작은 편의에 대한 고객의 반응은 매우 호의적이었다.

(5) 고객의 의사결정을 용이하게 해주어야 한다

고객은 본질적으로 의사결정하는 것을 주저한다. 광고의 원리 중 하나는 'repeat, repeat, repeat'이다. 광고효과는 점차 줄어들겠지만, 고객에게 최소 세 번의 의사결정 기회를 주어야 한다는 의미가 함축되어 있다.

New York 호텔에서의 의사결정 기회

New York의 한 호텔에서 과일, 아이스크림, 펀치를 섞은 음료를 팔기 위한 La Bamba 판매촉진을 수행했다. 고객이 현관에 들어가자, Caribbean풍 의상을 입은 실물 크기의 여인 모형이 그 음료를 들고 있었다. 체크인을 하러 front desk에 가자, 직원의 유니폼에 La Bamba 판매촉진의 배지(badge)가 부착되어 있었고, 엘리베이터에는 관 포스터가, 객실에는 관련 tent card가 있었다. 이 고객이 체크아웃을 할 때, 위의 모든 것을 다시 한 번 보게 되었다. 이 호텔에서는 고객에게 최소 7번의 의사결정 기회를 준 것이다.

(6) 경영진의 관점이 아닌 고객의 관점에 초점을 두어야 한다

Red Lobster 레스토랑은 중저가 레스토랑인데도 불구하고, 초기에 많은 고객들이 이용을 주저했다. 브랜드 자체에서 파생된 '비싼' 이미지 때문이었다. 최근 국내에서 많이 유행되고 있는 외식프랜차이저들은 과연 고객의 관점에서 바로 보고 있는지 의문이다.

(7) 고객이 말하지 않는 시간제한을 지켜야 한다

한 조사에 의하면, 레스토랑에서 평균 음식 제공 시간을 초과할 때, 고객에게는 실제 시간보다 3~4배의 시간이 지난 것으로 느껴진다고 한다. Priceline.com은 손쉽게 접속하여 호텔, 여행, 타 서비스 제공 기업에게 자신이 지불하고자 하는 가격만 제시하면 되는 획기적인 사이트이다. 그러나 그 이용 절차가 너무 복잡하고, 실행이 느려 고객의 큰 불만을 샀다.

☐ 시간의 양면성 : 'chronos', 'kairos'

Hellas어로 시간을 뜻하는 말에는 두 가지가 있다. 자연스럽게 흘러가는 물리적 시간인 'chronos'(나이는 숫자에 불과하다)와 특별한 의미가 부여된 'kairos'(순간의 선택이 10년을 좌우한다)가 그것이다. Albert Einstein은 "뜨거운 난로에 손을 넣으면 1분이 1시간, 아름다운 여자와 함께 있으면 1시간이 1분으로 느껴질 것"이라고 상대성 이론을 비유적으로 설명했다. 뜨거운 난로에 손을 넣으며 지나가는 시간이 'chronos', 아름다운 여자와 함께 있는 시간이 곧 'kairos'다. 사람들은 기다리는 시간이 10분이라는 것을 알고 기다리는 것보다 실제로는 7분을 기다려도 모르고 기다리는 것이 훨씬 지루하고 짜증이 난다. 10분은 'chronos'고, 7분은 'kairos'다. 기업은 고객의 지루한 'chronos'는 즐거운 'kairos'로, 막막한 'kairos'는 명확한 'chronos'로 만들어야 한다.

(8) 고객이 되새기고 싶어 하는 기억을 창조해 내야 한다

Michigan State대학의 교수 Knutson은 Boston의 Marriott Corpley Plaza에서 개최되는 3일간의 컨퍼런스에 참석하고자, 자동차로 저녁 때 인근 지역에 도착했으나, 어둡고 비가 와서 호텔을 찾을 수가 없었다. 설상가상으로 타이어가 펑크 나서 할 수 없이 차를 세워두고 비를 피해 큰 건물 안으로 들어갔다. 그때 눈에 띈 것은 빨강, 하양, 금색의 유니폼, 즉 Marriott의 직원이었다. 그 직원은 사정 얘기를 듣고, "걱정 마시고 객실에서 기다리십시오. 제가 처리하겠습니다"라고 했다. Knutson이 객실에서 기다리고 있는데 전화가 왔다. "차는 수리하여 주차장에 있으니 걱정 마시고 좋은 시간 되십시오"라는 보고였다. 그 벨맨의 이름은 Bard였다. Knutson은 호텔 경영에 있어서 세계적으로 유명한 학술지인 Cornell Hotel and Restaurant Administration Quarterly에 이 이야기와 함께 다음과 같이 말했다. "나는 누군가가 Boston에서 비즈니스가 있을 때, 이 호텔을 추천할 것이며, 이 호텔의 영원한 판매원이 되리라." Brad와 함께 Boston Marriott Corpley Plaza는 수백만 달러 이상의 광고효과를 얻게 되었다. 고객의 심각한 문제는 해결이 될 때 강력한 구전효과를 파생시킨다. 고객의 심각한 문제는 기업에게 큰 기회가 된다.

(9) 고객은 좋은 기억보다 나쁜 기억을 더 잊지 못한다는 사실을 상기해야 한다

조사에 의하면, 고객이 좋은 기억보다 나쁜 기억을 잊지 못하는 비율이 두 배 이상이라고 한다. 2002년 Nobel상을 수상한 심리학자 Daniel Kahneman의 『Gains and Losses』에 의하면, 사람은 자신이 얻은 이익보다 손실을 2배 정도 크게 인지한다고 한다. 이것이 사람들이 도박에 중독되는 중요한 이유라는 것이다. 행동경제학의 이론에 의하면, 사람은 일반적으로 기대수익이 더 큰 불확실한 이익보다 기대수익이 적은 확실한 이익을 선호하며, 반대로 기대손실이 적은 확실한 손실보다 기대손실이 큰 불확실한 손실을 선호한다. 이것이 주식에서 개인이 성공하지 못하는 가장 근본적인 이유다. 즉 이익이 발생한 주식은 너무 빨리 팔고, 손실이 발생한 주식은 너무 늦게 판다. 이러한 현상을 'disposition effect'(처분효과)라고 한다.

(10) 고객이 빚졌다고 생각하게 하라

고객이 체크아웃을 할 때, 돈이 아닌 좋은 추억을 빚졌다고 생각하게 만든다면 고객은 만족한 것이다. Shakespeare의 희곡 작품 중 『끝이 좋으면 다 좋아』라는 것이 있다. 그 내용은 제목 그대로다. 첫인상이 중요하듯 마지막 인상도 중요하다. 고객의 첫인상은 바꿀 수 없지만 끝인상은 얼마든지 바꿀 수 있다. 고객의 아무리 좋은 경험도 마지막이 잘못되면 모든 것이 수포로 돌아간다. 심리학에서의 'recency effect'(최신효과)에 의하면, 사람들은 가장 나중에 말한 것을 더 신뢰하고 중요시한다고 한다. MOT(진실의 순간)는 처음에만 있는 것이 아니라 마지막에도 있다.

3) 고객 만족에 대한 진정한 이해

그러나 위의 예는 고객 만족을 제고시킬 수 있는 무수한 방법 중 단편적 부분에 지나지 않는다. 50년 전 Howard Johnson's 등 환대산업의 유명 기업가들이 호텔 경영의 첫 번째 성공 요소로 주장했던 입지(location)는 그 중요성이 1970년대부터 서서히 서비스로 변하기 시작했다. Marriott에서는 'Our business is service'라고 표현할 정도로 서비스의 중요성은 시간이 흐를수록 강조됐다. 그러나 우리는 서비스라는 의미를 마케팅의 관점에서 잘 고찰해 봐야 한다. 우리가 미국 등에서 해외여행을 할 때, 비행기로 최소 수천 마일을 가야 한다. 그것을 감안한다면, 호텔에 들어서서 불과 몇 십m 때문에 벨보이에게 몇 달러의 팁을 주는 것은 경우에 따라서 내키지 않을 때가 많다. 현대의 호텔 고객들은 점차 변하고 있으며, 자신이 꼭 필요한 경우에만 서비스받기를 원하고 있다.

일본인의 서비스 자세는 세계적으로 유명하다. 그러나 물잔을 비울 때마다 즉시 물을 따라주는, 어떻게 생각하면 지나치게 정성스런 서비스가 최상의 서비스일까? 지나치게 친절하고, 빠르고, 숙련된 서비스는 고객을 불편하게 만들 수 있다. 옷을 고를 때 직원이 계속 따라 다니며 설명을 하면 부담스럽고 짜증이 날 때가 많다. SPA 의류 브랜드 소매장에는 직원들이 고객에 대해 무관심하다. 고객들은 완전히 자유롭게 옷을 고를 수 있고, 이것이 SPA 매출 신장의 가장 큰 요인이다. 즉 모든 고객은 자신에게 필요한 서비스만을 원한다.

Ritz-Carlton은 모든 고객에게 규격화된 획일적 서비스를 제공하는 한편, 동시에 고도로 차별화된 개별적(personalized) 서비스를 제공하는 것으로 유명하다. 한 전문기관의 조사 결과에 따르면, Ritz-Carlton을 찾은 고객의 95%가 '추억에 남을 만한 방문'이라고 응답했다고 한다.

Ritz-Carlton의 customer recognition program

Ritz-Carlton은 이러한 개별적 서비스를 위해 고객 인지 프로그램(customer recognition program)이라 불리는 고객 정보 관리 시스템을 활용하고 있다. 정보 기술을 이용한 이 서비스 혁신시스템은 Harvard대학 경영대학원의 교육 과정에도 포함되어 있다. Ritz-Carlton의 모든 체인에는 이를 위한 직원(GRC : guest recognition coordinator)이 배치되어 있으며, 1992년부터 시작된 이 시스템 내에는 100만 명에 이르는 고객 정보가 구축되어 있다. 담당 직원의 주 업무는 고객의 개인적 취향에 대해 조사하고 고객별로 차별화된 서비스를 제공하는 것이다. 그들은 매일 아침 간부 회의에 동석하여 총지배인 및 영업 부서장들에게 당일 투숙할 고객의 정보를 제공하고, 협조를 받는다. 그 정보 내에는 고객의 특성에 대한 보충 정보도포함되어 있다.

Ritz-Carlton의 모든 직원은 고객 취향 수첩(guest preference pad)을 지니고 있다. 예를 들어 룸메이드가 객실 정리를 하다 테니스 라켓과 테니스 전문지를 보게 되면, '301호실에 투숙한 Butler씨가 테니스에 취미가 있는 것 같다'라고 담당 GRC에게 전달하는 식이다. 이러한 정보는 모든 체인 호텔의 정보 시스템에 공지된다. 예를 들어 New York Ritz-Carlton의 한 고객이 베개를 딱딱한 것으로 바꾸어달라고 했을 경우, 이 고객이 France Paris의 Ritz-Carlton에 투숙하게 되면, 객실에 예외없이 딱딱한 베개가 비치된다. 이와 같이 Ritz-Carlton은 고객 인지 프로그램을 통해서 고객이 말하지 않는 욕구와 필요까지도 미리 찾아서 충족시키고 있다.

'Micro value marketing'

고객의 아주 세밀한 불편까지도 해결해 준다는 'micro value marketing'이라는 용어가 있다. 미국 NBA Washington Wizards의 소유주 Ted Leonsis가 New York Manhattan의 Four Seasons에 머무는 가장 큰 이유는 그가 아이스티를 마실 때 길고 얇은 잔에 얼음을 넣고, 아주 단 설탕물이 든 작은 유리병을 옆에 따로 놓아주는 방법을 커피숍의 전 직원이 다 알고 있기 때문이다. Ted는 단 한마디만 하면

된다. "Ice tea."

일본의 Dars 초콜릿은 먹기에 가장 적합한 온도(22℃)를 알려주기 위해 패키지에 온도 센서칩을 부착했다. 국내 Hite 맥주도 표찰에 맥주 마시기에 가장 좋은 온도를 알려주는 온도 감시 스티커를 부착, 고객이 색깔의 변화로 그것을 알 수 있게 하고 있다. 컬러 샤워기도 같은 원리다. 물의 온도에 따라 색상이 변하게 한다. 2006년 Time이 선정한 최고의 발명품 Oliso 다리미는 손을 떼면, 다리미가 옷과 떨어져 옷을 타지 않게 한다.

'Micro-value marketing'은 디자인을 통해서도 가능하다. 세계적 산업 디자이너 Karim Rashid가 디자인한 Garbino 휴지통이 그 대표적인 예인데, 바닥을 둥그렇게 만들어 세척 시 구석구석 깨끗하게 청소할 수 있게 만든다. 이와 같이 작은 돈을 들여 사람들의 삶을 편리하게 해주는 디자인을 'universal design' 혹은 '착한 디자인'이라고 한다.

'Micro-value marketing'은 물론 서비스에도 적용된다. 재일교포 유봉식 회장의 MK택시는 일본에서도 최고의 서비스를 제공하는 택시다. 한 대한민국 여인이 택시에서 내릴 때 비가 오자, 우산을 빌려주며, 다음에 아무 MK택시를 타면 그 기사를 통해 반납하라고 했다. 또한 그 여인이 인근 지역을 잘 모르는 것을 알고, 가는 길에 헤드라이트를 비춰주었다는 일화가 있다. VIPS의 '사연 있는 메뉴판' 등 'micro-value marketing'은 우리 생활 도처에서 발견할 수 있다.

Jesse Gregory James 기업은 수작업 맞춤형 오토바이 제조업체다. NBA 스타 Shaquille O'Neal 등이 타고 다니는 10만 달러가 넘는 이 기업의 오토바이들은 하나 하나가 모두 다르다. 하나를 완성하는 데 몇 달씩 걸리지만 이윤이 매우 좋고, 대기자 명단에는 몇 년을 기다리는 사람들이 있다. American Airlines은 2013년 중반까지 1만 7,000대의 Galaxy Note 기기를 승무원들에게 지급해 고객 정보(탑승 전에 기록한 선호 기내식, 연결편 게이트 정보 등)를 미리 파악하게 만들고 있으며, British Airways도 2012년부터 iPad의 'Know Me'라는 고객 전용 application을 통해 고객들의 탑승 이력, 불만 사항 등의 정보를 승무원들에게 확인시키고 있다.

위의 모든 것을 두 단어로 압축한다면 '선행형 시스템'과 '개별적 서비스'(personalized service)다.

3. 고객의 권한 강화

고객 만족과 관련된 마지막 주제는 '고객의 권한 강화'다. "이제 고급 권력이 지식을 독점하던 '비밀의 시대'를 지나 대중이 주인인 '공개의 시대'가 왔다." 2008년에 Nobel 문학상을 수상한 France Le Clezio의 말이다. Seth Godin이 만든 'permission marketing'이란 용어가 있다. 이 용어는 기업이 마케팅을 시도하기 전, 잠재고객에게 이메일이나 전화로 동의를 구하는 '예의'를 갖추는 마케팅을 의미한다.

고객 권한 강화의 가장 훌륭한 실례는 Google의 'project 10 100'다. 2008년 Google 창립 10주년 기념식에서 Google은 고객들에게 공동체, 기회, 에너지, 환경, 건강, 교육, 주거 환경, 기타 등의 8개 범주에서 다른 사람을 도울 수 있는 아이디어를 요청한 바 있다. 소비재 부문에서도 '고객의 권한강화' 사례가 늘어나고 있다. Colgate의 'Smile', Tide의 'Loads of Hope' 등도 유사한 맥락의 사례이며, eBay에서는 고객에게 판매자와 구매자를 평가하고, 글을 남겨, 신뢰도와 평판을 결정하도록 하며 리뷰와 추천을 전문으로 하는 Yelp라는 웹사이트도 운영하고 있다.

❑ 고객의 권한 강화를 대표하는 각종 사례들

NikeiD는 다양한 색상과 스타일 중 고객이 원하는 완벽한 신발을 선택할 수 있도록 하고 있다. 2007년 Haagen-Dazs는 전국의 아이스크림 애호가들에게 새로운 아이스크림을 창조할 수 있는 'Haagen-Dazs Flavor Search' 이벤트를 개최해 총 5천 명을 참가시킨 적이 있다. 2008년 Starbucks는 MyStarbucksidea.com을 통해 고객 서비스를 향상시킬 수 있는 웹사이트를 운영하고 있다. Carnival Cruise는 Cruise Connections라는 웹사이트를 통해 친구나 가족끼리 온라인에서 여행 계획을 짤 수 있는 기회를 제공하고 있다. Mercedes Benz는 2008년부터 Genezation Benz라는 설문, 투표, 라이브 채팅을 통해 고객들로부터 제품 아이디어, 디자인, 광고 콘셉트, 환경 친화성 등에 대한 피드백을 얻고 있다. 2012년 Domino's Australia에서 진행되었던 Social Pizza 프로모션도 고객에 의해 피자의 재료, 이름 등이 결정되어 제품이 창조되는 행사다. Lego의 성공적 제품인 Lego Factory Set, Lego Modular Building, Lego Jewelry, Lego Architecture 등도 사용자가 직접 프로그램을 짤 수 있도록 고안된 획기적 프로그램인 Lego Mind Storm을 통해 개발된 제품들이다. 이 행사의 대표적 산물 중 하나가 '튐방지 막대'(splash stick)이다.

광고 부문도 마찬가지다. Doritos, Pringles, 운동화업체 Converse, Pretzel Dog 등의 브랜드들은 소비자 광고 콘테스트로 소비자의 광고 DIY를 유도하고 있다. 개별화를 추구하는 M&M은 이미 2005년부터 작은 초콜릿 낟알 위에 소비자들이 원하는 얼굴, 스포츠 로고, 메시지, 결혼 날짜 등을 새길 수 있도록 하고 있다. 많은 기업들이 신제품 설계를 위한 공개 경쟁에 고객을 참여시키고 있다. Henkel Innovation Trophy, Nokia Concept Lounge, Electrolux Design Lab 등이 대표적 사례들이다. 국내에서는 2014년부터 일반 개인 등의 아이디어를 접수, 신제품 제작 및 판매까지 이어지면 로열티를 지불하는 'cloud sourcing' 방식이 활성화되기 시작했다. Wikipedia를 보라. 이미 29권의 Britannica Visual Dictionary를 넘어섰다. 미국 Virginia주 Herndon에 있는 중장기 체류 호텔 Hyatt House에는 유명한 일화가 있다. 고객의 일상과 같은 분위기 제공을 위해, 고객이 데려온 개가 신문 배달을 할 수 있도록 허용해 준 것이다. 고객 권한 강화를 상징하는 의미있는 사례다. 이와 관련하여 기업들이 관심이나 행위에 유사성을 갖고 있는 개인들에게 공동참여를 유도하는 마케팅 프로그램을 제공하는 경우가 점차 늘고 있다. 이것을 'affinity marketing'이라고 한다. 고객의 권한 강화는 현대 사회에 있어서 절대적인 Zeitgeist(시대정신)다.

그림 8-6 NIKEiD

4. 고객의 불평과 만족에 대한 결어

2007년 Accenture가 전 세계 3,500여 명의 소비자를 대상으로 한 조사에서 52%가 서비스에 대한 자신의 기대치가 지난 5년 사이에 상승했다는 연구 결과가 있었다. '고객만족 = 기대 − 품질'이라는 부동의 공식에서 고객 만족을 유지, 혹은 제고하기 위해서는 품질을 높이는 것이 유일한 방법이다. 그 품질이 무엇인가는 이제 독자들도 충분히 이해했으리라 생각한다. 과거 호텔산업의 선두 주자였던 full-service 호텔들도 점차 그 자리를 보다 경제적인 limited service 호텔들에게 내어주고 있다. 그 이유는 고객이 지나친 서비스(overkilled service)보다 편안하고, 자신에게 필요한 서비스만을 원하기 때문이다. Ernest & Young의 조사에 의하면, 개인 서비스에 있어서 가장 중요한 요소는 개별적 접촉(personal touch)이라고 한다. Amazon의 Jeffry Bezos 회장은 "만약 당신에게 450만 명의 고객이 있다면, 상점도 450만 개를 갖고 있어야 한다. 방문하는 한 사람, 한 사람을 위해 잘 꾸며진 상점 말이다." 이상적이면서도 'personalized service', 'personal touch'를 잘 표현하고 있는 이야기이다(그런데 Amazon이 오프라인 기업이었어도 이 이야기를 하였을까?).

Wall Street Journal의 조사에 의하면, 고객은 호화스러운 피트니스 센터, 미니바보다 무료 신문배달(25￠)을 훨씬 더 선호했다고 한다. 현재 미국에서 가장 성공적인 브랜드라고 할 수 있는 Courtyard by Marriott의 3대 키 포인트는 객실 내 커피 서비스, 긴 전화선, 'nonservice'다. 이와 같이 서비스에 투자하는 데에는 큰 비용이 수반되지 않는다. 그러나 고객을 유지하는 데에는 큰 역할을 하게 된다.

국내의 롯데백화점은 명품점의 'Personal Shopper'라는 서비스를 확대하여 고객의 쇼핑 예약 시 고객의 취향에 맞는 제품을 미리 준비하며, 고객의 편의를 돕고 있다. 이러한 고객의 개별적 취향 파악을 위해 neuro marketing(신경 마케팅) 기법, 즉 뇌신경 과학을 활용하여 고객의 마음을 과학적으로 추론하고 해석하는 '독심술 마케팅'의 활용이 점차 늘고 있다.

1980년대에 이르러 큰 위기를 겪었던 Motel6와 같이 염가를 유지하기 위한 지나친 경비 절감은 고객을 격리시키게 되며, 반대로 서비스에 대한 지나친 투자는 비용 상승과 함께 고객의 저항을 야기하게 된다. 세계적으로 만연되어 있는 지나친 서비스가 실제 상황이며, 지속적으로 고객의 기대만 높인 채 궁극적으로는 고

그림 8-7 Courtyard by Marriott

객을 격리시킨 결과를 낳았다.

이와 관련하여 Mike Leven은 "현대 호텔 경영의 성공 비결은 비용 통제와 서비스 제공 사이의 외줄타기이다"라고 언급한 바 있다. 즉 호텔 경영의 성공 비결은 적정(optimal)의 서비스 제공에 있으며, 그 초점은 서비스가 아니라 고객에게 있다는 것이다. 결론적으로 환대산업 기업 경영 성공의 열쇠는 입지도 서비스도 아닌 고객 그 자체다. 그렇다. 중요한 것은 서비스, 만족이 아니라 고객이다.

❏ 고객의 습관화에 대한 고찰

현대에 이르러 기업의 관심은 CS(customer satisfaction)에서 CH(customer habitation), 즉 고객 습관화로 옮겨가고 있다. 습관적 구매 혹은 방문이 고충성도를 의미하는 것은 아니나, 실질적 구매 혹은 방문에 있어서는 매우 큰 의미를 부여하고 있다. Susan Fiske에 의하면, 사람들은 인지적 구두쇠(cognitive miser), 즉 인간의 두뇌는 정보 처리 시 가능한 한 에너지를 절약하려고 하며, 그 결과의 대표적인 형태가 습관적 구매라는 것이다.

고객 만족이라는 본 주제에는 역설이 될 수도 있지만, 필자가 여기에서 강조하고자 하는 것은 기업이 고객 만족이라는 개념에 지나치게 집착하면 안 된다는 것이다. 고객 만족이라는 용어의 궁극적 목적이 재구매, 재방문이라면 보완적, 어쩌면 대체적 개념이 될 수도 있는 고객 습관화가 만족이라는 개념 이상으로 존중되어야 한다는 것이다.

마지막으로 매우 중요한 조사 결과를 소개하고자 한다. Neale Martin에 의하면 '만족한다'라고 응답한 고객 중 약 8%만이 충성도를 갖고 실질 구매를 한다고 한다. 과거 Xerox에서 Likert 5점 척도로 고객의 만족도를 측정한 적이 있다. 5점(매우 만족)에 응답한 고객의 재구매 의사는 4점(만족)에 응답한 고객보다 무려 6배나 높았다. 또한 Opinion Research의 조사 결과, 5점에 응답한 고객의 충성도가 4점에 응답한 고객의 충성도보다 42%나 높았다.

위의 결과는 등간 척도(interval scale)를 비율 척도(ratio scale)로 분석하며 편법 적용을 하고 있는 학계의 논문 결과 해석(finding, implication 모두)에 깊이가 없음을, 나아가 결과에 대한 오류적 해석의 가능성이 매우 높다는 사실의 반증이다.

Chapter 09

서비스마케팅 I (계획과정)

Chapter 09 서비스마케팅 Ⅰ(계획과정)[1)]

제1절 기업사명문

1. 기업사명문 작성방법

기업의 사명(mission)은 곧 목적(purpose) 혹은 사업의 정의(definition of business)와 같은 의미로 해석될 수 있다. 여기에는 사업의 정의와 방향, 소비자와 가치, 경쟁, 시장, 종사원, 지역 공동체, 포지셔닝, 재무적 목표, 전반적 영업에 대한 가정, 위의 사항에 대한 사명 달성을 위한 수단 등의 내용이 정의되어야 한다.

결론적으로 "우리 기업은 어떠한 고객을 위하여 어떠한 목표와 장점을 갖고 향후 어떠한 방향으로 나아갈 것이다"라는 정의가 필요하다. 이와 더불어 관련 구성요소들에 대한 영향과 봉사가 그 핵심적 내용이라고 할 수 있다. 기업의 사명에 대한 예는 다음과 같다.

---

1) 정규엽(2017), 호텔 · 외식 · 관광마케팅, 서울: CENGAGE Learning.

표 9-1 호텔의 사명 : 호텔현대(경주)의 예

호텔현대(경주)는 국내의 대표적 기업인 현대그룹의 계열 회사로서 경주 보문단지 내에 입지하여 1992년 하반기에 개관한 경주 최고의 특1급 호텔이다. 국내외 관광객의 지속적인 증가 및 국내 관광산업의 발전에 부응하고자 호텔현대(경주)는 다음과 같은 사명을 수행하고자 한다(사업의 정의).

첫째, 표적시장인 순수 관광 목적 내국인을 중심으로 국내외 회의와 컨벤션 고객, 기타 국내외 순수 관광 목적 및 사업 목적 고객을 대상으로 세련되고 청결한 객실, 대형 회의 시설, 다양한 식음료 업장, 현대적 레저 스포츠 시설을 합리적인 가격에 제공한다(사업의 특성).

둘째, 외국 체인 호텔이 주가 되고 있는 특1급 호텔 시장에서 동양적이고 한국적인 이미지와 특성을 지닌 호텔로서 국내 최고의 명성과 가치를 추구하며, 이를 선호하는 내외국 관광객의 욕구와 필요를 충족시킨다(경쟁개념; 목표시장).

셋째, 호텔현대(경주)와 관련된 모든 구성원의 욕구를 충족시키기 위하여 다음과 같은 경영 철학을 수행한다.

- 고객 : 고객 만족의 차원을 고객 감동의 차원으로 승화시켜 모든 경영 전략과 정책 · 전술을 고객 최우선주의에 입각하여 수행한다.
- 종사원 : 내부 고객인 종사원의 다양한 욕구와 필요를 충족시키면서 체계적이고 질 높은 교육을 제공함으로써, 고객의 만족과 감동을 달성시킬 수 있는 제도를 수립한다.
- 지역 공동체 : 지역 공동체 내에서 사업체의 역할뿐만 아니라 모든 지역주민의 경제적, 정치적, 사회적 유기체의 역할을 할 수 있는 기관이 될 것이며, 이 목적을 달성하기 위하여 경주와 인근 지역의 주요한 행사 유치, 지역 내에 대한 봉사, 지역의 홍보와 이미지 제고 등 훌륭한 경주 시민의 하나가 되기 위한 모든 노력을 기울인다.

위와 같은 사명과 목적을 달성하여 향후 호텔현대(경주)는 경주지역뿐만 아니라 한국 최고의 독립 호텔로 성장할 것이며, '호텔현대'(경주)는 외국 체인 호텔이 지배하고 있는 국내 호텔 시장에서 한국의 자존심을 대표할 수 있는 상호가 될 것이다(미래에 대한 약속; Vision).

2. 기업사명문 사례

그림 9-1 리츠칼튼호텔의 사명(신조)

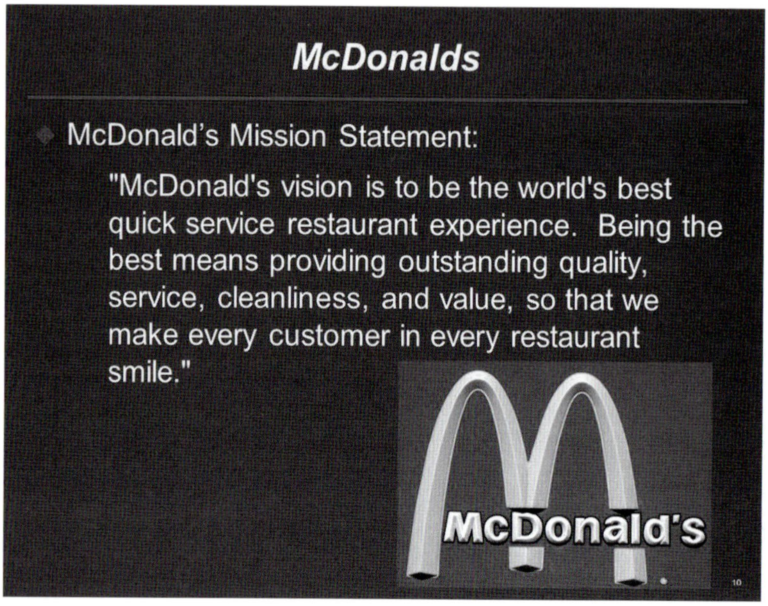

그림 9-2 맥도날드의 사명

신라호텔 비전 및 사명문

• 비전(vision)

Premium Lifestyle Leading Company
최고의 품격과 신뢰를 바탕으로 고객이 꿈꾸는 라이프스타일을 제공하는 글로벌 선도기업

• 사명문(mission)

우리는 최고의 라이프스타일 전문가로서 더 많은 인류에게 품격과 자부심을 경험케 한다.

• 신라인으로서 미션

우리는 premium lifestyle을 선도하는 신라인으로서 각각의 분야에서 최고의 전문가로 성장한다.

• 고객에 대한 미션

우리는 더 많은 고객이 다양한 생활영역에서 신라만의 품격과 자부심을 경험케 한다.

• 사회에 대한 미션

우리는 지속적인 혁신과 성장을 통해 인류가 더 나은 삶을 누릴 수 있도록 기여한다.

Marriott's Vision & Mission

• Vision - To become the premiere provider and facilitator of leisure & vacation experiences in the world.

- Mission - To enhance the lives of our customers by creating and enabling unsurpassed vacation and leisure experiences.

Starbucks's Mission

To inspire and nurture the human spirit - one person, one cup and one neighborhood at a time.

- OUR VALUES

With our partners, our coffee and our customers at our core, we live these values:

Creating a culture of warmth and belonging, where everyone is welcome.

Acting with courage, challenging the status quo and finding new ways to grow our company and each other.

Being present, connecting with transparency, dignity and respect.

Delivering our very best in all we do, holding ourselves accountable for results.

We are performance driven, through the lens of humanity.

제2절 환경분석

환경분석은 자사분석을 통한 강점과 약점분석, 거시환경분석 및 시장분석을 통한 기회와 위협분석 등으로 이루어지며, 특히 SWOT분석표를 활용한다.

1. 자사분석

자사분석은 기업의 장단점(strength and weakness)을 파악하는 것으로서 예를 들어 국내 환대산업 호텔의 경우에는 다음과 같은 부분의 분석을 통해 장단점을 파악하게 된다.

① 객실, 식음료, 연회, 피트니스 등의 영업 부문
② 경영 스타일 및 형태
③ 조직의 특성 및 조직 문화
④ 관리 부문과 영업 부문의 업무 협조 정도 및 연계성
⑤ 주요 마케팅 전략의 근본적 방향
⑥ 미래 지향적 전략의 변경 여부 및 리엔지니어링 등 경쟁과 비교

〈표 9-2〉는 국내 경주 현대호텔의 SWOT분석표를 사례로 제시하고 있다.

표 9-2 H호텔의 SWOT분석(사례)

시장의 기회 (　　)는 위협	호텔 H의 장점 (　　)는 약점	전략의 초석 및 고려사항
경제성장, 가처분소득 증대	한국적 상호로 내국인 수요유인에 유리	내국인의 여행빈도와 체재일수 증대를 유도할 판매촉진전략
식료품 물가상승률의 상대적 증가		식음료가격전략의 신중(가격인상에 따른 소비자 반응주의)
음식업체 수의 꾸준한 증가		식음료가격경쟁력 고려, 저렴함 가격의 메뉴도입
서비스종사원 수의 상대적 증가/관광종사원 의무고용제 폐지	(비정규직원의 비율이 높음)	서비스의 질적 수준유지의 전제하에 종사원 T/O활용의 신축성과 인건비 절감
엔화의 절상	일본관광객이 외국관광객의 대부분을 차지함	일본관광객의 여행행태분석에 따른 표적마케팅전략
종사원에 대한 권한위임 확대	팀제조직, 자금동원능력, 시설, 계열사 직원 (현대그룹의 경직된 조직문화, 인력수급이원화, 리스, 식음료업장의 분산배치, 주차동선, 서비스)	내부마케팅에서의 권한확대제도

시장의 기회 ( )는 위협	호텔 H의 장점 ( )는 약점	전략의 초석 및 고려사항
휴양콘도미니엄 사업요건 완화	식음료업장의 규모	인근지역 식음료고객 유인전략
카지노업 허가 및 갱신요건 강화	(외국인비율이 적음)	허가 시 일본관광객을 대상으로 상품개발
지자제 실시로 인한 전문관광지화		인근지역 관광매력물과의 연계전략
우루과이라운드에 의한 서비스개발	(국제적 상호인지도가 약함)	표적시장인 내국인에 대한 제품충성도 제고
경주경마장 사업계획안 의결	전체시장의 수요증대에 비해 규모상 가장 유리	경마장 이용고객에 대한 수요유인전략
2002년 아시안게임 부산유치	한국적, 동양적 이미지	그 이후 증대될 아시아 국가의 관광객 수요유인에 대비한 동양적 이미지의 포지셔닝전략
청소년, 노년층의 증가	주변 자연경관이 노년층의 선호도와 조화됨	노인시장개발전략
자동차이용 여행자들의 급증	(차량의 주차동선이 비효율적임)	주차동선의 조정
여가의식, 주5일근무, 월차일 확대, 포상여행의 증대	한국적 상호로 내국인 수요유인에 유리	특히 비수기인 주중일에 대한 판매촉진전략과 포상여행에 대한 전략개발
가족동반자, 학교/단체여행 증가	규모	낮은 가격을 선호하는 고객을 대상으로 한 비수기(주중) 판매촉진전략
컴퓨터통신망의 여행정보확대	(인지도가 비교적 낮음)	컴퓨터통신망을 이용한 홍보전략
94년 한국방문의 해로 인한 전체 호텔시장의 수요 재증가	전체시장의 수요증대에 비해 규모상 가장 유리	전체적 마케팅전략과 관련됨
객실부문 수요변동의 상대적 심화	(대규모로 인한 비수기 관리상의 어려움)	비수기 관리전략(주중, 비수월)
일본관광객의 안정적 수요증대	한국적 상호	일본인에 대한 표적마케팅 전략
유럽관광객의 급증	(외국인에 대한 인지도 낮음)	유럽관광객에 대한 표적마케팅전략 (아직은 시기상조)
내국인 객실이용률 증대	한국적 상호로 내국인 수요유인 유리	내국인에 대한 표적마케팅전략
내국인 부대시설 이용률 증대	연회시설 및 기타 부대시설의 규모와 다양성	인근지역의 가족 관련 연회활성화 전략
(제주지역의 상대적 매력성 증대)	일본관광객의 역사, 고적탐사에 대한 관심도가 높음	경주지역의 관광매력물과 연계한 상품화전략
(경주교육문화회관의 개관으로 인한 저단가 및 대형행사 경쟁)	(대규모 연회와 컨벤션시장에 직접적 영향을 미침)	연회와 컨벤션 활성화전략(특히 경주교육문화회관과의 차별화 전략)

2. 거시환경분석

거시환경분석은 기술적, 경제적, 정치/법적, 사회문화적, 인구통계적, 생태적 환경, 글로벌 환경 등에 대한 환경을 탐사하여 기회와 위협을 분석해 내는 작업이다.

1) 기술적 환경

환대산업에 있어 기술적 환경의 변화는 고객들의 욕구와 필요를 변화시키기에 매우 강한 자극을 가하고 있다. 예를 들어 통신/예약기술의 발전으로 스마트폰의 앱을 통한 체크인, 체크아웃이 가능해지고 있으며, 객실 내 무료 Wifi는 물론 컴퓨터시스템까지 활용가능한 시대가 되었다. 또한 가까운 미래에 객실 내 조명은 모두 LED조명으로 인체공학적으로 변경될 것이며, 목욕시설도 인간의 최적온도에 맞춘 샤워시설로 변경될 전망이다. 주차서비스도 예약한 고객일 경우 차량의 체크인부터 고객을 안내할 수 있는 시스템으로 변경될 전망이다.

환대산업에서 빼놓을 수 없는 환경은 교통환경이다. 즉 국내 고속철도의 복선화 및 시간단축운영 등은 일일생활권 및 관광환경을 매일 변화시키고 있다. 항공선의 최신화는 해외 여행을 보다 자유롭게 변화시키고 있다. 이렇듯 변화하는 기술적 환경은 환대산업에서는 장치산업과도 연결되어 투자의 한 부분으로 인식되어야 할 것이다.

2) 정치적·법적 환경

대한민국은 정치적으로 북한과 대치된 상황하에서 1953년 정전협정 이래 남한과 북한의 대립구도를 갖고 있어 정치적으로 지구상에서 가장 불안정한 상황하에 놓여 있다. 따라서 이러한 불안한 정치적 환경은 관광환경에 부정적인 영향을 미치고 있다. 특히 북한의 핵실험 등은 외래여행객들의 유입에 부정적인 영향을 미치고, 법적 환경도 기회와 위협을 제공하고 있다. 아시아 대부분의 국가들은 내국인 카지노를 허용하고 있는데, Macao 특별행정구 정부의 결단에 의해 홍콩의 Stanly Ho에 의한 카지노 독점구조를 포기하고 외국투자를 받아들인 것은 2002년부터이다. 태국은 1987년을 관광의 해로 지정하여 관광지로 급부상하게 되었으며, 우리나라에서도 법적으로 관광의 해를 선포하고 관광을 독려하고 있다. 그러나 최근 일본에 외래관광객들이 증가하는 일면에는 일본 정부의 법적인 지원이 큰 몫을 하고 있다. 즉 면세상품을 구매할 경우 바로 세금을 감면해 주는 제도를 도입하여 관광객들에게 큰 호응을 얻고 있으며, 각종 규제 및 법적 환경을 외래관광객의 편의에 맞춰 도입하고 있는 것은 법적 환경이 환대산업에 어떻게 큰 영향을 미치는지를 잘 보여주는 단면이다. 우리나라의 경우도 평창동계올림픽을 계기로 이러한 관광관련 법적 환경을 정비하여 외래관광객의 증가 및 국내 관광활성화에도 도움이 될 수 있도록 변모해 나가야 할 것이다.

3) 경제적 환경

경제적 환경을 분석하여 기회와 위협을 분석하려면 마케터와 관련된 주식시세의 추이, 소비자물가지수, 도매물가지수, GNP의 변동, 환율의 변화 등 경제지표의 분석이 필요하다. 주관적인 평가는 배제되어야 하나 어느 정도는 주관적 평가를 배제할 수 없으므로 경제적 환경지표를 분석할 경우 2차 자료에서 제시하고 있는 분석자료를 이용하는 것도 바람직하다고 본다. 예를 들면, 한국은행과 같은 공신력 있는 기관의 분석자료를 이용하여 기회와 위협을 분석하는 일은 보다 객관적인 판단에 도움을 줄 수 있을 것이다.

4) 인구통계적 환경

2001년 일본 Kayoko Ikeda의 저서 『If the World were a Village of 100 People』에 의하면 100명 중 동성애 10명, 유색인종 70명, 아시아인이 61명, 중국어 사용 17명(영어 9명, 인도어 8명, 스페인어 6명)이며, 6명이 모든 부의 59%를 갖고 있다고 한다. 또한 자동차 보유 7명, 대학교육 1명, 문맹 14명이며, 매년 1명이 죽고 2명이 탄생하여 매년 1명의 인구가 증가한다고 한다. 2012년 기준 휴대전화를 사용하는 인구는 G7의 경우 100명당 109대, 신흥경제국의 경우 100명당 85대로 집계되고 있다. World Bank에 따르면, 2030년까지 세계인구는 90억 명까지 증가될 것이며, 이들의 90%가 개발도상국에 살게 될 것이라고 한다. 2014년 9월 세계인구 중 도시의 인구 수가 처음으로 시골의 인구 수를 앞질렀다. 이러한 것이 인구통계적 환경이다. 인구통계적 환경은 사회문화적 환경의 일부분에 속한다. 인종, 직업, 연령구조, 성별분포, 인구의 분포 및 이동 등 인구와 관련된 모든 사항이 여기에 속하며, 가족생활주기(family life cycle)까지도 포함된다(정규엽, 2017).

5) 사회문화적 환경

사회문화적 환경이란 인구통계적 환경을 포함하고, 사회의 가치, 지각, 선호, 행위와 관련된 환경을 의미한다. 그 외에도 라이프스타일, 사회경제적·문화적 가치 등과 관련된 환경이 포함된다. 사회문화적 환경에 대한 이용가능한 통계자료로서 '관광(여행)에 대한 국민인식조사'를 들 수 있다. 즉 연중 여행일수, 여행경비, 여행선호도시, 여행형태, 숙박이용실태 등이다. 또한 외래관광객의 입국추이, 소비형태 등도 조사대상이 될 수 있다.

6) 생태적 환경

생태적 환경으로는 기후의 변화에 따른 환경변화가 해당된다. 가뭄, 홍수, 태풍, 지진, 천재지변 등에 의한 환경파괴도 생태적 환경에 해당된다. 최근 4대강은 우리나라의 생태적 환경에 지대한 영향을 미치고 있다. 또한 중국발 미세먼지도 국내의 생태적 환경에 영향을 미치고 있다. 이러한 환경변화에 따라 국내 소비자들의 욕구와 필요가 변화하고 있고 이에 대처하기 위한 마케터들의 노력이 요망된다.

7) 글로벌 환경

향후 세계 경제질서는 ① 미국과 중국이 상호 공존하는 'G2', ② 미국과 중국이 대립하는 '냉전 2.0', ③ 지역별로 분화하는 '분열', ④ 강자들이 공존하는 'G7' 혹은 'G10', ⑤ 모두 조화하는 'G20', ⑥ 무정부 상태인 'G0'(sub0) 등 여섯 가지의 시나리오로 예측할 수 있다. 'G7', 'G10' 등 한동안 세계 경제를 주도해 왔던 'G'체제가 시간이 갈수록 급격히 약화되고 있다. 따라서 ⑥번, 즉 'G0'의 시나리오가 ① 'G2' 시나리오와 함께 가장 가능성이 높은 시나리오로 예측되고 있다. 지배국 혹은 중심국이 없는 'G0' 시대에 가장 경계해야 할 것은 BRICs(Brazil, Russia, India, China), MINT(Mexico, Indonesia, Nigeria, Turkey), Next Eleven(대한민국, 필리핀, 터키, 멕시코, 이집트, 인도네시아, 나이지리아, 파키스탄, 이란, 베트남, 방글라데시)

등 공통적 성장을 매개로 특정 나라들을 묶는 일반화 함정(generalization trap)이다(정규엽, 2017).

글로벌 환경의 핵심요소는 각 국가의 문화를 파악하는 것이다. Hofstede의 문화연구와 같이 불확실성회피문화, 집단문화와 개인문화, 남성성인가 여성성인가, 유교적 역동성 등이 문화분류의 기준이 된다. 글로벌환경에서 또한 고려해야 할 것은 각 국가별 법적·경제적 환경이 다르다는 것이다. 맥도날드가 인도에 진출할 때 법적 고려사항 때문에 늦게 진출한 것도 글로벌 환경이다.

3. 시장분석

1) 공급분석

공급분석에서는 기존 시장의 산업, 등급, 제품 형태별 공급상황에 관해 파악함으로써, 1차적으로 시장에 대한 전체적 시야를 확보하는 것이 가장 중요한 목적이라고 할 수 있다. 여기서 반드시 조사되어야 하는 것은 향후 시장 규모에 관한 예측이다. 호텔의 경우 객실 수를 중심으로 ① 협의 중에 있는 호텔, ② 건설이 공표된 호텔, ③ 이미 건설이 시작된 호텔에 관한 자료를 수집하여 실제로 시장에 진입할 가능성을 타진함으로써, 향후 5년 내지 10년간의 공급 규모를 파악해야 한다. 가능성 타진과 관련된 주요 정보 요인으로는 자본 규모, 경영 형태 및 전반적 경제 환경 등이 있다.

공급분석에서 조사되어야 하는 또 하나의 영역은 집중도(concentration ratio)다. Bain에 의해 개발된 집중도 분석은 경쟁 대상으로 예측되고 있는 기업 중 최근 수년간 선두 4개 기업의 연별 총 판매수익이 전체 경쟁 대상 호텔 총 판매수익의 몇 %가 되는가를 파악하는 것인데, 그 목적은 경쟁의 심화 추세를 파악하는 것이다.

2) 수요분석

수요분석은 수요의 동향(trend), 수요예측(forecasting), 수요주기(cycle), 수요의 형태 및 특성으로 대분된다. 수요 동향을 파악하기 위해서는 과거 5~10년 정도의 자료가 필요하다. 국내 호텔의 경우 호텔 객실 및 부대시설 이용객 수, 연도별 · 지역별 내 · 외국인 객실 및 부대시설 이용 현황, 국적별 · 목적별 외래객 입국 현황 등이 가장 기초적인 자료가 된다. 수요 동향에 근거한 수요 예측을 위해서는 여러 가지 기법이 필요하다. 수요 주기는 성 · 비수기를 파악하기 위한 것으로, 호텔의 경우 판매 객실 수와 이용객 수 중 하나를 선택하여 수요의 변동을 분석하는 것이다. 환대산업 특성 중의 하나가 수요의 변동이 크다는 데 있기 때문에 수요 주기의 분석은 매우 중요하다. 수요의 형태와 특성은 다음 단계인 시장세분화 및 표적시장 전략과 같은 개념으로서, 소비자를 특성별로 세분화하여 각 세분시장별 특성을 파악하는 것이다.

3) 경쟁분석

시장분석의 다음 단계는 경쟁분석인데, 경쟁분석이 효과적으로 수행되기 위해서는 미시적 경쟁 개념에 의거한 분석이 뒤따라야 한다. 즉 경쟁할 수 있으며, 경쟁을 원하는, 경쟁에 적합한 상대를 분석하여 기회와 위협요인을 분류해 내는 작업이다. 호텔의 경우 주로 RevPar, 호텔의 규모, 위치, 환경 등을 고려하여 미시적 경쟁을 선택한다.

4. SWOT분석 및 목표설정

표 9-3 SWOT분석모델

외부분석		기업의 자원분석(내부분석)			전략	
		장점	단점		기회/장점	기회/단점
기회	통제가능요소			전략수행의 초석		
	통제불가능요소			전략수행의 잠재성		
외부분석		기업의 자원분석(내부분석)			전략	
		장점	단점		기회/장점	기회/단점
위협	통제가능요소			전략수행의 초석		
	통제불가능요소			전략수행의 잠재성		

자료 : 정규엽(2017)

〈표 9-3〉은 정규엽 교수가 개발한 SWOT분석표이다. 즉 SWOT분석은 크게 SO(장점과 기회), ST(장점과 위협), WO(단점과 기회), WT(단점과 위협) 등의 네 부문으로 대분되는데, 그중 가장 중요한 것은 시장의 기회와 기업의 장점을 어떻게 조화시키느냐에 있다(SO). 각 부문에 있어서 기업은 어떠한 것이 통제가능하고 어떠한 것이 통제불가능한가를 파악하여, 전략 수행의 초석을 마련하고 그 잠재성을 타진하는 것이 SWOT분석의 최종 목적이다.

SWOT분석이 수행되면 다음 단계는 기업의 목표 설정이다. "To where are we going from here?"에 있어서 목표는 'to where'에 해당되며, 'here'가 SWOT분석에 해당되는 것이다. 'How to go from here to where?'에서의 'how to go'는 전략에 해당된다.

상황분석의 결과로 SWOT분석이 완료되고, 전략 수행의 초석이 마련되면, 다음 단계로 서비스기업의 목표를 설정해야 한다. "우리 계획의 대다수는 지향점이 없기 때문에 실패한다. 어느 방향으로 향하는지를 모르면 어떤 바람도 순풍도 역풍도 아니다." Rome 철학자 Seneca의 말이다. Christopher Columbus는 인도를 갈 때 남들이 모두 가는 동향 대신 서향으로 간 덕분에(차별화, 기회) 상상도 못했던 미주 대륙을 발견할 수 있었다. 목표 없는 계획은 무용지물이다. 목표는 향후 5년 이상의 장기, 3~5년 정도의 중기, 1~2년 내의 단기 등으로 대분된다. 마케팅전략 계획에 있어서 전략 마케팅은 장기적인 의미를, 마케팅 계획은 1년간의 단기적인 의미를 갖고 있다. 따라서 중 · 장기 목표는 개념적으로 '전략 마케팅' 차원에서의 의미이며, 단기 목표는 '마케팅 계획' 차원에서의 의미를 갖고 있다.

특히 1~2년 내의 단기적 목표에서는 입증할 수 있는(verifiable) 목표가 설정되어야 한다. 그 의미는 판매수익, 시장점유율, 객실점유율, 비용 등 주요 변수에 대한 구체적 수치 및 성장 · 절감률에 대한 비율(%), 달성 소요 시간 및 시작 · 완료의 시점 등 그 결과를 측정할 수 있는 것이어야 한다는 것이다.

Chapter 10

서비스마케팅 II(핵심전략)

Chapter 10 서비스마케팅 Ⅱ(핵심전략)[1)]

제1절 시장세분화

1. 제품차별화전략

1) 제품의 유형적, 물질적 속성

제품차별화 하면 제품 그 자체에 대한 차별화만을 생각하는 경우가 많다. 그러나 제품차별화의 진정한 의미는 그것이 아니다. 그 범주 내에는 제품의 유형적, 물질적 속성(attributes), 서비스, 마케팅 행위, 인적자원, 위치, 이미지 등 제품과 관련된 모든 요소가 포함된다. 일반적으로 제공되는 제품(generic product)은 poker 게임에서의 참여비(enti), 은행 설립 시의 자금, 원자재, 변호사의 판례 등 시장 참여의 기본 조건에 지나지 않는다. 즉 제품차별화를 이해하려면 제품의 덫(commodity trap)에서 우선 벗어나야 한다.

식음료산업에 있어서의 Planet Hollywood, Hard Rock Cafe 등은 독특한 주제로, In-N-Out Burger는 100% 쇠고기 원료 햄버거로, Italy 와인 Villa M Moscatel은 표찰(label)이 없는 '누드 와인'으로, Krispy Kreme는 제조과정 공개 및 단맛의 도넛으로, 커피 전문점 파스쿠치의 Salty Affogato는 17세기 유럽에서 마시던 소금

1) 정규엽(2017), 호텔 · 외식 · 관광마케팅, 서울: CENGAGE Learning.

커피로, Papa John's는 질 좋은 dino 소스로, Popeyes는 매콤한 cajun 스타일 치킨으로, 호텔산업에 있어서의 Four Seasons는 최상의 우아함과 품질로, 항공산업에 있어서의 Qantas 항공은 시설의 고도 기술적 활용으로, MGM Airlines은 1등석만을 갖춘 시설로 제품차별화에 성공하고 있다.

그림 10-1 IN-N-OUT BURGER

그림 10-2 Hard Rock Cafe(上左), Quantas Air(上右), MGM Grand Hotel(中), Bellagio Hotel(下)

그림 10-3 Venetian hotel(上左), Mandalay Bay hotel(上右), Stratosphere hotel(中), Luxor hotel(下)

2) 서비스

British Airways는 최초로 장거리 일반석 승객을 위해 신개념의 'World Traveler Class'라는 새로운 기내 class를 출시했다. 새로운 class는 저렴한 가격으로 보다 넓은 공간과 보다 편안한 서비스를 원하는 장거리 비즈니스 여행객의 요구에 부응하는 매우 독창적인 서비스다. 이 'World Traveler Class'가 제공하는 주요 서비스 내용으로는, 새로운 인테리어의 전용 객실(총 5열에 2-4-2배열), 보다 넓은 좌석 및 다리 공간, 노트북 컴퓨터용 전원, 일반석 2배의 기내 반입용 수하물 범위, 12개 채널의 개인용 비디오, 추가 마일리지 제공, 전화 체크인, 전용 수하물 서비스, 영국 및 유럽 주요 공항에서의 전자 발권 등이다.

레스토랑에 고객이 많을 때 우리는 순번을 받고 기다리다 착석하는 경험을 종종하게 된다.

5~10분 정도면 모르겠지만 20분, 30분 이상 기다리게 되는 경우도 있다. Red Lobster에서는 집에서 전화로 순번을 받고 예상되는 시간에 레스토랑에 가서 기다림 없이 식사할 수 있는 제도를 도입하여 큰 호응을 얻고 있다. 과거 국내 T.G.I.F의 '퍼피독 서비스'(고객의 손과 서비스 요원의 눈높이를 맞추기 위해 무릎을 꿇고 주문받는 서비스)도 국내 타 레스토랑에서 시도되지 않았던 것으로 명백히 차별화된 서비스로 기록되고 있다.

이와 같이 서비스 부문에서는 무한대의 차별화가 존재하고 있으며(그러나 대다수가 복제되고 있으며), 그 잠재적 적용 분야 역시 무한하다. 미국에서의 'trade dress'와 같이 차별화된 서비스에 대한 보호제도의 개발이 특히 국내의 환대산업에서 요구되고 있다.

▌그림 10-4▌ British Airways, Red Lobster

3) 마케팅 행위

금속, 곡물, 육류 등은 본질적으로 차별화 정도가 적은 제품들이다. 그러나 판매방식에 의해 여러 각도에서 차별화가 이루어진다. 마케팅 행위는 제품차별화에 있어서 가장 강력한 형태다. 예를 들어 IBM은 반도체 칩을 묶는 재료를 알루미늄 대신 구리로 대체하여, 최근에 모든 기업들이 이 대체재의 사용을 검토 중이다. 이와 같은 기술력에 의한 마케팅 행위의 차별화도 대표적 제품차별화 범주에 포함된다. IBM과 Xerox 등 유명 기업들은 시장 매니저와 지리적 매니저를 병행하여 배치함으로써 시장 경쟁력을 제고시키고 있다.

공급자들의 차별화 노력이 적을 때에도 구매자에 의하여 차별화되는 경우가 많다. 미국에서 제품적 차별화를 두지 않고 있는 vodka의 경우, Absolut는 Russia산이 아닌 Sweden산으로서, 매달 광고 캠페인을 바꾸며, 유명한 둥근 병을 항상 등장시켜서 '마케팅 미학'(aesthetics)의 힘을 보여주고 있다. 또한 사람들은 Absolut를 많이 구매하며 타 브랜드들과 차별화시키고 있다. 이와 같이 제품에 대해 '많이 팔리는 제품'도 구매자에 의한 제품차별화 범주에 포함된다.

그림 10-5 IBM과 Absolut

세계적으로 유명한 선수, 유명한 팀들은 자의건, 타의건 대부분 Nike를 입고 신는다. 그 자체가 훌륭한 차별화다. 2014년 명량은 하루 백만 관객, 누적 1,700만 명이 넘는 관객이라는 국내 영화 신기록을 세웠다. 남이 보니 너도나도 본 것이다. 서점에 가서 사람들은 베스트셀러를 찾는다. 모두 같은 이치다. 이러한 현상을 'social proof effect'(사회적 증거효과), '대세의 힘', '집단 동조현상'이라고 한다. 우리가 흔히 접하는 일상용품(commodities)에도 얼마든지 차별화가 가능하다. 원산지(Columbia커피), 이미지(Marlboro 담배, Absolut), 브랜드의 독점적 사용(Dupont) 등 Theodore Levitt이 이야기한 것과 같이 "일상용품이란 없다. 모든 제품과 서비스는 차별화가 가능하다"는 것이다.

4) 인적자원

국내 항공사인 Asiana Airlines은 4년제 대학 이상의 학력을 보유한 승무원을 보유하고 있다. Swiss Airlines, Singapore Airlines 등도 직원의 선발부터 교육에 이르기까지 최상의 노력을 기울인 결과, 직원 서비스 부문에서 세계 최고의 평가를 받고 있다. Singapore Airlines을 세계 최고 항공사로 만든 여러 요인 중 대표적인 것은 Singapore girl이다. Singapore Airlines은 수십 년 동안 Singapore girl을 대표 광고의 주제로 사용하고 있다. Ritz-Carlton의 핵심 제품 역시 '신사, 숙녀'인 일선 직원들이다. 이러한 기업들은 경쟁사들이 다른 것은 복제할 수 있어도 직원의 정신(spirit)은 복제할 수 없다는 긍지와 신념을 갖고, 인적자원에 의한 차별화를 시도하고 있다. 2000년 국내에 진출한 J. W. Marriott는 직원 선발 시 경력자보다는 신입사원 선발에 초점을 맞춘 바 있다. 그 이유는 기존의 고정적인 관념과 그릇된 사고를 갖고 있는 경력자보다 신입사원에게 Marriott의 정신을 올바로 심을 수 있다는 철학을 갖고 있기 때문이었다. 환대산업에서 인적자원이 가장 중요한 제품이라는 사실은 내부마케팅 전략에서 충분히 설명된 바 있다. 이 인적자원에 의한 제품차별화의 중요성은 환대산업에 있어서 특히 가중된다.

5) 위치

환대산업의 어떠한 기업도 동일한 위치를 가질 수 없다. 과거 Howard Johnson's 시대에 이 위치는 매우 중요한 차별화 도구였으나, 한 지역에도 수십 개의 호텔이 몰려 있는 현대에 이르러 그 중요성은 점차 희석되고 있다. 가장 대표적인 예로 Accor Group의 economy 호텔 Ibis가 삼성동에 개관하며 Grand Inter-Continental, Coex Inter-Continental, Park Hyatt, Seoul Renaissance 등이 인근 지역의 Imperial palace, Novotel Ambassador, Ritz-Carlton 등과 위치적 경쟁을 형성하고 있다. Starbucks는 주요 지역에 여러 개의 매장을 배치시켜 집중 노출효과를 얻는 독특한 전략을 추구하고 있다.

6) 이미지

Ritz-Carlton은 환대산업에서 세계 최고 권위의 서비스 대상인 Malcolm Baldrige Quality Award를 유일하게, 그리고 두 번씩이나 수상하여(1992, 1999) 최고의 이미지를 구축한 바 있다. The Waldorf Astoria는 유구한 역사로 인한 고전적 이미지로 그 부문 세계 최고의 호텔로 인정받고 있다. Four Seasons는 Travel & Leisure 선정 세계 100대 호텔 중 18개의 호텔이 선정될 정도로 고품격, 최고의 우아한 이미지로 세계 최고의 호텔이라는 이미지를 갖고 있다. Starwood는 X세대를 겨냥한 'business chic' 개념의 W호텔 이미지를 위해 New York시의 Doral Hotels를 인수했다. Bellagio는 유일한 5개 다이아몬드 카지노 호텔로서의 이미지를 유지하고 있다. 미국 제1의 와인 브랜드였던 Franzia는 5 ℓ들이 박스에 꼭지가 달려 있어,

아무 때나 마실 수 있다. Franzia 브랜드는 Italy 출신으로 146cm의 단신인 Franzia에 의해 만들어졌다. 와인 상자 옆에는 'Teresa Franzia: 미국의 와인산업을 선점했던 작은 여성'이라고 적혀 있다. 이와 같은 전통도 이미지 차별화의 강력한 무기다.

신비감 역시 이미지와 관련된 차별화 요소다. Roberts Kevin은 'love mark'의 원천을 신비감, 감각, 친밀감 등으로 제시한 바 있다. 세 사람만 알고 있었다는 Coca-Cola의 비밀 제조법 Merchandise 7X, KFC의 정신적 지주 Sanders의 11가지 레시피, Caesars Palace Hotel and Casino의 신비한 로비 등이 대표적인 예이다. 이러한 무형적 이미지에 의한 차별화는 창조하기 어려운, 그러나 복제되기도 어려운 매우 강력한 제품차별화 도구다.

2. 제품차별화전략의 한계

1) 제품차별화 제1의 적 : 모방, 복제

실제로 혁신에 의한 진정한 제품차별화란 현재의 비즈니스 환경에서는 발견하기 어렵다. 따라서 제품차별화에 있어서의 가장 핵심적인 부분은 복제될 수 없어야 한다는 것이다. 아무리 차별적인 제품도 경쟁사들에게 쉽게 복제된다면 '보통'의 제품이 된다. 실제로 대다수의 기업들은 소위 '잘 나가는' 제품과 서비스를 그대로 혹은 약간의 수정을 통해 복제, 모방하고 있다.

▢ 대표적 모방과 복제 사례들

1981년 'AAdvantage'라는 American Airlines의 최초 'frequent-fly' 프로그램은 불과 1주일 후 United Airlines의 'Mileage Plus'를 거쳐 이미 모든 항공사에 의해 복제됐으며, Holiday Inn의 'frequent-stay' 프로그램도 같은 상황이다. McDonald's의 Chicken McNuggets도 Burger King, KFC 등에 의해 복제됐다. Las Vegas 최초의 리조트이며, 최초의 야외 화산 쇼, Siegfried & Roy라는 최초의 마술 쇼를 창조해 냈던 Steve Wynn의 Mirage Resorts 개념도 현재는 모든 호텔에 의해 복제됐다.

Marriott Courtyard의 성공은 Hilton의 Garden Inns라는 유사제품을 탄생시켰고, Suite 호텔의 선구자인 Granada Royale Hotels는 Embassy Suites, Residence Inns 등을 거쳐 Hyatt Corporation의 Amerisuites에 이르기까지 많은 Suite 호텔들을 양산시켰다. 2012년 Best Western International도 중장기 체류(extended-stay) 시장에 진출한다는 계획을 밝혔다.

Westin의 'Heavenly Bed'를 기억하는가? 이후 Hilton은 'Sereniti Bed', Marriott는 1억 9천만 달러의 경비로 'Revive Collection', Hyatt는 'Grand Bed', Radisson은 'Sleep NumberBed', Crawne Plaza는 'Sleep Advantage' 등 Westin의 핵심 서비스를 철저히 복제했다.

과거 UPS가 FedEx의 '다음 날 배달'에 도전장을 내어 '다음날 3시까지'로 정책을 내세우자, FedEx는 12시를 10시 30분으로 당겨 그 정책을 무력화시켰다. 이와 같이 복제와 모방을 차단할 수 있어야 진정한 차별화라고 할 수 있는 것이다. Harvard대학의 Michael Porter는 『On Competition』이라는 저서에서 차별화를 두 영역으로 설명했다. 그것은 경쟁기업과 경쟁하는 유사 활동에서 더 나은 성과를 거두는 것을 의미하는 ①'조직적 효율성'(누가 더 빨리 달리는가?)과 각 기업들은 우승할 만한 길을 골라 각자 다른 길을 달려야 한다는 ②'전략적 위치 선정'이다.

2) 제품차별화와 혁신에 대한 올바른 이해

비즈니스의 천재인 혁신가들이 발명한(개발한) 제품조차 지금은 거의 대체되고 있다. 그들이 개발한 제품이 그 당시는 존재하지 않았던 혁신적인 제품이었지만, 많은 경우에 있어서 현 시대에서 평가하면 지극히 평범하거나 진부한 제품이기 때문이다. 그러나 Thomas Alva Edison의 전기, Alexander Graham Bell의 전화, Vladimir Zworykin의 텔레비전, J. W. Mauchly와 P. Eckert의 컴퓨터 등은 아직까지는 근본적으로 대체재가 출현하지 않고 있다. 그 외에 1922년 대량 생산된 전기모터 세탁기, 1929년 진공청소기, 최초의 트랜지스터 라디오 등도 버금가는 혁신적 제품이었다. 이러한 제품이야말로 진정한 의미의 혁신적 제품이다. 환언하면 그 당시 '필요가 아닌 근원적 욕구에 의한', 진정한 혁신가에 의하여 '창조된'(예 : 하느님의 천지 창조) 제품인 것이다.

❑ 제품 차별화의 단골 손님 : 최초, 유일, 최고의 의미

일반적으로 대다수의 기업들은 최초, 유일, 최고라는 세 가지 의미를 독특한 차별화의 방법으로 사용하고 있다. 그중 유일과 최고라는 영역은 언제든지 바뀔 수 있으나, 최초라는 영역은 바뀔 수가 없다. Burberry의 trench coat, 3M의 Scotch tape, Kimberly의 Kleenex, Rayban의 선글라스, American Airlines의 mileage 프로그램 등이 그것이다. 이와 같이 최초는 세 영역 중에서 분명 가장 강력한 차별화 도구다. 그러나 반대로 환경, 시장, 소비자가 지속적으로 바뀌는 마케팅 환경에 있어서는 언젠가는 의미없는 도구도 될 수 있다. 최초라는 것은 한 시점에는 'brand new'의 의미이나, 동시에 'the oldest'라는 의미도 되기 때문이다.

유일함도 그 유일함이 지속될 때까지는 최초보다 강력할 수도 있다. 그러나 'exponential'처럼 변화하는 현 시대에 있어 그 지속 시간은 점차 짧아질 수밖에 없으며, 그 유일함이 얼마나 의미있는 것이냐는 두 과제를 극복하기가 점차 어려워지고 있다는 것으로 마케팅 환경 내에 속한 모든 사람과 기업이 인정할 것이다.

최고 역시 마찬가지다. 최고는 최초이기 때문에, 유일하기 때문에, 혹은 다른 이유로 최고가 될 수 있다. Theodore Levitt의 'Marketing myopia'에서 언급되었듯이, 또한 필자가 언급한 유일의 의미와 동일한 이유에 의해서 최고 역시 한계가 있는 영역이다.

여기서 다시 혁신의 의미를 마지막으로 정리해 보자.

London School of Business의 Gary Hamel에 의하면, 1000년부터 1820년까지 세계적으로 1인당 수입이 50% 증가한 반면, 1830년부터 1950년까지는 800% 증가했다고 한다. 그 요인은 바로 혁신이다. Gary Hamel은 혁신에 대하여 'thinking about what to build'보다는 'building to think'가 조직의 혁신 속도에 엄청난 가속을 붙일 수 있다고 한다.

진정한 혁신적 제품은 필요가 아닌 근원적 욕구에 의해서 창조된 제품을 의미한다. Searchlight, 핸드폰, 고화질 HD 평면 TV 등은 진정한 의미의 혁신적 제품이 아니다. 이러한 제품들은 변화하는, 새로운 필요에 의해서 '개발된' 제품이기 때문이다. 진정한 혁신은 기존 기술을 지속적으로 개선하는 유지적 혁신(sustaining innovation)보다는, 기존의 것과 전혀 다른 파괴적 혁신(disruptive innovation)을 의미한다. 마케팅의 모든 것은, 확실히 가장 중요한 하나의 핵심은, 소비자의 문제로부터 발생하는 근원적 욕구를 해결하는 것이다.

3) 제품차별화에 대한 마지막 소고

부차적인 관점이 있다면 근원적 욕구가 진정으로 근원적 욕구냐는 것과, 그 문제 혹은 욕구가 얼마나 오랫동안 지속되느냐는 것이다. 우리가 생각하는 근원적 욕구는 깊게 생각할 때 필요에 지나지 않을 수도 있다(구멍이 아닌 연결). 우리 생활의 많은 부문에 있어서 소비자조차 생각하지 못하는 숨어 있는 욕구가 있을 것이며, 발견되었건, 발견되지 않았건 간에 욕구가 장기간 동안 지속되지 않는다면, 그로부터 창조된(개발된) 신제품의 운명은 미인박명이 될 것이다. 성공적 제품차별화를 위해서 위의 어느 요소보다도 중요한 것은 소비자의 차별화다. 즉 제품차별화 전략을 가장 효과적으로 수행하기 위해서는 각기 다른 소비자들의 차이점을 발견하여, 그것을 상업적으로 의미있는 세분시장으로 군집화시켜야 하고, 특정 세분시장에 부합되는 차별적 제품과 서비스를 제공해야 한다. 이것이 곧 시장세분화다.

3. 시장세분화 전략

1) 시장세분화의 개념과 의의

시장세분화란 제품이 아니라 시장을 차별화시키는 것으로서 제품차별화와 반대의 의미를 가질 수도 있고, 보다 넓은 시야로 본다면 제품차별화의 큰 영역을 차지할 수도 있다. 즉 동일한 제품도 상이한 시장에 따라 차별화될 수 있다는 것이다. 어쨌든 시장세분화에서 '세분화'의 의미는 제품차별화에서의 '차별화'에 해당되며, 문자 그대로 시장(소비자)을 분류한다는 의미이다.

표 10-1 시장상황에 따른 제품차별화, 시장세분화 전략

구분	시장구성	제품에 대한 민감도	기업의 시장진입연도	제품의 독특성	경쟁의 수	경쟁사 전략
제품차별화전략	동질적	높음	짧음	독특함	적음	제품차별화
시장세분화전략	이질적	낮음	오래됨	평범함	많음	시장세분화

자료 : Yesawich, Peter C.(1978), Post-Opening Marketing Analysis for Hotels, Cornell H.R.A. Quarterly, Nov.: 70-81

2) 시장세분화의 단계와 기준

(1) 시장의 정의 그리고 시장의 욕구와 필요 파악

마케팅의 모든 행위에 있어서 우선적으로 선결되어야 하는 것은 시장 혹은 소비자의 욕구와 필요를 파악하는 것이다. 시장세분화 전략도 예외가 아니다. 따라서 시장세분화 전략의 제1과정은 전체 시장의 범위를 결정해야 하고, 정의된 시장 내에 있는 욕구와 필요를 파악하는 것이다.

(2) 시장의 실체성(substantiality) 파악

제품과 서비스에 대한 욕구와 필요가 있다고 해서 그 모든 소비자를 대상으로 할 수는 없다. 시장의 실체성이란 제품과 서비스에 대한 욕구와 필요는 물론, 특정 기업의 제품과 서비스를 구매할 의도(willingness) 및 구매할 능력(ability to pay)이 있는 수요를 의미한다. 즉 시장의 실체성이란 1차적으로 정의된 전체 시장 중 특정 기업의 현실적 수요가 될 수 있는 시장의 규모를 의미하며, 이는 현재의 시점뿐 아니라 향후 시장의 성장 가능성까지 포함한다. 그 시장은 장기적(durable) 실체성을 갖고 있어야 한다는 의미이다. 마케팅의 과정 중 거시 환경 분석 및 수요 예측이 이 단계에 필요하다.

(3) 시장의 실체성과 기업 능력의 조화

시장의 실체성이 아무리 크다 해도 그것에 봉사하는 기업의 능력이 뒷받침되지 않는다면, 2차적으로 분류된 현실적 시장을 모두 대상으로 한다는 것은 불가능하거나, 최소한 비효율적일 수밖에 없다. 따라서 시장세분화 전략의 제3단계는 기

업의 능력에 조화될 수 있도록 시장의 범위를 더욱 좁혀가는 것이다. 여기에는 두 가지 시장세분화 기준을 고려해야 하는데, 기업의 실행 가능성(actionability)과 접근 가능성(accessibility)이다.

기업의 실행 가능성에는 재무 능력 및 인적 · 물적, 기타 자원이 포함된다. 예를 들어 제주도 특1급 호텔 시장의 실체성이 크고 향후 시장의 성장 가능성이 높다고 해도, 특1급 호텔을 지을 수 있는 능력이 없다면, 소위 '그림의 떡'일 수밖에 없다. 만약 특1급 호텔을 지을 수 있다고 해도, 막강한 경쟁 호텔들과의 경쟁에서 생존할 수 있는 능력이 없다면, 대상 시장을 바꾸거나 시장의 규모를 크게 축소시켜야 할 것이다. 즉 기업의 실행 가능성에는 기업의 내적 자원 분석 이외에도 경쟁분석이 포함돼야 한다.

접근 가능성 또한 세 번째 단계에 있어서 하나의 기준이 된다. 접근 가능성이란 지리적 요소뿐 아니라 시간적 · 법적 · 규제적 접근성까지 포함된다. 시장의 실체성 조건을 만족하고 있는 시장이라고 해도 지리적으로 너무 멀어 자원의 분배 및 교통상의 비효율성이 존재한다면 현실적 시장이 될 수 없다. Spain의 sherry wine은 Spain 남부 헤리스산 포도로만 만들 수 있다. 영업 시간도 접근성에 포함되는데, Burger King의 경우 중남미에서는 새벽 1시 이후까지 영업을 한다. 또한 법적 규제에 의해 그 시장에 접근하기가 어렵다면 시장의 범주에서 제외되어야 한다는 의미이다.

(4) 시장세분화의 수행

위의 세 단계를 거쳐 최종적으로 현실적 시장의 규모가 파악되었을 때, 비로소 시장세분화 단계에 돌입할 수 있다. 시장세분화란 문자 그대로 시장을 분류하는 것으로서 분류된 각 시장을 세분시장(market segment)이라고 한다. 여기에는 세 가지 기준이 엄격히 적용되어야 한다. 분류된 세분시장 내에서는 가능한 한 구성원(소비자)이 동질적이어야 하며, 이 기준을 내적 동질성(internal homogeneity)이라고 한다. 반대로 타 세분시장과는 가능한 한 구성원 간에 이질적이어야 하는데, 이 기준은 외적 이질성(external heterogeneity)이라고 한다. 시장세분화는 끝이 없다. 세분시장 내에는 초세분시장(micro-segment)이 존재하며, 초세분시장 내에는 초초세분시장이, 초초세분시장 내에는…… 존재한다. 냉장고 시장 내에 존재하는 초고가 지펠; 디오스, 딤채와 같은 김치냉장고; 와인냉장고; 화장품 냉장고 등이 그것이며, 염가 호텔의 대명사인 La Quinta Inns, Motel6보다도 염가인 Easy Hotel이 존재하고, 호화 호텔의 대명사인 The Venetian, Four Seasons보다도 고가인 Burj Al Arab이 존재한다. 물론 그 위의, 그 밑의 세분시장도 얼마든지 존재한다. 결론적으로 시장세분화는 끝이 없다. 네 번째 단계인 시장세분화의 수행과정에 있어서 가장 중요한 기준은 측정 변수의 올바른 도입과 관련된 측정 가능성(measurability)이다. 예를 들어 한 호텔이 외래 관광객을 세분화하는 데 있어서 측정 변수를 종교로 사용한다면, 분류된 세분시장은 영업과 연관되지 않는 무용지물이 될 것이다. 즉 측정 변수의 올바른 도입은 시장세분화 전략에 있어서 가장 어렵고도 중요한 기준이다. 여기에 대해서는 추후에 자세히 설명하기로 한다.

(5) 표적시장의 선택

분류된 여러 세분시장 중 표적시장을 선별해 내는 단계다. 표적시장은 하나일 필요가 없으며, 또한 성 · 비수기 등 수요 주기에 따라 얼마든지 달라질 수 있다. 표적시장을 올바로 선택한다는 것은 시장세분화 전략의 궁극적 목표인 동시에, 모든 마케팅 과정에 있어서 필수조건이며, 또한 사업의 성패를 결정짓는 매우 중요한 과제다.

4. 시장세분화 변수와 측정의 의미

전술되었던 측정 가능성 기준과 관련된 시장세분화 변수는 크게 여섯 가지로 대분된다. 그중 가격을 제외한 다섯 가지 변수 및 그 의미를 살펴보기로 한다.

1) 지리적(geographic) 세분화

지리적 변수에 의한 세분화는 가장 용이한 세분화 방법이다. SMSA(standard metropolitan statistical area : New York, Seoul, London 등 대도시 단위의 통계), DMA(designated market area : TV가 보급되는 지역별 구분), ADI(area of dominant influence : 신문, 잡지가 보급되는 지역별 구분) 등의 세분화, 국가별 · 도별 · 기타 행정구역

별 세분화 등이 여기에 해당되며, 인구 밀도, 기후 등에 의한 세분화도 여기에 포함될 수 있다.

General Foods의 Maxwell House 커피는 미국의 각 지역에 따라 그 맛이 다르다. 서부지역의 커피 맛은 동부지역보다 진하다. McDonald's에서는 미국 남부지역에 Texas Burger라고 하는 양이 많은 햄버거를 공급한다. Hyatt는 1992년부터 전 체인 호텔에 Hyatt 고유의 메뉴 70%, 지역별 특선 메뉴 30%의 구성비를 기준으로 메뉴를 작성한다. Four Seasons는 Washington D.C.에서 직접 재배되는 농작물을 인근 지역 호텔의 식자재로 사용한다. Inter-Continental의 경우 Pan American Airways의 Hilton International은 Trans World Airlines의 주요 기착 지역에 호텔들을 위치시키고 있다. 국내에서 소주는 지역별 주 브랜드가 다르다. 이러한 방법이 지리적 세분화다.

반면에 Coca-Cola는 지리적 세분화를 전혀 하지 않는다. 과거 Coca-Cola의 Robert Woodruff 회장은 이사회의 반대를 무릅쓰고 Coca-Cola를 유럽에 진출시켰고, 유럽 입맛에 맞게 맛을 바꾸어야 한다는 주변의 충고에도 불구하고 '한 가지 맛'을 고수했다. Coca-Cola의 상표와 로고는 100여 년 동안 변한 적이 없고, 200여 개 국가에서의 맛은 항상 같다. Heineken도 전 세계에 동일한 맛과 패키지를 유통시킨다.

2) 인구통계적(demographic) 세분화

지리적 세분화가 가장 용이한 세분화 방법이라면, 인구통계적 세분화는 가장 많이 사용되는 세분화 방법이다. 소득, 인종, 연령, 성, 사회계층, 종교, 교육수준, 직업, 가족생활 주기 등에 의한 세분화가 여기에 해당된다.

(1) 소득

McKinsey Global Institute와 Jeffrey Sachs 등의 조사에 의하면, '파라미드에서 다이아몬드로의 변화'가 전 세계적으로 확산될 것으로 예측되고 있다. 가장 큰 비율을 차지하고 있는 빈곤층의 비중이 중산층으로 옮겨간다는 것이다. Jeffrey Sachs 전문가 팀에 의하면, 2025년이면 하루 1달러 미만으로 생계를 유지하는 세계 인구 10억 명에 이르는 극빈층이 사라질 것으로 예측하고 있다. 이 예측은 물론 매우 희망적인 것이다.

Four Seasons는 고소득층 고객만을, 반면에 Motel6, La Quinta Inn 등의 염가 호텔들은 저소득층 고객만을, Courtyard by Marriott는 중간 소득층 고객을 표적시장으로 하고 있다. 일본의 주류인 Suntory, Johnnie Walker Blue, Balentine, Samuel Adams, Guinness 맥주, 고급 Champagne 등은 고소득층을, Jim Beam, Jack Daniel 등 미국 위스키 Bourbon은 중하위 소득층을 표적시장으로 하고 있다.

인도에서 고소득층은 Mercedes Benz를, 저소득층은 2,900달러의 TATA Nano를 탄다. 1908년 William Durant에 의해 설립되었던 GM의 Chevrolet, Pontiac, Oldsmobile, Buick, Cadillac 등도 소득 수준에 의해 각각 개발된 브랜드들이다. 2014년 Marriott International은 그들의 millennium(신세대)고객을 위해 200개의 최고급 호텔들을 확대하겠다고 발표한 바 있다.

다국적 기업들에게는 세계 인구의 대다수를 차지하나, 소득 수준이 낮은 BOP (bottom of the pyramid)도 잠재성이 큰 시장이 된다. BOP를 대상으로 과거 Nokia는 초저가폰으로 많은 수익을 올린 적이 있으며, Unilever도 헬스케어 매출의 상당 부분을 BOP 시장에서 올리고 있다. BOP 시장이 특히 매력적인 이유는 2015년 기준 40억 달러에 달하는 엄청난(잠재)시장 규모다.

(2) 인종(race)

New Port, Now, Salem 등 주요 박하(menthol) 담배 기업들은 흑인을, kosher 음식 및 레스토랑들은 유대인을, Tabasco, 칠리 소스 등 매운맛의 향료 회사들은 아시아와 hispanic인들을 표적시장으로 정하고 있다. GM은 1930년 미국 대공황으로 1928년 4만 대 넘는 판매량을 기록하였던 Cadillac의 판매량이 1933년 6,700여 대로 하락하자, 그간 판매하지 않았던 흑인에게 판매를 허용하며 1934년에 70%의 성장률을 기록한 적이 있다. 전 세계가 하나의 시장으로 간주되고 있는(global marketing) 시장의 조류에 따라, 이러한 각기 다른 인종에 따른 문화와 취향에 근거한 세분화 및 제품의 개발이 점차적으로 요구되고 있다. 아시아인은 서구적 문화와 제품에 대한 욕구가, 백인종들에게는 동양적 문화와 제품에 대한 욕구가 점차 확산되고 있다. 대한민국도 다문화 사회로 나아가고 있다. 통계청에 의하면, 2010년을 기준으로 국내 다문화 가정 구성원은 20만 명을 돌파했으며, 국내 거주 외국인 수도 100만 명을 훨씬 웃돌고 있다. 과거 이참 한국관광공사 사장, 기아의 Audi 출신 Peter Schreyer, 삼성전자의 David Steel, LG전자의 Dermot Boden CMO(chief marketing officer) 등 기관과 기업에서도 이와 같은 'expatriate'(외국 국적을 갖고 타국에서 돈 버는 행위를 하는 사람들을 의미함)들이 계속 늘어나고 있다.

(3) 연령

인간의 나이는 계속 젊어지고 있다(?). 이 표현이 문법적으로 맞는지는 잘 모르겠지만, 최소한 2500여 년 전 공자가 말한 40세는 불혹, 50세는 지천명, 60세는 이순(세상의 말을 쉽게 이해한다는 의미)이라는 유명한 명언이 바뀌어야 할 것 같다. 현대에 있어서 60세는 한창 활동할 나이인데 이순이란 세상을 다 산 사람에게 적합한 표현이니 말이다. 첫 문장을 정확히 표현한다면 "인간은 계속 젊어지고 있다"일 것이다.

연령은 인구통계적 세분화 변수 중 가장 빈번하게 사용되는 변수다. Les Wexner란 여성은 어느 날 대학에서 시장세분화 강의를 듣고 옷가게를 운영하고 있던 아버지에게 "아버지의 상점에는 어떤 고객들로 구성되어 있나요?"라고 묻자, 아버지는 "고객이 매우 다양해서 잘 모르겠다"고 대답했다. Les Wexner는 자기가 상점을 이어받자 제품은 물론 직원, 음악, 실내디자인 등 모든 초점을 20대 여성(후에는 젊은 전문직 여성)에게 맞추었다. 이 상점은 Limited라는 유명 의류 브랜드가 되었다.

식음료산업의 경우, 젊은 고객들은 1970년대는 쇠고기를, 1980년대는 닭과 생선을, 1990년대 초에는 저칼로리, 저콜레스테롤, 채식 등의 건강식을, 1990년대 중반에는 X세대에 의해 손으로 먹는 음식(nacho, 양파링 등)을 선호하는 동향이 있었다. McDonald's는 종종 주요 표적시장인 어린이들에게 'happy meal'이란 주제하에 장난감을 시리즈로 도입하며 재구매 효과를 극대화시키고 있다. AMEX는 전체 여행 70%를 장·노년 시장이 차지하고 있는 것을 발견하고, 그들을 여행 시장에 있어서 가장 중요한 세분시장으로 분류하고 있다. 청바지, 세제, 자동차 산업은 X세대를, 디지털 관련 제조업체들은 N세대(network generation)를 가장 중요한 세분시장으로 분류하고 있다. Pepsi와 Powerade는 Coca-Cola와 Gatorade보다 상대적으로 젊게 포지션한다. Bud Light은 젊은 세대에, Miller Lite은 기성 세대에 포지션되어 있다. Hilton Worldwide는 향후 급증(tsunami)이 예상되는 millennium 세대를 위해 Curio와 Nassetta라는 'life style brand'를 도입했다. 점차 시장이 확대되고 있는 실버 시장, 향후 각양각색의 욕구와 필요로 많은 시장의 기회를 제공할 엔젤 시장(어린이 시장을 의미함. 또래집단 간 상당한 구전효과를 기대할 수 있으며, 부모와 연계하여 마케팅 활동을 수행하는 것이 효과적이다. 최근의 조사에 의하면, 가족 내에서 어린이들의 결정권이 점차 늘고 있다) 모두 마케터에 있어서 지속적 관심 대상이 되고 있다.

현재의 구매 빈도와 구매량에 집착하지 않고, 엔젤 시장과 같은 잠재고객 집단을 미리 공략하는 마케팅 활동을 POME(point of marketing entry)라고 한다. 즉 동물의 '가장 먼저 접한 것에 가장 큰 애착을 갖는다'는 본능을 이용한 것이다. 대표적 사례로 P & G는 생리대 브랜드 Whisper를 초등학교 2~3학년 여학생들에게 무료로 나누어준 적이 있다. Milward Brown은 그의 저서 『Brandchild』에서 8~14세 아이들을 'tweens'라 명명하고, '마우스를 손에 쥐고 태어난' 세대라는 의미의 'tweenspeak'이라는 신조어까지 만들었다.

실버 시장의 경우 미국은 시장 규모가 3조 달러에 이르며 일본은 전체 인구의 24%를 차지한다. 전체 인구 중 65세 이상 인구 비중이 7% 이상이면 고령화 사회, 14% 이상이면 고령사회, 20% 이상이면 초고령사회로 분류한다. 대한민국은 2000년에 고령화 사회가 됐으며, 2018년에는 고령사회에, 2026년에는 초고령사회에 진입할 것으로 전망된다. 이것은 세계에서 가장 빠른 증가세다. 그러나 고령화 대응지수에 있어서는 OECD국가 중 항상 최하위에 머물러 있다.

2010년 중국 영 · 유아 시장 규모가 1조 위안을 기록하며 미국과 함께 세계 2대 영 · 유아 소비 대국으로 부상했다. 중국은 이에 부응하여 2009년 Kidswant라는 0~14세 대상 몰을 개관하여 큰 성공을 거두고 있다. 특히 SNS 매체가 서서히 세상을 지배해 가고 있는 현대에 있어서 과거 마케터에게 큰 관심 대상이 아니었던 10대와 20대는 매우 중요한 하나의 (어쩌면 각각의) 세분시장이 될 것이 분명하다.

영국 Premier League 제1의 명문 구단 Manchester United FC(Football Club)가 Spain의 Barcelona, Real Madrid 등을 제치고 세계에서 가장 많은 팬을 보유하고 있는 비결은 '엔젤 마케팅'에 있다.

세계 축구 구단 중 브랜드 가치도 가장 많은 연도에 결쳐 1위다. Manchester United FC는 팬들의 어린 시절에 맨유의 이미지를 강력하게 형성시키고 있다. 이 아이들이 부모가 되어 옛날을 생각하며 다시 어린이들을 데려오고, 이 사이클이 계속 진행된다. 2015년 기준 Manchester United FC의 꿈의 구장 The Theatre of Dreams를 동경하는 공식 supporters는 500만 명에 이르고 있다.

(4) 성

과거에 정반대의 시장으로 분류되었던 남성, 여성 시장은 점차 합병, 융화되고 있으며, 그 결과 시간이 갈수록 대다수의 산업들은 유니섹스 제품을 대량 생산하고 있다. 이와 병행하여 동성 연애(homo sexuality)자들이 늘고 있으며, 이들을 위한 테이프, 바 등의 분야 또한 확대되고 있다. New York에서 매년 6월에 열리는 Gay & Lesbian Pride Marching Day, Gay.com이 그 사례다.

□ woman power

그러나 최근에 이르러 이러한 경향과 대치되는 사회적 변화가 일어나고 있다. France의 생활패턴 조사기관인 TNS Secodip의 조사에 의하면, 싱글층과 노인층이 늘어나며 1인 가구가 증가하기 때문에 남성과 여성의 차이를 분명히 분리하는 제품 판매가 유리하다는 것이다. 여성은 남성보다 감정, 기억 형성에 뛰어나며 쇼핑 시 상 · 하 · 좌 · 우로 6배의 넓은 시야를 갖고 있다고 한다. UN의 "10년 후 세계"라는 미래보고서에 의하면, 2018년에는 모든 소비재의 70%를 여성이 구매할 것으로 예견하고 있다. 이미 2006년 영국 Financial Times에서도 향후 'womenomics'(woman+economics) 시대가 도래할 것이라고 예견했으며, 학교에서는 'alpha girl'(학업, 운동, 리더십 모든 면에 있어서 남성을 능가하는 높은 성취욕과 자신감을 가진 여성을 뜻하는 용어), 직장에서는 'gold miss'(탄탄한 직장과 경제력을 바탕으로 독신 생활을 즐기며 자기개발에 돈을 아끼지 않는 싱글여성), 결혼 후 나이가 들면 'ruby (refresh, uncommon, beautiful, young) girl'(소비성향이 높은 40~50대 여성)이라는 신조어들이 계속 등장하고 있다. 특히 패션 부문은 여성의 영향력이 더욱 압도적이다. 세계적으로 유명한 패션 전문지들, 예를 들어 Cosmopolitan, Vogue, Elle,

Allure, Glamour, In Style, Bazaar, Marie Claire, Esquire, GQ 등을 살펴보면 대다수가 여성을 겨냥하고 있다. 이러한 전문지들은 단지 패션에 대한 정보 제공에 국한되지 않는다. 미술, 음악, 디자인, 건축, 음식, 호텔, 레스토랑, 심지어 서적에 이르기까지 사회 전반에 걸쳐 소위 'hot'한 유행을 선도하고 있다. 즉 이러한 정보들은 여성들이 남성보다 유행에 대해 잘 알고 적응할 수 있는 토대가 되고 있으며, 동시에 구매력을 향상시키고 있다. 1970년 1%에 불과하던 여성 비즈니스 FIT 시장이 1990년대에 이르러 40%에 이르고 있어, 호텔산업에게 큰 시장의 기회를 제공하고 있다. 국내 500인 이상 기업체의 여성 인력도 2001년 25.0%에서 2010년에는 30.8%로 상승했다.

(5) 사회계층(social standing hierarchy)

사회계층도 인구통계적 세분화 변수에 있어서 중요한 위치를 차지하고 있다. 즉 상류층, 중류층, 하류층으로 분류하고 그에 따른 시사점을 찾아내야 한다.

(6) 종교

세계의 종교인들을 기준으로 한 분포를 살펴보면, Christianity(Catholic 등 유사 종교 포함) 약 33%, Islam 약 18%, 무종교 약 17%, Hinduism 약 16%, Buddhism 약 6% 등의 순이다. 각 종교마다 국가별 차이와는 비교도 되지 않는 고유의 교리와 세상이 있으며, '구원파'와 같은 형편없는 사이비 종교조차도 그 유대감과 믿음의 수준은 어떤 조직보다 높다.

(7) 기타 인구통계적 변수

과거 게임과 도박 목적의 사람들을 표적시장으로 하던 Las Vegas의 카지노 호텔들은 이미 오래전부터 가족 중심의 관광객을 표적시장으로 정하여 시설, 제품, 서비스를 변화시키고 있다. 구 다운타운 카지노 호텔들은 The Strip지역의 신규 호텔들에게 이미 오래전부터 대다수의 고객을 빼앗기고 있다. The Strip지역의 유명 카지노 호텔들은 가족 단위 고객에 초점을 맞춘 시설로서, 도박보다는 여흥(entertainment), 레크리에이션과 관련된 고객의 욕구와 필요 충족에 초점을 맞추어 왔다. 그러나 Macao와의 경쟁에서 고전하자 다시 도박 위주의 전략으로 회귀하는 경향이 있다.

3) 심리적(psychographic) 세분화

심리적 세분화는 개인적 심리와 특성에 근간을 둔 세분화이며, 특히 라이프스타일(life style)이 심리적 세분화에 있어서 가장 중요한 변수가 되고 있다. 라이프스타일이란 사람들이 살아가는 방식(a mode of living)으로서 개인의 독특한 삶의 양식을 의미한다.

이미 오래전부터 오렌지족, 저명인사(socialite, who's-who), jet-setter(최부유층으로서 자기 소유의 제트기로 휴양지 등에 여행하는 자), swinger(쾌락주의(hedonism)), Yuppies, Hippies, Hombodies, Traditionalists, Coservatives, Loners, Yummies (young upwardly mobile professionals), Bobos(Bourgeois+Bohemian(소득수준이 높고 Bohemian 사고방식을 가진 20~40대의 신계층. 남에게 보이기 위한 것에 집착하지 않고, 예술적 감각, 합리적 생활 스타일, 개성있는 소비성향 등 내적인 질을 중시함), Yiffie(young, individualistic, free-minded, few; 90년대의 미국 신세대 직업인. 고학력, 레저, 가족, 여유있는 생활 등에 관심을 가짐), Dink(dual income no kids), Dewk(dual employeed with kids), Downshift(빠름이 강조되는 21세기에 대한 반작용 계층, 개인의 시간을 소중히 여기며 여유있는 삶을 추구함), Nesting(가족 관계에 중점을 두는 신세대), Nomad(휴대폰, 노트북, PDA 등을 갖고 이동하며 일하는 도시의 20~30대 계층), Dins(double income no sex), Tonk(two only, no kids), Woopie(well of older people; 자식에게 신세지지 않고 자신들이 벌어 놓은 돈으로 인생을 즐기는 노인들), Gold miss(1960년대 후반~1970년대 중반에 태어나 직업과 경제력을 가진 30대 여성들), For me(자신을 위한 소비에 적극적인 20~30대 여성들), Single족, Solo Economy, Ghost족(스마트폰 위주의 삶을 영위한다는 의미), soccer mom(축구클럽에서 활동하는 아이들을 밴으로 태워주고, 경기를 하면 옆에서 열광적으로 응원하는 미국의 중산층 극성 엄마), nonos(no logo, no design; 획일적 명품 브랜드에서 벗어나 차별화된 디자인의 브랜드를 선호하는 사람들) 등 생활 스타일에 따른 각양각색의 소비자 형태가 존재하고 있다. 현대 사회에서 휴대전화가 없으면 공포심을 느끼는 증상인 nomophobia(no+mobile phone phobia)가 사회문화적 환경과 관련된 또 하나의 용어다.

이와 같이 특정 경향에 명칭을 붙여 네이밍하는 것을 'syntax marketing'이라고 한다. 그 또한 대표적으로 AIO(activity, interest, opinion)가 심리적 세분화 변수에 포함된다. 행위(activity)란 매체를 봄, 쇼핑, 새로운 서비스에 대해 타인에게 말하는 것처럼 명백한 행동을 의미하고, 관심(interest)은 어떤 대상이나 사건 혹은 주제에 대한 개인의 특별한 관심 부여 정도를 의미하며, 의견(opinion)은 어떤 질문이 제기된 상황에 처하여 개인이 제공하는 응답(answer)을 의미한다. 이러한 심리적 세분화의 가장 큰 단점은 환경과 소비자가 변함에 따라 분류된 세분시장도 계속 변하며, 또한 각 세분시장 간에 중복되는 성향이 많아, 외적 이질성 기준에 문제가 있다는 것이다.

4) 행동적(behavioral) 세분화

행동적 세분화는 소비자의 구매 및 이용 행동에 근거한 세분화를 의미한다(usage segmentation). 여러 변수 중 가장 대표적인 변수를 요약하면 〈표 10-2〉와 같다.

표 10-2 행동적 세분화 변수

변 수	내 용
구매 상황(occasion)	상용, 특별 경우 등
추구 혜택(benefit sought)	경제성, 편의성, 체면, 흥미 등
사용량(usage rate)	경(light), 중(medium), 고(heavy) 사용량
사용자의 형태(user status)	비사용자, 이전 사용자, 잠재 사용자, 초회 사용자, 규칙적 사용자
충성도 형태(loyalty status)	고충성도(hard-core loyal), 저충성도(soft-core loyal), 다변 충성도(shifting loyal), 비충성도(switcher)
RFM	recency, frequency, monetary value
시기(timing)	계절, 달, 주중/주말, 아침/점심/저녁
구매 동기(nature of purchase)	편의성(convenience), 충동(impulse), 합리성(rationality)

5) 혜택(benefit) 세분화

앞에 열거된 모든 세분화 변수는 사후(post hoc) 변수들이다. 즉 소비자들이 무엇을, 어떻게 선호하고 구매하는가를 파악할 수 있고 분류할 수는 있으나, 대다수의 경우에 있어서 결과를 중심으로 세분화하는 것이기 때문에 구매 이유를 파악할 수가 없다. 마케팅에 있어서의 주요 과제는 소비자들이 왜 특정 제품과 브랜드를 이용하는가에 대한 파악에 있기 때문에, 보다 중요한 시장세분화변수가 요구되는 것이다.

국내 T.G.I. Friday's 레스토랑은 식생활에서 중요하게 생각하는 가치, 즉 식사를 통해 얻어지는 혜택에 따라 시장세분화 전략을 수행하고 있다. 그 내용은 〈표 10-3〉과 같다.

표 10-3 국내 T.G.I. Fs의 혜택 세분화

기본적인 배고픔의 해소를 위한 세분시장
음식의 맛, 영양, 음식점의 서비스, 분위기를 전혀 고려하지 않고, 허기를 채우는 기본적인 욕구를 충족시키려는 고객으로서, 이 고객층에게는 가격이 가장 큰 요소임. 저소득, 중 · 고 · 대학생 등으로 구성됨
건강주의 세분시장
맛이 없는 것을 감수해서라도 건강을 추구하는 고객층으로 외식에 가장 많은 돈을 들일 수 있지만, 서비스, 분위기는 상관없이 오직 건강만이 소비를 결정하는 요인이 됨. 비교적 40~50대 이상의 장년층에 많이 분포되어 있음
가족 화합 세분시장
건전성을 추구하는 고객층으로 반드시 비싼 외식을 하지 않더라도 가족이 함께 식사할 수 있는 단란한 분위기를 가장 중요하게 생각하는 고객층임. 경제적으로 여유있지는 않지만, 단란함을 추구하는 근로자 가족과 대학 교육 이상 높은 교육수준의 중상층에 많음. 특히 중상층의 경우 가격과 상관없이 가족 모임을 위해 서비스와 분위기가 좋은 곳을 선택할 가능성이 높음
식생활의 문화적 가치를 추구하는 세분시장
식사를 하는 것이 단순히 음식을 먹는 것이 아니라 문화적인 가치를 지닌다고 인식하는 고객층으로, 영양보다는 음식의 서비스에 중점을 둠. 식사하는 것 외에 즐거움을 위한 이벤트, 여러 나라의 새롭고 다양한 음식을 먹음으로써 얻을 수 있는 문화적인 경험을 중요시함. 20~30대의 젊은층에 많이 분포되어 있음

위의 모든 예들이 혜택에 의한 세분화다. 소비자들이 구매하는 것이 ¼인치 드릴이 아니라 ¼인치 구멍이듯이, 소비자들이 구매하는 제품에 대한 진정한 욕구와 필요에 의한 세분화 변수는 어떠한 타 변수보다도 중요하다. 즉 혜택이란 욕구와 필요와 일맥상통하는 개념으로서, 혜택에 의한 세분화는 가장 고차원적인 시장세분화 방법이다. 다음 장에서 설명될 표적시장 전략의 근간은 혜택세분화에 있으며 혜택세분화야말로 가장 유용한, 진정한 의미의 시장세분화다.

이와 같이 시장세분화의 변수는 무수하다. 중요한 사실은 어떠한 변수를 어떻게 활용하고 조합하여 시장을 세분화하고, 그 결과로 도출된 세분시장을 얼마나

유용한 것으로 만드느냐에 있다. 즉 앞서 언급됐던 측정 가능성이란 적절한 세분화 변수의 선정 및 활용과 관련된 것인데, 아무리 잘 분류된 세분시장도 비즈니스에 도움이 되지 않는다면 그 시장세분화 전략은 무용지물이 된다. 어떠한 산업, 어떠한 경우에 있어서도 혜택에 의한 세분화는 가장 유용한 방법이다.

5. 시장세분화 사례[2)]

혜택에 의한 시장세분화의 사례로서 부산의 N호텔 레스토랑 리포지셔닝을 위한 사례연구 자료를 살펴보기로 하자.

1) 사례연구 및 시사점

(1) N호텔의 현황 및 경쟁상황

N호텔은 한강 이남 최초의 현대적 숙박시설로서 1960년 개장 이래 50여 년 동안 편안하고 친근한 서비스로 유수한 국내외 고객들로부터 깊은 신뢰와 사랑을 받았으며, 2002년 8월 사명을 변경하고 240실 규모의 특급호텔로 신축 오픈함으로써 현재의 규모와 위상을 갖추게 되었다.

또한 현재의 타 경쟁호텔과의 관계를 살펴본 결과 〈표 10-4〉에서 제시된 바와 같이 판매가능 객실 수는 전체 Fair share 측면에서 9.6%를 차지하고 있으며 2010년도 기준 판매객실 수(actual share) 측면에서 11.1%를 차지하고 있다. 객실점유율 면에서는 경쟁호텔보다 우세한 것으로 78.0%를 나타내고 있으나, 객단가에서는 최하위를 나타내고 있다. 객실매출의 상대적 비교인 REVPAR(@rate * Occ.)는 6개 호텔 중 5위로 G호텔을 약간 상회하고 있다. 6개 호텔 전체 객실매출점유율에서는 5.8%를 차지하고 있으며, 식음료매출은 NN호텔, G호텔을 제외하고 W호텔을 상회하는 매출이다. 연회장은 전체 매출 측면에서 NN호텔, G호텔보다 우위를 점하고 있다.

---

2) 이준혁 · 박헌진 · 박대환(2011), 호텔선택속성에 의한 호텔레스토랑의 리포지셔닝 전략: 부산 N호텔의 사례를 중심으로, 호텔관광연구, 13(4): 222-241.

표 10-4 경쟁호텔 조사(2010년 기준)

구분	P호텔 (528실)	W호텔 (290실)	L호텔 (760실)	NN호텔 (363실)	G호텔 (321실)	N호텔 (240실)	Market Total
판매가능 객실 수	192,980 (21.1%)	105,850 (11.6%)	277,400 (30.4%)	132,495 (14.5%)	117,165 (12.8%)	87,600 (9.6%)	913,490
판매객실 수	140,057 (23%)	75,648 (12.4%)	183,317 (30.0%)	79,497 (13.0%)	64,089 (10.5%)	68,205 (11.1%)	610,813
객실이용률(%)	72.6	71.5	66.1	60.0	54.7	78.0	
객단가	199,403	208,979	144,610	146,600	118,512	83,442	
REVPAR	144,766	149,419	95,587	87,934	64,870	65,048	
객실매출(천 원)	27,927,780 (29.2%)	15,808,824 (16.5%)	28,237,407 (29.5%)	10,444,661 (11.0%)	7,576,797 (8.0%)	5,691,143 (5.8%)	95,686,612
식음료매출(천 원)	20,774,142 (35.5%)	9,197,160 (15.7%)	18,189,675 (31.1%)	-	-	10,368,374 (17.7%)	58,529,351
연회장(천 원)	6,727,758 (20.0%)	6,243,905 (18.5%)	11,756,240 (35.0%)	1,511,191 (4.5%)	3,474,701 (10.3%)	4,037,524 (11.7%)	33,751,319

표 10-5 경쟁호텔 양식당 조사(2010년 기준)

구분	P호텔 C식당	L호텔 P식당	NN호텔 B식당	N호텔 I식당
매출(천 원)	1,918,177	1,345,264	610,232	2,078,688
고객 수(명)	35,454	23,471	10,565	104,042
객단가(원)	54,103	57,316	57,760	20,670
				조식포함 매출

〈표 10-5〉는 W호텔, G호텔을 제외하고 각 호텔별 양식당의 매출을 조사한 내용이다. 조식 미포함 시 2011년 3월 현재 객단가 23,542원으로 타 경쟁호텔에 비해 최하위로서 객단가 조정 및 메뉴의 전반적인 내용을 개선해야 하는 상황이다.

(2) 조사설계

본 사례에서는 N호텔의 고객들을 대상으로 2011년 5월 1일부터 동년 6월 10일까지 N호텔을 방문하는 투숙객에게 사전 협조를 얻어 설문지를 회수하였다. 총 142부의 설문이 회수되었는데 설문지의 수량이 작은 것은 방문객들이 대부분 단골고객으로서 설문에 응답하는 것을 회피하려 하였기 때문이다. 또한 설문은 먼저 국문으로 작성한 후 전문번역가에게 영문, 일문, 중문으로 번역하게 해서 최종 완성한 후에 배포되었다. 분석은 다음과 같은 절차를 통하여 이루어졌다. 첫째, 호텔선택속성의 만족도에 따라 요인분석을 수행하였다. 요인분석에서는 요인적재량이 .6 미만인 속성들은 제거하였으며, 신뢰도검증(Cronbach α)을 통해 각 요인의 신뢰성을 검증하였다. 둘째, 고객만족도와의 관계를 파악하고자 다중회귀분석을 시도하였으며, 시장세분화를 위해 군집분석, MANOVA, 판별분석 등을 시도하였다. 셋째, 차이분석을 위하여 t-test, ONEWAY ANOVA, 교차분석 등을 수행하였다. 이러한 분석을 위하여 SPSS for window 18.0프로그램을 이용하였다.

(3) 시장세분화 및 표적시장

① 중요도 및 만족도 비교분석

〈표 10-6〉은 호텔선택속성에 대한 중요도와 만족도의 평균을 비교한 결과이다.

객실부문에서는 욕실의 청결, 객실의 청결, 편안한 침대, 편안한 베개, 금연객실의 여부 등을 고객들이 중요하게 여기고 있는데 만족도의 평균도 같은 순위로 나타나 큰 차이가 없었다. 이러한 결과는 객실부문에 대해서는 고객들이 만족하고 있는 것을 알 수 있다. 그러나 조명의 밝기, 객실 내 업무공간의 편리성 등의 속성은 중요도는 높으나 만족도가 떨어져 향후 개선해야 할 사항으로 파악된다. 프런트오피스 및 관련부분에서는 종사원의 친절, 가격대비 가치, 예약의 신뢰성, 종사원의 커뮤니케이션 능력, 체크인 · 체크아웃의 신속성 등의 순으로 고객들이 중요하게 여기고 있으나 가격대비 가치속성은 중요도에 비해 크게 불만족한 것으로 나타났다. 또한 스포츠시설의 품질도 만족도가 떨어지는 속성이다. 따라서 향후 가치있는 객실의 품질 제고 및 스포츠시설의 품질도 제고해 나가야 할 것이다. 식음료부문에서는 식음료업장의 청결성, 종사원의 친절성, 전문적인 서비스, 식음료가격선택의 다양성, 식음료메뉴의 다양성 등의 순으로 중요하게 여기고 있는데, 대체적으로 만족도의 순위도 비슷하게 나타나 고객들이 대부분의 속성에 대해 만족한다고 할 수 있다. 그러나 중요도에 비해 전반적으로 만족도는 떨어지고 있어 현재의 식음료정책을 보다 개선하여 만족도 제고를 위한 노력이 필요할 것이다. 기타 호텔 전반부분에서는 호텔의 독특성, 인근지역의 안전성, 호텔의 명성, 인근지역의 조용함, 호텔브랜드의 선호도 등의 순으로 중요하게 여기고 있는데, 호텔의 독특성, 호텔의 명성, 인근지역의 조용함 등의 속성은 만족도가 크게 떨어지는 속성으로 파악되었다. 따라서 향후 홍보 및 광고정책으로 호텔의 명성을 쌓아 나가야 할 것이며, 대기업의 호텔로서 독특한 이미지 제고, 인근지역의 정비 등에 힘써야 할 것으로 파악된다. 〈표 10-7〉은 각 부분의 평균값을 근거하여 중요도(가로축) 대비 만족도(세로축)를 표시한 내용이다. 이것은 전체적인 요인에 대한 내부 포지션으로서 고객의 지각지도(perceptual map)라고 할 수 있다. 즉 프런트서비스, 비즈니스, 기타 서비스는 중요도와 만족도가 모두 떨어지는 부분이며, 편리성과 프런트종사원은 중요도와 만족도가 모두 높은 곳에 위치해 있다. 본 연구에서 분석하고자 하는 식음료서비스는 중요도는 높으나 만족도가 떨어지는 부분에 위치해 있다.

표 10-6 각 부문별 중요도 대비 만족도 결과

객실부문	중요도	순위	만족도	순위
욕실의 청결	4.66	1	3.93	1
객실의 청결	4.62	2	3.87	2
편안한 침대	4.51	3	3.75	3
편안한 베개	4.23	4	3.70	4
금연객실의 여부	4.10	5	3.66	5
욕실 내 비품	4.01	6	3.32	8
조명의 밝기	3.93	7	3.07	13
객실 내 업무공간의 편리성	3.87	8	3.08	11
객실의 크기	3.83	9	3.27	9
객실 내 장식	3.66	10	3.11	10
욕조의 크기	3.41	11	3.45	7
옷장의 크기 및 충분한 옷걸이	3.37	12	3.65	6
충분한 귀빈층	3.30	13	3.08	12
프런트오피스 및 관련부분				
종사원의 친절성	4.32	1	3.55	4
가격대비 가치	4.07	2	2.73	15
예약의 신뢰성	4.06	3	3.69	2
종사원의 커뮤니케이션 능력	4.03	4	3.69	2
check in, check out의 신속성	4.01	5	3.85	1
종사원의 전문성	4.00	6	3.31	6
실질 객실가격	3.87	7	3.16	7
재투숙객에 대한 혜택 및 배려	3.86	8	3.09	9

객실부문	중요도	순위	만족도	순위
예약의 편리성	3.83	9	3.44	5
스포츠시설의 품질	3.79	10	2.87	14
호텔 및 관광정보	3.79	11	2.89	13
원활한 불평처리	3.70	12	3.13	8
할인정책의 공지	3.68	13	2.97	11
메시지 전달의 효율성	3.65	14	2.99	10
할인정책의 융통성	3.59	15	2.92	12
식음료부문				
식음료업장의 청결성	4.35	1	3.13	3
종사원의 친절성	4.34	2	3.37	1
전문적인 서비스	4.07	3	3.08	5
식음료 가격선택의 다양성	4.03	4	3.03	6
식음료메뉴의 다양성	4.01	5	2.83	7
가격과 가치의 비례	3.99	6	2.68	8
식음료의 적시서비스	3.86	7	3.14	2
식음료 서비스의 다양성	3.83	8	3.11	4
기타 호텔 전반부분				
호텔의 독특성	4.07	1	3.07	7
인근지역의 안전성	4.01	2	3.35	1
호텔의 명성	4.00	3	2.94	10
인근지역의 조용함	3.94	4	2.96	9
호텔브랜드의 선호도	3.90	5	3.06	8
주차시설의 편리성	3.89	6	3.18	4
사업상의 편리한 위치	3.87	7	3.23	3
로비의 전반적인 기능	3.85	8	3.24	2
인근지역의 친숙성	3.79	9	3.18	5
쇼핑 및 관광활동상의 위치	3.73	10	2.86	11
고객층의 형태	3.65	11	3.15	6

표 10-7 각 부문별 중요도 대비 만족도

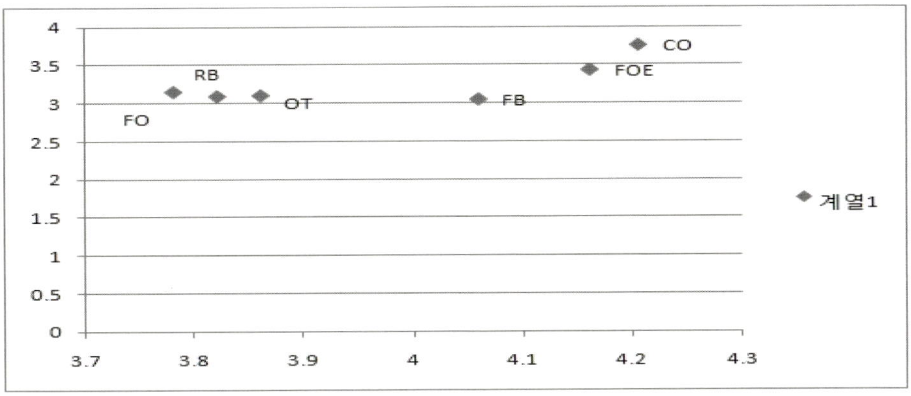

주) FO : 프런트서비스, RB : 비즈니스, OT : 기타 서비스, FB : 식음료서비스, FOE : 프런트종사원, CO : 편리성

② 시장세분화 및 표적시장

호텔선택 속성과 관련하여 Chung et al.(2004)의 benefit segmentation기법을 사용하여 선택된 48개의 속성에 대한 중요도 및 만족도를 통하여 요인분석을 시도하였다(리커트 5점 척도: 1. 전혀 중요하지 않다, 5. 매우 중요하다/ 1. 매우 불만족, 5. 매우 만족). 요인적재량 .6 미만은 제거한 후 총 31개의 속성으로 요인분석을 시도하였다. 결과적으로 N호텔의 호텔선택 속성의 만족도에 대한 신뢰도와 타당도를 확보하였다(〈표 10-8〉 참조).

한편 전반적인 음식의 맛, 전반적인 종사원의 서비스, 전반적인 객실서비스, 호텔의 브랜드, 가격대비 품질, 호텔이용 결정에 대하여 고객만족도(이준혁 · 박헌진, 2011)를 조사하였는데 각 요인과 고객만족도와의 관계는 〈표 10-9〉와 같이 나타났다. 〈표 10-9〉에서 N호텔의 고객들은 식음료서비스(.454)에 가장 만족하며, 비즈니스(.337), 편리성(.230), 프런트서비스(.212) 등의 순으로 만족하는 것을 알 수 있다. 그러나 기타 서비스와 프런트종사원에 대해서는 유의하지 않았다. 이러한 결과로 오히려 식음료서비스 외에 다른 속성들에 대해 고객들이 불만족하고 있다는 것을 알 수 있다.

표 10-8 호텔선택 속성의 만족도에 의한 요인분석

요인명 (신뢰도)	요인 변수	평균값 (n=142)	요인 적재량	고유치	분산 비율
요인1 식음료 서비스 (.949)	식음료메뉴의 다양성	2.83	.942	8.343	21.375
	식음료서비스의 다양성	3.11	.921		
	식음료가격 선택의 다양성	3.03	.875		
	식음료의 적시서비스	3.14	.871		
	종사원의 친절성	3.37	.839		
	식음료업장의 청결성	3.13	.829		
	식음료가격과 가치의 비례	2.68	.817		
	식음료의 전문적인 서비스	3.08	.780		
요인2 프런트 서비스 (.925)	원활한 불평처리	3.13	.866	5.751	19.485
	실질 객실가격	3.16	.838		
	할인정책의 공지	2.97	.835		
	할인정책의 융통성	2.92	.799		
	메시지 전달의 효율성	2.99	.783		
	재투숙객에 대한 혜택 및 배려	3.09	.737		
	예약의 편리성	3.44	.737		
	호텔 및 관광정보	2.89	.726		
	예약의 신뢰성	3.69	.698		
요인3 기타 서비스 (.855)	호텔의 명성	2.94	.838	4.563	12.005
	인근지역의 안전성	3.35	.798		
	사업상의 편리한 위치	3.23	.723		
	고객층의 형태	3.15	.685		
	호텔브랜드의 선호도	3.06	.679		
	쇼핑 및 관광활동상의 위치	2.86	.670		
요인4 편리성 (.797)	Check in, Check out의 신속성	3.85	.890	2.196	8.849
	금연객실여부	3.66	.776		
	편안한 침대	3.75	.762		
요인5 비즈니스 (.841)	객실 내 업무공간의 편리성	3.08	.857	1.846	8.489
	객실 내 조명의 밝기	3.07	.854		
	객실 내 장식	3.11	.775		
요인6 프런트종사원 (.895)	프런트 종사원의 전문성	3.31	.856	1.603	8.192
	프런트 종사원의 친절성	3.55	.740		

표 10-9 고객만족도와의 관계

회귀분석결과(종속변수 : 고객만족도)

독립변수	표준회귀 계수	t	t유의도	R2	F	F유의도
식음료서비스	.454	5.877	.000**	.434	17.013	.000**
프런트서비스	.212	2.901	.004**			
기타 서비스	.053	.659	.511			
편리성	.230	3.126	.002**			
비즈니스	.337	4.401	.000**			
프런트종사원	-.150	-1.825	.070			

〈표 10-10〉에서 군집분석(K-means방법)을 실시한 결과 각 요인의 평균점수가 대부분 높은 군집1은 기존고객형, 가장 낮은 군집2는 불만족형, 편리성 및 비즈니스의 만족도가 높은 군집3은 비즈니스선호형 등의 군집으로 명명하였다. 따라서 제1의 표적시장으로 평균점수가 가장 높은 기존고객형의 집단을 선정할 필요가 있다. 또한 제2의 표적시장으로서는 비즈니스선호형의 집단이 될 수 있을 것이다. 한편 군집분석의 유의성을 검증한(이충기 · 송학준 · 이대은, 2011) 결과 MANOVA분석에서는 Pillai's Trace: 1.872(p〈.000), Wilks's Lamda: .002(p〈.000), Hotelling's Trace: 126.832(p〈.000), Roy's Largest Root: 124.666(p〈.000)으로 나타나 하위집단 간 호텔선택 요인은 통계적으로 유의한 차이가 있는 것으로 분석되었다. 또한 〈표 10-11〉에서 판별분석을 시도한 결과 판별함수 1, 2에서 X^2값이 모두 275.522

(p〈.000), 133.324(p〈.000)로 각각 나타났다. 따라서 군집분석의 유의성이 확보되었다. 군집분석의 내용을 살펴보면 기존고객형은 타 군집에 비해 상대적으로 식음료서비스에 대해 만족하고 있으나 다른 요인에 비해서는 낮은 만족도를 나타내고 있다. 제2 표적시장인 비즈니스선호형 집단은 식음료서비스요인에 대해 가장 낮은 만족도를 보이고 있어 표적시장의 불만족요인으로 파악되었다. 그러므로 N호텔에서는 새로운 포지션을 개발하여 식음료서비스의 전반적인 개선이 필요할 것이다. 특히 N호텔의 I레스토랑의 리포지셔닝을 위해선 기존고객이 만족하며 비즈니스 및 불만족고객들이 만족할 수 있는 리포지셔닝이 필요할 것이다.

표 10-10 혜택에 의한 시장세분화(군집분석)

요인명	군집1 기존고객형	군집2 불만족형	군집3 비즈니스선호형	F값	P값
	n=84 (60.0%)	n=24 (17.1%)	n=32 (22.9%)		
요인1(식음료서비스)	3.5565H	2.5938L	2.0000L	67.041	.000**
요인2(프런트서비스)	3.2222H	2.3889L	3.5208	17.480	.000**
요인3(기타 서비스)	3.2619H	2.4167L	3.1875	19.597	.000**
요인4(편리성)	3.7460L	3.1389L	4.1875H	21.476	.000**
요인5(비즈니스)	3.0952L	2.3611L	3.6250H	29.724	.000**
요인6(프런트종사원)	3.9286H	2.0000L	3.1250L	79.175	.000**

*p 〈 0.05, **p 〈 0.01, H, L : Scheffe 사후검정결과 평균에서 유의적으로 높고 낮은 평균의미(p〈0.01)
MANOVA분석결과
Pillai's Trace : 1.872(p〈.000), Wilks's Lamda : .002(p〈.000), Hotelling's Trace : 126.832(p〈.000), Roy's Largest Root : 124.666(p〈.000)

표 10-11 판별분석을 통한 군집분석의 타당성 검증

	함수	분산설명력		판별력	판별함수의 유의성		
		고유값	분산비율	정준상관	Wilks'람다	X2	유의확률
호텔선택요인	1	1.878	52.6	.808	.129	275.522	.000
	2	1.695	47.4	.793	.371	133.324	.000
표준화 정준판별함수	호텔선택요인			함수1		함수2	
	요인1(식음료서비스)			-.783		.044	
	요인2(프런트서비스)			.649		.248	
	요인3(기타 서비스)			-.259		.296	
	요인4(편리성)			.445		.243	
	요인5(비즈니스)			.604		.315	
	요인6(프런트종사원)			-.291		.742	

*적중률(hit ratio)=96.5%, 교차유효성(cross-validated)=92.9%

표 10-12 각 군집에 대한 인구통계 및 방문행태와 관련된 파일

인구통계 및 구매행동 특성	구분	군집1(%) 기존고객형 (n=84)	군집2(%) 불만족형 (n=24)	군집3(%) 비즈니스형 (n=32)	전체 n=140명(%)	x^2값	p값
성별	남	46(32.9)	14(10.0)	26(18.6)	86(61.4)	6.976	.031*
	여	38(27.1)	10(7.1)	6(4.3)	54(38.6)		
연령	30세 이하	10(7.1)	2(1.4)	0(0.0)	12(8.6)	37.943	.000**
	31~40세	36(25.7)	6(4.3)	10(7.1)	52(37.1)		
	41~50세	20(14.3)	2(1.4)	20(14.3)	42(30.0)		
	51세 이상	18(12.9)	14(10.0)	2(1.4)	34(24.3)		
결혼여부	미혼	24(17.1)	2(1.4)	2(1.4)	28(20.0)	9.680	.008**
	기혼	60(42.9)	22(15.7)	30(21.4)	112(80.0)		
방문목적	개인사업	24(17.1)	4(2.9)	20(14.3)	48(34.3)	38.071	.000**
	세미나 및 연수	12(8.6)	14(10.0)	4(2.9)	30(21.4)		
	순수관광	26(18.6)	2(1.4)	6(4.3)	34(24.3)		
	기타	22(15.7)	4(2.9)	2(1.4)	28(20.0)		
직업	회사원	26(18.6)	4(2.9)	2(1.4)	32(22.9)	35.590	.003**
	자영업	6(4.3)	0(0.0)	2(1.4)	8(5.7)		
	공무원	2(1.4)	0(0.0)	0(0.0)	2(1.4)		
	전문직	24(17.1)	14(10.0)	20(14.3)	58(41.4)		
	기술직	6(4.3)	0(0.0)	0(0.0)	6(4.3)		
	주부	10(7.1)	4(2.9)	0(0.0)	14(10.0)		
	학생	2(1.4)	0(0.0)	0(0.0)	2(1.4)		
	판매서비스업	2(1.4)	0(0.0)	4(2.9)	6(4.3)		
	기타	64.3)	2(1.4)	4(2.9)	12(8.6)		
월평균 소득	$25,000↓	12(8.6)	4(2.9)	0(0.0)	16(11.4)	34.876	.000**
	$25,000~40,000↓	22(15.7)	4(2.9)	2(1.4)	28(20.0)		
	$40,000~55,000	16(11.4)	4(2.9)	6(4.3)	26(18.6)		
	$55,000~70,000	14(10.0)	0(0.0)	0(0.0)	14(10.0)		
	$70,000↑	20(14.3)	12(8.6)	24(17.1)	56(40.0)		
정보원천	자신선택	12(8.6)	0(0.0)	24(17.1)	36(25.7)	73.967	.000**
	소속회사	34(24.3)	16(11.4)	2(1.4)	52(37.1)		
	거래회사	6(4.3)	2(1.4)	2(1.4)	10(7.1)		
	여행사	14(10.0)	4(2.9)	0(0.0)	18(12.9)		
	웹사이트	16(11.4)	2(1.4)	0(0.0)	18(12.9)		
	기타	2(1.4)	0(0.0)	4(2.9)	6(4.3)		
선호호텔	W호텔	8(5.7)	16(11.4)	22(15.7)	46(32.9)	64.072	.000**
	P호텔	16(11.4)	0(0.0)	8(5.7)	24(17.1)		
	L호텔	18(12.9)	4(2.9)	0(0.0)	22(15.7)		
	NN호텔	6(4.3)	0(0.0)	0(0.0)	6(4.3)		
	G호텔	8(5.7)	0(0.0)	0(0.0)	8(5.7)		
	기타	28(20.0)	4(2.9)	2(1.4)	34(24.3)		

인구통계 및 구매행동 특성	구분	군집1(%) 기존고객형 (n=84)	군집2(%) 불만족형 (n=24)	군집3(%) 비즈니스형 (n=32)	전체 n=140명(%)	x^2값	p값
거주지	부산	10(7.1)	6(4.3)	10(7.1)	26(18.6)	36.035	.003**
	서울	24(17.1)	16(11.4)	16(11.4)	56(40.0)		
	울산	6(4.3)	0(0.0)	2(1.4)	8(5.7)		
	대구	2(1.4)	0(0.0)	0(0.0)	2(1.4)		
	경기도	8(5.7)	2(1.4)	0(0.0)	10(7.1)		
	충청도	2(1.4)	0(0.0)	0(0.0)	2(1.4)		
	강원도	2(1.4)	0(0.0)	0(0.0)	2(1.4)		
	제주도	4(2.9)	0(0.0)	2(1.4)	6(4.3)		
	기타	26(18.6)	0(0.0)	2(1.4)	28(20.0)		

주) *p 〈 0.05, **p 〈 0.01

또한 〈표 10-12〉에서 각 군집을 인구통계적 특성 및 구매행동특성으로 묘사하였는데 제1표적시장인 기존고객형 집단의 내용은 다음과 같다. 첫째, 성별의 구분에서 교차분석을 시도한 결과, 남성이 여성보다 많은 것으로 나타났으며 둘째, 연령대에서는 30대, 40대, 50대의 순으로 많은 것을 알 수 있었다. 따라서 포지셔닝전략의 구사에서 30대, 40대를 겨냥한 전략을 구사해야 할 것이다. 셋째, 결혼여부에서는 기혼의 경우가 대부분이었다. 넷째, 방문목적에서는 개인사업이 가장 많았고, 다음으로 순수관광, 세미나 및 연수 순이었다. 따라서 개인고객(FIT)의 눈높이를 맞춘 전략이 필요할 것이다. 다섯째, 직업별로는 전문직, 회사원, 주부 순으로 나타났다. 여섯째, 월평균소득 면에서 보면 $25,000~55,000가 가장 많았고 $70,000가 다음을 차지하여 제1표적시장인 기존고객들은 중간소득계층이 많은 것으로 파악된다. 이는 중간소득계층을 무시할 수 없는 가격전략의 시행이 요구된다고 할 수 있다. 일곱째, 호텔을 찾는 정보원천에서는 소속회사 선택이 가장 많았으며, 웹사이트, 여행사의 순으로 나타났다. 따라서 소속회사의 예약담당자에게 인센티브를 줄 수 있는 전략이 필요할 것이다. 여덟째, 선호하는 호텔에서는 L호텔이 가장 많았으며, P호텔, W호텔의 순으로 선호하는 것을 알 수 있다. 이는 강력한 경쟁상대가 바로 L호텔이라는 것을 의미한다. 따라서 L호텔을 경쟁대상으로 파악하여 L호텔에서 받을 수 있는 혜택을 지속적으로 제공해 나가야 할 것이다. 마지막으로 거주지는 서울, 부산의 순으로 나타났다. 그러므로 서울 지역의 관광객들에게 어필할 수 있는 홍보전략이 필요할 것이다.

제2표적시장인 비즈니스형 고객들은 남자고객이 많았으며, 연령은 40대였으며, 대부분 기혼이었다. 방문목적은 개인사업이 대부분이었으며, 전문직이 대부분으로 나타났다. 월평균소득 면에서는 $70,000 이상이 대부분이므로 고소득층이며, 정보원천은 자신 스스로 선택하는 경향을 보였다. 선호호텔은 제1표적시장과는 달리 W호텔을 가장 선호하였으며 거주지는 역시 서울, 부산 순이었다. 이러한 내용으로 볼 때 제2표적시장에 대한 전략은 고급화전략이 주효할 것으로 파악된다.

제2절 표적시장 전략

1. 시장에 대한 접근

시장세분화를 통해 표적시장을 분류해 내는 과정은 가장 모범적인 방법이다. 그러나 기업들이 적합한 시장을 찾아내는 방법에는 시장세분화 이외에도 여러 형태가 있을 수 있다.

1) 대중 마케팅(mass marketing)

과거 대우의 김우중 회장은 『세상은 넓고 할 일은 많다』라는 저서를 냈다. GE의 전 회장 Jack Welch도 시장을 20배 더 넓게 정의하라고 했다. 기업에게 시장이 넓을수록 유리하다는 것은 부인할 수 없는 사실이다.

McDonald's, Coca-Cola, 자동차 타이어 부문의 Good Year 등 각 부문 세계 1위의 기업들과 대규모, 대자본을 갖고 있는 기업들은 모든 대중 시장(critical mass)을 대상으로 하고 있다. 이것이 가능한 기업은 실제로 그렇게 많지 않다. 대중 마케팅은 시장의 실체성이 최대라는 가정하에 최대의 규모 경제(economies of scale, scale economies) 효과를 얻을 수 있는 장점이 있는 반면, 재무적 · 물질적 · 인적 자원과 더불어 어떠한 환경에서도 모든 것을 지속적으로 유지할 수 있는 능력이 뒷받침되어야 한다는 단점이 있다.

따라서 기업들은 시장의 차별성보다는 시장의 공통분모를 찾아내 시장의 실체성을 극대화시키고, 그러한 시장에 공통적으로 적용될 수 있는 제품을 공급하는, 비차별적 마케팅(undifferentiated marketing)을 수행하게 된다. 세분화된 시장을 오히려 통합하여 공통적 제품을 출시하는 역세분화(counter-segmentation)도 대중 마케팅과 유사 이념의 전략이다.

참고로 대중 판매(mass selling)를 하는 Amway, Avon, Mary Kay 등의 'pyramid selling scheme'도 대중 마케팅에 속할 수는 있으나, network 마케팅, 다단계 마케팅 등 정도의 대중 판매 방식과는 구분되어야 한다.

2) 제품 다양화 마케팅(product-variety marketing)

시장세분화를 통한 시장의 차별화, 즉 각기 다른 세분시장에 대한 접근이 아닌, 다양한 제품에 의해서 시장에 접근하는 방법이다. 이러한 기업들은 제품의 특성(feature), 스타일, 품질, 크기 등을 다양화시킴으로써 시장에 접근하게 된다. 전술되었던 제품차별화 전략이 그 근간이다.

3) 시장 차별화 마케팅(differentiated marketing)

시장세분화를 거쳐 도출된 각 세분시장에 각기 다른 제품을 갖고 접근하는 방법이다. 대중 마케팅과 비교할 때 규모 경제 효과 측면에서 크게 불리하며, 제품 다양화 마케팅과 비교할 때에도 공급제품의 형태가 많고 다양하기 때문에 높은 비용이 수반된다는 단점이 있다. 시장의 규모를 확대시키고 높은 판매량 및 매출액을 기대할 수는 있으나, 대자본, 높은 R&D 비용과 기술력 등을 갖추지 못하는 기업에게는 불가능한 접근방법이며, 무엇보다도 자원의 효율적 분배 측면에서 큰 단점을 내포하고 있다.

4) 표적 마케팅(target marketing)

시장세분화를 거쳐 도출된 세분시장 중 시장세분화의 기준과 부합되는 기업의 실행 가능성과 조화시켜 하나 혹은 몇 개의 세분시장에 접근하는 방법이다. 기업의 자원을 전문성과 효율성에 입각하여 분배한다는 가장 합리적인 시장 접근방법

(3) 여행시장

WTO의 발표에 의하면, 여행시장에서 가장 빠르게 성장하고 있는 분야는 문화여행이라고 한다. 또한 제3세계 국가에 가서 빈민구제활동을 하거나 동물보호 등의 'voluntourism'(자원봉사 여행)도 증가 추세에 있다. Eastwatch, Biosphere Expeditions와 같은 민간 여행사, 비영리 기관들이 이와 같은 여행을 전문적으로 취급하고 있다. 미국의 Vocation Vacations라는 여행사는 타 분야의 직업을 경험할 수 있는 여행상품을 판매하고 있다. 범죄, 죽음, 공포, 테러, 자연 폐해 등의 장소를 관광명소로 개발하여 상품화하는 관광형태도 있다(예: 미국 San Francisco Alcatraz 감옥). 이것을 'dark tourism marketing'이라고 한다.

관광 목적 여행객은 점차적으로 비즈니스로부터 파생되는 경우가 많아지고 있다. 환언하면 비즈니스 목적 여행객이 비즈니스만이 아닌 관광 목적의 여행을 병행하는 사례가 많아지고 있다는 것이다. 그에 따라 'bleisure(business + leisure) travel'이라는 새로운 용어도 탄생됐다. 관광 목적 여행객은 가장 큰 성장률을 보이고 있는 세분시장인 동시에, 호텔산업에서 무시할 수 없는 주 시장으로 부각되고 있다.

관광 목적 여행객은 크게 두 형태의 고객으로 대분된다. 대다수에 속하는 한 형태는 가격에 매우 민감하며, 호텔의 시설, 이용방법 등에도 가장 무지한 부류고, 나머지 한 형태는 가격에 거의 민감하지 않으며, 호텔의 시설, 서비스 등 모든 측면에 있어서 가장 까다로운 부류다. 따라서 용어상 같은 세분시장으로 분류는 되지만, 소비자 행동 측면에 있어서 극과 극의 양상을 보이는 전혀 다른 세분시장이다.

(4) 패키지

패키지를 통한 고객의 추구 혜택은 세 형태로 대분될 수 있다. 첫째는 가격이다. 대부분의 패키지 상품은 낮은 가격으로 제공되기 때문에, 고객은 여러 상품을 하나의 낮은 가격으로 이용할 수 있다는 장점을 갖게 된다. 두 번째 이유는 패키지가 아니면 평소에 이용할 수 없는 시설 및 제품을 이용할 수 있다는 것이며, 세 번째 이유는 패키지에 포함된 모든 시설을 평소보다 쉽게 이용할 수 있다(hassle-free)는 것이다.

마케팅의 관점에서 살펴볼 때 패키지는 몇 가지 중요한 과제를 던져주고 있다. 국내 호텔의 경우 그 대상 잠재 영역이 무수하며, 큰 시장의 기회를 갖고 있다. 반면에 패키지는 많은 불평이 접수되는 영역 중의 하나다. 많은 불평들이 패키지에 포함되었던 상품 이용에 대한 약속 불이행으로 파생되고 있기 때문에, 기존 제품에 대한 부정적 구전 커뮤니케이션으로 연결되는 경우가 많다. 그러나 분명한 것은 패키지 상품은 '계륵'이 아니라 '황금알을 낳는 거위'라는 것이다. 특히 국내 리조트 호텔에 있어서 패키지 상품에 대한 마케팅의 올바른 수행은 사업의 성장을 위한 중요 요소다.

(5) 노인시장

이 세분시장은 뚜렷한 수요 주기가 없기 때문에 비수기에 유치할 수 있다는 것이 무엇보다 큰 매력이다. 아침식사도 보통 사람들보다 빨리 하기 때문에 많은 호텔들이 Early Bird Special 등의 메뉴를 개발하는 등, 새로운 세분시장으로 점차 부각되고 있다. 이들의 대부분은 재투숙률이 매우 높으며 육체적으로 많이 움직이는 것을 싫어하고(soft adventure), 따라서 로비와 가까운 객실을 선호한다. 짐 처리, 관광 정보에 대해 특별히 신경을 써야 하며, 신속한 서비스보다는 친절하고 여유있는 서비스를 선호한다. 부부 동반으로 투숙할 때 침대가 두 개 필요하며, suite룸, 큰 욕조 및 온천, 밝은 조명을 선호한다. 이들의 일부는 호화스럽고, 편안한 혜택에 대하여 기꺼이 돈을 지불할 만큼 가격에 민감하지 않기 때문에, 이들의 다양한 욕구와 필요를 잘 조사해야 한다.

(6) 기타 세분시장

■ incentive travel

최근 급증하고 있는 세분시장 중의 하나는 incentive travel 고객이다. Incentive travel의 목적으로는 ① 판매 증진, ② 업무에 대한 새로운 인식, ③ 사기 진작, ④ 충성도 제고, ⑤ 새로운 account 개발 등이 있는데, 평균 100명에 이르는 무시할 수 없는 세분시장이다.

Incentive travel은 비즈니스 단체에 속해 있는 세분시장으로서, Caribbean Islands, Hawaii, 유럽 등지의 리조트를 가장 선호하고 있다. 평균 체재일은 5~7일에 이르고, 송출 기업에서 미리 현금을 맡기는, 평균 객실요금 및 소비 수준이 높은 세분시장이다. 외국에서는 이 세분시장을 전문적으로 취급하는 기관인 Incentive House가 증가하고 있다.

■ 항공사 승무원

항공사 승무원은 객실요금을 가장 적게 지불하는 세분시장이나, 무시할 수 없는 세분시장이기도 하다. 이들은 일정 관계로 숙면이 중요하기 때문에, 도착 시 체크인이 미리 되어 있어야 하고, 햇빛차단커튼, wake-up call 등이 주요 혜택이다. 객실은 엘리베이터, 자동판매기, ice machine 등과 멀리 떨어져 숙면에 방해가 되지 않아야 하며, adjoining 객실(인접한 객실)을 피해야 한다. 식음료 할인 및 저렴한 객실과 식음료에 대한 패키지 판매를 선호한다.

■ 'bleisure'

비즈니스와 레저라는 두 가지 목적으로 여행하는 여행객들이 늘어남에 따라 'bleisure'라는 신개념 세분시장이 생성됐다. Avis는 'bizcation'이라 명명하고 있다. 미국의 Pullman Hotels & Resorts는 'Time for Pleasure by Pullman'이라는 프로그램으로 비즈니스 목적 여행객들에게 마지막 3일간의 체류를 레저 목적으로 변형시키고 있다. 무한정 인터넷 이용, 'Lounge Connectivity by Pullman' 서비스(조찬 buffet, 바, 레스토랑, video-on-demand 할인) 등의 혜택이 그것이다. 미국 Las Vegas의 MGM Resort는 'M Life'라는 충성도 프로그램을 통하여 Hyatt Hotels Corporation의 'Gold Passport'와 연계, Hyatt의 비즈니스 고객들을 MGM의 레저 고객으로 전환시키고 있다. 유사한 사례들은 Universal Orlando Resort in Florida, Blu Aqua 등에서 찾아볼 수 있다.

3. 식음료부문 고객에 대한 표적시장 전략

1) 식음료부문의 주요 속성 및 평가

표 10-16 레스토랑의 분류

구분	형태
Full service restaurant	fine dining
	theme
	celebrity
	steak house
casual dining & dinner house restaurant	midscale casual
	family
	ethnic
quick service fastfood restaurant	hamburger
	pizza
	chicken
	sandwich
	Mexican
	bakery cafe
	drive in/through

표 10-17 레스토랑 형태별 속성의 중요도 순위

속성	종합	fast food	family	atmosphere*
레스토랑의 청결	1	1	1	1
화장실의 청결	2	2	2	3
음식의 맛	3	4	3	2
음식의 적절한 온도	4	5	5	5
음식의 미적 외양	5	6	7	7
재료의 신선도	6	7	6	6
주문한 대로의 조리상태	7	8	4	4
레스토랑의 온도	8	10	8	8
종사원의 친절성	9	9	9	10
좌석의 편안함	10	13	11	9
주문한 대로의 향료처리	11	12	12	11
음식제공의 신속성	12	3	15	18

속성	종합	fast food	family	atmosphere*
부가주문에 대한 대응	13	15	10	13
메뉴의 다양성	14	17	13	15
서비스의 적시성	15	11	17	17
음식상태에 대한 확인	16	19	14	14
조용한 내부환경	17	18	16	12
내부장식의 매력성	18	16	18	16
음식준비상태에 대한 공지	19	14	19	19
종사원의 명찰착용	20	20	20	20

주) * Atmosphere 레스토랑은 'fine dining' 또는 'elegant dining'으로도 표현됨

〈표 10-16〉과 같이 레스토랑의 형태에 따라 차이는 있으나, 청결과 음식의 맛, 온도, 외양, 신선도, 조리상태 등이 식음료 부문에 있어서의 주요 혜택임을 알 수 있다. 세계적인 레스토랑 평가기관인 Zagat(Zagat는 미국 Yale대학 출신 Zagat 부부에 의해 창설되어 『Zagat Survey』라는 베스트셀러를 통해 미국 내 54개 도시 및 London, Tokyo, Paris, Vancouver 등 세계 주요 도시에서 레스토랑, 바, 나이트클럽을 평가하고 있는 기관으로, 현재 세계 각국의 10만 명 이상의 전문가로 구성되어 있음. 자세한 정보는 www.zagat.com 참조)에서는 요리 맛, 레스토랑의 내장, 직원 서비스, 가격을 평가 기준으로 정하고 있으며, 평가 기관 중 양대 산맥이라고 할 수 있는 Michelin(Michelin은 유럽 중심의 세계 21개국 65개 도시에서 레스토랑을 평가하고 있는 기관임. 현역 요리사와 요리 평론가로 구성된 전문 평가단을 파견하고 있는 기관으로, 전문 평가단을 파견하여 평가를 수행하고 있음. 자세한 내용은 www.michelin.com 내 travel part를 참조. 이외에 20~25$의 가격으로 『Michelin Red Guide』를 판매하고 있음)에서는 가격/질, 응대, 분위기, 음식, 조식 여부, 편안함, 직원 복장, 조용함, 서비스, Michelin Guide에 대한 신뢰도 등 10개의 항목을 평가 기준으로 정하고 있다.

세계에서 가장 영향력 있는 음식 평가 기관으로 알려져 있는 Michelin Guide는 2006년 France를 벗어나 New York을 시작으로 Tokyo, 홍콩, 서울 등에도 진출하고 있다. Michelin Guide의 평가방법은 레스토랑에는 알리지 않은 채 전문가들이 여러 번 방문해 시식하고 평가하는데, 평가기준은 최고는 별 세 개(음식을 위해

특별 여행을 할 정도의 수준), 다음은 별 두 개(우회해서 갈 만한 가치가 있는 수준), 다음은 별 한 개(좋은 식단)다. 레스토랑들은 별을 빼앗기기도 하는데, Michelin에서는 그 이유를 설명하지 않는다.

2) 호텔레스토랑의 영업활성화 전략

(1) 레스토랑의 최소화 및 제거(downsizing and elimination)

외국의 중저가 호텔들은 레스토랑을 최소화시키거나, continental 조식을 객실요금에 포함시켜 운영하고 있다. 이 경우 호텔 내에 레스토랑 없이 룸서비스로만 운영할 수 있어, F&B 영업의 부담을 최소화시킬 수 있다.

(2) 호텔 자체 개념 개발(proprietary concept)

국내외 많은 호텔들은 호텔 자체의 F&B 브랜드를 개발하고 있는 추세다. Starwood의 Sheraton에서는 Sheraton Cuisine의 브랜드를, Marriott Corporation에서는 다양한 F&B 개념 개발, Choice Hotels International과 Inter-Continental Hotels Group의 Holiday Inn에서는 다수의 quick-service 브랜드로 구성된 food court를 운영하고 있다.

Beth Scott Hilton Worldwide의 식음료 부사장은 "우리는 22,000명의 고객, 소유주, 사업자를 대상으로 한 설문조사 결과, 사람들의 실내에서 식사하던 습관이 이동 중 식사하는 습관으로 변화되고 있는 것을 확인했다. 따라서 우리는 다이닝 모델의 혁신을 이루고자 한다"라고 했다. Hilton Worldwide는 Hilton Hotels & Resorts에 'Herb n' Kitchen', Doubletree by Hilton에 'Made Market', Embassy Suites에 'Brickstones Grill'이라는 각 체인 브랜드의 개념에 맞는 레스토랑을 2013년부터 운영하고 있다.

(3) 전략적 입지(strategic location)

주로 중저가 호텔로서 호텔의 입지를 유명 레스토랑 인근 지역으로 정하는 경우다. 대표적으로 Carlson Hospitality를 들 수 있는데, Cendant Corporation의 Ramada Inn이나 Days Inn 등의 호텔과 T.G.I. Friday's, Country Kitchens 등의 레스토랑 입지를 인근지역으로 정한 것이 그것이다.

(4) 아웃소싱(leasing space to independents)

국내, 특히 지방 1~3급 관광호텔들은 호텔의 F&B outlet을 outsourcing을 통하여 운영하고 있다. 호텔 측에서는 F&B 영업에 대한 경영과 투자의 위험을 최소화시키며, 임대료를 통한 안정된 수입을 창출할 수는 있으나, 호텔의 이미지, 고객서비스 등 장기적 관점에서 바람직하지 않은 방식이다.

(5) 브랜드 제휴(co-branding)

국내에서는 초기 단계에 있으나 외국에서는 이미 오래전부터 활성화되고 있는 방식이다.

호텔과 레스토랑의 브랜드 제휴는 일반적으로 다음과 같은 세 형태가 있다.

① 임대(lease)

판매수익에 대한 비율, 혹은 고정 금액(flat fee)을 조건으로 레스토랑을 임대하는 경우다.

Raddison SAS Hotels가 최초로 도입했던 방식이다.

② Franchisee

호텔이 타 레스토랑의 franchisee가 되는 방식이다. 1989년 Marriott Corporation이 Pizza Hut과 계약한 것이 최초로 알려져 있다.

③ Joint venture

손익을 호텔과 레스토랑이 같이 나누는 경우이다. 이것 역시 Raddison SAS Hotels가 최초다. Germany의 Hamburg에 Traver Vic's와 Berlin에 T.G.I. Friday's와 계약한 사례가 여기에 해당된다.

(6) 독립적 레스토랑 경영

많은 유명 호텔들이 독립적으로 레스토랑을 운영하고 있다.

유명 호텔들의 독립적 레스토랑 운영

Four Seasons의 Culina 레스토랑은 California Beverly Hills에서, New York의 Benjamin Hotel은 Lexington Street에서 National Bar & Dining Rooms 레스토랑을, Ritz-Carlton은 San Francisco Bay 지역에서 Parallel37 레스토랑을 호텔과 별도의 장소에서 운영하고 있다. 2010년부터 Four Seasons는 미국 내 호텔 레스토랑 중 15개를 위와 같이 개조했으며, Culina 레스토랑의 경우 메인 메뉴 30~40$의 가격대도 24~32$로 조정했다. Four Seasons는 호텔 레스토랑의 '무거운' 서비스 형태도 보다 캐주얼하게 바꾸어나가고 있다. 이와 유사하게 Philadelphia의 고급 장기체류 호텔인 AKA Rittenhouse Square는 레스토랑의 입구를 호텔과 분리하여 호텔 레스토랑의 이미지를 벗어나고 있다.

호텔들이 위와 같이 독립적 레스토랑을 운영하는 이유는 기존 호텔 레스토랑의 고가 메뉴, 무거운 서비스, 부정적 이미지를 개선하고, 레스토랑의 특성을 최대한 살리기 위해서다.

3) 기타 호텔레스토랑의 영업활성화 전략

(1) 환경적 요소

① 색채(color)

미국의 색상 컨설턴트 Cathy Lamancusa에 의하면, 소비자가 제품에 대해 갖는 첫인상의 60%가 색상에 의해 결정된다고 한다. 눈에서 뇌로 가는 신경의 수는 귀에서 뇌로 가는 신경의 수보다 22배가 많다고 한다. 시각이 청각보다 훨씬 중요하다는 증거다. 통상적으로 하얀은 순수(우유), 검정은 사치(Johnnie Walker Black Label), 파랑은 리더(Johnnie Walker Blue Label), 보라는 왕족의 색(born to the purple), 초록은 환경과 건강의 색(green tea) 등의 정체성을 갖고 있다. 따뜻한 색(빨강, 오렌지, 노랑, 금색)은 강한 자극을 주기 때문에 식욕을 자극하고 차가운 색(청, 녹색)은 긴장을 이완시킨다. 따뜻한 색은 고객을 유인하는 역할을 하며, 그것이 강하면 좌석 회전율을 증대시킨다. In-N-Out, Burger King, Wendy's, McDonald's 등 fast food 레스토랑이 여기에 해당되며, Taco Bell에서는 디저트를 은은한 색에서 주홍, 빨강으로 바꾸어 좌석 회전율 증대에 노력하고 있다.

좌석 회전율과 관련은 없지만 유명 실내 디자이너 David Rockwell은 신개념 와인 상점을 위해 와인을 8가지 스타일과 맛으로 구분하고, 각 맛을 대표하는 색채 코드를 만들었다. 미국의 Walgzeens는 화장품 매장은 핑크, 조제약 부문은 신뢰감 있는 하양, 건강식품 매장은 초록, 헬스케어 매장은 진정효과가 있는 파랑 등으로 만들어 판매효과를 제고시키고 있다.

② 음향(sound)

카지노 호텔 슬롯머신에서 잭팟 등 요란한 소리들은 고객을 오래 머무르게 하는 주요 요인이다. 음향은 구조적(물리적) 요인과 비구조적(감성적) 요인으로 나뉠 수 있다. 전자는 멜로디, 리듬, 하모니, 볼륨, 무드, 템포 등 고객을 환기시키고, 고객에게 직접적으로 유쾌한 기분을 조성하는 것들이고, 후자는 선호 음악과 연상된 정보를 통한 정서적 변화 유도와 관련된 것들이다.

영국에서는 불량 고객을 배제하기 위해 불량 고객들이 좋아하지 않는 클래식 음악을 틀며, London의 많은 지하철(London Underground System)에서도 클래식 음악을 적극적으로 활용하고 있다.

③ 조명(light)

감각 마케팅 전문가 Martin Lindstrom에 의하면, 모든 커뮤니케이션의 83%는 시각에 호소하고 있다고 한다. 시각은 인간의 오감 가운데 인지능력이 가장 우수하며, 가장 직접적으로 소구하는 강한 설득력을 갖고 있다. 레스토랑의 좌석 회전률 증대에 있어서 가장 중요한 역할을 하는 것은 바로 이 시각적 요소다.

조명등은 백열등(incandescent lamp)이나 할로겐(halogen)보다 형광등(fluorescent tube)이 열의 효율 및 열발산 억제에 있어서 효과적이다. 특히 최근에 기술이 발달하며 LED가 10만 시간의 수명, 최고의 에너지 효율성, 다양한 색상, 비소음, 관리의 효율성 등의 수많은 장점으로 가장 인기있는 조명도구로 사용되고 있다. LED는 기존의 고 에너지 HID(high intensity discharge lighting)이고, 색상을 살리기 어려운 네온등까지도 대체시키며, 나아가 애니메이션까지도 생성시킬 수 있는 장점을 갖고 최적의 조명환경을 창조해 내고 있다. 레스토랑 홀의 전체가 밝은색일 경우에는 자극적이나 부분등(spot lit)은 영역을 표시하며 안락감을 준다. 전자가 좌석 회전율 증대에 도움을 준다.

④ 냄새(scent)

후각은 어떤 감각보다도 더 본능적으로 인간의 감성, 기억, 행동을 자극하며, 또한 가장 오랫동안 기억에 남는다고 한다.

인간이 느끼는 단맛, 신맛, 쓴맛, 짠맛 등 4가지 맛(매운맛은 맛이 아님) 외에 나머지 맛을 느끼게 해주는 것이 곧 냄새다. 인간은 주로 냄새로 맛을 느낀다. 20세가 지나면 후각이 급격히 감퇴하여 후각기능이 매 10년마다 절반으로 줄어든다고 한다.

(2) 디자인 요소

레스토랑은 디자인을 통해서 고객에게 정보를 제공한다. 외부 디자인은 고객을 유인하고, 편리한 출입과 넓은 대기 공간을 통해서 영업 증진에 도움을 준다. 중국 레스토랑인 Mr. Chow는 중국식 조각과 건축으로 유명하다. Planet Hollywood와 Hard Rock Cafe는 밀폐된 내부 공간을 갖추고 고객의 호기심을 유발시킨다.

레스토랑 디자인에 있어서 가장 중요한 사항은 음식, 직원, 기물, 고객의 흐름에 대한 고려다. 따라서 진입부, 주방, 홀, 지원 공간의 설계 시부터 이러한 사항들이 잘 고려되어야 한다. 특히 고객의 관점에 있어서는 레스토랑과의 첫 만남(MOT design), 진입 시 buffer zone(완충지대라는 의미)의 인상(entrance design), 내부의 이미지(hall design), 화장실 등 지원 공간(backside design) 등 네 부문에 대한 디자인이 핵심 고려사항이다.

제3절 포지셔닝 전략

1. 포지셔닝 전략의 의의 및 유형

1) 포지셔닝 전략의 개념 및 의의

"제품의 궁극적 시장 위치(position)는 제품 간의 하찮은 차이보다 브랜드의 개성, 즉 브랜드를 인생의 한 부분으로 만들어내는 확고한 이미지에 달려 있다"라고 말한 1955년 David Ogilvy의 American Association of Advertising Agencies 기조 연설에서 그 개념이 먼저 전달되었다.

Kevin Keller는 "포지셔닝이란 지속적으로 차별적 우위가 가능한 혜택을 소비자 인식 속에 심어주는 작업"으로 포지셔닝을 정의하고 있다. Kevin Keller는 또한 포지셔닝은 경쟁자들을 고객의 마음 밖으로 몰아내는 것이라고 언급했다. 그러나 마케팅에서의 포지셔닝은 유형적 위치가 아니라 black box라고 하는 소비자의 마음에만 위치하는 것으로서, 그것을 포착하고 잘 위치시키는 것이 어려우며, 특히 제품의 무형적 특성을 갖고 있는 환대산업에서는 그 어려움이 가중되고 있다.

2) 포지셔닝 전략의 유형

(1) 객관적 포지셔닝(objective positioning)

객관적 포지셔닝은 제품, 서비스 혹은 브랜드의 객관적 속성과 관련된 것으로서, 물질적 특성 및 기능적 특성을 나타내는 제품에 대한 이미지를 창조해 내는 것이다. 즉 제품의 차별화가 명백하며 독특한 특성을 갖고 있는 제품 및 브랜드에 적합한 포지셔닝 전술이다.

Las Vegas의 Bellagio, The Venetian 등은 그 웅대함과 화려함으로, Motel6, Formule1은 경제성으로 확고한 포지셔닝을 갖고 있다. Mr. Steak은 스테이크를, Pizza Hut은 피자를, Burger King은 햄버거를 판매한다는 이미지를 브랜드 자체에서 파생시키고 있다. Haagen-Dazs의 아이스크림은 'richness'(맛이 진함)로 유명하다. Aqua-Fresh는 충치 예방, 구강 청정, 미백 효과 등의 세 혜택을 세 가지 색상의 치약으로 포지셔닝하고 있다. Gillette의 안전 면도기, 강력한 세탁용 세제 Tide, 복사하면 떠오르는 Xerox, Scotch 테이프 등도 대표적인 객관적 포지셔닝 범주에 해당된다.

객관적 포지셔닝에는 속성 이외에도 사용 및 적용(use/application) 포지셔닝(Nike의 경주용 최상 운동화, 농구용 최상 운동화 등); 사용자(user) 포지셔닝(Marriott의 중장기 체류자를 위한 Residence Inns); 경쟁자 포지셔닝(7UP의 'Uncola'); 품질/가격(price/value) 포지셔닝(Taco Bell의 가치 창조) 등 여러 유형이 있다.

(2) 주관적 포지셔닝(subjective positioning)

1980년대에 이르러 많은 기업들이 포지셔닝의 개념을 적극적으로 도입하기 시작했는데, 그 초점은 제품의 속성보다는 고객의 마음이었다. 주관적 포지셔닝은 제품, 서비스 혹은 브랜드의 주관적 속성과 관련된 것으로 혜택에 의한 감지(perceived benefit)를 통하여 구매 결정을 유도하는 포지셔닝 전략이다. 환대산업 제품의 무형성을 고려할 때, 주관적 포지셔닝이야말로 진정한 포지셔닝 전략이라고 할 수 있다. 즉 제품이 무형적이기 때문에 제품의 물질적 특성이 아닌 소비자들의 추구 혜택에 근간을 둔 포지셔닝으로서, T.G.I. Friday's, Bennigan's의 캐주얼하고 흥미있는 분위기, 스테이크 레스토랑에서의 'Sell the sizzle not the steak' 등의 광고가 주관적 포지셔닝의 좋은 예라고 할 수 있다.

2. 환대산업/호텔의 포지셔닝 전략

Lewis에 의하면, 호텔 포지셔닝 전략의 3대 요소를 ① 이미지의 창조, ② 주요 혜택에 대한 약속, ③ 경쟁과의 차별화라고 하고 있다. 정규엽은 이를 수정하여, 6대 요소를 제시하였다. ① 표적시장의 선정, ② 경쟁 대상의 선정, ③ 주요 혜택에 대한 약속을 통한 경쟁과의 차별화, ④ 유형적 단서에 대한 조작, ⑤ 포지셔닝 성명서의 개발, ⑥ 획일성 유지가 그것이다. 이미지의 창조란 곧 포지셔닝과 유사한 맥락의 용어로서, 포지셔닝 전략의 한 단계가 아닌, 그 개념 전달에 가까운 용어이기 때문에 6대 요소에서 제외한다.

1) 표적시장의 선정

Aristotle는 사람을 설득하고자 할 때의 3대 요소를 ethos(credibility : 신뢰성), pathos(emotional appeal : 감정적 소구), logos(logic and reasoning : 논리성과 합리성)라고 했다. 그러나 Aristotle에 의하면, 그 사람에 대해서 아는 것이 가장 중요하다고 한다.

포지셔닝 전략의 시발점은 표적시장의 파악이다. 표적시장에 대한 파악은 포지셔닝 전략뿐 아니라, 시장세분화 전략을 제외한 모든 마케팅 전략의 필수조건이며, 동시에 시발점이다.

2) 경쟁 대상의 선정

포지셔닝 전략에서 중요하면서도 난제에 해당되는 단계이다. 경쟁 대상은 전체 산업일 수도 있고, 특정 브랜드일 수도 있다. 물론 그 사이에 존재하는 무수한 제품계층 및 제품형태일 확률은 더욱 높다. 경쟁의 범위를 어떻게 정하고, 경쟁 대상을 어떻게 선정하느냐에 따라서 포지셔닝 전략의 효과는 천차만별로 나타날 것이다. 물론 그 기준은 간단하다. 선정된 표적시장이 어떠한 제품 혹은 브랜드를 우리 제품의 대체재로 간주하고 있느냐의 문제인 것이다. 기준은 간단하나, 그것을 정확히 판단한다는 것이 얼마나 어려운 문제인가는 경쟁 개념에서 전술된 바 있다.

3) 주요 혜택에 대한 약속을 통한 경쟁과의 차별화

(1) 주요 혜택에 대한 약속

■ 소수 혜택에 집중

경쟁 대상을 결정하게 되면 각 표적시장의 주요 혜택을 파악해야 하고, 또한 그에 대한 약속을 해야 한다. 그러나 무수한 제품과 브랜드가 범람하며 광고 홍수시대(advertising clutter)에 접해 있는 현대 사회에서 많은 혜택을 모두 알리고, 동시에 소비자의 마음속에 침투시킨다는 것은 거의 불가능한 일이다. 따라서 소수의 혜택에 집중하면서 주요 혜택을 알리고 그에 대한 약속을 해야 하는 것이다.

(2) 경쟁과의 차별화

중요한 소수의 혜택이 파악되었다고 해도 역시 난제가 대기하고 있다. 경쟁 대상 기업들과의 차별화가 그것이다. 여기에 필요한 마케팅 전략은 제품차별화다. 차별화란 소비자들에게 강력하게 인지되어 있고, 호의적으로 평가되는 브랜드 고유의 연상들이다. 제품차별화의 요인들과 관련된 대표적 예는 제품의 유형적, 물질적 속성(Residence Inns의 주거 환경을 갖춘 객실), 서비스(최저의 요금과 최고의 편리함을 제공하는 Southwest Airlines의 서비스와 Ritz-Carlton의 'customer recognition program'), 마케팅 행위(Marriott Corporation의 전반적 마케팅 프로그램), 인적자원(Walt Disney의 'cast member'), 위치(Hotel Bel Air), 이미지(Ritz-Carlton Malcom Baldrige Quality Award) 등이다.

■ 차별화전략의 유형

가. 현 위치 강화

Four Seasons, Burj Al Arab, The Venetian 등 산업 전반에서의 선도자 위치 고수; Marriott Corporation의 Courtyard, Fairfield Inns, Residence Inns 등 각 부문의 선도자 위치 점유; Pepsi, Newsweek, Penthouse, Burger King 등 확고한 2위 고수 등이 여기에 해당된다.

나. 시장 강자와의 차별화

가장 편리하고 저가인 Southwest Airlines, 콜라의 유해 성분에 대한 7UP의 'Uncola', McDonald's의 2가지 약점을 공략한 Wendy's, SBS의 8시 뉴스(2012년 MBC가 8시 뉴스로 전환되기 전까지), 박카스보다 건강을 지향한 비타500, Google에서 미쳐 생각하지 못한 Naver의 '지식 검색', 과거 UPS의 약점인 '며칠까지 정확한 배달'을 보증했던 FedEx(지금은 산업 선도자지만), Aspirin의 부작용에 대한 Tylenol, 세계의 모든 시장에서 부동의 1위인 Coca-Cola를 제치고 Norway에서의 1위 음료 기업 Solo(오직 갈증 해소 혜택) 등 무수한 사례가 있다.

다. 경쟁자를 낮게 혹은 재위치시킴

순수 국산 한우, Rolex의 수공예품, top 10, 수도권 대학, Fortune500, Forbes400,

Interbrand100, Del Monte 프리미엄, Coca-Cola의 'The Real Thing' 등의 배타적 포지셔닝이 여기에 해당된다. Denny's는 '진짜 식사다운 아침식사 제공'이라는 슬로건으로 IHOP 등의 경쟁자들을 '몸에 좋지도 않은 군것질거리 같은 아침식사 제공'을 하는 곳으로 인식시키고 있다. Germany의 Becks 맥주는 미국 시장에 진출하며, 이미 시장에 있었던 Germany산 맥주 Lowenbrau를 대상으로 '당신은 미국에서 가장 인기있는 Germany 맥주의 맛을 보았습니다. 이제는 Germany에서 가장 인기있는 Germany 맥주를 맛보십시오'라는 광고로 Lowenbrau를 크게 앞질렀다.

라. 범주적 차별화

Chipotle Mexican Grill은 1993년 fast food라고 항상 'junk food'는 아니라는 독창적 아이디어로 '식자재를 제공하는 농부와 가축과 땅을 존중하는 마음으로 지속 가능하고, 자연적인 방법으로 재배된 신선한 재료 사용'을 약속하며, 'Food with integrity'란 슬로건을 내세웠다. 삼성은 아날로그 시대에서 디지털 시대로 바뀌던 1990년대 중반 디지털 TV라는 새로운 범주의 차별화로 Sony를 앞섰다. 국내에서 크라운과 OB의 '씁쌀한 맛', '부드러운 맛', 소위 '맛' 경쟁을 하던 중, Hite는 '깨끗한 물'이라는 새로운 범주로 선두 브랜드로 부상했다. 파스퇴르 우유의 '저온 살균', 에이스 침대의 '침대는 과학이다', Nintendo Wii의 '쉬운 게임 조작과 온 가족 참여' 등이 여기에 해당된다.

4) 유형적 단서에 대한 조작(manipulation of tangible clue)

일반적으로 광고 전문가 및 카피라이터들은 다음과 같은 환상적인 기법을 광고에 이용한다.

① 모든 것으로부터의 도피(antithetical : get away to it all)
② 극단까지의 도주(ineffable : escape to the ultimate)
③ 호화스러움에 휩싸임(euphoric : surround yourself with luxury)
④ 영 포착(euphuistic : capture the spirit)
⑤ 모든 상황을 특별하게(euphemeral : make any occasion special)

그러나 환대산업의 대다수 제품들에 있어서 위의 기법은 효과가 없는 경우가 많다. 왜냐하면 무형적 제품은 보다 유형적 단서로 조작되어야 소비자들의 마음속에 침투하기 쉽기 때문이다.

5) 포지셔닝 성명서(positioning statement)의 개발

(1) 포지셔닝 성명서, 슬로건의 특성 및 역할

포지셔닝 성명서는 제품과 브랜드에 대한 설명적, 설득적 정보를 전달하여 주는 함축된 문구를 의미한다. 포지셔닝 성명서는 슬로건(slogan), 광고의 'catch phrase', 'power line', 'tag line' 등으로도 불리는데, 소비자들이 제품이나 브랜드를 이해하는 데 유용한 고리 혹은 손잡이의 역할을 한다. 슬로건은 제품이나 기업의 특 · 장점, 비전을 함축적으로 표현한 문구이며, 모토(motto)는 구성원들의 정체성 고취와 목표의식 제고에 쓰이는 문구다.

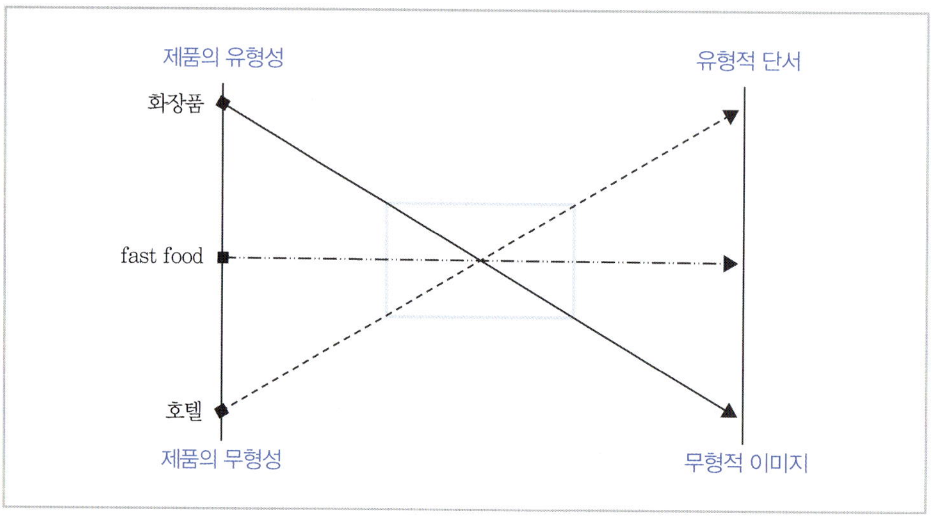

자료 : G. Lynn Shostack(1977), Breaking Free from Product Marketing, Reprinted from *The Journal of Marketing* published by the American Marketing Association, April: 73-803

그림 10-6 유형적 단서로의 조작에 대한 근거

- McDonald's : We Do It All For You
- Burger King : Have It Your Way. Home Of Whopper

그 역할과 이점은 무수하다. 상호에 대한 인지, 브랜드와 제품군에 대한 연계, 경쟁사와의 차별화, 혜택 제공, 표적시장의 표명 등이 그것이다. 기업의 포지셔닝 성명서는 인간 생활의 속담과 같다. 속담은 가장 긴 경험 속에서 우러나온 가장 짧은 문장이며, 동시에 가장 오래 생존하는 메시지다. 기업의 포지셔닝 성명서는 정확히 그래야 한다. 또한 기업의 포지셔닝 성명서는 미국 Hollywood에서 핵심 메시지를 비유하는 'high concept'이다.

시장 선도자들은 종종 주관적 견해, 최고 수준의 표현, 과장 등으로 제품과 브랜드를 칭찬하는 어구(puffery)를 사용하는 경향이 많다. Anheuser-Busch의 'King of beer', 'When you're said Budweiser, you're said it all', 미국 파스타 시장의 선두 주자 Barilla의 'Italy 1위 파스타'(후에 'Italy 1위 브랜드 파스타') 등이 좋은 예다.

포지셔닝 성명서는 광고 캠페인과 밀접하게 연관되어 있으며, 광고에서 전달되는 서술적이고 설득적인 정보를 요약하는 도구로 사용된다. 청량음료 시장에서 브랜드 이미지를 정교화하는 데에는 수천만$의 광고 비용이 소요된다.

6) 획일성 유지

Four Seasons는 호텔산업에서 최고의 명성과 품위를 갖고 있다. 결코 타 비즈니스 영역에 진출하지 않는 것은 물론, Las Vegas The Strip에 위치한 Four Seasons의 경우 카지노 시설조차도 거부하고 있으며, Sharpe 동일인에 의해 경영되고 있다. Four Seasons의 이 획일적인 포지셔닝은 호텔산업에서 가장 모범적으로 평가되고 있다.

Southwest Airlines의 저비용 항공사업 영역에 도전했던 Delta의 Airlines Song과 United Airlines의 Ted가 실패한 이유는 무엇이었을까? 앞서 언급되었던 Southwest의 여러 강점도 이유였지만, 가장 근본적인 이유는 Southwest의 일관된 행동과 조율 때문이다. Southwest는 그들의 철학과 전략을 획일성 있게 추진해 왔는데, 그 조율은 일시적 조율이 아니라, 전략적 차원에서의 체계적 조율이었기 때문이다.

Moleskine 수첩이 수많은 유사 제품 및 경쟁기업의 모방과 공격에도 불구하고 강력한 포지셔닝을 구축하고 있는 비결은 100년이 지난 '구식' 디자인을 그대로 유지하고 있는 독창성(originality)에 있다. 1972년 화물선을 개조한 배 한 척으로 시작한 Carnival Cruise Lines가 현재 세계 최고의 유람선 기업으로 성장하기까지의 가장 큰 원동력은 '재미있는 유람선 여행'이라는 최초의 주제에 대한 일관성이다.

포지셔닝 전략은 모든 마케팅 전략의 근간이다. 일단 정립된 포지셔닝은 기본 전략(foundational strategy)의 최종 결정체이며, 동시에 기능적 · 영업적 전략(functional/operational strategy)의 모든 마케팅 믹스에 스며들어야 한다. 즉 그 획일성(consistency)이 우산 개념(umbrella concept)으로 유지되어야 하는 것이다.

그림 10-7 코카콜라

그림 10-8 Embassy Suites

그림 10-9 Bellagio Hotel(획일성)과 Hilton의 포지셔닝(잘못된 사례)

The 45-story Chicago Marriott stands just about where it ought to be – right in the middle of things.

The right hotel is never hard to find

The Marriott Hotel people have built their reputation on doing things right.

And one of the things they do most consistently right is to be, somehow, in just the right location for the business you want to conduct, in any given city.

In New York, for instance, Marriott's Essex House is right on Central Park. In Chicago? Right on Michigan Avenue (photo) – and also at O'Hare International Airport. In Kansas City, Cleveland, Miami, L.A. and Rochester, also conveniently right near the airport. In Philadelphia? Right at the edge of the Main Line.

Some cities already have several Marriotts. Atlanta, four. Houston, three. Five in Washington, D.C. And new Marriotts are blooming worldwide. Marriott can now do it right for you in Saudi Arabia, Kuwait, Holland. Even right on the beach in resorts like Acapulco, Barbados, Santa Barbara, and Marco Island.

To reserve at a Marriott where you're headed, call a professional, your travel agent. Or dial toll-free 800-228-9290.

WHEN MARRIOTT DOES IT,
THEY DO IT RIGHT.®

Marriott Hotels

그림 10-10 Marriott Hotel의 포지셔닝

Harley of New York 호텔은 여성 여행객을 표적시장으로, 'care'라는 추상적 단어를 여성들에게 중요한 혜택으로 승화시켜 유형적 단서를 제공함으로써 성공적인 포지셔닝 전략을 수행하고 있음.

그림 10-11 HARLEY of New York의 포지셔닝

3. 리포지셔닝(repositioning) 전략

1) 리포지셔닝 전략의 사례와 교훈

최악의 리포지셔닝 : British Airways

1996년 British Airways가 엄청난 비용을 투입하여 리포지션한 사례는 기업 역사상 최악의 사건으로 기록되고 있다. British Airways는 비행기 꼬리 부분에 있던 영국 국기를 없애고, 대신 British Airways가 세계적 항공사라는 것을 상징하는 새 이미지를 삽입했는데, 많은 사람들은 이를 비애국적 행위라 규정지었다. 경쟁사인 Virgin Atlantic의 소유주인 Richard Branson은 재빨리 '영국 국기와 British Airways가 전에 쓰던 국기와 함께 비행하십시오(fly the flag)'라는 문구를 자사 비행기에 붙이며, British Airways의 상처에 소금을 뿌렸다. British Airways는 엄청난 손실을 떠안고 비행기 꼬리 부분 장식을 뜯어버려야 했다.

1985년 Coca-Cola의 New Coke 사건은 대표적 마케팅 실패 사례로 꼽힌다. 고객의 마음속에 강력히 포지션되어 있었던 대중 문화적인 고전적 맛과 신비스러운 비밀 제조방식을 동시에 파괴해 버린 New Coke으로의 새로운 포지셔닝에 대해 고객들이 분노한 것이다. 유사한 예로 2009년에 IKEA가 비용 절감을 위해 공식 서체를 스타일리시한 Futura 대신 기능성 높은 Verdana체로 바꾸자 Twitter를 필두로 고객의 엄청난 원성을 들었다. 고객의 마음속에 강력히 포지션되어 있던 현명하고 멋진 라이프 스타일의 상징이 무너진 결과였다.

세 사례 모두 '문제없는' 제품에 대한 '쓸데없는'(물론 다른 목적이 있었지만) 리포지셔닝의 실패 사례다. 기업은 고객의 제품과 브랜드에 대한 인식의 변화에 항상 'counter positioning'을 해야 한다. 다시 한 번 강조하지만 고객에게 바람직하게 포지션되어 있는 것을 변경할 때에는 상상하지 못할 위험이 뒤따른다는 사실을 명심해야 한다는 것이다.

2) 리포지셔닝 전략의 단계와 전술

국내에서 두산 OB맥주의 그늘에 계속 가려 있었던 Crown(1933년 조선맥주로 시작)에서 Hite란 브랜드로 리포지셔닝 전략의 진수를 보여준 역사적 사건이 있었다. 국내 시장에서 최대의 반전 사건으로 기록될 수 있는 Hite의 사례를 중심으로 리포지셔닝 전략의 단계와 전술을 살펴보기로 한다.

(1) 기존 포지션에 대한 파악

Crown 맥주는 리포지셔닝 전략의 수행 시기에 해당되는 두 가지 조건, 즉 기존의 포지션이 성공적이지 못하며, OB라는 강력한 경쟁사가 있기 때문에 리포지셔닝 전략을 수행하게 되었다. Crown의 기존 포지션 파악을 위한 조사 내용은 다음과 같다.

- 512명을 대상으로 한 1992년의 신제품에 대한 구매의사 시장조사 결과, OB Dry, Sky, OB, Mild 등 타 브랜드와 비교하여 가장 낮은 1.6%의 구매 비율을 보임.
- 750원의 OB, Crown, Mild 맥주 가격보다는 1,000~1,300원의 고품질 맥주에 대한 선호도를 발견. 즉 제품차별화가 가능하다면 소비자는 고가라도 어느 정도 경제적 부담을 감수할 수 있음을 확인.
- 병 색깔과 모양, 상표 종류와 디자인, 신개념 등에서 차별화가 가능하다는 시장 상황을 파악.

(2) 목표 포지셔닝의 결정

Crown 맥주는 그림 10-12와 같은 포지셔닝의 목표를 정함.

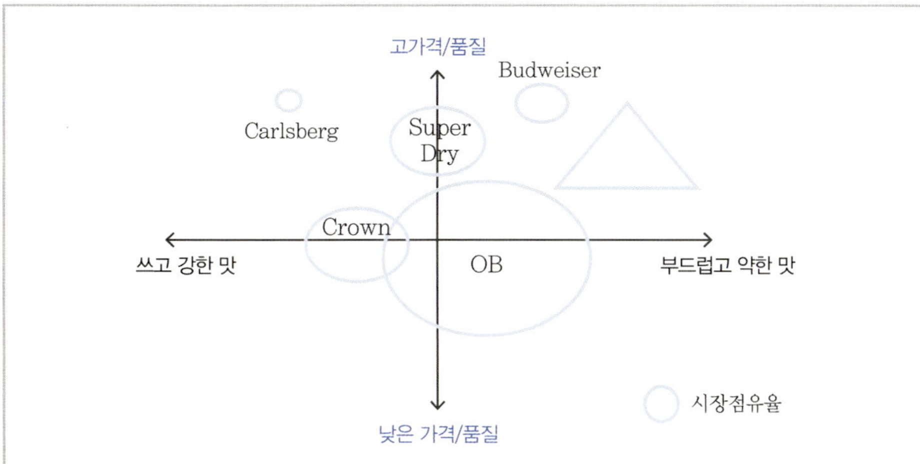

그림 10-12 Crown맥주의 리포지셔닝

(3) 신이미지의 창출

- 시장조사를 통해 신이미지 창조를 위한 제품 개념(product concept) 및 상호(brand name)를 결정함.
- 상호에 대한 선호도 조사 결과, O-touch(8%), Ving(9%), Vivis(12%), Deep(12%)보다 월등히 선호도가 높은 Hite(59%)로 상호를 확정함.
- Hite에 대한 제품 개념 조사 결과, 상쾌하고 깨끗한 느낌, 정상(height), 절정(highlight), 맥주 거품, 고급감, 속도감, 유럽 등의 이미지와 연결되며, 전반적 호의도가 86.2%로 매우 높게 나타남.

(4) 포지셔닝 전략의 수행

리포지셔닝 전략의 제4단계는 전술된 포지셔닝 전략의 수행 절차와 동일하며, Hite의 경우 다음과 같은 절차에 의해 전략을 수행하였다.

① 표적시장의 선정

- 연령 : 20대 초반~30대 초반
- 직업 : 직장인, 가정주부, 대학생
- 특징 : OB 맥주 선호자(Crown에 대한 선호도가 가장 낮은 집단)

② 경쟁 대상의 선정

Pepsi-Cola, Burger King 등 제1의 시장 도전자(primary 'market challenger')들의 목표는 예외없이 Coca-Cola, McDonald's 등의 'market leader'(시장 선도자)다. Hite도 국내 맥주시장의 선도자인 OB라는 특정 브랜드를 경쟁 대상으로 결정했다.

③ 주요 혜택에 대한 약속을 통한 경쟁과의 차별화

- 1990년대 초부터 국내 소비자들에게 크게 소구하기 시작한 환경 친화 및 무공해에 대한 소비자들의 욕구에 근거하여, '지하 150m의 100% 천연수로 만든 순수한 맥주'라는 혜택을 1차적으로 부각시킴.
- 맥주보리(hop) 껍질을 분리(de-husk 공법)하여 제조한 부드러운 맥주 및 M.C.F 공법으로 살균하지 않고 효모를 걸러낸, 신선하면서도 장기간 보존이 가능한 고품질 맥주라는 혜택을 2차적으로 부각시킴.
- 광고를 통해 맥주의 90%는 물로 구성되어 있기 때문에, 보통 물과 수질이 다름을 경쟁과의 1차적 차별화 도구로 선전.
- 국내 맥주업계 최초의 back label, neck around label, 시온 잉크를 사용한 온도계 효과 마크 등 제품의 차별화 전략 수행.
- 조사 결과를 천연수라는 부가 혜택과 연결시키며 반영, 4.5%의 도수, 레귤러 맥주 대비 20% 고가, 드라이(5% 도수) 맥주 대비 7.3% 저가의 맥주를 탄생시킴.

④ 유형적 단서에 대한 조작

- 푸른 산맥의 암반수로 기가 살아 있는 시원한 맥주 및 백두대간 물을 광고하여 주요 혜택에 대한 가시화 수행.
- '물 사랑 Hite', '물의 품질이 맥주의 품질'이라는 기업의 PR 활동을 통해 맥주에서 물의 중요성을 부각시킴.
- 국내 No.1 브랜드의 이미지에 대한 유형적 단서 제공에 1차 홍명보, 2차 허재를 통한 광고 수행.

⑤ 획일성 유지

- 제품 개념과 조화되는 물과 그린색을 지속적으로 강조하는 광고.

- 환경 친화 및 무공해와 연결되는 그린 마케팅에 대한 획일성 유지를 위하여 크리넥스 140만 개 지원, 업계 최초 1회용 비닐 봉투(썩는)를 소매점에 지원, 쓰레기 봉투 묶음 끈 제공, 죽염비누 100만 개를 이용한 소비자 사은잔치, 수재 의연금 조성행사 수행.

(5) 리포지셔닝 전략의 성공 여부 확인

- 시장 출시(launching) 후 3개월 시점에 서울 및 인근 지역 600명 표본에 의한 소비자 구매 실태조사(1993년 7~8월).
- 제품 개념 주지 후 신규 구매 의향률 65% 이상, 재구매율 90% 이상, 가격 저항감 완화 등 리포지셔닝 전략의 성공 확인.
- 2003년 상반기 기준, OB와의 시장점유율이 57:43으로 반전됨.

기타 Hite의 주요 마케팅 전략은 다음과 같다.

- Hite의 시장 진입 후 구매 행동 변화를 감지, 구매 시점에서의 강력한 판매 전략이 필요함을 파악.
- 서울의 가정용 시장이 국내 맥주 전 시장점유율의 5% 이상을 차지하고 있음을 파악, 유흥용 출고를 지양하고, 철저하게 가정용 중심으로 서울 등 수도권 지역에 유통.

3) 리포지셔닝 전략의 의의

환경, 소비자, 시장이 끊임없이 변하는 마케팅 환경하에서 아무리 성공한 포지셔닝이라도 그 위치를 계속 유지하기는 거의 불가능하다. 리포지셔닝 전략은 ① 기존의 포지션이 성공적이지 못하거나 최상의 위치를 점유하지 못했을 때, ② 기존의 포지션에 경쟁기업이 너무 많거나 강력한 경쟁사가 있을 때, ③ 시장의 신기회를 발견했을 때, ④ counter-positioning 시, ⑤ 개보수 시 수행하게 된다. 포지셔닝이 '고객의 마음(mind)에 자리를 잡는 것'이라면, 리포지셔닝이란 '고객의 인식이나 지각(cognition or perception)을 조정하는 것'이라고 할 수 있다.

리포지셔닝 전략은 전략적보다는 전술적 측면으로 이해되어야 한다. 전술하였듯이 포지셔닝은 고객의 마음을, 리포지셔닝은 고객의 지각이나 인식을 그 표적으로 하고 있다. 고객의 마음은 좀처럼 변하지 않는다. Coca-Cola의 New Coke 사례가 대표적 증거다. MIT의 Michael Hammer는 그의 저서 『Reengineering revolution』에서 "리엔지니어링의 가장 골치 아프고 짜증나며, 고통스럽고, 혼란스러운 부분은 변화에 저항하는 인간 본연의 습성이다"라고 말했다. 심리학자들도 공통적으로 인간의 기본적인 믿음과 태도를 변화시키기가 매우 어렵다는 사실에 동조하고 있다. 리포지셔닝은 '어렵게' 고객의 마음을 바꾸는 것(포지셔닝 전략)이 아니라 지각이나 인식을 조정(바꾸는 것보다 쉬운)하는 것이다.

Chapter 11

서비스마케팅 Ⅲ(믹스전략)

Chapter 11 서비스마케팅 Ⅲ(믹스전략)[1]

제1절 제품전략

1. 제품의 개념과 분류

1) 제품의 개념

제품관리의 목표는 소비자의 욕구와 필요를 만족시키고 동시에 문제를 해결하는 것이다. 일반적으로 제품계열(product line)은 '유사한 기능, 동일한 고객, 동일한 유통경로, 일정한 가격 등의 유사성을 근거로 하여 관련 제품들을 집합적으로 나타내는 것'이다. 따라서 호텔의 경우 저가호텔/중저가호텔/고급호텔/최고급호텔 등의 제품계열로 분류될 수 있다.

최적의 제품 믹스를 위해서는 제품 계열에 대한 추가, 개선, 폐기를 통해 제품관리의 목표를 달성해야 한다. 제품계열의 추가는 제품계열에 대한 다양화(diversification), 연장(line-stretching), 보충(line-filling)을 의미하며, 기존 제품계열의 개선은 품질, 기능, 스타일 등의 수정을 통해 이루어진다. 그러나 소비자의 욕구와 필요에 부응하지 못하고 개선되지 못하면 폐기되는 것이 바람직하다.

2) 제품의 개념들

① 핵심제품(core product)

혜택의 결합체(bundle of benefits)로서 송곳이 아니라 구멍, 책이 아니라 지식이

---

1) 정규엽(2017), 호텔 · 외식 · 관광마케팅, 서울: CENGAGE Learning.

핵심 제품의 범주에 포함된다.

② **실제제품(formal product)**

실제제품이란 잠재고객들에게 바람직한 혜택이 제공되도록 물질적으로 형성된 것이다.

③ **증대제품(augmented product)**

소비자들이 충분한 만족을 얻을 수 있도록 제공되는 모든 것을 의미하며, 배달, 보증, 설치, 애프터서비스 등을 예로 들 수 있다.

환대산업의 경우는 다음과 같은 것들도 증대제품에 해당된다.

첫째, 접근성(accessibility)으로서의 위치뿐만 아니라 영업시간까지 포함된다.

둘째, 환경(atmosphere)으로서, 색깔, 밝기, 크기, 모양 등 sight를 의미하는 시각(visual); 소리의 크기(volume), 가락(pitch; 음률의 높이) 등 sound를 의미하는 청각(aural); 냄새, 신선함 등 scent를 의미하는 후각(olfactory); 부드러움, 매끄러움, 온도 등 touch를 의미하는 촉각(tactile)이 모두 포함된다.

셋째, 환대산업 제품의 특성상 고객과 기업 간의, 고객과 고객과의 상호작용도 증대제품의 범주에 포함된다. Singapore의 Shangri-La 호텔은 고객군으로 분류하여 서비스하고 있다.

④ **부속제품(facilitating product)**

고객이 핵심제품을 이용할 때 필히 제공되어야 하는 것으로서, 호텔 객실의 경우 예약, 입·퇴숙 서비스, 객실 내 TV, 전화, 화장실, concierge 서비스, 룸서비스 등이 여기에 해당된다.

⑤ **지원제품(supporting product)**

핵심제품의 차별화를 위한 모든 것으로, Hyatt 호텔의 경우 특히 화장실에 많은 종류의 비품을 제공하고 있으며, Hilton 호텔은 2년 동안의 조사를 통하여 고객들이 선호하는 비품 패키지를 개발하였다. 또한 홍콩의 Regent International 호텔은 고급 샴푸를 제공하며, 주스도 원액을 제공한다.

2. 제품수명주기(Product Life Cycle)

1) 제품수명주기의 개념과 현황

Copernicus가 지동설(the Copernican theory)을 주장하였으나 그 당시 그 사실을 현실에 접목하기 어려웠듯이, 제품수명주기를 파악한다고 하여도 그것을 사업과 연결시키고 활용하기는 어렵다는 것이다. 또한 산업, 제품 계층, 제품 형태, 브랜드에 대한 수명주기가 별도로 분석되어야 한다.

예를 들어 외식산업 수명주기 내에는 일반 레스토랑과 바, 단체급식 등의 제품 계층에 대한 수명주기가; 제품 계층 내에는(예를 들어 일반 레스토랑) 고급(gourmet) 레스토랑, 패밀리 레스토랑, 카페테리아, fast food 등의 제품형태에 대한 수명주기가; 각 제품형태 내에는(예를 들어 패밀리 레스토랑) Bennigan's, T.G.I. Fryday's 등의 브랜드에 대한 수명주기가 존재한다.

커피, 쌀 등 대체재의 가능성이 매우 희박한 제품의 경우에는 인구 증가와 비례하여 성숙기가 수백 년, 수천 년 지속될 수 있다. 반면에 hula hoop의 경우에는 불과 6개월 만에 시장에서 인기가 없어지며 판매량이 급격히 하락하였다. 후자의 경우에는 제품수명주기란 용어가 어울리지 않고, 대신 유행(fad)이라는 용어로 대체되는 것이 상식이다.

지구상에 존재하는 모든 신제품의 목표는 일단 도달된 성숙기를 얼마나 오래 지속하느냐에 있다. 이와 관련된 가장 큰 변수는 대체재(substitute product)의 가능성이다. 1930년대부터 1950년대까지 숙박산업의 큰 획이었던 모텔은 품질과 안전성에 문제를 드러내며 1960년대부터 쇠퇴기의 현상이 나타나기 시작했으나, 1970년대 후반에 이르러 다시 부활되었다.

1960년대 franchise 붐으로 시장포화상태(market saturation)까지 이르렀던 외식산업도 1970년대에 엄청난 부도율과 함께 쇠퇴기의 조짐이 있었으나, 시장 선도자 McDonald's를 중심으로 다시 부흥하였다. 이러한 제품수명주기의 형태는 일반적인 S 형태가 아니라 종 모양의 bimodal 형태를 취하게 된다. 1970년대 초에 도입된 all-suite 호텔은 1980년대 중반에서야 시장의 호응을 얻게 되며 성장기에 진입하였다. 즉 10여 년 동안의 '거의 불가능한' 도입기를 감래한 것이다. 호텔과 같이 고정 자본이 높고 제품 변형이 불가능한 제품이 아니었다면, 벌써 시장에서 퇴각하여 현재와 같은 호황기를 누리지 못하였을 것이다. 이런 경우의 제품수명주기는 한쪽으로 기운(skewed) 형태를 취하게 된다.

도입기가 길건, 성장기가 짧건, 혹은 쇠퇴기의 조짐이 보이다 다시 부활하건, 그러한 현상들은 2차적인 문제이다. 다시 강조하지만 모든 신제품의 목표는 일단 진입한 성숙기를 최대한으로 지속시키는 데 있다.

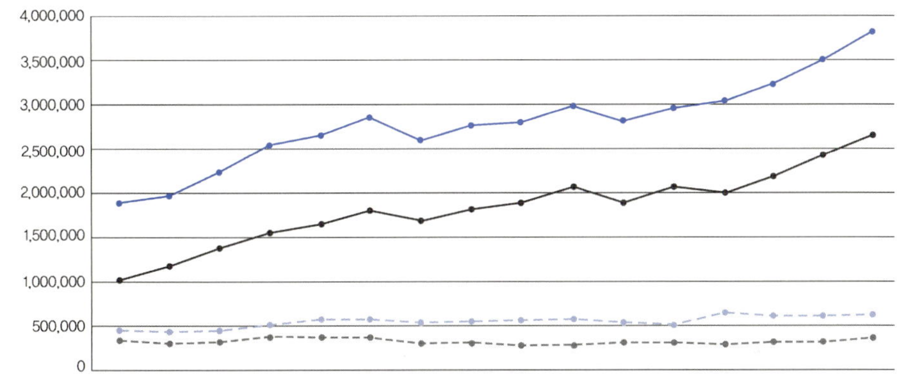

	1997	1998	1999	2000	2001	2002	2003	2004	2005	2006	2007	2008	2009	2010	2011	2012
전체	1,880,800	1,967,844	2,217,314	2,523,505	2,645,676	2,844,041	2,592,893	2,754,993	2,800,479	2,972,842	2,818,558	2,970,270	3,015,342	3,221,043	3,494,090	3,807,435
특1등급	996,454	1,166,569	1,370,681	1,541,961	1,631,770	1,806,047	1,687,401	1,809,854	1,878,798	2,047,591	1,873,802	2,056,851	1,995,005	2,184,519	2,426,707	2,637,975
특2등급	424,618	419,318	443,038	503,721	564,642	563,946	515,961	536,622	543,804	553,301	529,944	497,697	624,432	593,149	603,118	613,648
1등급	345,209	294,793	320,594	365,574	357,559	362,783	304,772	303,493	269,618	269,501	306,790	302,096	292,306	310,064	317,222	353,961
전체증감률(%)		4.63	12.68	13.81	4.84	7.50	−8.83	6.25	1.65	6.15	−5.19	5.38	1.52	6.82	8.48	8.97
특1등급 증감률(%)		17.07	17.50	12.50	5.82	10.68	−6.57	7.26	3.81	8.98	−8.49	9.77	−3.01	9.50	11.09	8.71
특2등급 증감률(%)		−1.25	5.66	13.70	12.09	−0.12	−8.51	4.00	1.34	1.75	−4.22	−6.08	25.46	−5.01	1.68	1.75
1등급 증감률(%)		−14.60	8.75	14.03	−2.19	1.46	−15.99	−0.42	−11.16	−0.04	13.84	−1.53	−3.24	6.08	2.31	11.58

자료 : 광지식정보시스템(http://www.tour.go.kr)

그림 11-1 국내 호텔산업의 제품수명주기(1997~2012)

2) 호텔 및 레스토랑의 제품수명주기 전략

(1) 도입기

호텔은 시험 마케팅(test marketing)을 할 수 없기 때문에 소비자 조사에 더욱 많은 노력을 경주해야 한다. 또한 3, 4년씩 소요되는 건설 기간 등 비밀리에 제품을 시장에 진출시키기가 어렵다. 이것은 레스토랑도 마찬가지이다. 또한 호텔은 도입기에 오히려 판매량이 극대화될 경우도 많다. 그러나 도입기에는 일반적으로 포지셔닝과 고객 설득에 힘을 기울여야 한다. 가격 전략은 경쟁 호텔에 기준을 두어야 하며, 신제품의 이점을 살리는 전략은 지양되어야 한다. 또한 내부마케팅의 성공을 위해 노력해야 한다.

(2) 성장기

많은 타 제품들은 성장기에 도달하지 못하고 시장에서 퇴각하지만, 호텔과 같이 투자 자본이 높고 제품 변형이 힘든 제품은 도입기에 영업이 부진하여도 어쩔 수 없이 남아 있을 수밖에 없다. 성장기의 일반적 목표는 시장점유율의 극대화에 있는데 호텔은 경우가 다르다. 고객들을 착취하는 시기가 아니라, 오히려 단골고객의 확보와 그들의 제품 충성도를 확고히 하는 시기이다. 이를 위하여 끊임없는 조사로 결점을 없애고, 보수 등을 통한 제품을 재정비함으로써 곧 다가올 성숙기에 경쟁 호텔의 고객을 유인하여야 하는 준비 단계이다. 이 논리는 역시 위에서 언급한 고객 유지의 중요성과 맥을 같이한다. 성장기는 도입기와 더불어 가장 중요한 단계로서 이 두 단계에서 향후 수십 년 동안 사업성과의 기초적 토대를 결정하게 된다.

또한 아래의 성장기 실패사례는 시사하는 바가 크다.

Charge for coffee formerly included with the menu
Raise prices of alcoholic beverages
Raise prices of menu entrees that are selling well
Stop taking reservation or fail to honor on time
Move tables closer together to get more people in
Refuse to serve arrivals who come at closing time
Not provide rooms requested
Raise room rates
Overbook and have to "walk" too many customers
Dismiss complainants as a nuisance
Overcharge for small extras or room service items
Fall to honor special requests such as for bedboards

(3) 성숙기

호텔 성숙기의 성패는 성장기의 전략이 어떻게 수행되었는가에 달려 있다. 기존 시장점유율 유지를 위하여 신전략과 전술을 개발해야 하는 단계이다.

□ 환대산업 기업들의 성숙기 연장 전술

McDonald's는 1970년대에 쇠퇴기의 조짐이 있자, Egg McMuffin이라는 저렴한 조식 메뉴를 개발했고, 동시에 styrofoam take out 용기를 개발했다. Burger King은 공격적 광고로, Marriott는 Courtyard와 Fairfield Inns로, Holiday Inn은 상위 등급 Crowne Plaza와 하위 등급 Holiday Express, Days Inn은 과거 Mike Leven을 영입하였다. Club Med는 표적시장을 가족 단위 고객 및 회의 참석 고객으로 변경하여 성숙기를 연장시켰다.

(4) 쇠퇴기

호텔의 쇠퇴기란 일반적으로 시장에서의 퇴각을 의미하지는 않는다. 소유자의 교체, 개보수를 통한 제품과 시설의 개선, 브랜드 교체 등 신 개념의 호텔로서 다시 도입기로 진출해야 하는 숙제를 안게 되는 것이다.

3. 신제품 개발과정

1) Courtyard by Marriott의 사례

(1) 아이디어의 창출(idea generation)

간부들의 cocktail reception에서 중간 가격대 호텔에 대한 욕구와 필요, 문제점을 파악하여 아이디어를 내게 되었다.

(2) 아이디어 채택(idea screening)

호텔 내 실무자, 전문가, 고객과의 feedback을 통해 중간 가격대 호텔에 적합한 아이디어를 선별하였다.

(3) 사업 분석(business analysis)

Marriott에서 중간 가격대 호텔 시장의 사업성을 분석한 결과, 고 가격대 호텔 시장 및 염가 호텔 시장과 비교 시 충분한 시장성을 발견하였으며 또한 뚜렷한 시장 선도자가 없음을 파악하였다.

(4) 제품 개념 개발(product concept development)

제품 개념 개발이란 채택된 아이디어가 소비자에게 의미있는 개념으로 전달되도록 전환시키는(conversion) 단계를 말한다. 즉 아이디어를 세부적인 제품 개념으로 연결시키는 과업으로서, 소비자에게 제품에 대한 전체적 그림(product image)을 제시하는 것이다.

Marriott는 경쟁이 포화상태에 있는 도심보다는 도시 인근의 외곽지역에 시장성이 충분함을 발견하고 최종적 상호를 Courtyard로 정했다. Courtyard는 가정집 안뜰의 의미로 아파트가 주가 되고 있는 도심보다는 도시 외곽지역의 이미지를 강력히 전달할 수 있었던 것이다.

Marriott는 보다 구체적으로 150실 미만, 가정집과 같은(home-like setting) 시설과 이미지, 제한된 메뉴의 레스토랑 시설, 약간의 회의시설, 기존 Marriott의 타 브랜드와 수요가 중복되지 않는 가격대, 단기(transient) 체류객을 표적시장으로 하는 제품 개념을 개발하였다.

(5) 제품 개념 테스트(product concept testing)

Marriott는 제품 개념에 대한 검증을 위해 여러 형태의 객실 견본을 통해 잠재고객에게 순위를 부여하게 하였으며, 또한 고객 설문조사를 수행하여 비즈니스 관광객은 중간 가격대와 좋은 품질의 객실을, 순수 관광 목적 관광객은 안전하고 편안한 객실을 선호한다는 사실을 밝혀내고 제품 개념을 검증, 확정하였다.

(6) 제품 테스트(product testing)

제품 테스트란 제품 개념 혹은 제품 아이디어를 유용한 제품(workable product)으로 전환시키는 단계이다. Marriott는 제품 개념 테스트의 결과, 1차적으로 객실의 기초 모형(prototype)을 설정하였다. 제품 테스트를 위하여 표준 객실, 짧은 형태의 객실, 긴 형태의 객실로 잠재고객들의 평가를 받았으며 모두 선호는 받았으나, 긴 형태의 객실은 건축비가 많이 들어 최종 객실 제품에서는 제외되었다.

(7) 마케팅 믹스 계획

Marriott는 첫해에 대비한 마케팅 예산 책정을 필두로 기타 마케팅 전략 계획을 수행하였다.

(8) 시험 마케팅(test marketing)

Marriott는 1983년 Atlanta에 최초의 Courtyard 호텔을 시장에 공식적으로 진출시켰다. 시험 마케팅 결과 객실 규모를 좀 더 줄이는 것과, 옷장의 문을 개폐식이 아닌 미닫이로 하는 것이 더욱 효과적임을 파악하고 최종 객실시설을 확정하였다.

(9) 상업화(commercialization)

Marriott는 첫해에만 수천만 불의 광고와 판매촉진을 통하여 호텔을 시장에 대거 진출시켰다. 이는 McDonal's가 McDLT 상품 도입 시 1주에 5백만 불 이상의 광고비를 투입한 이래 기록될 만한 촉진예산으로 평가되고 있다. 1983년 최초의 호텔 진출 이래, 1986년 1월에 벌써 300개 지역에 개관, 건축, 계약 체결이 될 만큼 시장에서 큰 호응을 얻었던 Courtyard by Marriott는 현재 세계 최고의 가치를 지닌 호텔로 인정받고 있다.

제2절 프레젠테이션전략

1. 물질적 설비(physical plant)

인간의 5관으로 쉽게 감지할 수 있는 건물, 시설, 제품 등이 여기에 해당된다.

2. 분위기(atmospherics)

그림 11-2 연출 믹스 : 물질적 설비(호텔의 외관)

환경적 공간의 의미를 갖고 있는 분위기는 모든 혜택의 집합적 성격을 갖고 있다. 거의 모든 무형적 혜택이 분위기에 포함될 수 있으며, 연출 믹스에 있어서 주의를 끌고, 기억을 지속시키고, 고객의 지각을 조정하는, 가장 광범위한, 그러나 연출하기 어려운 특성을 갖고 있는 것이 분위기이다.

▌그림 11-3▌ 연출 믹스 : 분위기(Malaysia의 Shangri-La)

▌그림 11-4▌ 연출 믹스 : 분위기(Atmospherics)

3. 위치(location)

위치는 연출 믹스에 있어서 매우 중요한 구성요소이다. 무엇보다도 고객들의 환대산업 제품에 대한 선택 행동에 있어서 최우선적으로 고려되는 속성이기 때문이다. 위치는 크게 '가까움', '중심 지역', '찾기 쉬움', '접근하기 쉬움' 등과 같은 편리함이라는 혜택과, 반대로 '알려져 있지 않은', '일상 생활과 동떨어진', '격리' 등과 같은 혜택으로 대분될 수 있다.

4. 종사원(employee)

내부마케팅 전략에서 언급되었듯이 종사원은 환대산업에 있어서 가장 중요한 제품이다. 따라서 종사원은 연출 믹스에 있어서 구성요소이며 동시에 종사원을 통한 연출 믹스는 효과가 크다.

그림 11-5 연출 믹스 : 종사원

5. 고객(customer)

우리가 백화점, 슈퍼마켓, 일반 매점에서 물건을 살 때 옆에 누가 있건 개의치 않는다.

그러나 호텔에서는 그렇지 않다. 많은 호텔들이 동별로, 층별(예: executive floor)로 고객군(clientele)을 분리시키는 이유가 그것이다. 국내 Grand Hyatt 호텔에서는 주 표적시장인 비즈니스 FIT를 위하여 비수기에도 순수 관광단체 여행객의 비율을 제한시키고 있다. 환대산업에 있어서는 고객도 연출 믹스의 한 구성요소에 해당된다.

제3절 가격전략

1. 가격전략의 개념과 목표

가격전략은 마케팅 믹스 전략 중에서 가장 비용을 수반하지 않는 전략이다. 왜냐하면 가격을 인하하면 수요량이 늘어날 수 있기 때문이다. 품질과 가격의 상관관계를 의미하는 가치, 비용, 소비자의 수요, 공급상황, 경쟁 등을 고려하여 가격전략의 목표를 세워야 하는데 일반적으로 호텔이나 환대산업의 가격전략의 목표는 시장지향적이어야 한다. 즉 매출액의 극대화가 목표가 된다.

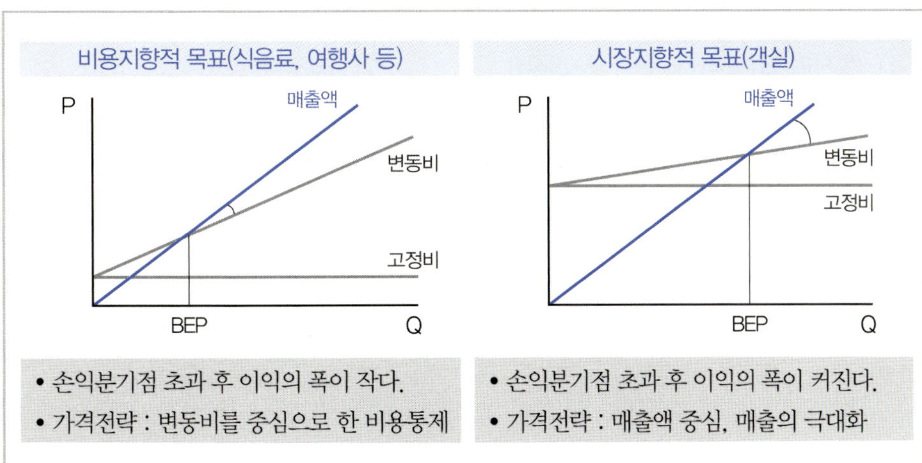

그림 11-6 가격전략

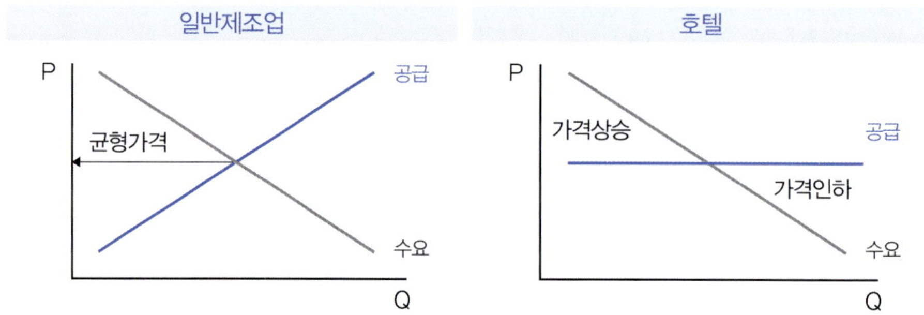

- 수요와 공급의 균형을 통해 균형가격
- 수요, 공급이 변화해도 균형점을 찾음

- 공급의 조정이 불가능(짧은 시간 내에)
- 수요에 따른 가격 변동 → 효과 미미

그림 11-7 가격전략(호텔의 비탄력적 수요)

2. 양적 목표

양적 목표는 매출액의 극대화와 시장점유율의 극대화를 의미하며, 또한 객실점유율의 극대화 및 식음료부분 좌석회전율의 극대화를 의미한다.

1) 촉진가격(Promotional pricing)

촉진가격은 가격 할인에 근거하며, Loss Leader로서 주력 제품의 촉진을 위해 할인하는 경우이다. 그 사례로는 McDonald's 주중 비수기 39센트, Dunkin Donut coffee = 25센트, Jack in the Box = 세 개의 햄버거 1불에 판매, Las Vegas = 객실 50불 미만, 뷔페 10불 미만 등의 제공이다. 그러나 Boston Market의 쿠폰 남발 사례(쿠폰 남발로 인하여 매출하락 및 경쟁초래)에서처럼 촉진가격전략은 매우 주의해서 시행해야 할 것이다.

2) 종속제품(captive product)가격

Nestle의 Dolce Gusto 커피머신은 20만 원 수준의 지극히 낮은 가격으로 제공된다. 이 커피머신은 원두를 가는 불편을 제거하고, 대신 캡슐로 그것을 대체한다.

3) 제품다발(product bundling)가격

여러 제품을 묶어 하나의 가격으로 판매하는 방법이다. 국내 호텔의 경우 비수기에 객실, 식음료, 피트니스를 하나의 가격으로 묶어 패키지로 판매하는 것이 하나의 사례이다. McDonald's, Burger King, Wendy's 등 유명 햄버거 레스토랑에서도 세트메뉴로 판매하는 경우가 해당된다. 고객에게는 낮은 가격으로 여러 제품을 구매할 수 있는 혜택이 있으며, 동시에 공급자는 여러 제품의 다량 판매로 매출액을 극대화시킬 수 있다는 혜택이 있다.

4) 변이(versioning)가격

Wendy's의 사례와 같이 여러 대안 제품을 제공하고, 각 제품마다 다른(같은) 가격을 제시하는 것을 'versioning'이라고 한다.

5) 재고 정리가격

바겐세일, 재고가 많은 제품, slow moving product에 대하여 큰 폭의 할인을 제공하는 경우이다.

6) 무제한 공급(unlimited refill)가격

buffet, 레스토랑에서의 음료수, 국내 참치 레스토랑 등이다.

3. 일드 관리(Yield Management)

1) 최대 부하가격(peak-load pricing)

최대 부하가격이란 고정비가 높고, 수요의 변동이 심하며, 비저장적 제품을 갖고 있는 산업 혹은 제품에 있어서 유용한 전략인데, 호텔의 객실부문이 해당된다. 호텔은 비수기에 비저장적 객실제품의 판매를 극대화시키기 위해, 단기적 한계변동비 혹은 영업비(short-run marginal operating cost)를 초과한다면 객실을 판매해야 한다.

반면에 객실은 고정 자본이 높기 때문에 성수기에 단기적 변동비 이외에도 객실요금에 장기적 한계 고정비 혹은 시설비(long-run marginal capacity cost)를 부가하여 고정 자본의 부담을 서서히 줄여나가야 한다. 전화, 비행기, 택시, 극장, 주제 공원 등도 동일한 경우이다. 가격이 아닌 요금이라는 용어가 적용되는 대다수 산업 혹은 제품에 있어서 적용되는 최대 부하 가격 전략을 보다 구체적으로 적용한 것이 일드 관리이다.

일드의 공식은 'Room Yield = Revenue Realized / Revenue Potential'이다.

2) 호텔과 항공사의 일드 관리 차이

항공사의 좌석은 복도, 창문, 중간 등 세 형태로 구분되지만 호텔의 객실은 층, 내 · 외부, 크기, 침대 형태 등에 따라 수십 가지의 형태로 구분된다. 따라서 요금 책정의 범위가 매우 크다.

항공사에서의 서비스와 비교할 때, 호텔은 그 종류가 비교되지 않을 정도로 많으며, 또한 요금 책정과 관련되어 있기 때문에 요금이 다양하게 책정된다. 항공선으로 지구의 정반대 지역까지 간다고 하여도 비행시간은 1일 남짓하나, 객실 이용은 그 체재 일수가 길고 경우에 따라서는 성수기와 비수기를 한 기간에 이용하게 되어 요금 책정이 보다 복잡하다. 항공선의 경우는 특정 일정에 따라 경쟁사가 소수로 제한되나, 호텔은 지역별로 경쟁사의 수가 훨씬 많다. 따라서 경쟁을 고려한 요금 책정이 필요하게 되어 어려움이 가중된다.

결론적으로 호텔의 객실요금은 항공사와 비교할 때 가격 밴드가 크고, 가격 구조가 다양하게 이루어지며, 경쟁에 대한 고려요인이 많아 일드 관리의 어려움이 크다.

3) 효과적인 일드 관리 전략

① 세분시장별, 수요주기별로 효과적인 가격구조를 갖추고 있어야 하며, 시장에서의 경험에 의해 결정해야 한다.

② 정확한 수요 예측을 위해서는 정확한 과거의 영업 자료(historical data)가 갖추어져 있어야 한다.

③ 예약을 통제하여 기계적 판단이 아닌 인간의 의사결정 여지를 항상 남겨두

어야 한다. 특히 성수기의 경우에는 예약을 제한시켜 평균 객실요금을 상승시킴으로써 일드를 최대화시켜야 하며, 단체의 경우에는 컴퓨터에 맡기지 말고 협상을 통하여 할인율을 조정하여야 한다.

④ 예약 접수자는 판매원의 역할을 해야 하며, 고객에게 객실요금의 책정 이유를 제공하여 lead time 등이 달라, 같은 날, 같은 형태의 객실을 이용하면서도 요금 차이가 발생될 수 있는 불평의 여지를 최대한 줄여야 한다.

⑤ CRS(central reservation system), 예약 접수자, 여행사 등에 획일성 있는 요금을 제시하여 혼선이 없어야 한다.

제4절 촉진전략

1. 구전 커뮤니케이션(word-of-mouth)

환대산업에서 서비스의 무형성으로 인해 구전은 매우 중요한 위치를 차지하고 있다. 왜냐하면 무형성으로 믿을 수 없는 상황이 연출되었을 때, 광고나 홍보보다 지인들의 경험을 더 믿을 수 있기 때문이다.

의견선도자(opinion leader)들에 의해 제시된 내용들은 구전에 있어 강력한 믿음을 줄 수 있다. 또한 구전이 점차 중요하게 되는 이유는 Facebook, MySpace, YouTube, Twitter 등과 같은 SNS(social network service)의 역할이 기하학적으로 증대되기 때문이다.

story telling의 성공 사례로 Red Bull을 들 수 있으며, Perrier는 Rome제국 Caesar의 병사들이 마신 샘물이며, 병을 치료하기 위해 이 샘물에서 목욕을 했다는 스토리로 효과를 보았다. Nike의 창시자 Bill Bauman은 새로운 신발 밑창을 만들기 위해 액체 고무를 와플 기계에 부었다는 'Word of foot' 스토리로 1980년대 미국에서 시장점유율 약 50%를 달성한 후 한번도 1위 자리를 뺏기지 않게 하는 원동력이 됐다. Parker 만년필은 Eisenhower가 세계대전 종전 시에 평화협약서에 서명했던 펜이자, Arthur Conan Doyle이 Sherlock Holmes 시리즈를 집필할 때 썼던 펜의 스토리로 유명하다.

성공적인 'story telling'의 구성요소는 다음과 같다.

① 왜 어떤 사건이 일어났는가를 의미하는 줄거리(plot), ② 뚜렷한 주제(theme), ③ 긴박한 긴장(dramatic tension), ④ 강한 상징성(symbolism) 등이다.

주요 'story telling'의 도구는 ① 창업주, ② 제품 탄생, ③ 관심을 끌 만한 스토리, ④ 역사, 신화, 소설 등에 등장하는 인물이나 배경, ⑤ 소비자 스토리, ⑥ 직원 영웅 스토리 등이다.

2. 광고

1) 광고의 개념 및 장점

특정 후원자(sponsor)에 의한 제품, 서비스, 아이디어에 대한 비인적, 시각적, 청각적, 공개적 후원 메시지를 전달하는 것과 관련된 모든 활동으로 정의된다. 광고의 장점은 마케터가 지면과 시간에 대한 경비지불로 원하는 공간과 시간에 원하는 메시지를 제시할 수 있다는 것과 수신자당 낮은 비용으로 메시지를 제시할 수 있다는 것이다. 기타 제품의 이미지 개성, 불특정 수신자에게의 노출, 광범위한 시장과 대상자에게 노출, 제품 판매에 가장 직접적인 영향력 행사 등의 장점이 있다.

광고의 목적은 크게 세 가지로 나뉜다.

첫 번째 목적은 신제품에 대한 정보를 전달해서 오랫동안 기억에 남기는 것이다.

두 번째 목적은 최초 상기도(top-of-mind awareness)를 형성시키는 것이다.

세 번째 목적은 광고에 대한 호감을 통해 브랜드에 대한 소비자의 태도를 개선하는 것이다.

광고 전략의 기본은 'from logic to magic'이다. 최종 광고는 예술, 마술일 수 있으나, 모든 것은 논리로부터 시작해야 한다. 광고의 기능은 기본적으로 AIDMA 모델을 따른다.

① 사람의 주의를 끈다(attention).
② 관심을 갖게 한다(interest).
③ 구매욕구를 일으키게 한다(desire).
④ 제품을 기억하게 한다(memory).
⑤ 실제로 구매행위를 유도한다(action).

2) 광고의 단계별 전략

(1) 광고의 기능적 목표 설정

① 정보 전달(informative) 기능

신제품 및 서비스에 대한 정보 전달기능으로 신규 호텔 및 레스토랑 등이 시장에 진입할 때, 개보수로 재탄생될 때, 항공사에서 신 루트를 개발한 경우 등이다. 직접 우편(DM: direct mail)을 통해서 수행하는 것이 가장 효과적이다.

② 설득적(persuasive) 기능

호텔, 레스토랑 등 경쟁이 심한 산업에서 경쟁에서 승리하고 경쟁사의 고객을 유인하기 위해 실시된다. Rennaisance 호텔에서 Hilton 호텔 고객들을 유치하기 위해 수행된 'Why Hiltons stay at Rennaisance' 캠페인 광고수행 등이 그 사례이다. 또한 Burger King에서 McDonald's를 상대로 실시한 광고 등이다.

그러나 시장 선도자들은 위와 같이 경쟁기업에게 정면으로 도전하는 광고를 지양한다. 왜냐하면 동종 산업 내 전반적 제품의 가치에 대해 시장이 의심을 가질 가능성이 있기 때문이다.

그림 11-8 Burger King의 광고(左)와 Renaissance Hotel의 광고(右)

③ 기억 환기적(reminder) 광고

광고의 격언인 'repeat, repeat, repeat'와 같이 지속적으로 광고하는 McDonald's, Coca-Cola와 같이 정기적인 대대적 TV 광고 등이 그 예이다.

(2) 광고 예산의 결정

예산의 규모는 시장 상황 및 제품의 특성에 따라 차등적으로 적용된다. 제품수명주기상 도입기와 성장기에 많이 투자되는데, 시장점유율 및 경쟁의 심화 정도에 비례한다. 피자, 중저가 호텔, 항공선 등 제품차별화가 적은 제품일수록 광고 예산의 규모가 크다.

(3) 메시지 전략

제일기획에서는 크리에이티브의 요건을 ① 자연스런 호기심, ② 상상의 요약과 표현력, ③ 친근하고 재치있는 언어능력, ④ 시각적 표현과 언어적 표현의 조화 능력, ⑤ 창조적 논리 발상 등이라고 한다.

광고 copy의 구성요소에는 다음과 같이 4가지가 있다.

- 헤드라인 : 'To……empty'(독자의 관심을 끌고 빨리 이해시켜야 함. 이 경우는 1등급 서비스를 의미)
- 사진, 일러스트레이션 : 하늘, 구름, 컵(독자의 관심을 지속시키고, 헤드라인을 시각적으로 보완함)
- 카피 : 밑의 글씨(판매와 연결시키는 마지막 도구)
- 사인 : 가장 밑부분의 British Airways

그림 11-9 British Airways의 광고

광고(메시지)의 유형에는 다음의 20가지가 있다.

■ 정보 전달(information) 광고

명확한 사실(straight fact)을 직접적으로 전달하는 기능으로 호텔과 레스토랑의 위치, 연락처, 제품 가격 등에 대한 메시지 등이다.

■ 합리적 설명(argument or reason-why) 광고

Xylotol껌의 합리적 설명광고가 그 예이다. 즉 제품의 성능이나 내용을 합리적으로 설명하여 소비자들을 설득하는 것이다.

■ 심리적 소구에 의한 동기부여(motivation with psychological appeals) 광고

심리적 소구 광고에는 초코파이의 '정', 박카스의 '공감대' 등이 대표적이다. 즉 이미지, 무드, 즐거운 느낌 등을 통하여 소구하고자 할 때 사용되는 메시지다.

■ 유머와 공포 광고

그림 11-10은 제1차 세계대전 때 지원병을 모집하기 위해 발행된 포스터로서 근엄한 표정의 Uncle Sam이 "나는 당신이 미국 군대에 입대하기를 바랍니다"라고 말하고 있다. 이 한 장의 포스터 덕분에 지원병이 급격히 늘어났다고 한다.

그림 11-10 공포광고의 사례

■ 반복적 주장(repeat-assertion) 광고

일반적으로 제품에 대해서 자세한 설명이 필요없는 유명제품 혹은 브랜드의 경우, 강력한 인상을 주기 위해 하나의 주제(일반적으로 문장)를 반복적으로 전달하는 메시지 형태이다. Coca-Cola의 'The real thing', 'Coke is it!' 등이 대표적이다.

반복적 광고의 또 다른 형태는 시리즈광고이다. 시리즈광고는 연계성을 갖는 여러 개의 광고가 서로 통합된 광고기술을 의미하며, 장점은 상이한 지역 시장/소비자의 패턴이 각기 다른 소구 대상에 효과적으로 대처하여 시너지효과(synergy effect)를 발휘할 수 있다는 것이다. 시리즈 광고에는 같은 주제로 다른 시각효과를 사용하는 형식(Coca-Cola, McDonald's), 비슷한 시각효과에 다른 의미를 부여하는 형식, 캐릭터를 사용한 형식, 시간과 공간의 변화를 보여주는 형식(여행사/항공사의 광고 등)이 있으며, 호기심 기법을 사용하는 형식으로 티저(teaser) 광고가 있는데 상호나 광고주 명을 처음부터 제시하지 않고 점점 명확하게 알려줌으로써, 소비자의 호기심을 자극하는 광고 형식이다.

■ 명령형(command) 광고

명령형 문구의 메시지로서 공익광고가 대표적이며, 특히 스포츠관련 기업들이 많이 사용하는 형태이다.

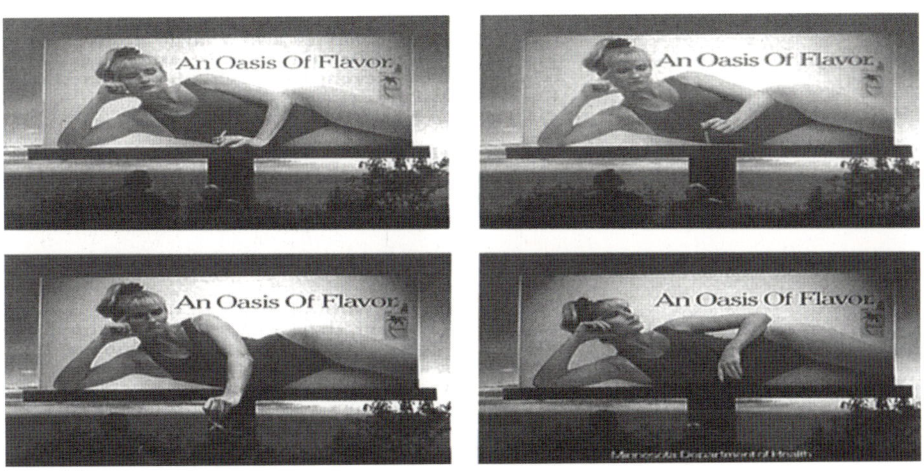

그림 11-11 미국 Minnesota의 Department of Public Health에서는 여성이 담배회사 간부의 머리에 담뱃불을 끄는 TV광고(옥외광고를 이용한)를 통해 여성의 금연을 권하고 있음

■ 심벌연관(symbolic-association) 광고

반복적 주장과 관련된 메시지로서 반복적 주장 메시지에서의 문장 대신 심벌, 음악, 인물, 상황 등을 지속적으로 사용하여 제품에 대한 인지도 및 이미지 제고를 그 목표로 한다.

■ 모방(imitation) 광고

고객들이 닮고 싶어하는 인물, 체험하고 싶어하는 상황을 주로 제시한다.

■ 동물 이용 광고

모방메시지와 유사한 사례는 많은 기업의 광고에 동물들이 등장한다는 것이다. Peabody hotel의 오리, Taco Bell의 치와와, Merrill Lynch의 황소 등이다. 동물이 광고소재에 많이 이용되는 이유는 '정직하다'는 이미지 때문이다.

■ 제품배치(PPL: product placement) 광고

영화나 TV 등에 제품이나 광고를 등장시켜 인지도를 높이고, 역으로 PR비나 광고비를 제작비로 지원하는 것으로서, 광고라는 인식을 심어주지 않으면서 자연스럽게 'halo effect'(후광효과)를 얻을 수 있다.

■ 게릴라 마케팅 광고

저예산으로 단기적으로 강한 효과를 발휘할 수 있는 중소기업들에게 적합한 기발한 마케팅 캠페인을 의미한다.

■ 비교(comparative) 광고

Wilkie와 Farris는 비교 광고를 '동일 제품이나 서비스의 둘, 또는 그 이상의 브랜드를 구체적으로 명명하거나 보여줌으로써 비교하는 것이며, 한 가지 이상의 특징을 다른 경쟁 브랜드와 비교하여 제시하는 광고형태'로 정의하고 있다. Burger King은 McDonald's에 대한 비교 광고로 유명하다.

■ 패러디(parady) 광고

패러디란 '표현방식을 불문하고 대중에게 널리 알려진 원작의 약점이나 진지함을 목표로 삼아 이를 흉내내거나 과장하여 왜곡시킨 다음 결과를 알림으로써, 원작이나 사회적 정황에 대하여 비평하거나 웃음을 이끌어내는 것'으로, 패러디 광고는 저작권법에서 예외로 보호를 받는다.

그림 11-12 패러디 광고

■ 역설(paradox) 광고

Edward Hall이 제시했던 바와 같이 시각 이미지 + 은유 혹은 paradox 또한 창의적 메시지 창출에 많이 이용되고 있으며, 동시에 효과적이다. Apple의 2m30㎝의 농구선수 Yao Ming이 12인치 모니터를 보고 있는 반면, Austin Powers에 등장하는 80㎝의 Verne Troyer가 17인치 모니터를 보고 있는 광고가 대표적인 예이다.

그림 11-13 역설 광고

■ 트레일러(trailer) 광고

광고가 끝날 때쯤 되어 주 광고 뒤에 붙여 '자매품 OO'을 소개하고 사라지는 광고들이 있다. 제과류, 빙과류 등에 많이 적용되고 있는데 트레일러 광고의 대상이 되는 제품은 주 광고 제품의 인기에 영향을 많이 받게 된다.

■ 성적 소구(sex appeal) 광고

성적 소구 광고는 화장품, 술, 청바지, 향수 등의 제품에 많이 쓰이고 있다. 특히, 나체로 등장하는 성적 소구의 모델은 바라보는 사람의 시선에 의해 벗겨진 몸으로서, 'nakedness'(단순히 옷을 걸치지 않은 상태로 누군가를 의식하지 않고 스스로를 드러내는 것)가 아닌 'nudity'(바라보는 사람을 위한 하나의 대상으로서 벗겨지는 것)에 해당된다. 환대산업에서의 대표적 성적 소구 광고는 Hooters에서 찾을 수 있다.

■ 생활 단면(slice of life) 광고

생활 단면 광고는 소비자에게 가장 자연스럽게 다가가는 광고 형태다. 또한 광고를 통해 브랜드 가치를 높일수록, 그만큼 소비자 일상생활의 한 부분으로 자리잡는다는 이점도 있다. 생활 단면 광고의 가장 큰 장점은 광고 고유의 약점인 강요나 설득하는 인상을 최대한 줄여준다는 것이다.

■ 증언식(testimonial) 광고

증언식 광고란 제품에 대한 전문가, 유명인 혹은 제품을 직접 사용해 보고 만족한 일반인 등이 등장해서 제품에 대해 설명하고, 추천하는 방법의 광고 형태다. 증언식 광고에 있어서 가장 중요한 전술은 진실성 있는 적합한 모델의 선정이다.

■ 애니메이션(animation) 광고

애니메이션이란 '정지된 이미지를 연속적으로 배열함으로써 움직이는 환상을 만들어내는 기술'을 말한다. 애니메이션이 광고에 활용되는 이유는 표현의 제약이 거의 없기 때문에 추상적 개념을 구체화시키고, 복잡한 것을 단순화하며, 현실을 과장하고, 실제를 왜곡시킬 수 있어서 소비자를 대상으로 추상적이거나, 어려운 개념을 쉽게 전달할 수 있다는 데 있다.

■ 비제품(nonproduct) 광고

제품 판매 목적보다 제품을 사용할 이유 자체를 없애는 메시지를 통한 광고 유형이 있다. 가장 대표적인 예는 Tylenol의 'Feel better' 광고다. Tylenol.com을 접속하면 '끼니를 거르면 두통이 유발될 수 있습니다'라는 문구가 있다. 그 외에 과도한 소음, 지나치게 밝은빛, 특정한 음식처럼 두통을 유발하는 요인을 알려준다.

결론적으로 광고의 메시지 아이디어를 구체적으로 설명하기 위해서는 표적시장, 중요 혜택, 지원 정보, 어조, 이성, 타 촉진전략요소들과의 결합 등을 고려해야 한다. 환대산업은 이성적 어조보다 감성적 어조가 효과적이다. 또한 제품수명주기상에서 도입기에는 이성적 어조를, 성장기 · 성숙기에는 감성적 어조가 보다 효과적이다.

(4) 매체결정

① 매체 선정

McDonald's는 2만 개의 옥외 광고판을 구매하여 대중 마케팅을 실시하였다. 각 지역별 고객의 특성에 맞는 효과적인 접근방법이었다. 미국 Massachusetts주 Vert 회사는 택시 광고가 실시간 전기 광고판으로 변하는 기술을 개발하여 효과를 보았다.

음료, fast food 등 10대를 표적시장(외식업체)으로 할 경우 TV가 가장 효과적이다.

그러나 호텔의 경우는 인쇄(print) 매체가 보다 효과적이다.

표 11-1 매체별 특성비교

내용 \ 매체	신문	TV	라디오	잡지	직접우편	옥외	이동
신뢰성	○	○	○	○	△	△	△
총비용	△	X	△	△	X	○	○
가구당 비용(CPM)	○	○	○	△	X	△	△
표적시장노출(지역)	○	△	X	X	○	○	○
표적시장(인구통계)	△	X	○	○	○	△	△
카피의 질	X	○	△	△	△	X	X
수명	X	X	X	○	○	○	X
경쟁	△	X	△	△	○	○	○
관여도	X	○	△	○	○	X	X

② **매체 일정(media timing)**

가. 지역별 일정(geographic scheduling)

상대적 판매 가능성 지표(index of relative sales possibility)에 의거 매체일정을 결정한다. 상대적 판매 가능성 지표는 각 지역 소비자의 구매력인데, 대도시일수록 광고경쟁이 심하기 때문에 가중치를 주어 상대적으로 높은 비율의 광고비가 매체에 투입돼야 한다.

나. 계절별 일정

성수기 직전, 혹은 초기에 집중적 광고가 필요하다. 보통 음료광고는 초여름부터 시작된다.

여름철 이상고온 시에는 음료 광고가 이상적이며, 장마나 태풍 시에는 fast food의 광고가 집중된다.

③ **광고비의 분산 투자**

광고비는 최대의 판매효과를 위해 기간별로 분산 투자되는데, 지속적으로 광고에 광고량의 변화를 주는 기법을 flighting이라고 하며, 주기적으로 일정하게 광고하는 방법을 'pulsing'이라고 한다. 광고의 노출간격은 'spacing'이라고 한다.

④ **마감시간(closing time)**

모든 매체는 마감시간을 갖고 있는데 원하는 시기에 광고를 하고자 할 때 접수될 수 있는 가장 늦은 시간을 의미한다.

표 11-2 매체 마감시간

매체	마감시간
조 간	오후 3시에서 다음 날 새벽까지, 전날 아침까지 편집자에게 연락
석 간	당일 오전 9시, 전날 편집자에게 연락
주간 신문	수요일(특정 지면은 1~2주 전)
주간 잡지	4주 전
월간 전문지	전달 1일이나 15일
전국 월간지	전달 1일이나 15일. 보통 3개월 전에 일을 시작(4월이면 7월판을 준비)
TV 뉴스	오후 6시 뉴스는 당일 오후 2시, 오후 9시 뉴스는 당일 오후 5시(주요 뉴스의 경우 예외가 많음). TV 뉴스 방송회의는 보통 오전 10시에 열리지만 오후 11시 뉴스는 그 뒤에 작업
TV 특집	2~5주 전에 예약(유명인일 경우에는 예외), 프로마다 다르므로 제작자에게 확인
라디오 프로	항상 뉴스만 다루는 방송이 가장 쉬운 대상
라디오 토크	보통 2주 전, 프로마다 다르므로 제작자와 상의

(5) 광고 효과 평가

GRP(gross rating point) : GRP = reach × frequency

reach란 광고 대상 중 얼마나 많은 가구가 광고를 보았는가를 의미(%)

frequency란 광고를 본 가구 중 평균 몇 회를 보았는가

* 10가구를 대상으로 네 번 광고했을 때의 경우를 예로 들면 다음과 같다.

〈표 11-3〉에서와 같이 가구 H를 제외한 9가구가 광고에 노출되었으므로 reach는 90(%)이며, 총 25회의 광고를 9가구가 보았으므로 한 가구당 평균 25/9회의 광고를 본 것이다. 즉 GRP = 9/10 × 25/9 = 250으로 산출된다. 말할 나위도 없이 GRP가 높을수록 광고효과는 높다.

표 11-3 광고의 예

광고수가구	A	B	C	D	E	F	G	H	I	J
광고1	○	○	○		○	○	○		○	
광고2	○	○	○	○	○		○		○	○
광고3		○		○	○	○	○			○
광고4	○		○		○				○	

(6) 판매효과 측정

판매효과 측정에 있어서 가장 널리 사용되는 기법은 광고 전 판매량과 광고 후 판매량을 비교하는 것인데 보다 정확한 기법은 실험(experiment)을 통해 측정하는 방법이다.

광고비 지출에 대한 매출액의 민감도(판매 유발효과)를 광고성(advertisability)이라고 한다. 광고효과(advertising effectiveness)와 유사한 개념으로 광고에 대한 수신자의 우호 정도, 제품차별화의 정도, 광고가 제시하는 혜택의 유용성, 감정적 소구 정도, 광고 예산의 정도, 혜택의 효과적 전달 정도 등이 그 효과에 대한 주요 요인이 된다.

3. PR전략

1) PR(public relation)의 개념과 의의

PR이란 ① 개인이나 단체가 그들 자신이나 제품 또는 서비스에 대한 이해와 호의를 증진시키기 위한 활동, ② 이러한 개체들이 대중으로부터 얻어낸 이해나 호의의 정도, ③ 직접적 언론 경비의 지출 없이 대중에게 메시지를 전달하여 개인이나 제품 또는 단체에 대한 대중의 견해를 분석하고, 그 견해에 좋은 영향을 미치려고 하는 경영진의 노력 등으로 정의된다.

따라서 P.R.은 public relation의 약자이나 그 의미상 P(performance : 임무수행) + R(recognition : 인정)로 이해될 수 있다. 홍보와 Publicity는 돈을 지불하지 않고 매체를 이용한다는 점에서 광고와 다르며, 홍보는 자연적으로 기사화되는 publicity (make the story)와 달리 바람직한 기사화를 하기 위한 노력(tell the story), 혹은 기사를 통제한다는 점에서 차이가 난다.

□ P.R., Publicity, 광고의 차이점 및 의의

홍보는 광고와 전혀 다른 개념으로 기사화할 때 돈을 지불하는 여부에 따라 구분할 수 있다. 홍보는 그 중요성에 비해 가장 곡해되고 있는 커뮤니케이션 형태의 하나이다. 홍보와 광고의 공통점이 있다면 결과를 보장받지 못한다는 점이다. 홍보와 광고의 가장 큰 차이점 중 하나는 신뢰성의 정도이다. 홍보(신문 상단)는 광고(신문 하단)보다 높은 신뢰감이 있으며, 이것이 홍보의 핵심 가치이다.

기업주의 의도와 목적에 의해 기사화되는 광고와 달리 제3자를 통해서 기사화되어, 자기 중심적 광고주의 광고 메시지보다 더 설득력이 있다. 구전(口傳)이 중요한 환대산업에 있어서 제3자에 의한 홍보는 매우 중요하며, 반면에 홍보는 광고보다 메시지 전달 시간의 통제에 있어서 불리함을 안고 있다. 광고는 기사가 나올 정확한 날짜와 호를 통제할 수 있지만, 홍보는 인쇄 및 방송 매체 편집장의 일정 및 구전 제공자의 의지에 의존한다는 것이 단점이다.

2) PR전략의 기법과 형태

(1) 역사를 이용한 홍보 전략

미국의 역사적 기념물에 속하는 Del Coronado 호텔은 1988년 100주년 기념행사를 통해 홍보전략을 수행하였다.

(2) 이벤트를 이용한 홍보 전략

미국 Arizona주 Phoenix의 Pointe리조트에서는 '유명 요리사의 전당' 이벤트를 연례적으로 개최하여 PR효과를 얻었다.

(3) 기념일을 이용한 홍보 전략

미국 California주 Eureka의 Eureka Inn은 크리스마스 기념일을 이용한 행사를 통해 홍보효과를 얻었다.

(4) 사회적 봉사를 이용한 홍보 전략

호텔 및 레스토랑 등의 연말연시 봉사활동에 대한 기사화.

(5) 고객을 이용한 홍보 전략

서울신라 호텔은 메이저리그 스타 박찬호, 일본의 유명 바둑기사 요다 노리모토 9단, 마이클 잭슨, 알 왈리드 사우디아라비아 왕세자, 헤어 초크 독일 대통령, 박세리, 안소니 퀸 등 세계적인 유명 인사들의 투숙을 홍보함.

(6) 인적자원을 이용한 홍보 전략

국내 Renaissance 호텔 : 각 부서 12인 종사원 사진 + 서비스 철학 달력(홍보물)
Four Season's 호텔 : 30년 이상 근무하다 퇴직하는 '늙은' 벨맨 소개.

(7) 제품관련 홍보 전략

Coca-Cola, Pepsi-Cola가 '물 전쟁'에 돌입.
Coca-Cola는 총 2천 불을 투입해 'Dasani' 광고/Pepsi-Cola의 'Aquapia'.

(8) 후원을 통한 홍보 전략

Budweiser의 2014년 브라질 월드컵의 공식스폰서로 홍보전략을 수행함.

3) PR전략 수행의 주요 시기

(1) 개업 전(pre-opening) 홍보 전략

미국 Colorado주 Hyatt Regency Beaver Creek 호텔에서는 다중 벽난로를 이용하여 개업 전 홍보 전략을 수행하였다. 벽난로 담당직원에 대한 구인을 위한 '미국에서 가장 추운 지역에서 가장 뜨거운 직업'이라는 PR용 구호이다.
Las Vegas의 Hard Rock Cafe 호텔은 개관 전 Eagles를 초청하여 홍보함.

(2) 리포지셔닝 홍보

1960년대 말에서 1970년대 초 사이에 뉴욕시는 '지구상에서 가장 더럽고, 예의 없고, 시끄럽고, 혼잡하며, 공포와 범죄가 범람하는 도시'로 포지셔닝되어 있었다.

그러나 뉴욕시의 Convention & Visitors Bureau 회장은 뉴욕시를 'big apple'에 비유하며 유명 거리 Time Square를 상징하는 'big time' 및 'I love New York'이라는 슬로건과 함께 사과나무(세계)의 많은 사과(도시) 중 뉴욕시가 가장 크고 새로운 이미지로 재탄생하는 도시임을 알렸다.

(3) 위기 관리 시의 홍보 전략

KAL의 조현아 사례에서 보듯이 위기 관리를 잘 하지 못하였을 때 오는 기업의 손해는 막대하다. 따라서 모든 인간들과 기업들은 위기를 맞지만 가장 현명하게 대처하는 방법은 잘못을 솔직히 인정하고, 진정성 있는 태도를 갖는 것이다. 이것이 곧 위기 관리 시 PR전략의 기본이다.

표 11-4 Carnival Hotels and Casinos의 위기 관리 시 PR 전략

① 연락 시기
위기 상황을 알게 되는 즉시, 경영진과 PR 이사에게 알려라. 통일된 내용의 성명서와 행동 지침이 만들어져야 하고, 대변인이 정해질 때까지는 아무에게도 알리지 말아야 한다. 특히 언론에 알리지 마라. 위기 상황이 발생한 후 가능한 한 1시간 이내에 세부 자료를 모으고 확인하여 언론 성명서의 초안을 잡아야 한다. 세부 자료에는 6하 원칙이 포함되어야 한다. 문제 해결을 위해 취하고 있는 현재의 행동 상황과 새로 밝혀지는 세부 상황을 기자들에게 계속 전달하여야 하며, 상황이 통제 중이라는 것을 발표하고, 같은 문제가 반복되지 않도록 하기 위해 취해지는 조치에 대해 설명하는 마지막 성명서를 발표하라.

② 커뮤니케이션 통제 및 지정 대변인 선택
전화 교환수, 경비, 안내원, 비서나 관리자와 같이 중요한 위치에 있는 사람들은 정보를 요구하는 전화를 누구에게 돌려야 하는지 미리 지시를 받아야 한다. 또한 개인적으로 어떤 질문에도 답하지 말라는 지시도 받아야 한다. 대변인의 역할을 누가 할 것인지를 미리 결정하라. 적합한 대변인을 결정하기 위해 총지배인, PR 이사, 부서장의 순으로 의논하라. 위기 상황하에서 한 명의 대변인이 모든 것을 책임짐으로써, 사업장 측에서는 일관되고, 정확하며, 호텔, 사업장, 대중의 관심에 부합되는 정보를 내보낼 수 있다. 될 수 있으면 최고 경영진이 언론에 답하는 것이 좋다. 상황을 제대로 관리하고 있다는 이미지가 대중에게 신뢰감을 줄 수 있다.

③ 무엇을 어떻게 전달하나
모든 구두와 서면을 통한 성명서는 PR 이사와 협력하여 준비하고 허가를 받아야 한다. 원인이나 세부 상황을 즉각 알 수 없을 때도 있다. 이럴 때는 "○○의 원인은 아직 밝혀지지 않았다"거나, "지금은 알 수 없지만 알게 되는 즉시 알려 드리겠습니다"라고 해도 무방하다. 위기 상황이 끝나면, 직원이나 지역 사회 관리 및 영향을 받은 사람들에게 안부를 묻는 사후 편지를 보내는 것이 직원과 언론 매체 사이에 회사에 대한 긍정적인 이미지를 심어주고 친밀감을 유지하는 데 도움이 된다.

> ④ 해야 할 것과 하지 말아야 할 것
> - 현재의 긍정적인 측면을 강조하라. 예를 들어 사업장의 안전 기록, 재건축 계획, 지속적인 예방, 영웅적인 행동, 직원에 대한 관심 등이 그것이다. 하지만 부정적인 면을 얼버무리려고 하지 마라. 긍정적이되 진실하게 행동하라.
> - 절대 언론에 서둘러 대답하지 마라. 모든 사실을 정확히 알고 있는지 확인하라.
> - 관련 인물에 대해 정보를 유출하지 마라. 그들의 사생활을 존중하라.
> - 정확한지 확인하고, PR 이사의 허락을 받기 전에는 피해나 경비에 대해 말하지 마라.
> - 언론에 "비공식적으로는 ……"이란 말을 하지 마라. 위기 상황에서는 어떤 말도 '비공식적'이 될 수 없다.
> - 특정 언론매체에만 호의를 베풀지 마라. 타 언론매체를 적으로 만들지 마라.

4. 판매촉진전략

1) 상품화계획

상품화(merchandising)란 인적 판매 및 매체의 시간과 공간을 이용하지 않고 고객의 구매 행위를 촉진시키는 인 하우스(in-house) 마케팅을 의미한다. 기본 법칙은 고객 위주의 디자인이며, 편안하게 구매, 이용, 접근하도록 유도하는 것이다.

조화와 획일성, 실천성, 가시성, 종사원들의 상품화에 대한 해박한 지식을 요구하며, 이벤트, 메뉴판, 직원 유니폼, 시설물(FF&E : furniture, fixture, equipment) 등 고객의 만족 제고 및 판매 증진과 관련된 모든 영역이 상품화 계획의 대상이 될 수 있다.

아가사 크리스티의 미스터리 살인극을 테마로 손님을 끌어 모으는 호텔 등이 있는가 하면, 미국 Pennsylvania주의 Curves Village 호텔은 대열차 강도 사건을 이벤트화하였다.

2) 판매촉진도구

판매촉진(sales promotion)이란 제품과 서비스의 구매 혹은 판매를 증진시키기 위한 단기적 인센티브를 의미한다. 그 초점은 단기적이라는 기간의 개념이다.

판매촉진의 장점은 다음과 같이 정리될 수 있다.

① 무료 이용, 가격할인으로 고객의 위험 감소/가치 제고.
② 제한된 단기적 기간(미끼) : 고객의 제품 구매 충동 및 이용 횟수 증대.
③ 보통 기간보다 분명히 나은 인센티브를 제공함(고객 만족으로 종사원 동기 부여 : '생색을 낼 수 있도록').

(1) 견본(sample)

- 미국 Texas주 Houston의 Park Inn : 영향력 있는 잠재고객을 호화객실에 무료 투숙시킴.
- McDonald's : 각각 95센트의 커피와 머핀 : 두 제품을 1불에 판매.

(2) 쿠폰(coupon)

쿠폰이란 고객이 저축(saving)할 수 있도록 제공하는 도구로 쿠폰은 또한 기업 간 조인트 프로모션(co-op promotion)에도 많이 이용되고 있다.

- Pizza Hut : 수많은 호텔들의 룸서비스 메뉴 및 Aloha Airlines 등 항공사 기내식 메뉴

국내 Outback Steak 레스토랑은 미국의 유명 영화 수입 배급사와 연계

(3) 프리미엄(Premium)

부가 제품이 무료 혹은 할인을 통해서 제공될 때 이것을 프리미엄이라고 한다. McDonald's에서는 5,000원 이상의 메뉴 주문 시 8종류의 Pooh인형(하나당 3,500원 상당)을 하나씩 제공하는 등, 유사한 방법의 프리미엄 전략으로 재구매 효과를 극대화시키고 있다.

(4) 가격 할인(price reduction)

가장 많이 이용되며, 비수기 및 특별 행사 기간에 실시한다. 국내 Tony Roma's 레스토랑에서는 3주년 기념 행사 시 모든 메뉴를 50% 할인하여 제공하였다.

(5) 환불(rebate)/반환(refund)

광의의 의미에서 환불과 반환도 판매촉진의 도구에 해당된다.

Hampton Inn : 100% 서비스 보증제도

(6) 보상 후원(patronage rewards)

기업의 제품과 서비스의 지속적 이용에 대한 현금 혹은 타 혜택 제공을 의미한다.

SK는 1996년 6월 : 'OK cash back' 서비스를 개발하여 국내 최초로 통합 마일리지 서비스개념을 도입하였다. 항공사, 호텔의 FTP가 보상 후원의 대표적 예에 해당된다. 국내 McDonald's에서 시행하였던 1,000원당 1점을 가산하는 McPlus 프로그램 등이 예이다.

(7) POP(point-of-purchase)

POP는 판매 시점에 제품의 진열을 통하여 구매를 유도하는 기법이다. 호텔 체크 인·아웃 시 근처의 진열대에 부대시설에 대한 광고물을 소개하며, 레스토랑 입구에 베이커리나 조제 식품(delicatessen)을 진열 판매하는 것을 말한다.

(8) 경연(contest)/게임/경품(sweepstake)

① 경연

ITT Sheraton Pacific 호텔에서는 1992년 Barcelona 올림픽을 이용하여 주요 고객들을 대상으로 'Sleep at Sheraton and wake up in Barcelona' 캠페인을 실시하였다. 가장 이용률이 높았던 여행사 및 고객에게 판매원들이 직접 호화 brochure와 Olympic Games에 참여할 수 있는 두 개의 여행권이 든 금메달, 기타 혜택이 있는 은메달, 동메달을 전달하는 캠페인이었다. ▶ T.G.I.F의 'culinary challenge' ▶ 한국관광공사 주최로 매년 개최되는 '서비스 경진대회'와 더불어 이러한 예들이 경연에 해당된다.

② 게임/경품

서울지역 특1급 호텔 중 다수는 연 1회 각 기업체의 비서들을 초청하여 사은파티를 개최하고 있는데, 참석자들의 번호를 함에 투입하여 당첨 시 항공권, 무료 호텔이용권 등의 경품을 제공하고 있다. 국내 Millennium Hilton에서는 미국 Super

Bowl 결승전을 대형 스크린에 위성생중계하며, 아침식사와 함께 양 팀의 끝자리 점수에 고객들이 돈을 걸게 하여, 우승자가 모든 돈을 갖는 게임을 시행하였다.

제5절 분배전략

1. 시설의 소유, 소유 직영, 체인

1) 시설의 소유

시설의 소유(ownership of facilities)는 재산(또는 자산)을 소유하고 타인에게 관리를 맡기는 경우로서 Host Marriott가 한 예다. 다른 예는 CNL Financial Group의 제휴업체인 CNL Hospitality Properties다. 이 기업은 민간 소유의 부동산 및 금융 기업으로서 20여 개의 호텔 브랜드를 보유하고 있고, 미국 37개 주에 25,000개 이상의 객실을 보유한 약 130개 호텔에 대한 이권을 소유하고 있다. 그보다 더 유명한 브랜드 중 하나는 California San Diego에 위치한 Hotel Del Coronado다. 이와 관련된 Hotel Asset Managers Association(HAMA)이라는 협회도 있다.

2) 소유 직영

소유 직영 방식(independently owned and management)이란 체인에 속하지 않은 독립적 경영방식을 의미하며, 타 브랜드의 사용, franchise, licensing 등의 특허, 위탁 경영(management contract)에 해당되지 않는 경영 형태다.

기업이 시설의 전부를 관리하고, 소유하면, 사업을 확장시키기가 어려워 보인다. 따라서 기업들은 브랜드를 성장시키기 위한 다른 방도를 찾아야 한다. 예를 들어 Marriott는 이를 위해서 기업을 두 개로 분할했다. 한 부분은 호텔 소유(Host Marriott)에 집중했고, 또 한 부분은 타사가 소유한 호텔의 관리(Marriott International)에 초점을 맞추었다.

Starbucks의 경우 오랜 기간 동안 모든 지점의 소유권이라는 전략을 추구해 왔다. 그러나 확장은 해야 하는데 지나친 투자가 되자, 서서히 타사에게 Starbucks의 소유와 관리를 허가하기 시작했다. 예를 들어 Las Vegas의 Hard Rock Hotel and Casino, Prim Resort and Casino, Treasure Island, MGM Grand 내에 있는 Starbucks는 모두 각 호텔이 직접 소유하고 운영한다.

3) 체인

시설의 소유 및 소유 직영과 정반대의 개념은 체인(chain)이다. 체인이란 franchise, 위탁 경영, consortium 등의 경영 방식을 통하여 동일 상호를 사용하는 두 개 이상의 기업을 의미한다. 즉 환대산업 분배 전략에 있어서 가장 보편적이고 대표적인 유형이 체인이다. 2015년 기준 중국 전역 250여 개 도시, 1,600여 개의 이코노미형 체인인 Home Inn(루자)은 중국 1위의 비즈니스 호텔 체인이다. Home Inn은 2006년 중국 최초로 미국 NASDAQ에 상장됐으며, Fortune 선정 Global 100 성장성기업에서 9위에 랭크됐을 정도로 중국 대중 숙박업체의 선두주자다.

그러나 일반적으로 알려진 이러한 체인의 의미 외에 체인은 '가장 강력한 경영 형태'라는 의미를 갖고 있다. 타 기업을 소유 혹은 임대하여 모든 부문을 직접 통제, 경영할 때 이것을 체인경영 방식이라고 한다. 국내에 있는 외국 체인 호텔들에 있어서 체인의 의미는 물론 첫 번째 의미에 해당된다.

체인의 경영 방식은 타 형태의 경영 방식보다 명백히 우수한 경영 성과를 기록하고 있으며, 또한 대부분의 경우에 있어서 타 사업 부문에 진출하지 않는다. 이후에 언급될 franchise 경영 방식은 물론, 위탁 경영보다도 강력한 경영 형태로서 모회사가 자회사를 100% 책임과 권한을 갖고 경영한다고 이해해도 무방하다. 예를 들면 롯데그룹에서의 서울, 울산, 제주의 롯데호텔과 롯데월드호텔 경영이 체인의 경영 방식이 된다.

2. 위탁 경영, Franchise, Consortium

대다수의 세계 체인 호텔과 레스토랑은 위탁 경영, franchise, consortium의 형태로 경영되고 있다. 이 세 유형을 설명하면 다음과 같다.

1) 위탁 경영(management contract)

위탁 경영이란 두 소유주 간의 계약 경영으로서, 투자를 하고 소유권을 갖고 있는 기업이 타 기업에게 경영을 의뢰하며 계약이 성립되게 된다. 그 효시는 1946년 Inter-Continental이며, 이후 1969년 Hyatt International이 800객실의 홍콩의 호텔과 계약한 것이 국제적 위탁 경영의 시초로 알려져 있다. 1970년대부터 활성화되어 현재에 이르기까지 위탁 경영은 체인을 제외한 가장 이상적인 경영 형태로 인정받고 있다. 국내에서는 1969년 웨스틴조선 호텔, 1970년 Sheraton Walkerhill이 효시로 알려져 있다.

체인의 경영 방식과 비교할 때, 위탁 경영은 경영을 담당한 호텔 측에서 ① 자산에 대한 법적 클레임이 없다는 점(no legal claim for property)과, ② 재무적 책임이 제한되어 있다는 점에서 경영 통제 및 책임이 약할 수밖에 없다. 일반적으로 호텔 간의 위탁 경영은 20~30년간의 오랜 기간 동안, 레스토랑의 경우에는 짧게는 1년에서 수년의 기간 동안 경영 계약이 체결된다. 위탁 경영은 크게 재무, 회계, 마케팅, 영업, 관리 등의 모든 영역으로 나누어지는데, 소유 기업의 회계(controller)와 인사부문에 대한 개입으로 위탁 경영 기업과 많은 마찰을 빚게 된다. 경영을 위탁받은 호텔은 경영의 대가로 수수료(management fee, royalty)를 요구하게 되는데, 경영 수수료는 ① 고정 수수료(straight management fee), ② 고정 수수료 + 이익에 대한 %, ③ 손익에만 근거한 수수료(pure profit and loss basis), ④ ②번과 ③번 중 많은 것 선택, 현대에 이르러 증가되고 있는 매출의 2%, GOP의 2%를 기준으로 하는 ⑤'2+2' 등의 다섯 형태로 대분된다. 그 기준은 대다수 경우에 있어서 총 영업 이익(GOP : gross operation profit)이 되는데, 그 이유는 경영을 위탁받은 호텔이 경영에 대해서 전반적인 책임을 지고 있으므로, 단순한 매출액보다는 GOP가 보다 합리적인 기준이 되기 때문이다. 가장 보편적인 형태는 고정 수수료+이익에 대한 %다. 위탁 경영의 기간은 기본적으로 8~10년이며, 3~5

년에 한 번 또는 두 번 갱신된다. 수수료가 경영 기업의 유일한 목적은 아니다. 유통 채널의 적재적소에 있는 것이 그보다 더 중요할 수도 있다. 예를 들어 Ritz-Carlton의 입장에서는 Las Vegas에 호텔을 보유하는 것이 중요하기 때문에, The Strip에서 30분 거리에 있는 리조트 지역에 체인 호텔을 경영하는 경우가 그것이다.

2) Franchise

환대산업 최초의 franchise는 1907년 Ritz Development Company가 New York City에 Ritz-Carlton의 브랜드 호텔을 계약하면서 시작되었고, 1927년 Howard Johnson's가 호텔들을 franchise화시키며 크게 확대되기 시작했다. Franchise는 두 가지 의미를 갖고 있다. 첫 번째 의미는 모기업(franchisor)이 자기업(franchisee)에게 일정기간(일반적으로 10년간), 특정 장소에 모기업의 상호와 trade mark, 제품, 마케팅 기법, 인테리어 디자인, 영업 시스템, 지역적 권리(zoning, area right) 등을 이용하여 사업을 영위할 수 있도록 허용해 주는 계약, 혹은 특허를 의미한다. 2012년 통계청 발표에 의하면, 국내음식점, 주점의 14.6%가 franchise화되어 있다고 한다. Finland에서는 6개의 franchisor가 전국 레스토랑의 대부분을 장악하고 있다.

두 번째 의미는 '지역 연고제'로서 미국의 지역별 자동차 딜러제, 국내 지역별 소주 브랜드, 국내 프로 축구, 프로 야구 선수들의 지명권 등이 대표적 예들이다. Franchise 계약은 일반적으로 다음과 같은 네 형태로 이루어진다.

□ Franchise의 계약 유형

① 제조상(manufacturer)과 소매상 : GM, Ford, Chrysler와 같은 자동차산업; Texaco, Exxon과 같은 석유산업 등 소매상이 많지 않은 경우.

② 제조상과 도매상 : Coca-Cola, Pepsi 등 소매상이 매우 많은 산업.

③ 도매상과 소매상 : 제약, 잡화, 스포츠, 계절 용구 등의 많은 산업.

④ Licensor와 소매상 : 호텔, 레스토랑, 자동차 임대업과 같이 도매 등 중계 기관이 없고, 모기업이 제조상의 개념이 아닌 경우, 호텔과 레스토랑의 모기업은 licensor에 해당되며, 자기업은 소매상의 개념에 해당됨.

위의 네 형태 중 한 예로 Coca-Cola는 고객 마케팅에 전념하고, 도매상인 Bottler에게 유통 franchise의 라이선싱을 준다. Bottler는 콜라 농축 원액을 구입하여 원액에 탄산수를 넣고, 병에 담아 유통시킨다. 현재는 Coca-Cola가 이러한 Bottler들을 인수하기 시작했다. 이렇게 기업과 고객 사이에 존재하는 도매상(혹은 브로커나 소매상)을 인수할 때, 이것을 전방 통합(forward integration)이라고 한다.

Franchise 계약 내용

Frachisor와 franchisee 사이의 계약 중 중요 사항은 마케팅 지원, franchisor에게 돌아가는 수입, 계약 기간, 영토권(territorial right) 등이다. Franchisee는 거리 또는 행정 구역에 대한 권리를 획득할 수 있다. 이 공간에서는 다른 franchisee가 같은 제품이나 서비스를 제공할 수 없다. 예를 들어, 인도에 있는 개별 franchisee들은 인도에서 Days Inn, Choice Hotels International, Sheraton의 이름을 독점적으로 사용할 수 있는 배타적 권리(exclusive right)를 획득하고 있다. 환대산업의 경우 Franchise 계약 기간은 모기업의 기준에 따라 큰 차이가 있다. 위탁 경영과 마찬가지로 모기업은 자기업에게 운영 수수료를 요구하게 되는데, 위탁 경영과는 다르게 그 기준은 GOP가 아니라 총 매출액(gross revenue)이 된다. 그 이외에도 기본 수수료(initial fee)를 요구하는데, 여기에는 건물, 토지, FF&E 등에 소요되는 비용은 포함되지 않는다. 대신 모기업은 건축비, 매뉴얼, 행정 관리비 등을 지원하여 기본 수수료를 대부분 충당시킨다. 경영 수수료는 호텔의 경우 운영 수수료, 광고 및 마케팅 수수료, 예약 수수료로 나누어지고, 레스토랑의 경우에는 운영 수수료 및 광고 수수료로 나누어진다. 참고로 국내에 진출한 외국의 casual dining, family, fast food restaurant의 franchisee들은 매출액의 약 1.5~2%를 royalty로 지불하고 있다.

Franchise의 장단점

모기업 측에서는 브랜드 명성으로 사업을 크게 증대시키며 수수료 수입이 병행되어, 브랜드 가치와 수익이 동시에 제고되는 효과를 얻을 수 있다는 것이 가장 큰 장점이며, 자기업 측에서는 유명 브랜드 사업장의 소유주로서, 모기업의 지원을 받아 안정적인 사업을 영위할 수 있다는 것이 가장 큰 장점이 된다. 실제로 franchise 사업의 실패율은 10~15% 정도로 소유 직영 시 사업 실패율을 크게 하향 시키고 있다.

위탁 경영과 비교할 때 franchise의 약점은 경영 통제가 약하다는 것이다. 물론 자기업의 융통성을 발휘할 수 있다는 반대 급부가 존재하기는 하나, 위탁 경영과 비교할 때 아무래도 모기업의 경영에 대한 권한과 통제가 약하기 때문에, 자기업의 잘못된 경영으로 인하여 브랜드 가치에 손상을 줄 수가 있다. 따라서 franchise 계약은 특급 호텔보다는 중저가 호텔 부문에서 많이 이루어지고 있으며, 특히 레스토랑 부문에서 보편적으로 이루어지고 있다.

특히 레스토랑의 경우 독립적으로 운영되던 레스토랑이 franchise화되는 사례가 종종 있다. 이러한 경우를 '전환(conversion) franchise'라고 한다.

Franchise 계약에는 'master franchising'이라는 형태도 있다. 이 'master franchising'이란 대표적으로 성공한 franchisee들에게 고용, 교육, 지원을 담당할 수 있는 권한을 주는 것이다.

3) Consortium

전술되었던 위탁 경영과 franchise는 모기업의 유명 브랜드와 노하우를 바탕으로 자기업이 경쟁력을 갖추게 되나, 소유 직영 방식의 기업들은 그러한 측면에서 큰 불리함을 안게 된다. 이에 대응하여 중소 호텔들은 연합체를 구성함으로써 경쟁력을 키워나가게 되는데, 이러한 연합체를 referral association이라고 한다. Referral association에는 모기업이 없는 대신 연합체 회원들의 객실 수에 비례한 기본 수수료와 예약, 광고 등의 수수료를 공동으로 모아 공동 마케팅 전략을 수행하게 된다.

과거 세계 최대의 referral 체인이었던 Best Western International을 비롯하여 현재 Choice Hotels International로 명칭이 바뀐 Quality Courts Motels(이후 Quality Inns) 등 많은 referral 체인들은 점차 franchise그룹에 매각되거나, franchise 시스템으로 바뀌고 있다. 그 이유는 호텔의 규모, 제품과 서비스의 수준, 경영 방식 등 모든 측면에 있어서 아무래도 franchise 시스템에 크게 못 미치기 때문이다. 현대에 이르러 consortium이라는 용어가 referral association을 대신하고 있다.

제4부

서비스리더십

Chapter 12

서비스리더십

Chapter 12 서비스리더십

제1절 리더십의 중요성

1. 리더십의 중요성

한 조사에 의하면 미국 노동자들의 75%가 그들의 일에 행복하지 않다고 응답했는데 그 주요 이유는 그들의 상사 때문이라는 것이다. 이는 상사의 부하들에 대한 리더십의 중요성을 반증하는 자료이다.

리더십에 따라 어떤 조직은 성공하지만 어떤 조직은 실패한다. 리더십은 학교, 교회, 기업, 군대 등의 성공에 영향을 미친다. 즉 효과적인 리더십은 조직이나 사회의 공유된 신념(beliefs), 가치(values), 그리고 기대감(expectations)을 창출해 내며, 부하들의 사건이나 일에 대한 인식을 변화시킬 수 있다.

세계적으로 성공한 리더의 예를 들면 다음과 같다.

- 인도의 간디(Mahatma Gandhi)
- 미국 시민운동의 마틴 루터 킹 목사(Martin Luther King Jr.)
- 독일의 아돌프 히틀러(Adolf Hitler)
- 중국의 마오쩌둥(Mao TseTung)

▌그림 12-1▌ 세계의 지도자: 킹 목사, 히틀러, 간디, 마오쩌둥

최근 Fortune紙에서 선정한 500대 기업들에 관한 연구에 의하면 불확실한 환경하에서 카리스마 리더십(charismatic leadership)이 기업의 재무성과를 올리는 데 중요한 영향을 미치는 것으로 나타났다(사례: J. C. Penny의 Allen Questrom 고용).

한편 리더십과 관련된 논문이 최근 40,000개 이상이며 책도 많이 출판되는 추세이다. 따라서 리더십교육은 대학에서 중요한 과목으로 대두되고 있다. 리더십은 기업의 최고경영자뿐만 아니라 전체 계층에서 필요한 것으로 나타나고 있다. 그러한 리더십의 필요성은 어느 조직에서나 대두되고 있다.

2. 리더십의 정의

"리더십이란 개인이 조직의 목표를 달성하기 위하여 조직구성원들에게 합법적인 영향력을 행사하는 과정이다(Leadership is a process used by an individual to influence group members toward the achievement of group goals, where the group members view the influence as legitimate)." 이러한 리더십 정의에 관한 특성을 자세히 살펴보면 다음과 같다. 첫째, 리더십이란 일련의 과정이며, 특히 조직의 목표를 향해서 행해지는 체계적이며 지속적인 행동의 과정들이다. 둘째, 리더의 행동들은 조직 구성원들의 행동을 변화시키기 위해서 체계적으로 이루어진다. 셋째, 한 사람 이상의 리더에 의해 여러 가지 행동들이 수행될 수 있지만, 한 개인이 조직을 위한 리더십 기능을 수행할 수 있다. 넷째, 부하들은 리더의 영향력을 합법적인 것으로 인식해야 한다. 다섯째, 리더의 영향력은 조직의 목표를 향해서 행해진다.

저명한 경영학자인 Drucker에 의하면 Leader란 "부하를 가진 사람이며, 그 부하들은 결과를 위해 올바른 일을 하고 있으며, 리더들은 매우 가시적이며, 책임을 가지고 있다"라고 한다. 이러한 리더십의 정의에 따라서 핵심적인 특성들을 정리하면 다음과 같다. 먼저, 개인이 조직을 위해 충실한 역할을 해야 하며(Single individual usually fulfills the role for a group) 둘째, 체계적이고 지속적인 일련의 행동들이라는 것이다(Systematic and continuous series of actions). 셋째, 행동에 영향을 미치는 행동이다(Actions focus on influencing behavior). 넷째, 영향력은 부하들에 의해 타당하고 정당화된 것이어야 한다(Influence is viewed by followers as reasonable & justified). 다섯째, 리더의 영향력은 집단의 목표를 성취하는 방향으로 설정되어야 한다(Influence is directed toward achieving group goals).

3. 리더십의 효과성

효과적인 리더를 측정하기 위해 활용되는 척도들은 직무성과(job performance), 부하들의 태도(measures of followers' attitudes), 조직의 성과(group and organizational outcomes) 등이다. 직무성과란 직원들이 성공적으로 수행한 과업의 품질(quality)을 의미하며 그러한 품질은 생산성(productivity)과 연관된다. 부하들의 태도란 직무와 관련하여 조직에 대해 부하들이 보이는 전반적인 태도를 의미하며 만족도와 연관된다. 마지막으로 조직의 성과란 개인의 성장(individual growth) 및 조직 전체의 성장(organizational growth)을 의미한다.

4. 리더십과 경영과정 비교

리더십이란 옳은 일을 하는 것이며, 더욱 효과적인 조직으로 변화시키거나 개발하는 것이다(Leadership is "Doing the right things" or changing and developing more effective organizations). 반면에 경영(management)이란 일이 옳게 되도록 하는 것이며, 목표를 달성하기 위한 이성적이며 기술적이고 관리적인 행동들이다(Management is "Doing things right" or a rational, mechanical, and administrative activity to achieve goals). 이처럼 리더십과 경영을 분명하게 구분하는 것은 쉽지 않지만 분명한 것은 경영과정과 리더십은 매우 밀접하게 관련되어 있으며 보통 같은 사람이 두 가지 활동을 모두 수행한다.

5. 상황적 요인들과 리더십

특별히 리더십이 필요 없는 상황적 요인들은 부하들 스스로 동기부여되며, 만족할 수 있는 지침이나 상황을 만들어낸다. 이러한 요인들은 다음과 같다.

① 재설계된 직무(redesigned job tasks)
② 자발적인 직무그룹(self-managed work groups)
③ 보상시스템(reward systems)
④ 부하의 자발적 리더십(follower self-leadership)
⑤ 참여적 목표설정 프로그램(participative goal-setting programs)

6. 중요한 리더십 직무들

1) 조직의 상황과 부하들을 분석하기(Diagnose situations and followers)

이는 리더가 어떤 특정한 리더십 행동이 필요한가를 분석하는 것을 의미한다. (Is a specific leadership behavior needed?)

2) 조직의 상황이나 부하들의 특성에 맞는 리더십 행동을 제공하기(Provide needed leadership behavior for situation and follower characteristics)

이는 부하들에게 보상, 지시, 지원 등을 제공하는 것을 의미한다(Provide rewards, direction, and/or support for followers).

3) 조직의 상황이나 부하의 특성을 변경하기(Modify situation and/or follower characteristics)

이는 직무재설계 또는 부하들의 자발적 리더십 개발을 의미한다(Redesign job tasks or develop self leadership among followers).

제2절 리더십 연구의 역사

1. 리더십 연구의 역사

1) ~1900 : 위인이론(Great Man theory)

훌륭한 리더는 만들어지는 것이 아니고 태어나는 것이다.

2) 1904~1950 : 특성이론(Trait theory)

효과적인 리더들은 그들을 효과적인 리더로 만드는 선험적인 특질이 있다고 가정하는 이론이다(예를 들면, 지능, 공격성, 경계심).

3) 1950~1970년대 : 행동이론(Behavioral theory)

리더십의 효율성은 리더가 집단에서 무엇을 하느냐에 따라서 결정된다는 전제하에 리더의 실제행동을 연구하는 것이 리더십의 행동이론이다. 따라서 리더십 행동이론은 리더가 될 수 있는 특성보다도 리더의 효과에 연구초점을 맞추고 있다. 즉 리더의 행동스타일과 이로 인한 성과(집단의 생산성, 집단구성원의 만족감 등)가 행동이론의 중요변수가 되고 있다.

4) 1970년대 말~현재 : 상황이론(Situational theory)

리더십 행동연구의 제한점이 인식됨에 따라 리더십과정에서 작용하는 여러 조직체 상황을 연구하는 상황이론이 전개되었는데, 리더십의 여러 상황적 조건을 구체화하고 상황적 조건에 따른 리더십행동과 그 효과를 집단성과와 집단구성원의 만족감을 중심으로 분석하게 되었다. 상황이론에서 고려되는 중요한 상황적 요소들은 리더의 행동적 특성, 부하의 행동적 특성, 과업과 집단구조, 조직체 요소 등이다.

2. 리더십 특성이론

리더십 특성이론은 처음에는 주로 사회적으로 명성이 높은 지도자들을 중심으로 그들의 공통적인 특성을 연구하는 위인이론(great man theory)에 치중하다가 차차 조직체의 경영관리자를 대상으로 성공적인 리더의 특성을 연구하게 되었다. 특성이론에서 주로 연구대상이 되고 있는 리더의 중요 특성측면과 특성이론의 제한점을 요약한다.

1) 리더십 특성이론의 연구측면

리더십 특성이론에서 성공적인 리더십과 관련하여 연구대상이 되는 중요 특성측면은 다음과 같다.

① 육체적 특성 : 리더십을 발휘할 수 있는 역량과 밀접하게 관계되었다고 전제되는 리더의 연령, 신장, 용모, 관상, 건강상태 등.

② 지능 : 올바른 판단력과 결단성, 표현능력과 지식수준, 그리고 이에 필요한 평균 이상의 지능 수준.

③ 성격과 감성 : 리더의 자신감, 독립성, 적극성, 민첩성, 창의성 등.

④ 관리능력 : 리더의 성취의욕, 책임감, 솔선력 등 과업지향적 성격과 협조성, 대인관계기술 등의 상호작용능력.

2) 리더의 중요 특성

성공적인 리더십과 관련하여 오랫동안의 많은 연구결과에서 가장 널리 등장되는 리더의 특성으로 다음의 네 가지를 들 수 있다.

① 지능 : 대체로 부하보다 높은 리더의 지능수준.
② 성숙도 : 리더의 정서적으로 성숙하고 폭넓은 관심도.
③ 성취의욕과 내적 동기 : 리더의 결과지향적이고 높은 수준의 성취의욕과 내적 동기.
④ 정직성 : 부하들을 고무시키는 리더의 신뢰성, 정직성, 성실성.

표 12-1 리더의 특성

육체 및 배경 특성	개성 및 능력 특성	직무 또는 사회적 특성
활동성 및 정력 (activity or energy) 교육 (education) 사회적 지위 (social status)	단호함(assertiveness) 지배력(dominance) 창의성(originality or creativity) 자신감(self-confidence) 관리능력(administrative ability) 연설능력(fluency of speech) 사회적 인지력(social perceptiveness) 적응성(adaptability)	성취욕구(motivation to achieve) 책임감(responsibility) 주도력(initiative) 지구력(persistence) 직무지향성(task orientation) 협력성(cooperativeness) 사회력(sociability)

3) 특성이론의 문제점

리더십 특성이론은 성공적인 리더의 공통된 특성을 이해하는 데 많은 도움을 주고, 연구결과는 조직체의 구성원 선발과 인력개발에도 실질적인 도움을 주었다. 특히 종합평가제도(assessment center concept)와 관련하여 경험적 그리고 종단적 연구를 통하여 조직체의 중요 직무마다 성공적인 리더십에 요구되는 특성을 분석하고, 이를 중심으로 리더를 선정 또는 개발하는 노력이 점차적으로 증대되어 왔다. 그리고 리더특성과 관련하여 개인의 성격과 능력을 측정하는 데에도 많은 공헌을 하였다.

그러나 리더십 특성이론은 연구방법상으로나 연구결과의 적용성에 있어서 많은 어려움을 나타내고 있다. 첫째로, 성공적인 리더특성을 연구할수록 리더의 특성이 무한정 증가되고(현재 연구되고 있는 특성만도 100여 개), 따라서 리더특성

연구 시에 많은 복잡성과 어려움에 봉착하게 된다. 그리고 리더특성 연구의 결과를 해석하고 이를 적용하는 데 있어서도 리더십상황과 리더십의 효율성을 고려하지 않고서는 연구결과를 잘못 이해하거나 해석하고 나아가서는 조직체에 잘못 적용될 위험성이 있다. 둘째로, 리더특성과 리더십 효율성과의 관계에 있어서 연구결과의 일관성이 결여되어 있다. 오히려 서로 상반되는 결과가 나타남으로써 리더십성과에 대한 리더특성의 예언성이 의문시되는 경우가 많이 있다. 이것은 리더특성의 측정문제를 비롯하여 특성들이 각기 독립적으로 작용하지 않고 다른 요인들과 복합적으로 작용하는 데에도 그 원인이 있다. 그리고 연구결과에서 나타난 바람직한 리더특성들이 대부분 상식적인 수준을 넘지 못하여 실질적 예언가치가 의문시되는 경우도 많다. 셋째로, 리더십의 효율성은 리더의 특성뿐만 아니라 부하의 특성도 과업의 성격을 비롯하여 많은 상황적 요소에 의하여 결정된다. 따라서 리더 개인의 특성연구만으로는 리더십과정을 이해하기가 어렵다. 그리고 리더특성만을 연구할 뿐, 리더가 리더십과정에서 실제로 무슨 일을 하고 어떤 역할을 하는지를 설명해 주지 않으므로 리더특성만으로는 리더십에 관한 충분한 이해가 불가능하다.

이와 같은 연구상의 그리고 실적인 문제로 말미암아 리더십연구는 리더가 실제로 취하는 행동과 여러 환경적 상황으로 연구초점을 바꾸기 시작하였다. 그러나 리더특성에 관한 연구가 결코 중단된 것은 아니다. 앞에서 설명한 바와 같이 리더의 특성은 현대조직의 인적자원관리, 특히 선발과 인력개발에 있어서 매우 중요한 역할을 하고 있다. 따라서 성공적인 리더특성에 관한 실증적 연구와 특성의 측정방법에 관한 연구는 계속해서 활발하게 진행될 것으로 기대된다.

3. 리더십 행동이론

1) 독재적-민주적-자유방임적 리더십

독재적-민주적 리더십이론은 의사결정과정에서 나타나는 리더의 행동을 독재적(autocratic or authoritarian), 민주적(democratic or equalitarian), 자유방임적(Laissez-faire) 리더십유형으로 나누고, 이들 리더십 행동유형이 집단성과나 집단구성원의 만족감에 미치는 영향을 개념화한다.

(1) 리더 스타일의 분류

리더십기능을 발휘하는 데 있어서 리더는 다양하고 많은 의사결정에 직면하게 되는데, 이 의사결정을 어떻게 처리하느냐에 따라서 리더의 행동유형이 결정된다. 즉 의사결정과정에서 리더가 부하의 참여를 많이 허용하고 의사결정 자체에 있어서도 리더 자신보다 부하에 대한 고려를 많이 반영할수록 민주적 스타일로 분류되고, 그 반면에 리더가 자기 단독으로 의사결정을 하고 의사결정에 자신의 개인적인 고려를 많이 반영할수록 독재적 스타일로 분류된다. 자유방임적 스타일은 리더가 부하에게 최대의 자유를 허용함으로써 어느 면에 있어서는 리더십기능이 발휘되지 않는 상태라고도 할 수 있다. 따라서 조직체에서의 리더행동 연구는 주로 독재적 스타일과 민주적 스타일을 상대적인 관점에서 비교 · 분석한다.

(2) 리더 스타일과 집단효율성

독재적 스타일은 집단의 생산성에 많은 영향을 준다. 특히 생산성을 높이기 위하여 압력이 가해지거나 벌과 위협이 사용되는 경우에 단기적인 효과는 있지만, 장기적으로는 오히려 생산성에 역효과를 가져오는 경우가 많다. 반면에 민주적 스타일은 특히 장기적인 생산성에 좋은 효과를 가져온다는 것이 여러 연구결과에서 나타나고 있다. 민주적 스타일의 이러한 효과는 집단구성원들의 참여에 따른 적극적인 태도 때문이라는 것이 일반적인 분석이다. 그리고 자유방임적 스타일은 특히 기업체에서는 집단구성원 간에 혼란과 갈등을 야기시킴으로써 생산성에 역기능적 효과를 가져오는 것으로 인식되고 있다.

집단구성원의 만족감에 있어서도 민주적 스타일이 비교적 좋은 성과를 나타낸다. 긍정적인 면에서 민주적 리더 스타일은 집단구성원들 간의 협조와 친밀감 그리고 개방적 의사소통 등의 적극적인 행동을 조성하는 한편, 고충처리와 결근, 이직률 등 부정적인 면에서는 민주적 스타일이 독재적 스타일이나 자유방임적 스타일에 비하여 낮은 통계적 수치를 나타낸다. 따라서 민주적-독재적-자유방임적 스타일을 종합 · 비교할 때, 집단성과나 구성원의 만족감에 있어서 일반적으로 민주적 스타일이 가장 효과적이라는 것을 알 수 있다. 민주적 스타일이 이러한 효과를 가져오는 것은 집단구성원의 참여가 중요한 중개역할을 하고 있기 때문이다.

2) 구조주도적-고려적 리더십

리더십행동스타일에 관한 또 하나의 이론으로 구조주도적 그리고 고려적 리더십에 대한 이론을 들 수 있다. 이 이론은 오하이오 주립대학의 경영연구소가 중심이 되어 개발되었는데 이 연구의 중요목적은 리더십의 행동유형과 이에 따른 집단성과 및 구성원의 만족감 간의 상호관계를 분석하는 것이었다. 연구의 내용과 중요결과를 요약한다.

(1) 리더 스타일의 분류

오하이오 주립대학 연구는 리더 스타일을 측정하기 위한 리더행동기술설문서(Leader Behavior Description Questionnaire)와 리더의견설문서(Leader Opinion Questionnaire)를 사용하여 리더들을 구조주도적(initiating structure) 리더와 고려적(consideration) 리더로 분류한다. 구조주도적 리더십은 부하의 성과환경을 구조화하는 리더십행동으로서, 부하의 과업을 설정·배정하고 부하와의 커뮤니케이션 패턴과 절차도 명백히 하는 한편, 성과도 구체적으로 정확하게 평가하는 행동스타일을 말한다. 반면에 고려적 리더십은 부하와의 관계를 중요시하고, 리더-부하 및 부하들 사이의 신뢰성, 온정, 친밀감, 상호존중 그리고 상호협조를 조성하는 데 주력하는 리더행동을 뜻한다. 구조주도적 행동스타일과 고려적 행동스타일을 별도의 복수연속선 개념하에서 네 가지의 리더행동스타일로 분류한다.

(2) 연구결과

일반적으로 구조주도적 행동과 고려적 행동을 높게 갖춘 리더십이 모든 조직효율성 측면에서 가장 효과적일 것으로 기대되지만, 실제 연구결과는 그렇지 않은 것으로 나타난다. 높은 구조주도적 그리고 높은 고려적 리더행동이 일반적으로 높은 집단성과와 높은 만족감을 가져오는 것은 사실이지만, 일부 연구결과에 의하면 높은 구조주도적-고려적 리더십 스타일이 높은 결근율과 고충처리율 등의 부정적 효과도 가져온다. 그뿐만 아니라, 연구를 계속할수록 리더의 구조주도적 또는 고려적 행동과 더불어 조직체의 상황적 요소들이 리더십효과에 매우 중요한 요인으로 작용하는 것이 나타났고, 따라서 조직체의 상황적인 요소들이 연구변수로 포함되지 않은 것이 구조주도적-고려적 리더십연구의 가장 중요한 취약점으로 드러나게 되었다.

3) 관리그리드(Managerial Grid)

리더십 스타일의 마지막 이론으로 관리그리드를 들 수 있다. 관리그리드는 블레이크와 모턴이 오하이오 주립대학의 구조주도적 그리고 고려적 리더십 연구개념을 연장시켜 리더의 행동유형을 더욱 구체화하고 효과적인 리더십행동을 기르기 위한 기법으로 개발된 이론이다.

(1) 리더십유형의 분류

관리그리드이론은 리더의 행동을 생산에 대한 관심과 인간에 대한 관심으로 나누고, 이를 그리드로 계량화하여 리더의 행동경향을 다음과 같은 주요 유형으로 분류한다.

① (1 · 1)무관심형(Impoverished) : 생산과 인간에 대한 관심이 모두 낮은 무관심한 타입으로, 리더 자신의 직분을 유지하는 데 필요한 최소의 노력만을 투입하는 리더유형.

② (1 · 9)인기형(Country Club) : 인간에 대한 관심은 매우 높고 생산에 대한 관심은 매우 낮은 타입으로, 구성원과의 만족한 관계와 친밀한 분위기를 조성하는 데 역점을 기울이는 리더 스타일.

③ (9 · 1)과업형(Task) : 생산에 대한 관심은 매우 높지만 인간에 대한 관심은 매우 낮은 타입으로, 인간적인 요소보다 과업수행상의 능력을 최고로 중요시하는 행동스타일.

④ (5 · 5)타협형(Middle of the Road) : 과업의 능률과 인간적 요소를 절충하여 적당한 수준의 성과를 지향하는 리더 스타일.

⑤ (9 · 9)이상형(Team) : 구성원들과 조직체의 공동목표 및 상호 의존관계를 강조하고, 상호 신뢰적이고 상호 존중적인 관계에서 구성원의 커미트먼트를 통하여 과업을 달성하는 리더 스타일.

이들 유형은 리더의 행동경향을 측정하는 설문서를 사용한 계량적 방법에 의하여 분류된다. 따라서 이들 유형은 계량적 수치를 제외하고는 구조주도적-고려적 리더유형과 비슷하지만, 유형분류 자체에 있어서 구조주도적-고려적 리더십유형은 부하와 동료 그리고 직속상사와 리더 자신이 지각하는 행동분류인 데 비하여, 관리그리드의 리더십유형은 리더가 자기자신을 어떠한 리더라고 생각하는지에 대한 태도를 분류하는 점에서 차이가 있다.

표 12-2 관리그리드 리더행동유형

(고)	9	1.9								9.9
인	8									
간	7									
에	6									
대	5					5.5				
한	4									
관	3									
심	2									
(저)	1	1.1								9.1
	0	1	2	3	4	5	6	7	8	9
		(저)	생	산	에	대	한	관	심	(고)

(2) 관리그리드이론의 적용

관리그리드이론은 조직체에서 관리자의 실제 리더십 개발에 많이 적용되고 있다. 우선 그리드개념에 의하여 관리자의 리더십유형을 측정하고, (9.9)이상형을 목표로 체계적이고 단계적인 리더행동개발 프로그램이 적용된다. 관리자의 리더십행동개발은 조직체의 시스템적 관점에서 전체 조직체의 능력개발에도 확대되어 간다. 그리드훈련에 포함된 단계적 개발과정은 다음과 같다.

① 제1단계(Grid Seminar) : 그리드이론에 관한 세미나와 관리자 자신의 행동에 대한 인식의 제고.

② 제2단계(Teamwork Development) : 리더들 상호 간의 피드백을 통하여 집단의 문제해결 능력 향상.

③ 제3단계(Intergroup Development) : 집단 간의 갈등과 마찰에 대한 문제해결 능력의 개발.

④ 제4단계(System Model Development) : 조직체 전체의 시스템적 사고방식과 조직체 개선에 필요한 문제해결능력의 개발.

⑤ 제5단계(Implementation of System Model) : 이상적인 조직체를 지향하고 이에 필요한 조직체의 목적달성능력의 개발.

⑥ 제6단계(Stabilization and Reinforcement) : 이상의 여러 단계를 거쳐서 개발된 관리자행동의 정착화.

이상 리더십 행동이론들을 살펴보았다. 이들 이론은 리더가 실제로 무슨 일을 하는지가 리더십과정에서 가장 중요하다고 전제하고, 리더의 행동이 집단의 성과와 부하의 만족감에 미치는 영향을 분석하면서 가장 바람직한 리더십 행동모형을 모색한다. 그리하여 리더의 행동스타일을 독재적-민주적, 구조주도적-고려적, 그리고 생산에 대한 관심도-인간에 대한 관심도 등 주로 과업과 인간에 대한 행동경향으로 분류하여 리더십스타일의 효율성을 분석한다.

이들 이론과 연구결과에 의하면 일반적으로 민주적 리더십, 구조주도와 고려가 모두 높은 리더십, 그리고 생산과 인간에 대한 관심도가 모두 높은 리더십이 집단성과와 구성원의 만족감을 높여주는 것으로 나타나고 있다. 그러나 리더십 행동이론들은 공통적으로 몇 가지의 문제점과 제한점을 지니고 있다. 첫째로 리더의 행동유형을 측정 · 분류하는 데 있어서 객관성과 정확성 그리고 신빙성이 결여되는 경우가 많다. 둘째로, 리더십과정에는 리더의 행동스타일 이외에도 많은 변수들이 작용하고 있으므로, 리더십의 효과는 현실적으로 리더의 행동보다도 이들 상황적 변수에 의하여 결정되는 경우가 너무나 많다. 따라서 리더십에서 작용하는 조직체의 상황적 변수를 고려하지 않고서는 효율적 리더행동에 대한 결론을 내리기가 매우 어렵다.

4. 리더십 상황이론

1) Fiedler의 상황적합성 리더십이론(Contingency Model of Leadership)

리더의 특성이나 스타일과 상황특성 간의 적합성에 초점을 맞춘 상황이론. 상황적합성이론은 Fiedler가 중심이 되어 연구한 이론으로 리더십의 중요 상황요소를 토대로 하여 리더십상황에 적합한 효과적인 리더십행동을 개념화한 이론이다.

(1) 비선호 동료 평가 점수(LPC Score)

상황적합성이론의 첫 번째 개념은 리더의 스타일을 분류하는 데 있어서 LPC (the least preferred co-worker)점수를 사용하는 것이다. LPC점수는 리더들이 자기가 가장 싫어하는 동료를 어떻게 평가하느냐에 대한 점수로서, 리더의 과업지향성 또는 관계지향성을 나타낸다. 리더들은 20개 항목으로 구성된 LPC 설문에서의 응답점수에 따라 과업지향적 리더(task-oriented leader)와 관계지향적 리더(relationship-oriented leader)로 분류된다. 자기가 싫어하는 동료를 관대하게 평가하는 리더는 LPC점수가 높고 대인관계를 통하여 높은 수준의 만족감을 얻는 관계지향성을 지닌 리더들이라고 전제하는 반면에, 자기가 가장 싫어하는 동료를 부정적으로 평가하는 리더는 LPC 점수가 낮고 대인관계보다도 과업성과에서 높은 수준의 만족감을 얻는 과업지향성을 지닌 리더들로 전제한다.

① 16개의 질문에 대한 답의 합이 당신의 LPC 점수이다

Fiedler의 이론에 의하면 76점 이상이면 관계지향적이며, 62점보다 낮으면 과업지향성을 나타낸다. 58점과 63점 사이이면 사회독립적(social independent) 리더십 지향성을 나타낸다.

② 리더십의 자기평가(Leadership self-assessment)

Least Preferred Coworker(LPC) Scale

지시문 : 당신이 그와 함께라면 일을 잘할 수 없는 사람을 상상하라. 그는 지금 당신과 함께 일하는 사람일 수도 있고 과거에 알았던 사람일 수도 있다. 그 사람은 당신이 가장 싫어하는 사람이 아니라도 상관없지만 일을 하는 데 있어 가장 어려운 사람이어야 한다. 그가 당신 앞에 있는 것처럼 상상하고 각각의 척도를

평가해 보세요. 정답은 없습니다.

표 12-3 Leadership Self-Assessment(Least Preferred Coworker Scale)

Pleasant(유쾌한)	8 7 6 5 4 3 2 1	Unpleasant(불유쾌한)
Friendly(친숙한)	8 7 6 5 4 3 2 1	Unfriendly(친숙하지 않은)
Rejecting(거부하는)	1 2 3 4 5 6 7 8	Accepting(받아들이는)
Helpful(도움을 주는)	8 7 6 5 4 3 2 1	Frustrating(좌절감을 느끼는)
Unenthusiastic(관심없는)	1 2 3 4 5 6 7 8	Enthusiastic(열광적인)
Tense(긴장하는)	1 2 3 4 5 6 7 8	Relaxed(편안한)
Distant(거리가 있는)	1 2 3 4 5 6 7 8	Close(밀접한)
Cold(차가운)	1 2 3 4 5 6 7 8	Warm(따뜻한)
Cooperative(협조적인)	8 7 6 5 4 3 2 1	Uncooperative(비협조적인)
Supportive(지원적인)	8 7 6 5 4 3 2 1	Hostile(적대적인)
Boring(지루한)	1 2 3 4 5 6 7 8	Interesting(흥미있는)
Quarrelsome(화를 잘 내는)	1 2 3 4 5 6 7 8	Harmonious(융합하는)
Self-assured(확신하는)	8 7 6 5 4 3 2 1	Hesitant(머뭇거리는)
Efficient(효율적인)	8 7 6 5 4 3 2 1	Inefficient(비효율적인)
Gloomy(우울한)	1 2 3 4 5 6 7 8	Cheerful(생기발랄한)
Open(열린)	8 7 6 5 4 3 2 1	Guarded(감시하는)

(2) 리더십의 상황유형

① 과업구조(task structure)

과업의 일상성 또는 복잡성을 뜻하며 과업목표의 명백성, 목표달성과정의 복잡성, 의사결정의 변동성 그리고 의사결정의 구체성에 의하여 리더십상황이 결정된다. 즉 과업내용이 명백하고 목표가 뚜렷하며 업무수행방법과 절차도 간단하고 구체적인 의사결정을 항상 반복하는 경우에, 그 과업은 일상적인 과업구조를 형성하고 있다고 할 수 있다.

② 리더와 부하의 관계(leader-member relations)

집단의 분위기를 의미하는 리더와 부하 사이의 신뢰성, 친밀감, 신용과 존경 등을 포함한다. 리더와 부하 간에 신뢰감과 친밀감 그리고 상호 존경관계가 존재할수록 상호 간에 좋은 관계가 형성된다고 할 수 있다.

③ 리더의 지위권력(leader position power)

리더가 집단구성원들의 행동에 영향을 줄 수 있는 능력으로서 공식적 · 합법적 · 강압적 권력 등을 포함한다. 특히 승진, 승급, 해임 등의 상벌에 대한 권력이 매우 중요하며, 이러한 영향력이 많을수록 리더의 지위권력은 강하다고 할 수 있다.

이상의 상황적 요소를 중심으로 Fiedler는 여덟 가지의 리더십상황을 유형화한다. 〈표 12-4〉에서 보는 바와 같이 리더십상황은 리더와 부하 간의 관계가 좋고 과업성격이 구조적(또는 일상적)이며 리더의 지위권력(또는 영향력)이 강할수록 리더에게 유리하고, 리더와 부하 간의 관계가 좋지 않고 과업성격이 비구조적이며 리더의 지위권력이 약할수록 리더에게 불리하게 작용한다. 즉 상황 Ⅰ에 가까울수록 리더에게 유리하고 상황 Ⅷ에 가까울수록 리더에게 불리하며, 그 사이(상황 Ⅳ, Ⅴ, Ⅵ)는 리더에게 유리하지도 않고 불리하지도 않은 중간 정도의 상황을 의미한다.

표 12-4 Fiedler의 상황적합성 리더십 모델(Fiedler's Contingency model of leadership)

<table>
<tr><th rowspan="2">구분</th><th colspan="8">상황유형과 리더스타일(Situation Classification and Leader Type)</th></tr>
<tr><th>I</th><th>II</th><th>III</th><th>IV</th><th>V</th><th>VI</th><th>VII</th><th>VIII</th></tr>
<tr><td>리더와 구성원의 관계(Leader-Member Relations)</td><td colspan="4">Good</td><td colspan="4">Poor</td></tr>
<tr><td>직무구조
(Task Structure)</td><td colspan="2">Structured</td><td colspan="2">Unstructured</td><td colspan="2">Structured</td><td colspan="2">Unstructured</td></tr>
<tr><td>리더의 권력
(Position Power)</td><td>High</td><td>Low</td><td>High</td><td>Low</td><td>High</td><td>Low</td><td>High</td><td>Low</td></tr>
<tr><td>바람직한 리더 유형
(Recommended Leader Type)</td><td colspan="3">직무중심적
Task motivated(low LPC)
Socioindependent
(medium LPC)</td><td colspan="4">관계지향적
Relationship motivated(high LPC)</td><td>직무중심적 Task motivated (low LPC)</td></tr>
<tr><td>리더의 입장</td><td colspan="3">유리함</td><td colspan="3">중간</td><td colspan="2">불리함</td></tr>
<tr><td>상황의 확실성</td><td colspan="3">유리함</td><td colspan="3">중간</td><td colspan="2">불확실함</td></tr>
</table>

(3) 효과적인 리더십

이와 같은 연구설계하에서 Fiedler의 연구팀은 오랜 기간에 걸쳐 63개의 기업체, 교육기관 및 군수조직에서 454개의 집단을 대상으로 리더십과정을 연구조사한 결과, 리더의 행동은 리더십상황에 따라서 그 효과가 모두 다르다는 결론을 얻었다. 즉 리더십상황이 리더에게 유리하거나 불리한 경우에는 과업지향적 리더가 효율적이고, 리더십상황이 리더에게 유리하지도 않고 불리하지도 않은 상황에서는 관계지향적 리더가 효과적이라는 결과를 얻었다. 이러한 결과는 다른 연구결과에서도 대체로 입증되었다.

이러한 결과를 토대로 하여 상황적합성이론은 리더행동과 적합한 리더십상황을 조성할 것을 강조한다. 즉 종래의 리더십 특성이론과 행동이론들은 효과적인 리더의 특성과 행동스타일을 개발하는 것을 강조해 온 데 비하여, 상황적합성이론은 리더의 행동개발과 더불어 리더의 행동이 효과를 발휘할 수 있는 상황적 여건조성도 매우 중요시한다. 따라서 리더성격과 특성에 적합한 집단구성원의 형성, 리더의 업무배정 그리고 리더역할에 대한 상위계층에서의 지원 등 리더행동경향에 적절한 상황적 조건을 만들어줌으로써 리더의 효과가 발휘될 수 있다는 것을 강조한다.

상황적합성이론에 대하여도 LPC 측정방법의 신뢰성, 리더-부하 간의 관계변화, 리더 행동경향의 단일연속선개념 등에 관한 문제점이 제기되고 있다. 그러나 상황적합성이론은 리더십의 상황적 요소들을 정립하고 이들을 리더십연구에 포함시킴으로써, 리더십연구에 새로운 관점을 제시하고 리더십에 대한 보다 총괄적인 이해를 증진시키는 데 크게 기여하였다.

2) Hersey & Blanchard의 리더십모델

표 12-5 Hersey & Blanchard's behavioral recommendations for leaders

Subordinate Developmental Level (부하성숙도)		리더 행동(Leader Behavior)		Leadership Style
		Supportiveness (지원형)	Directiveness (지시형)	
Low ability & Low willingness	I	Low	High	지시적(Telling)
Low ability & High willingness	II	High	High	설득적(Selling)
High ability & Low willingness	III	High	Low	참여(Participating)
High ability & High willingness	IV	Low	Low	위양(Delegating)

효과적인 리더십은 부하의 욕구를 얼마나 잘 충족시키느냐에 달렸다는 전제하에 Hersey와 Blanchard는 리더와 부하 간의 상호 조화관계를 중요시하고, 부하들의 성숙도에 따른 효과적인 리더십행동을 분석하여 리더십 수명주기이론을 발표하였다.

(1) 성숙단계

Hersey와 Blanchard는 아지리스의 성숙이론과 맥클레란드의 성취동기이론을 토대로 하여, 성숙도를 개인의 성취행동과 책임있는 행동 그리고 자기개발행동 등 과업수행상에서 나타나는 개인의 행동경향으로 본다. 따라서 개인은 수동적이고 변칙적이며 자아인식이 결여된 미성숙상태에서 능동적이고 자기 자신에 대하여 인식할 수 있고 자기통제를 할 수 있는 성숙한 상태로 성장해 나간다고 보는 것이다. 이와 같은 성숙과정을 토대로 하여 수명주기이론은 개인의 성숙도를 네 개의 수준으로 구분하고 부하의 성숙수준에 따라 이에 요구되는 적절한 리더십행동을 분석한다.

(2) 성숙도와 리더십행동

리더십행동을 분석하는 데 있어서 수명주기이론은 리더의 행동을 과업지향성과 관계지향성의 복수적 행동측면에서 리더의 효율성측정설문서(leader effectiveness and adaptability description : LEAD)를 사용하여 리더의 행동유형을 구분한다. LEAD는 21개의 리더십상황을 서술한 설문서로서, 그리하여 리더들로부터의 회답결과에서 나타나는 리더행동스타일, 스타일의 범위, 그리고 스타일의 적응성을 중심으로 리더의 성숙도를 측정하여 다음 네 가지의 리더행동유형으로 분류한다.

① 지시적 리더(telling) : 과업지향성은 높지만 관계지향성은 낮은 리더로서 일방적인 커뮤니케이션과 리더 중심의 의사결정을 하는 주도적 리더.
② 설득적 리더(selling) : 높은 과업지향성과 높은 관계지향성을 지닌 리더로서, 부하와의 쌍방적 커뮤니케이션과 공동의사결정을 강조하는 후원적 리더.
③ 참여적 리더(participating) : 관계지향성은 높지만 과업지향성은 낮은 리더로서, 부하들과의 원만한 관계와 부하의 의사를 의사결정에 많이 반영시키는 리더.
④ 위양적 리더(delegating) : 과업지향성과 관계지향성이 모두 낮은 리더로서, 부하들 자신의 자율적 행동과 자기통제에 의존하는 리더행동.

이들 리더행동은 부하들의 성숙도에 따라서 그 효과가 다르게 나타난다. 〈표 12-5〉에서 보듯이 부하들의 성숙수준이 가장 낮은 성숙도 Ⅰ의 경우에는 그들을 적극적으로 지도하고 개발해 주는 지시적 또는 주도적 리더행동이 효과적이고, 부하들의 성숙도가 평균미달인 성숙도 Ⅱ의 경우에는 설득적인 리더가, 그리고 부하들의 성숙도가 평균수준을 초과한 성숙도 Ⅲ의 범위에서는 참여적 리더가, 그리고 부하들의 성숙수준이 가장 높은 성숙도 Ⅳ의 경우에는 이들의 판단력과 자아통제능력에 의존하는 위양적 리더행동이 각각 효과적이다.

이와 같은 수명주기이론은 부하들의 성숙수준에 맞추어 이에 적합한 리더십행동을 적용함으로써 부하들이 성숙한 개인으로서 그들의 자아실현욕구를 충족시킬 수 있는 동시에, 개인과 조직체의 통합이 이루어져 조직구성원의 만족감은 물론 조직체의 성과도 극대화시킬 수 있다고 전제한다. 그리고 리더의 성숙도를 측정하는 데 있어서 수명주기이론은 리더의 행동경향을 전통적인 직선개념으로 보지 않고 곡선개념으로 봄으로써 리더행동측정에 새로운 개념을 제시하고 있다. 그러나 LEAD 측정방법에 대한 정확성과 신빙성, 그리고 연구가 부하에만 치우쳐 있고 리더와 다른 상황적 요소들이 충분히 고려되지 않고 있다는 점들이 문제점으로 제기되고 있다.

5. 리더십 연구에서 대두되고 있는 주요 과제

1) 윤리 및 공정성(Ethics and Fairness)

리더의 윤리적 행위는 조직에 있어 중요하다. 몇몇 비윤리적 리더들의 사례는 중요한 시사점을 제공해 준다(클린턴의 르윈스키와의 연정파문).

2) 다양성(Diversity)

세계화에 따른 다양성의 문제(인종, 성, 연령, 국가)로 인하여 일어나는 리더십의 여러 가지 상황에 대한 연구의 필요성을 의미한다.

3) 리더십 개발(Leadership development)

리더를 보다 더 발전적으로 개발하기 위해서 필요한 과정(평가, 도전, 지원)에 대한 연구를 의미한다.

4) 조직변화선도(Leading organizational change)

조직의 변화선도자로서의 리더를 의미하며 이에 관한 연구에 많은 관심이 집중되고 있다. 즉 조직변화이론에서 다루어지는 해빙(unfreezing), 변화주입(changing), 그리고 재동결(refreezing)에 관한 리더의 역할에 대한 연구이다.

5) 변혁적 리더십(Transformational leadership)

변혁적 리더십이란 기존의 보상이나 처벌을 기초로 하는 거래적 리더십(transactional leadership)에 비하여 조직구성원들로 하여금 희망과 꿈을 가질 수 있도록 비전을 제시하고 개별적 배려와 지적 자극을 통해 구성원들의 가치관 변화를 유도함으로써 보다 높은 조직성과의 달성 및 개인의 욕구를 충족시키도록 영향력을 발휘하는 유형의 리더십을 의미한다.

- 이상적인 영향력(Idealized influence)
- 영감적인 동기부여(Inspirational motivation)
- 개인적인 고려(individualized consideration)
- 지적인 자극(intellectual stimulation)

제3절 리더의 조건

1. 리더를 만드는 조건(What Makes a Leader?)

1) 무엇이 리더를 만드는가?

일반적으로 높은 지능과 훌륭한 기술을 가진 사람의 경우 사회에서 실패하는 경우가 다반사이다. 그러나 보통의 지능과 기술을 가지고도 성공하는 사례가 더 많은 것을 볼 수 있다. 왜 이러한 현상이 일어나는 것일까? 그것은 개인적 기술은 다양하지만 반드시 상황과 맞아야 하기 때문이다.

2) 리더십 능력(leadership capabilities)

리더십을 발휘하기 위한 능력에는 첫째, 기술적 능력(technical skills)이 필요하다. 즉 전문지식에 해당되는 회계적 지식이나 기획력 등이 좋은 예이다. 둘째, 인지적 능력(cognitive abilities)이다. 이것은 분석적 논리력(analytical reasoning)을 의미한다. 셋째, 감성적 지능(emotional intelligence)이다. 즉 타인과 일할 수 있는 능력, 변화를 선도할 수 있는 능력 등을 의미한다. 일반적으로 지능은 탁월한 성과를 이끌어낸다. 인지적 능력은 거시적 사고 및 장기적 비전과 관련된다. 그러나 감성적 지능은 다른 것들보다 2배로 중요하다. 높은 지위로 갈수록 감성적 지능이 더 많이 필요한데, 성공한 대부분의 사람들은 높은 감성적 지능을 갖고 있다.

3) 감성적 지능(emotional intelligence)

일반적으로 최근의 조사에 의하면 리더로 성공하기 위해서는 일반적인 지능지수보다는 감성적 지능이 더 중요하다는 연구결과가 있다. 즉 다음의 5가지 요인들이다.

- 자기인지(self-awareness)
- 자기통제(self-regulation)
- 동기(motivation)
- 공감/감정이입(empathy)
- 사회적 기술(social skill)

(1) 자기인지(self-awareness)

자기인지란 자기 자신에 대한 깊은 이해력을 의미하며 특히, 감정(emotions), 자신의 강점(strengths), 약점(weaknesses), 욕구(needs), 동기(drivers) 등에 대한 인지상태를 의미한다. 자기인지를 하고 있는 사람들은 비판적이지도 너무 긍정적이지도 않은 정직한(honest) 사람들이다. 또한 가치에 대해 잘 인식하며, 의사결정은 가치있게 한다. 또한 사물을 인식하는 방법은 솔직(공평무사)하며, 실제적으로 본인 스스로를 평가하는 능력이 있다. 한편 실패를 솔직하게 받아들이며, 유머감각을 스스로 억제하며, 자신감을 갖고, 행동한다.

(2) 자기통제(Self-Regulation)

자기통제에서는 지속적인 내부 대화를 통해 스스로의 감정(기분)으로부터 해방

되며, 나쁜 분위기나 감정적 충동을 통제하는 방법을 찾아 행동하며, 유용한 방법으로 자기와 관련된 채널을 찾는다. 이러한 자기통제는 신뢰와 공정한 환경을 창출해 낼 수 있기 때문에 중요하다. 또한 변화를 이겨낼 수 있기 때문에 중요하다. 이러한 자기통제는 반성하며 사려깊은 행동으로 표시되고, 변화에 잘 적응하고, 성실한 자세를 통해 확인될 수 있다.

(3) 동기(motivation)

동기는 대부분의 성공한 리더들이 갖고 있는 특성으로 보통 성취와 연결된다. 동기가 있는 행동들은 일에 대한 정열, 목표를 향한 단계적인 발전, 일이 잘못되었을 때 낙천적인 행동, 조직몰입 등이다.

(4) 감정이입(empathy)

감정이입은 가장 쉽게 인지되는 차원으로 의사결정과정에 있어 다른 요인들과 함께 종사원들의 감정을 사려깊게 고려하는 것을 의미한다. 감정이입은 구성원들과의 협동심이 중요시되는 '팀제'의 활용이 증가되고 있으며, 세계화되어 가는 추세(다수 민족에 대한 이해) 등 때문에 중요하다.

(5) 사회적 기술(social skill)

사회적 기술이란 관계를 관리하는 능력으로 목적을 갖고 타인과 친숙해지는 일, 원하는 방향으로 사람들을 움직이는 일, 폭넓은 지인 서클, 공감대를 형성하는 기술, 감성적 지능 중 가장 중요한 기술 등으로 묘사될 수 있다.

2. What makes an effective manager?(훌륭한 관리자가 되는 길)

1) 행동(Behaviors)

Morse와 Wagner(1978)가 조사한 바에 의하면 기업체에서 훌륭한 관리자가 되기 위해서는 행동과 관련한 총 51개 속성 중 특히 6개의 요인이 중요하다고 한다.

① 조직의 환경 및 자원의 통제(Controlling the organization's environment and its resources) : 조직의 환경 및 자원을 통제한다는 것은 문제점을 발견하거나 계획, 회의배정, 의사결정, 예견력 등을 의미한다. 즉 조직의 각 부분에 대한 정밀한 조사에 의해 자원을 통제할 수 있는 행동들을 의미한다.

② 조직화와 조정(Organizing and coordinating) : 타 부서와 상호관계를 유지하면서 조직화하거나 조정하는 능력을 의미한다.

③ 정보관리(Information handling) : 관리자로 성공하기 위해서는 문제인식을 통한 정보관리가 필요하며 커뮤니케이션 채널을 적극 활용해야 한다. 그렇게 함으로써 변화하는 환경을 보다 잘 인식하여 의사결정이 쉬워질 수 있다.

④ 성장 및 개발을 위한 행동(Providing for growth and development) : 성장 및 개발을 위한 행동을 통하여 부하의 성장목표를 도와줄 수 있으며 또한 본인의 성장에도 도움이 된다.

⑤ 동기부여 및 갈등관리(Motivating employees and handling conflict) : 부하들을 위해 동기부여할 수 있는 솔선수범하는 행동 및 부하나 조직의 갈등을 관리하는 행동을 의미한다.

⑥ 전략적 문제해결(Strategic problem solving) : 조직의 내·외부 환경을 면밀히 검토하여 전략적으로 문제를 해결하는 것을 의미하며, 특히 부하들이 활용 가능한 관리자의 의사결정행동을 의미한다.

2) 동기(Motivation)

Miner와 Smith(1982)의 조사에 의하면 성공한 관리자들이 갖고 있는 동기요인들 40개 중에서 7개의 요인들이 특히 중요한 변수라고 지적한다.

① 상사의 권한 수용욕구(Authority acceptance) : 이는 상사로부터 명령을 받아 수행하고자 하는 욕구를 의미한다. 즉 훌륭한 부하의 임무를 수행할 수 있는 사람이라야 관리자로 성공할 수 있다는 것이다.

② 게임이나 스포츠에서 경쟁하고자 하는 욕구(Competitive games) : 이는 스포츠나 게임을 통한 경쟁에서 승리하고자 하는 욕구를 의미한다.

③ 직장에서 동료와 경쟁하고자 하는 욕구(Competitive situations) : 이는 조직 내에

서 경쟁하고자 하는 욕구를 의미한다.

④ 적극적이고 단호한 태도의 욕구(Assertiveness) : 언제나 긍정적인 yes man보다는 자신의 소신에 따라 절도있게 보이려는 욕구를 의미한다.

⑤ 타인에게 업무부과/인가 · 허락을 하고 싶은 욕구(Imposing wishes) : 부하들에게 업무를 부과한다든지 또는 인가, 허락 등을 하고 싶은 욕구를 의미한다.

⑥ 독특하게 튀고자 하는 욕구(Distinctiveness) : 조직 내에서 자신의 의견을 보다 강하게 주장할 수 있는 욕구를 의미한다.

⑦ 일상적으로 관리적인 일을 수행하고자 하는 욕구(Routine functions) : 훌륭한 관리자가 되기 위해서는 매일매일 반복되는 일상에 대해 지루하게 여겨서는 안되며 그러한 일상을 즐길 수 있는 욕구를 의미한다.

3) 기술(Skills)

Katz(1974), Mintzberg(1980), Pavett과 Lau(1983) 등에 따르면 훌륭한 관리자가 되기 위해서는 4가지의 기술이 필요하다고 한다.

① 개념적 기술(Conceptual skills) : 조직 내에서 의사결정을 한다든지, 업무의 조정역할을 통한 해결능력을 의미한다. 즉 정신적 능력이다.

② 인간관계기술(Human skills) : 이것은 개인 간의 인간관계 및 집단과 개인 간의 인간관계를 의미하며 타인을 이해하고 동기부여할 수 있는 능력을 말한다.

③ 기술적 기능(Technical skills) : 자신의 전문분야에 대한 전문적 지식을 의미한다. 즉 특정분야 도구/절차/기술 등의 활용능력을 의미한다.

④ 정치적 기술(Political skills) : 본인의 지위를 강화한다든지 권력의 기본을 만들고 올바른 관계를 성립할 수 있는 능력을 의미한다.

제4절 리더십의 유형(Leadership Behaviors and Processes)

1. 리더의 행동유형

1) 지원적 유형(supportive)

부하들의 욕구 및 감정에 대해 배려, 인정, 관심 등을 보이는 유형이다.

2) 지시적 유형(directive)

부하의 업무를 할당하고, 방법을 설명하며, 기대감을 명확하게 하고, 목표를 설정하며, 과정을 구체화시키는 관리자 유형을 말한다.

3) 참여적 유형(participative)

리더는 제안이나 아이디어를 얻기 위해 부하를 참여시킨 상태에서 의사결정을 한다.

4) 보상과 벌(reward & punishment)

내부적(인정, 칭찬 등)·외부적(임금인상 등) 혜택을 제공하며, 부하의 부적절한 행동에 대해 벌을 주는 행위를 말한다.

5) 카리스마적 행동(charismatic)

높은 기대감, 신뢰 및 능력을 보여주며, 부하의 욕구에 영향을 미치는 이데올로기적인 목표와 비전을 갖고 의사소통하는 유형이다.

2. 지원적 리더십 행동

이러한 행동유형은 부하의 안위를 위해 관심을 나타내는 리더의 역할을 의미한다. 부하에 대해 사려깊고 친절하고 이해심 있는 태도를 나타내는 것이며, 친숙하고 정보제공적이며, 양방향 커뮤니케이션에 중점을 두며 부하의 발전을 위해 힘을 북돋아준다. 비슷한 용어로는 배려, 관계지향성, 또는 인간적 리더십(people leadership)에 대한 관심으로 표현할 수 있다. 환대산업에서는 Southwest Airlines의 CEO인 Herbert Kelleher가 유명하다.

그림 12-2 Southwest Airlines의 CEO인 Herbert Kelleher가 직원들과 함께 찍은 사진(左)과 고객을 직접 대하고 있는 모습(右)

3. 지시적 리더십

이런 유형은 부하의 특정 직무를 배정하고, 직무 완수를 위해 사용될 수 있는 방법들을 설명하고, 부하들 성과의 양과 질에 대한 기대감을 명확히 하며, 부하의 목표를 설정해 주고, 부하의 직무를 계획하고 조정하며, 필요한 규정과 절차를 구체화한다. 이런 행동유형은 또한 조직의 초기 작업과 관련해서 도구적 리더십(instrumental

그림 12-3 맥아더 장군과 일왕 히로히토. 맥아더 장군은 평상복이나 히로히토 일본 국왕은 정장차림이다. 지시에 대한 절대적 복종을 의미함

leadership), 또는 직무중심적 리더십(task-oriented leadership)이라고 한다.

4. 참여적 리더십

이런 유형의 리더는 의사결정에 중요한 키를 얻기 위해 부하들을 의사결정과정에 참여시킨다. 이것은 리더에 의해 결정되는 단체의사결정노력을 의미한다. 또는 특정문제 해결을 위해 문제를 부하에게 할당하는 것을 의미한다. 이런 각각의 과정들은 서로 다른 정도와 과정형태를 갖는다. 참여적 리더십은 때때로 상담적(consultative), 민주적(democratic) 또는 위임적(delegatory) 리더십이라고 일컬어진다.

그림 12-4 부하직원들과 함께 회의하는 모습

5. 리더의 보상행동과 벌

리더의 행동으로 부하들이 조직에 공헌했을 때, 리더는 유형적이며 무형적인 혜택을 부하들에게 제공한다. 보상들은 때론 금전적일 수도 있고 또는 칭찬일 수 있다. 벌은 임금삭감이나 부하가 수행한 직무의 개선을 통보하는 것이다. 보상이나 벌은 지속적으로(contingently) 부하의 성과에 의해 제공될 수 있으며, 또는 비지속적으로(noncontingently) 리더의 일시적 기분(whim)에 근거할 수 있다. 일반적으로 성과에 근거한 보상이나 벌이 가장 효과적이다.

6. 카리스마적 리더십

이런 유형의 행동은 리더가 부하들에게 이데올로기적인 중요성을 갖는(종종 강력한 상상력과 은유를 활용하여) 미래의 비전을 제시하는 것을 포함해서, 목표성취와 관련하여 부하 욕구를 부추기며, 역할모델을 제시해 주고, 부하의 능력에 대한 높은 기대감이나 신뢰감을 표현하며, 높은 자신감을 나타내는 행동들을 포함한다.

그림 12-5 5 · 16 군사정변 당시 박정희 소장

7. 효과적인 리더에 영향을 미치는 요인들

① 리더의 특성(Leader characteristics)

리더의 행동, 특질, 기술, 그리고 권력의 원천 등을 의미한다.

② 부하의 특성(Follower characteristics)

부하들의 능력과 기술, 태도, 가치관, 욕구, 동기 등을 의미한다.

③ 상황적 특성(Situational characteristics)

조직 내에서 직무의 특성, 소집단의 특성, 조직적 특성 등을 의미한다.

8. 부하의 특성이나 상황적 요인에 따른 리더십 유형

① 리더들과 협력하기 위해 강력한 규범이나 기준을 가진 결속력 있는 조직들은 참여적 리더십이 적합하다.

② 부하가 많을 경우에는 지시적 리더십이 적합하다.

③ 스트레스가 많고, 위험하고, 불만족스런 직무들은 지원적 리더십을 요한다.

9. 리더십을 약화시키는 부하들의 특성이나 상황적 특성 (Leadership neutralizers)

① 리더들과 부하들 간에 공간적 · 지리적으로 멀리 떨어질 경우 리더가 효과적으로 부하들을 관리하기 힘들다.

② 연공서열, 노조, 국가의 정책들에 근거한 조직의 보상시스템은 리더들이 최고의 성과자들을 적절하게 보상하는 데 제한점을 줄 수 있다.

③ 하부계층의 관리자들에 의해 효과적인 지시를 철회하거나 변경하는 상사들은 리더에 의해 필요한 영향력을 감소시킬 수 있다.

10. 리더행동을 대체하는 상황적 특성

① 부하들의 훈련이나 경험은 지시적 리더십으로 대체할 수 있다.
② 내부적으로 만족하는 직무들은 지원적 리더십으로 대체할 수 있다.
③ 네트워크의 컴퓨터시스템이나 컴퓨터화된 공정은 지시적 리더십을 제한할 수 있다.

11. 권력, 영향력, 권한

① 권력(Power)

타인이 어떠한 일을 하도록 하는 한 개인의 능력(the ability of one person to cause another person to do something).

② 영향력(Influence)

권력의 활용(the use of power or power in action).

③ 권한(Authority)

직급에 의해 주어지는 합법적 권력(usually because the individual with authority holds a certain position).

12. 권력의 형태

① 사람과 관련된 권력

- Expert power(전문적 권력) : 특별한 지식을 소유한 리더.
- Referent power(준거적 권력) : 부하들이 존경하거나 인정하는 리더.

② 지위와 관련된 권력

- Legitimate power(합법적 권력) : 리더들은 요구할 권리를 갖는다.

③ **지위나 사람과 관련된 권력**

- Reward power(보상적 권력) : 부하들은 보상에 동의한다.
- Coercive power(강압적 권력) : 부하들은 벌을 회피하고자 한다.
- Connection/Resource power(협력/자원권력) : 리더는 필요한 자원이나 관계를 제공한다.

13. 리더십과정모델(Leadership Process Model)

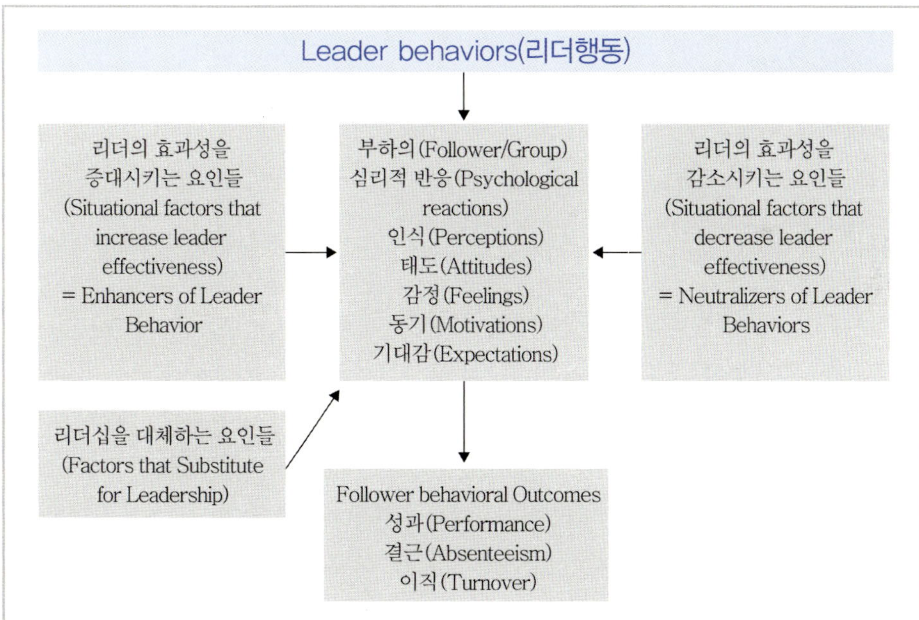

그림 12-6 리더십과정모델

제5절 서비스리더십을 발휘하기 위한 기술

1. 서비스리더십

서비스리더십이란 서비스현장에서 필요로 하는 리더십을 일컫는다. 따라서 호텔과 같은 첨단 서비스업에서의 리더십은 일반적인 기업에서의 리더십보다 더 많은 인내와 노력을 요구한다. 따라서 최근에 관심을 모으고 있는 서번트리더십(Greenleaf, 1970)의 정의를 살펴보면 "타인을 위한 봉사에 초점을 맞추며, 종업원, 고객 및 커뮤니티를 우선으로 여기고 그들의 욕구를 만족시키기 위해 헌신하는 리더십"과 같다. 따라서 서비스리더들은 서비스조직 구성원들, 즉 고객, 종사원, 지역사회의 욕구를 충족시키기 위해 헌신해야 하며 서비스조직의 생산성 향상, 구성원들의 만족, 개인 및 조직의 성장을 위해 서비스리더십을 발휘해 나가야 할 것이다.

2. 서비스리더의 초석인 적극적 경청

훌륭한 서비스리더십을 발휘하기 위한 첫 번째 기술은 적극적 경청(active listening)이다. 그러한 적극적 경청의 중요요소에는 강한 집중(Intensity), 공감(Empathy), 수용(Acceptance), 의지(Willingness) 등이 있다.

1) 적극적 경청의 기술

① Be motivated(동기화) : 적극적 경청을 위해서는 먼저 들으려고 하는 동기가 있어야 한다는 것이다.

② Make eye contact(눈맞춤) : 상대방과의 눈맞춤은 적극적 경청의 필수요소이다.

③ Show interest : 상대방에게 관심을 나타내야 한다(예: 머리를 끄덕인다).

④ Avoid distracting action : 상대의 말에 대해 왜곡된 행동은 하지 말아야 한다. 다리를 떤다든가, 하품을 한다든가, 졸음을 참지 못하는 등의 왜곡된 행

동을 해서는 안 된다.

⑤ Empathy(공감) : 말하는 상대방의 태도/경험/욕구/목표(目標) 등에 대해 공감(共感)하고 이해해야 한다.

⑥ Take in the whole picture(전체적 형상파악) : 상대방의 말에 대해 사실과 감정을 파악하여 전체적인 그림을 그리고 해석해야 이해하는 데 도움이 된다. 하나의 사실만 가지고 상대방을 파악하면 안 된다.

⑦ Ask Question : 적극적인 경청자일수록 질문을 많이 한다. 상대방의 말에 대해 이해되지 않는 부분은 질문을 하라.

⑧ Paraphrase(부연) : 상대방의 말을 부연하여 다시 되새겨봄으로써 상대를 이해하는 것을 의미한다. 즉 내가 들은 내용이 ~이다/ 너는 ~을 의미하고 있는 것이냐? 스스로 질문해 봄으로써 들은 내용을 숙지하며 확인해 내는 것이다.

⑧ Don't interrupt : 상대방의 말을 절대 끊어서는 안 된다.

⑨ Integrate what's being said : 전체의 내용을 통합한 후 부족한 내용은 질문하라.

⑩ Don't overtalk : 상대방보다 가급적 말을 많이 하지 마라.

⑪ Confront your biases : 상대방에 대한 편견은 금물이다.

⑫ Make smooth transitions between speaker and listener : 상대방과 본인이 자연스런 교류로써 분위기를 이끌어가라.

⑬ Be natural : 상대방의 말을 인위적으로 경청해서는 잘 들을 수 없다. 자연스런 경청이 중요하다.

3. 서비스리더의 생산성 향상을 위한 목표에 의한 관리 (Management by Objective)

① MBO(management by objective)는 동기이론, 손다이크의 강화의 법칙, 피드백 원리 등의 학습이론을 실무에 적용시킨 것을 의미한다.

② 1950년대 P. Drucker는 상위관리자와 하위구성원들이 공동의 목표를 설정하

고 실적을 평가하여 높은 성과를 올릴 수 있는 MBO모형을 개발하였다.

표 12-6 MBO모형

〈타당성 조사〉	〈사전준비〉	〈목표설정〉	〈중간평가〉	〈기말평가〉	〈차기대책〉
• 경영목적/전략/방침 • 직무구조/기술환경 • 인력	• 목표분야측정방법설정 • 교육훈련 • 집행전략 · 계획수립	• 공동참여 • 계량화 • 우선순위	• 중간feedback • 목표수정조정 • 동기부여	• 공동평가 • 인력개발 • 개선책	• 수정 · 보완

1) 타당성 조사

일반적인 변화와는 달리 목표관리는 조직체의 부분적인 변화가 아니라 조직체 전체에 걸친 경영관리제도와 방법상의 변화를 통한 조직체의 중점경영체제를 의미하므로 보다 근본적인 장기적 관점에서 조직체의 문제증상이 검토되어야 한다. 목표관리의 근본목적은 상위관리자와 하위구성원의 공동목표설정을 통하여 조직체의 경영목적과 구성원 개인의 목적을 통합시키고 나아가서는 조직체와 구성원의 효율적인 통합을 이루는 것이다. 그러므로 조직체의 문제증상을 검토하고 해결책을 모색하는 데 있어서, 경영층의 전통적인 경영이념과 방침, 구성원의 가치관, 욕구동기, 그리고 직무구조와 환경 등 조직경영의 근본적인 변화관점에서 목표관리의 필요성과 적용성이 연구되어야 한다.

2) 목표의 구조 · 체계 설계

타당성 조사를 통하여 목표관리를 적용할 결정이 내려지면, 목표관리 구조와 체계 등 기본적인 목표관리 시스템이 설계되어야 한다. 목표관리의 목적과 목표설정방법 등 목표관리에 대한 조직구성원의 교육훈련도 중요하겠지만, 이와 더불어 기본적으로 사전에 갖추어져야 할 것은 목표설정에 있어서 관리자와 조직구성원 각자가 공통으로 적용할 통일된 목표구조와 지표의 설계이다. 흔히 사용되고 있는 목표분야와 측정지표는 다음을 포함한다.

수익성(투자이익률, 판매이익률 등), 효율성(생산성, 원가, 각종 경영분석비율 등), 시장성과(시장점유율, 판매량 등), 인력관리와 개발(이직률, 결근율, 사고율, 사기, 승진/전직률, 교육훈련 등), 연구개발(특허, 신제품 개발 등), 사회적 책임(사회공헌,

사회 또는 문화사업 참여도 등)

목표설정 분야와 측정지표는 조직체의 근본목적과 전략을 반영하는 것은 물론, 목표설정과 실적평가에 있어서 보다 정확하고 객관적인 계량적 측정을 가능하게 해줌으로써 목표관리의 기본적인 틀의 역할을 해준다. 각 관리자와 구성원에게 해당되는 목표분야와 구체적인 목표수치는 업무성격과 직무내용 그리고 기타 상황적 조건에 따라서 모두 다르지만, 이러한 틀을 통하여 조직체 내의 목표관리과정이 일정한 경영목적과 방침에 의하여 체계적인 통합을 이룰 수 있다.

3) 집행전략과 행동계획의 수립

사전계획의 또 하나의 중요한 부분은 목표관리의 집행전략과 구체적인 행동계획을 수립하는 것이다. 즉 목표관리를 전체 조직체에 적용하는 것을 최종목적으로 하여 단계적이고 순서적인 확산전략과 조직행동 또는 인사관리 전문요원들의 지원활동 그리고 목표관리에 관한 교육훈련 등 성공적인 목표관리에 필요한 조직체의 단계적인 여건조성계획을 작성하는 것이다.

4) 공동목표설정

실제 목표관리과정은 관리자와 구성원 간의 공동목표설정으로부터 시작된다. 관리자는 조직체의 경영목적을 반영하고, 구성원은 자기 개인의 목적을 반영시켜 1개월, 3개월, 6개월, 1년 등 일정한 기간 동안에 달성할 구체적인 목표를 설정한다. 이 과정에서 구성원은 조직체의 고용된 구성원으로서, 경력자로서 그리고 또 개인으로서 조직체생활을 통하여 추구하고 싶은 것을 구체적인 목표에 반영시키는 동시에, 관리자도 자신의 임무와 책임에 입각하여 부하의 업적과 욕구충족에 필요한 사원소닐 관섬에서 상하 상호 간에 실현 가능한 목표를 공동합의에 의하여 설정한다. 그러나 가능한 한 목표를 도전적인 수준으로 설정하여 구성원의 동기를 유발시키기 위해 노력한다.

5) 목표의 종류

관리자와 구성원이 공동으로 설정하는 목표는 크게 두 가지로 분류될 수 있다.

하나는 구성원의 공식직무업적에 관련된 과업목표이고, 또 하나는 구성원이 업무수행상 필요로 하는 기술향상이나 앞으로 장기적으로 갖추어야 할 기본자질의 향상을 위한 개인개발목표이다. 과업목표는 정상업무에서 달성해야 할 일상과업목표와 특별한 문제를 해결하기 위한 문제해결목표, 그리고 새로운 방법으로 업무를 시도해 보는 창업적 목표로 세분될 수 있다.

6) 목표를 통한 개인과 조직체의 통합

목표설정이 주로 과업목표에만 치우쳐 있고, 일상목표의 비중이 클수록 조직체의 목적달성을 위하여 목표관리가 활용되고 있다고 볼 수 있고, 그 반면에 개인개발목표 중에서도 기본 자질개발을 많이 강조할수록 개인의 목적달성을 중요시하고 있다고 볼 수 있다. 그러나 과업목표와 개인개발목표가 구조와 우선순위에 있어서 적절한 균형을 이루는 것이 효율적인 목표관리의 중요한 측면이다.

7) 중간경과평가와 피드백

목표관리기간의 중간시점에서 그때까지의 경과와 진행상황을 피드백해 주고 앞으로의 방향을 조정해 주는 중간평가가 이루어진다. 관리자와 구성원은 원래의 목표를 재검토하고 상황변화에 따른 목표의 수정과 우선순위의 조정도 고려하는 동시에 구성원이 개선해야 할 점도 공동으로 토의하게 된다. 그리고 조직체에서의 자원지원 등의 변동상황도 고려하여 앞으로의 목표관리방향을 현실에 맞추어 다시 조정하게 된다.

8) 기말 최종평가

관리자와 구성원은 목표관리기간 동안에 설정된 목표와 실제성과를 중심으로 최종평가를 하게 된다. 최종성과는 목표관리기간 동안의 실제상황과 구성원의 개발 그리고 차기의 목표설정 관점에서 공동으로 토의되고 평가된다. 목표미달의 경우에는 평가기간 동안에 당면한 상황에 비추어 그 원인을 정확히 밝혀내어 차기목표설정에 참조한다. 구성원의 기술이나 능력상의 문제도 차기목표설정에 반영시키고 목표관리 시스템의 문제도 개선·보완해 나간다. 그리하여 관리자와 구성원의 공동평가를 통하여 앞으로의 개선방안을 마련함으로써 보다 높은 성과는 물론 구성원 개인의 계속적인 개발을 지향해 나간다.

9) 보상과 강화

목표관리의 마지막 절차는 구성원이 달성한 성과에 대하여 적절한 보상을 해주는 것이다. 성과에 대한 적절한 보상은 구성원에게 만족감을 주어 그의 직무태도에 영향을 줌으로써 앞으로의 목표설정행동과 동기부여에도 영향을 준다. 성과에 대한 적절한 보상이 없이는 구성원의 동기행동이 소멸될 위험성이 있다. 이와 같이 목표관리는 개인행동의 여러 이론을 종합적으로 실제 과업달성과 조직구성원 행동에 적용한 대표적인 예이다. 목표관리는 선진국 조직체에서 다양한 형태로 오랫동안 널리 적용되어 좋은 결과를 가져왔고, 우리나라에서도 앞으로 계속 확산되어 더욱 좋은 결과를 가져올 것으로 기대된다.

10) 효과적인 목표의 기본원리(The Basics of Effective Goal)

① Specific : 구체적 목표가 효과적이다.

② Challenging : 도전적인 목표가 중요하다. 과거에 목표달성경험이 있는 경우보다 어려운 목표를 세워야 도전적이라 인식할 확률이 높다

③ Time limits : 목표달성을 위한 시간을 정해두어야 한다. 이렇게 함으로써 추진력을 높일 수 있다.

④ Employee participation : 목표 설정 시 종사원들을 참여시키면 보다 어려운 목표를 설정하게 된다. 또한 보다 쉽게 수용하며, 종사원들에 의해 수용된 목표는 달성하기 쉽다.

⑤ feedback : 목표달성이 되었다면 보다 높은 수준으로 목표를 수정하는 것이 바람직하며, 목표에 달성하지 못하였다면 개선할 수 있는 방법을 제시하여야 한다. 종사원 스스로 진행과정을 파악할 수 있는 능력이 있다면 환류(feedback)는 덜 위협적일 수 있다.

11) 상사의 목표설정 방법(How to set Goals)

① Specify the general objective or tasks to be done : 직무기술서(Job description)를 참고로 목표를 설정한다.

② Specify how the performance in question will be measured : 평가방법을 명시하고 수량화해야 한다(생산량, 시간, 수익, 매출액, 비용).

③ Specify the standard or target to be reached : 도달 가능한 표준이나 목표를 명시해야 한다.

④ Specify the time span involved : CEO(최고경영층)는 2~5년, manager는 1년, 종사원은 1개월 정도의 목표기간이 적당하다.

⑤ Prioritize goals : 목표의 우선순위를 정해야 한다.

⑥ Rate goals as to their difficulty and importance : 난이도와 중요도를 고려하여 목표를 세운다.

⑦ Determine coordination requirements : 각 부서 간 갈등의 소지가 있을 경우에는 조정이 필요하다. 그렇지 못하면 부서 간 갈등을 야기하게 되며 책임포기나 노력의 중복을 야기할 수 있기 때문이다.

12) 종사원의 직무몰입(Obtaining Goal Commitment)

상사가 어떻게 해야 직무몰입이 되는가?

① Managerial support(관리적인 지원) : 종사원들이 일할 수 있는 환경을 조성해주어야 한다. 물리적 환경뿐만 아니라 권한위임을 통한 종사원들의 동기부여가 중요한 환경조성이다.

② Use participation(참여를 이용하라) : 상사가 목표에 대한 강력한 의지가 있고 솔선수범해야 부하가 따른다.

③ Know your subordinates(부하의 능력을 알아야) : 부하들의 능력에 따른 난이도를 차별화해야 공정성 및 현실성을 더욱 높일 수 있다.

④ Use rewards(보상 이용) : 종사원들에게 성과에 대한 보상을 해야 한다.

Chapter 13

교류분석

Chapter 13 교류분석

마지막 장인 13장에서는 대인서비스의 기본인 교류분석을 소개하고 그의 활용에 대해 논하고자 한다. 아무리 서비스가 발전하고 시대가 변한다고 해도 대인관계는 지속될 것으로 믿는다. 대인관계에서 가장 중요한 것이 상대를 읽고 대처하는 것이다. 필자는 이에 대한 처방으로 가장 좋은 방법이 교류분석이라고 믿는다. 독자들의 많은 활용이 있어야 할 것이다.

제1절 교류분석[1)]

1. 교류분석(transactional analysis)이란?

1) 교류분석

교류분석(交流分析, transactional analysis)이란 인간행동에 관한 이론체계이며, 이에 의거한 치료법이다. 교류분석의 창시자는 에릭 번(Eric Berne, 1910~1970)이라는 미국의 정신과 의사이며, 1950년대 중반부터 이 방법을 제창하기 시작했다.

교류분석을 간단하게 정의하면 “상호 반응하고 있는 인간 사이에서 이루어지는 交流를 분석하는 것”이라는 뜻이다. 교류의 원어 transaction은 원래 ‘거래’, ‘흥정하는 것’을 의미하는 상업용어이지만, 일본어에서는 대화, 커뮤니케이션, 거래, 교

1) 스기다 미네야스, 김현수 역(1988), 교류분석, 서울: 민지사.

류 등으로 번역된다.

따라서 거래라고 말할 때, 단순히 표면상의 말의 교환뿐만 아니라 마음속 깊이 전해지는 미묘한 의미, 정교한 의도, 숨겨진 느낌 등, 여러 측면을 포함한 깊은 수준의 커뮤니케이션을 의미하는 것이다.

교류분석은 처음에는 그룹요법의 보조수단 형태로 사용되었으나, 1964년 에릭 번이 『Games People Play』(일본에서는 『인생게임 入門(1967)』으로 번역됨)라는 책을 저술하자 그것이 베스트셀러가 되어 각국에서 주목하기에 이르렀고, 많은 연구자들이나 심리요법가들이 그 이론과 기법에 관심을 가지게 되었다. 처음에는 정신분석의 영향도 있어서 지적인 면에서 성격구조를 분석하거나 커뮤니케이션의 방법을 도식화하는 방법 등을 중심으로 발전해 갔다.

일본에서는 1972년에 규슈대학 심리치료내과에서 이 방법을 임상의 영역에 최초로 도입하였다. 그 후 교류분석은 감정이나 행동을 포함한 폭넓은 관점에서 연구와 실천이 이루어져 오늘날에는 정신분석뿐만 아니라 학술이론, 집단역동, 게슈탈트요법, 사이버네틱스, 인간학적 심리학 등을 포함한 종합적인 생각에 입각하여 발전해 가고 있다.

오늘날 일본에서는 의사, 심리요법가, 카운슬러, 간호사, 양호교사, 기업의 교육담당자 등에서 널리 관심을 가지고 있으며, 일본교류분석학회(사무국 : 일본대학 의학부 심리내과 내)가 설립되었다.

2) 교류분석의 목적

교류분석은 다음의 3가지를 목표로 한다.

(1) 자신을 느끼는 것을 증대시킨다

이것은 자기 마음의 여러 가지 힘, 그의 작용, 교류양식, 삶의 목적 등을 감지하고, 또 그 감지수준을 깊게 하는 것이다. 나아가서 감지하는 데는 신체, 감정, 언어, 사회적 존재자로서의 감지와의 통합 면도 포함된다. 교류분석에서 감지한다는 것의 내용은 일본어의 '행(行)한다'와 가깝다. 따라서 감지한다는 것은 지적 정보의 수집, 지각, 인지도 포함되나 그 이상으로 심신이 일치한 상태에서 감지 · 감득하는 것, 나아가서 그것을 언어에 의해서 명확히 해가는 과정이라고 할 수 있다.

(2) 자율적인 삶을 영위한다

이것은 궁극적으로는 각본(무의식의 인생계획)에서부터 자유로워지는 것을 의미하나 일상생활에서는 보다 구체적으로 다음과 같은 삶의 방법을 터득하는 것을 이해하는 것이 좋다.

① 우리들은 자신의 감정, 사고, 행동에 대해서 자신이 책임을 진다. 특히 근심걱정이나 문제에 관해서 타인의 책임으로 돌리지 않는다.
② 인간관계의 문제를 해결하는 데 있어서 상대편을 바꾸려고 하지 않는다. 과거와 타인을 바꿀 수 없다는 사실을 인식하고, 자신의 감정, 사고, 행동을 바꾸는 쪽을 택한다.

(3) 진실의 교류(친교)를 회복한다

부모 자식 간, 형제 간, 부부, 교사, 학생, 기타 인간관계에 있어서 애정과 신뢰에 의해서 진실한 접촉(친밀성)을 회복할 것. 예컨대 상대편의 비틀어진 반응태도에 기인한 인간관계의 갈등이 생겨도 그것은 상대편의 성장과정에 기인한 성격적 왜곡이나 현재 처한 어려운 환경에 의한 반응이라는 긍정적이고 수용적인 마음가짐으로 임한다.

우리들은 오랫동안 함께 생활하거나 일을 해도 진심으로 상대편을 보거나 상대편을 수용하지 않고 시간을 보내는 경우가 많다. 그러나 자신을 감지하는 것은 깊게 하면서 상대편이 변용할 것을 강요하지 않고 자신을 바꾸려는 접근을 할 때, 새로운 친교에의 길이 열리는 것이다.

2. 자아상태

1) 자아상태란?

지금 당신이 교사라고 가정했을 때, 당신이 담당한 한 학생을 평소에 착한 아이라고 믿었는데 소매치기를 했다는 연락을 받았다고 하자. 당신의 마음은 어떻게 반응할 것인가. 예컨대 다음과 같은 반응이 동시에 교차할 수 있을 것이다.

① 착한 아이라고 생각했었는데 어쩔 수 없는 아이로구나. 도대체 부모는 어떤 생활지도(습관)를 해왔을까……. 그러나 화낸들 무슨 소용이 있겠는가. 가봐야지…….
② 도대체, 또 저 자식이…… 무슨 원인이 있겠지. 사고뭉치라고 듣고 있는데…….
③ 저런, 어떻게 하면 좋지, 곤란하군. 내 책임이라고 하지나 않을까…….

교류분석에서는 인간을 모두 3가지의 나를 가지고 있는 것으로 여기고 이것을 자아상태라고 한다. 자아상태는 "감정 및 사고, 이에 관련된 일련의 행동양식을 종합한 하나의 시스템"(Berne, 1964)이라고 정의하고 있다.

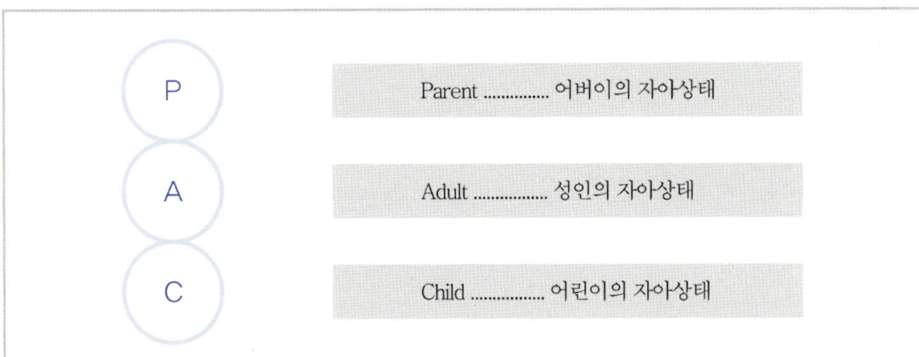

그림 13-1 자아상태

모든 인간은 다음 3가지 자아상태를 구비하고 있다(그림 13-1 참조).

(1) 어버이의 자아상태 P(Parent의 약자)

자식을 길러준 아버지(또는 어버이, 대리인)로부터 받아들인 부분. 학생의 사고(事故)를 책망하거나 걱정하고 있는 교사의 자세가 어버이의 자아상태이다.

(2) 성인의 자아상태 A(Adult의 약자)

현실을 객관적으로 평가하는 것을 목적으로 하여 자동적으로 작용하는 computer와 같은 부분. 이 교사가 학생 문제행동의 원인을 생각하는 자세가 성인의 자아상태이다.

(3) 어린이의 자아상태 C(Child의 약자)

어린 시절과 같은 감정이나 생각, 행동을 하는 부분. 위의 교사의 예에서 감정적으로 반응하여 곤란한 상태의 자세가 어린이의 자아상태이다.

2) 에릭 번과 자아상태

번은 자아상태를 설명하는 경우, 자신이 치료한 변호사의 예를 흔히 인용했다고 한다. 이 이야기는 교류분석의 고전(古典)이다.

- 1950년대에 번은 변호사이면서 지나치게 도박에 빠져 있는 N씨를 치료하고 있었다. 그는 Nevada의 도박장에 가서 도박을 할 때에는 이기기 위한 합리적인 생각과 미신적인 생각의 양쪽을 썼다. 미신적 사고 시스템은 많은 의식에서 이루어졌다. 예를 들면 계속 이기면 호텔방에 돌아와서 깨끗이 목욕을 한다. 도박장에서 그곳을 왔다 갔다 할 때에는 바닥의 깨진 눈금을 밟지 않도록 조심해서 걸었다. 또 졌을 때에는 기묘한 산수를 써서 손실을 합리화했다. 예컨대 "100달러를 가지고 와서 겨우 50달러만 잃었으니 지금으로서는 50달러 이긴 셈이다"와 같이 자신을 납득시키곤 했다.

이처럼 어린이의 정신상태인 미신적인 면이 있는가 하면, 그의 일상생활에 대한 태도나 생각은 매우 이론적이고 거기에다 합리적이었다.

그 후의 치료에서 이 환자에게 극적인 변화가 일어나게 되었다. 어느 날 N씨는 8세 무렵의 사건을 생각해 낸 것이다. 그때 관광목장에서 부모와 함께 여름방학을 지내고 있었다. 그는 카우보이의 복장을 하고 목장의 진짜 카우보이가 말안장을 놓는 것을 돕고 있었는데 그것이 끝나면 진짜 카우보이가 그의 얼굴을 보면서 "야! 고맙다. 카우보이야!"라고 감사를 표했다. 이에 대해서 어린 N씨는 "나는 카우보이가 아니야! 단순히 어린아이야!"라고 대답했던 것이다.

환자는 과거의 이 사건을 말하면서 번에게 "나의 지금의 감정은 그때의 감정입니다. 때때로 나는 참된 변호사가 아니라 단순히 어린이와 같은 기분이 듭니다"라고 했다. 여기에서 번은 환자가 2가지 생각의 시스템을 쓰고 있다는 것을 감지하였다. 즉

① 성공한 변호사라는 상태에서 작용하는 유용한 논리적 시스템
② 철없는 어린이가 쓰고 있는 것과 같은 비합리적 시스템

환자의 성격 중에서 한 상태는 일한다는 기능을 수행하고 있고, 다른 상태는 공상을 하는 기능과 관련되어 있다. 번은 환자와 함께 이 2가지 행동양식은 말의 상태, 얼굴 표정, 몸짓 등에서 명확히 구별할 수 있음을 감지하였다.

그래서 그는 이들 행동의 각각을 '자아상태'라고 부르기로 한 것이다. 여기에서 말하는 자아상태란 정신분석에서 말하는 自我(ego), 超自我(super ego), 이드(id : 성격 중 본능적인 부분)라는 추상적이고 객관적인 생각과는 다르고, 지금 여기에서(now & here) 본인 자신이 확실히 구체적으로 그것이라고 의식할 수 있는 것, 혹은 본인이 자각할 수 있는 생각, 느낌, 행동의 방법을 가리키는 것이다. 번은 어른(Adult)과 어린이(Child)의 자아상태는 각각 서로 구별할 수 있는 완전히 종합적인 것임을 제시하기 위해서 이들을 원으로 나타내기로 했다. 이것은 나중에 어버이(Parent)의 자아상태가 구분되어 여기에 3가지의 자아상태가 완성되자 이들이 성격의 전체를 나타내는 것으로 여기게 되었다.

번의 이론에 의하면 이와 같은 자아상태의 구별은 아직은 (A)와 (P)가 충분히 발달하지 못한 어린이를 제외하고는 연령과는 거의 관계가 없다고 한다. 예컨대 4세의 여자 아이가 인형놀이를 하면서 기저귀를 갈아주고 있다고 하자. 이 경우 그 아이는 달려가고 있는 (P)의 상태에 있는 것이며, 실제의 어머니가 기저귀를 갈아줄 때와 똑같은 방법으로 행동하고 있는 것이다. 마찬가지로 그 아이에게서 볼 수 있는 어떤 버릇, 말하는 법, 어조 등도 (P)의 상태(어버이의 모방)에서 나온 것이다. 또 유치원에 다니는 5세의 남자 아이가 횡단보도를 건너기 전에 좌우를 살펴본 다음, 자동차가 와서 한참 기다리고 섰다고 하자. 이 아이는 (A)적인 행동을 취하고 있는 셈이다. 그의 이성은 "나의 작은 몸은 저 큰 자동차의 차체와 충

돌하면 견디지 못할 것이다"라고 자신에게 알린다. 이렇게 민첩하고 논리적인 생각은 5세의 어린이에게도 작용하는 것이다.

3. 교류분석의 개요

이상의 자아상태를 토대로 하여 교류분석은 다음의 4가지 분석을 아래와 같은 순서로 한다.

(1) 구조분석(에고그램분석)

이것은 개개의 personality의 분석이며, ⓟ, ⓐ, ⓒ의 기호를 써서 자아상태를 상세히 배우는 방법이다. 먼저 ⓟ, ⓐ, ⓒ의 개개를 명확히 구별할 수 있도록 연습한다. 다음에 자아에너지 공급의 장에서 생기는 병적인 자아상태(오염, 제거)에 대해서 배운다. 나아가서 이의 심적 에너지의 양을 객관적으로 파악하여 그래프화하고, 각 자아상태를 기능적으로 파악하는 에고그램(egogram)을 배운다.

(2) 교류패턴의 분석(대화분석)

이것은 두 사람 사이의 커뮤니케이션(비언어적인 것도 포함)을 ⓟ, ⓐ, ⓒ에 의해서 분석한 것이다. 상호 간의 자아상태의 교류를 화살표로 나타내는 연습을 한다. 이 분석에 의해서 타인에 대한 대처방법을 관찰하고 점차로 비건설적인 교류방법을 의식적으로 자기통제하도록 배울 수가 있다.

(3) 게임분석

우리들은 타인을 조종하여 뒷맛이 개운치 않은 인간관계를 만들어내고서도 그것을 감지하지 못한 채 되풀이하는 경우가 있다. 교류분석에서는 이것을 게임이라고 한다. 게임분석에 의해서 비생산적인 인간관계를 지배하고 있는 습관들을 배운다. 또한 인간이 보편적으로 연출하고 있는 몇 가지의 게임과 그의 해독제에 정통하여 그것을 참고로 자신의 게임을 멈춘다. 잘 치료되지 않는 것은 그 원천으로 되돌아가서 분석한다.

(4) 각본분석

이것은 인생을 하나의 무대로 보고 거기에서 개인이 연출하는 각본(무의식의 인생계획)을 분석하는 것이다. 먼저 유아시절부터 부모와의 교류를 통해서 개인이 그에 따르려고 결의한 금지령을 찾으려는 작업을 한다. 자신의 인생과 운명에의 반응양식에 대한 감지가 얻어진다면 인생계획을 자신의 통제하에 두는 결단으로 나아간다. 또한 일상생활에 있어서 금지령의 발동을 촉진하는 언동(이것을 미니각본이라 한다)을 없앰으로써 각본으로부터의 해방을 도모한다.

1) Stroke와 시간의 구조화

인간은 다음의 3가지 욕구를 충족시키기 위해 교류한다.

(1) 자극에의 욕구

즉 stroke이다. 다른 말로 touch이다. 인간은 어릴 적에는 부모로부터 자극을 받지만 성인이 된 연후에는 교류를 통해 자극을 받는다. 따라서 긍정적인 자극을 지속적으로 받지 못할 경우 이상 행동으로 연결될 확률이 매우 높다. 이러한 stroke의 연습을 통해 보통 성인들은 자신의 행동을 변화시키고 습관화할 필요가 있다. 긍정적 stroke와 부정적 stroke는 〈표 13-1〉과 같다.

표 13-1 Stroke의 분류

구분	신체적	언어적	조건부	무조건
긍정적 (쾌감)	머리를 쓰다듬는다.	남을 칭찬한다.	100점 맞았으니 한턱 내겠다.	너는 무조건 좋다.
	악수한다.	빙그레 웃어준다.	공부를 잘했으니 자전거를 사주겠다.	누가 뭐라 해도 엄마는 너를 믿는다.
	업어준다.	이름을 부른다.	너는 정직하니까 너를 좋아한다.	좋은 대학에 입학해도 안 해도 상관없다. 너는 나의 소중한 아들이다.
	볼을 맞춘다.	인사말을 건넨다.		
부정적 (불쾌감)	때린다.	욕을 한다.	공부 안 하는 아이는 엄마는 싫어요!	그냥 네가 싫다.
	궁둥이를 걷어찬다.	험담을 한다.	너는 똑똑하지 않으니 몹쓸 아이다.	죽어버려!
	식사를 주지 않는다.	비웃는다.	거짓말하는 건 싫다.	나가버려!
	벌을 준다.	비꼰다.		밥 벌레!

긍정적 stroke를 주는 방법은 다음과 같다.

첫째, 진지하게 상대의 이야기를 들어준다. 경청은 최대의 긍정적 stroke이다. 대화의 시간을 자기중심의 설득이나 설교로 침범하는 것을 피하고 상대편 중심으로 구조화하는 것이다.

둘째, 약속한 일이 지켜지면 주는 것이다. 긍정적 stroke는 약속한 일이 있을 경우 시기적절하게 상대에게 주는 것이다.

셋째, 조건과 소원을 구분하여 주는 것이다. 교류분석에서 조건부 긍정적 stroke도 그 도수가 많아지면 상대편의 저항에 부딪치는 것이다. 따라서 조건과 소원은 구별되어야 한다. 즉 무조건적인 stroke가 긍정의 힘을 더 발휘한다.

(2) 구조화의 욕구

동물이건 인간이건 자극에의 욕구가 직접 충족되지 않으면 복잡하게 구조화된 모양의 자극을 구하여 간다. 즉 인간은 stroke를 얻고 싶다고 생각할 때에는 말할 것도 없이 마음이 통하는 다른 사람과 함께 있을 필요가 있다. 그러나 거기에서 진정한 stroke가 얻어지지 않으면 어떤 형태가 되었든 사회적 상황을 만들어 시간을 구조화하게 된다. 그러한 시간의 구조화에는 6가지가 있다.

① 폐쇄 : stroke를 구하다가 못 구하면 외계의 현실을 무시하고 stroke의 공급원을 자신 속에서 구한다. 이는 자폐증의 원인이기도 한데 따라서 긍정적이든 부정적이든 stroke는 주고받을 필요가 있다.

② 의식 : 상호존재는 승인하지만 친해지는 일 없이 정형화된 시간을 보내는 것을 말한다. 최소한의 stroke로, 부부싸움 후 친척의 결혼식에 부부가 같이 참석하는 경우이다.

③ 활동(일) : 인간을 대상으로 하는 것으로서 어떤 재료, 도구, 아이디어 등을 매개로 하여 stroke를 얻는 특색이 있다. 즉 아버지는 가장으로서 열심히 일하며, 아이는 엄마로부터 stroke를 얻기 위해 열심히 공부하는 경우이다. 그러나 윤활유가 없는 활동은 매우 무미건조하므로 중간중간의 허탈감을 해소하는 것이 중요하다. 예를 들면 잡담의 경우이다.

④ 잡담(사교) : 누군가 대상을 골라서 일상의 사건에 대해서 의견을 교환하거나 서로의 취미에 대해서 소개하는 등 무난한 화제를 중심으로 이루어지는 교류가 잡담이나 사교이다.

⑤ 게임(game) : 신뢰와 애정이 뒷받침된 진실한 교류가 이루어지지 않을 경우 음성 stroke를 교환하는 것이다. 예를 들어 게임에 중독되거나 술 중독 등이 예이다.

⑥ 친교(친밀성) : 이것은 교류분석이 구하는 이상적 시간의 구조화 방법이다. 즉 게임에 빠지거나 폐쇄, 의식, 활동, 잡담 등과는 달리 상대에게 진실된 교류를 하고자 하는 것이다. 이러한 교류는 긍정적 stroke가 쌓이게 하므로 인간관계가 개선된다.

(3) 태도에의 욕구

이는 자기 자신과 타인에 대해서 어떻게 느끼고 어떤 결론을 내리고 있는가라는 것으로 '기본적 태도'라고 한다. 태도에의 욕구란 이와 같은 기본적 대비의 정당성을 평생에 걸쳐서 입증하고자 하는 욕구인 것이다. 이러한 욕구에는 다음의 4가지가 있다.

① 나도 타인도 OK이다.
② 나는 OK가 아니고 타인은 OK이다.
③ 나는 OK이고 타인은 OK가 아니다.
④ 나도 타인도 OK가 아니다.

교류분석에서 교류의 동기로써 기본적 태도를 중시하는 이유는 인생의 중요한 국면에 있어서 중간행동의 대부분이 자아개념에 의해서 결정된다고 생각하기 때문이다. 또 행동이 특히 부정적인 자아개념의 용인하에 지속되는 경우를 게임 혹은 각본이라는 형태로 파악하는 데 교류분석의 특색이 있는 것이다.

4. 교류분석의 이점과 한계

정신분석과 비교하여 교류분석은 이론이나 기법이 간명하고 손쉽게 학습할 수 있으며, 또 실제로 활용하기도 쉽다. 정신분석을 하는 데는 분석이론 전체를 이해하는 것이 필요하며 이를 터득하는 데는 교육분석을 중심으로 한 장기의 수련을 요한다. 이에 비해서 교류분석은 구조분석, 교류패턴 분석을 순서대로 배워감에 따라 배운 것을 곧 임상적으로 응용할 수 있다.

또 성격경향이나 대인관계의 양식이 도식화되어서 한눈으로 알 수 있으므로 단순히 진단 · 평가하는 데 머무르는 것이 아니라 구체적으로 자신의 어디를 어떻게 수정할 수 있을까에 대해서도 그 동기를 촉진하여 실생활의 프로그램을 세우는 데 유용하다는 것 등의 이점을 들 수 있다.

그러나 무거운 성격장애나 심신증의 환자 중에는 인생 초기의 기초공사에 문제가 있는 사람들(교류분석적으로 말한다면 ⓒ의 형성이 불완전)이 있고, 이런 타입은 교류분석의 그룹에 참가해도 다른 환자와 같이 심신상관의 사실을 객관시하지 못하고 ⓟ, ⓐ, ⓒ 사이의 자기통제의 필요성을 스스로 터득해 가는 것이 곤란하다. 이와 같은 심적 체제 자체에 본질적인 장애가 있는 환자에 대해서는 교류분석에서 커다란 효과를 기대하기가 어려울 것이다.

제2절 에고그램(구조분석)

구조분석에서 P, A, C는 다음과 같이 이해한다.

- P : 유소년기에 부모 또는 기타의 양육자로부터 가르침을 받아 그 사람 인격의 일부가 된 것(전통, 타인규제, 보호 등)
- A : 냉정하고 이성적이며 항상 사실에 근거해서 사고하고 행동하는 자아상태(5세 이후 형성)
- C : 자신이 환경에 반응하여 느끼고 반응한 행동(감정, 본능)

또한 구조분석에서의 자아상태는 다음과 같은 경우를 통해 발견된다.

말하는 내용(Contents……)
말버릇(Process…, How to communicate it)
얼굴의 표정(Facial Expressions)
태도(Attitude)
자세(Posture)
모습(Pause)
제스처(Gesture)
숨결(Breezing)

1. 에고그램 체크리스트

다음의 질문에 '그렇다'이면 3점, '보통이다'면 2점, '아니다'면 1점을 체크하시오.

표 13-2 에고그램 체크리스트

	내용1	1	2	3
1	나는 주위로부터 고집이 세고 자기주장을 잘 굽히지 않는다는 말을 자주 듣는 편이다.			
2	신문이나 방송에서 'OO당에서 파가 갈라져서 싸움질을 하고 있다'는 말을 들으면 대단히 언짢고 비판적이 되어 '도대체 뭘 하는 거야'라는 식으로 핀잔 비슷한 말을 하는 편이다.			
3	다른 사람의 장점보다는 결점이 눈에 잘 띄는 편이며 따라서 나도 모르게 비판적인 경향을 띠곤 한다.			
4	지하철에 음료수를 들고 탑승하거나 다리를 꼬고 앉거나 해서 규칙을 지키지 않는 사람을 보면 주의를 주고 싶어진다.			
5	다른 사람의 실수나 결점 등은 즉시 추궁하는 편이다.			
6	어린애들이나 한국인은 자고로 엄격하게 통제하고 군대식으로 다룰 필요가 있다고 생각하며 실제 나의 아이나 동생도 그렇게 키우는 편이다.			
7	다른 사람이 잘못을 저지르면 바로 충고하는 편이다.			
8	공원이나 박물관, 산, 독립기념관 같은 곳에 갔을 때 사람들이 휴지 같은 것을 함부로 버리고 간 것을 보면 화가 난다.			
9	나는 나의 아이들이나 부하를 다소 독재적으로 통제하며 불평이나 말대꾸하는 것을 엄격히 금지시키는 편이다.			
	내용1의 점수 합계			
	내용2	1	2	3
1	나는 기쁜 영화를 보면 같이 기뻐하고 슬픈 영화를 보면 눈물을 흘릴 정도로 다른 사람의 심정을 잘 이해하고 공감하는 편이다.			
2	나는 다른 사람이 어려운 것을 보면 잘 보살펴주는 편이며 주위로부터 정이 많다는 소리를 듣는 편이다.			
3	나는 음식점에서 껌을 파는 아주머니가 껌을 사라고 하면 거의 매번 사는 편이다.			
4	나는 다른 사람의 실수나 실패에 대해서 꾸짖기보다는 감싸주는 편이다.			
5	나는 의리나 인정에 끌리는 경우가 많다.			
6	나는 다른 사람을 돕는 데는 솔선해서 나서는 편이다.			
7	나는 집이나 사무실에서 궂은 일을 스스로 맡아서 하는 편이다.			
8	다른 사람에게 보수를 받지 않는 일을 하고도 즐거워하는 편이다.			
9	봉사활동이나 자원활동에 기꺼이 참여하는 편이다.			
	내용2의 점수 합계			
	내용3	1	2	3
1	내가 생각해도 나는 어떤 일을 판단할 때 치밀하게 수집된 자료와 정보에 의존하여 냉정하게 판단한다.			
2	어떤 결정을 해야 할 때 먼저 사실과 의견을 구분하고 철저하게 사실에 입각해서 객관적으로 판단하여 결정한다.			
3	가급적 많은 사람들의 의견을 듣고 참고로 하여 결정하는 편이다.			

4	나는 구름잡는 몽상가가 아니라 현실의 이해관계에 밝고 철저히 실리를 추구하는 스타일이다.			
5	나는 과거에 집착하여 후회하기보다는 현재를 중시해서 행동하는 편이다.			
6	나는 항상 적은 노력으로 최대의 효과를 올릴 수 있도록 효율에 신경을 많이 쓰는 편이다.			
7	다른 사람들은 나를 보고 빈틈이 없고 계산에 밝다는 이야기를 많이 한다.			
8	나는 대화를 할 때 데이터나 수치를 많이 이용하는 편이다.			
9	나는 다른 사람들과 고도리를 치거나 거래를 할 때 적어도 손해는 안 보는 편이다.			
	내용3의 점수 합계			
	내용4	1	2	3
1	나는 주위 사람들과 어울려서 떠들며 노는 것을 좋아하는 편이다.			
2	나는 신기한 것이나 이상한 것에는 호기심이 강한 편이며 어릴 때 라디오, 시계 같은 것을 분해해 본 경험이 많은 편이다.			
3	나는 노는 자리라면 어디든지 쉽게 어울릴 수 있다.			
4	나는 외모에 신경을 많이 쓰며 또 멋 내기를 좋아하는 편이다.			
5	나는 사람들에게 애교와 응석을 자연스럽게 부릴 수 있다.			
6	나는 희로애락의 감정이 솔직한 편이다.			
7	놀이를 할 때 그 놀이에 열중하는 편이다.			
8	나는 다른 사람들로부터 익살맞다, 개구쟁이다, 짓궂다, 악동이다, 얄개다라는 표현을 많이 들어온 편이다.			
9	나는 여사원(여자 친구)의 손을 쉽게 잡을 수 있으며 왜 손을 잡았는지 변명도 쉽게 할 수 있다.			
	내용4의 점수 합계			
	내용5	1	2	3
1	나는 다른 사람들로부터 순하다, 얌전하다는 말을 많이 듣는 편이다.			
2	나는 내가 생각한 바를 회의석상이나 강의실에서 말하지 못하고 나중에 후회하는 경우가 제법 있다.			
3	다른 사람들이 결정한 바를 마음에 들지 않더라도 따지거나 하기보다는 별다른 말없이 순응하는 편이다.			
4	나는 다른 사람들이 나를 어떻게 생각하고 있는지 마음에 걸릴 때가 있다.			
5	파티 같은 데서 나 스스로 나를 소개하기보다는 다른 사람이 나를 소개하는 편이다.			
6	나는 오락반장같이 사람들 앞에 나서서 사람들을 웃기는 일에는 별 자신이 없다.			
7	평소에 감정표현을 드러내 놓고 하지 않기 때문에 우울한 기분에 오래도록 빠져 있을 때가 있다.			
8	'그때는 이렇게 하는 건데' 하는 식으로 후회하는 마음이 오래도록 계속될 때가 있다.			
9	나는 어떤 일이 있을 때 앞에 나서서 활동하는 편이라고는 보기 어렵다.			
	내용5의 점수 합계			

2. 나는 누구인가? (자아인지테스트)

표 13-3 나는 누구인가?

점수	CP*	NP*	A*	FC*	AC*
27					
26					
25					
24					
23					
22					
21					
20					
19					
18					
17					
16					
15					
14					
13					
12					
11					
10					
9					
8					
7					
6					
5					
4					
3					
2					
1					
0					
	내용1	내용2	내용3	내용4	내용5

주 1) 〈표 13-2〉 각 내용의 합계 점수를 내용1에서 내용5의 점수에 따라 체크하신 후 각각의 점을 이으면 자신의 에고그램 그래프가 나타난다.

2) 참고로 CP(Critical parent), NP(Nurturing parent), A(Adult), FC(Free child), AC(Adapted child)

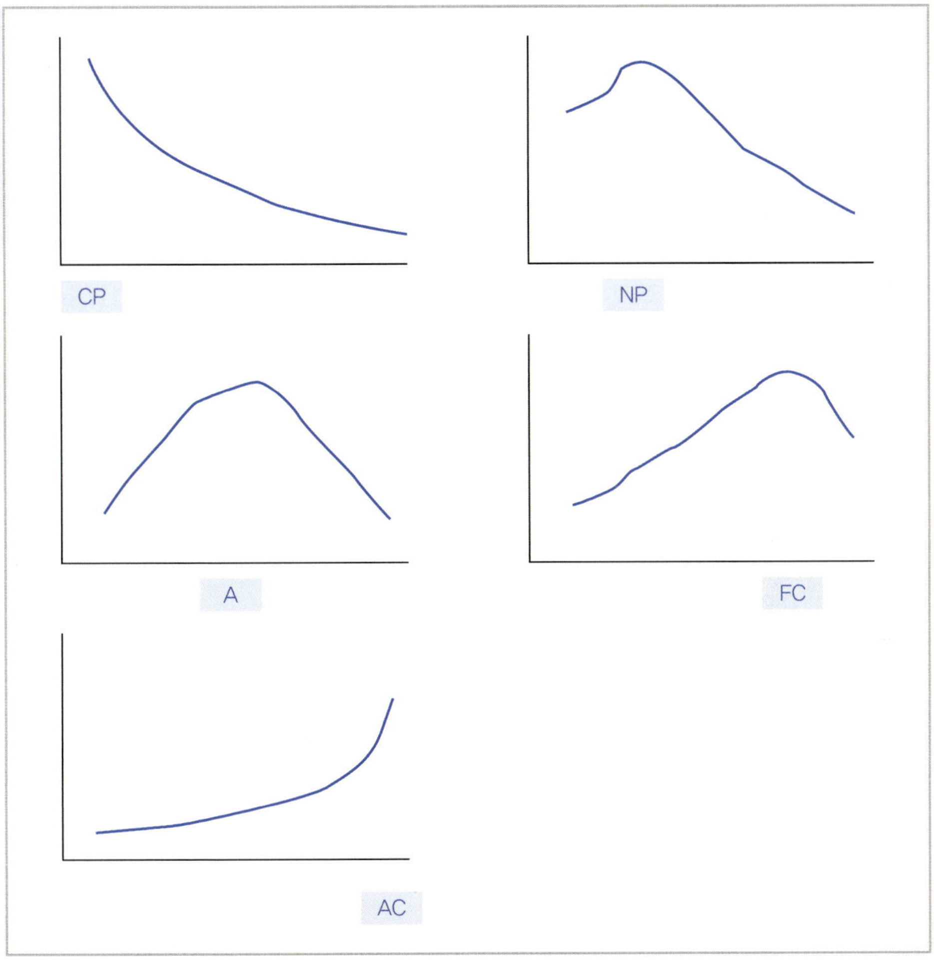

- CP 우위타입 : 일반적으로 이상이 높고 독선적이며, 완고하고, 징벌적, 타인부정적인 특징
- NP 우위타입 : 마음이 선하고, 공감적이며, 돌보기 좋아함. 타인긍정적인 특징
- A 우위타입 : 두뇌가 명석하고 논리적이며, 합리적이고 차가움. 국외중립적인 특징
- FC 우위타입 : 놀기 좋아하는 행동파이며, 자발적이고 창조적임. 자기긍정적인 특징
- AC 우위타입 : 어리광부리고 의존적이며, 타인에게 순응함(자기가 없음). 자기부정적인 특징

그림 13-2 나는 누구인가?

〈표 13-2〉의 결과가 어느 쪽인가에 따라 자신의 자아상태가 결정된다. 일반적으로 보통 성인의 에고그램은 NP우위이다. 그러나 CP의 우위라든지, FC, AC 등이 우위로 나타나면 사회생활 전반에 문제가 발생하기 쉽다. 따라서 우리는 정상 성인의 에고그램으로 자신의 상태를 변화시키려고 노력해야 한다. 이것은 대화분석 등을 통해 실습해 보면 왜 그러해야 하는가가 명확해진다.

1) CP 우위 타입

이런 유형의 사람들은 보통 독선적이며 타인징벌적이므로 사회생활에 문제가 발생할 소지가 다분하다. 따라서 CP의 점수를 낮추려는 인위적인 시도가 필요하다. 즉 봉사활동이나 circle 활동을 통해 강한 성격을 낮추려는 시도가 필요할 것이다.

2) NP 우위의 정상 성인

NP가 우위인 경우는 보통 문제가 되지 않으나 이를 지속적으로 유지하려는 시도가 필요하다. 즉 타인을 배려하는 자세를 유지하고 봉사나 남을 위한 마음가짐을 가지려고 지속적 · 의도적으로 노력하며 생활하는 것이다.

3) A 우위 타입

A가 우위인 경우도 정상 성인에 해당되는데 보통 서구에서 많이 나타난다고 한다. 매우 차갑고 중립적인 성격의 소유자들이다. 이들은 6하 원칙을 좋아하며 좀 더 과학적인 사고를 선호한다. 하지만 너무 차가운 면은 사회생활에서 문제의 소지가 있으므로 NP도 조금 높이려는 시도가 필요할 것이다. 즉 남을 배려하는 마음가짐이 필요하다.

4) FC 우위 타입

FC(Free child)란 자유분방한 어린이를 나타낸다. 매우 창조적이어서 좋으나 일상의 규칙적인 생활을 하지 않고 방탕으로 빠지는 경우가 많이 발생한다. 따라서 이런 부류의 사람들은 좀 더 체계적이며 자기를 구속할 수 있는 명확한 계획을 자주 세워보는 습관이 매우 중요하다.

5) AC 우위 타입

AC(Adapted child)란 순응하는 어린이로 매우 의존적이며 자기부정적이다. 이런 부류의 사람들은 회사에서는 보통 Yes man으로 통한다. 자기의 주장을 잘 하지 못하고 타인들 앞에서 발표하는 것도 꺼리는 경향이 매우 많다. 따라서 이런 성격을 극복하기 위해서는 발표력을 기르는 습관이 매우 중요하다. presentation을 주기적으로 실천하고 동호회나 circle에 가입하는 것도 매우 좋은 해결책이다.

제3절 대화분석

대화분석이란 구조분석에 의해 명확화된 자아상태, 즉 P, A, C의 이해를 기초로 해서 일상생활 속에서 주고받는 말, 태도, 행동 등을 분석하는 것이다. 그 목적하는 바는 대인관계에 있어서 자신이 타인에게 어떤 대처방안을 취하고 있는가, 또 타인은 자신에게 어떤 교분관계를 맺고 있는가를 배움으로써 자기자신의 자아상태의 존재방식에 대한 자각을 심화시키고, 상황에 따른 적절한 자아상태로 자신을 의식적으로 컨트롤할 수 있도록 하는 것이다.

모든 대화는 다음 세 가지의 기본적인 유형으로 분류할 수 있다.

- 상보교류(complimentary transaction) : 두 개의 자아상태가 서로 관여하고 있는 교류이다. 즉 발언과 응답의 벡터가 평행하고 있으며, 원인이 있는 한, 상호지지적으로 대화는 계속된다.
- 교차교류(crossed transaction) : 셋 또는 네 개의 자아상태가 관여하고 있는 것이다. 이것은 발언자가 기대한 교류가 저지되므로, 교류는 중단된다.
- 이면교류(ulterior transaction) : 표면상의 교류 외에 언외의 의지가 음성적으로 전달되는 교류이다. 이것은 상대방이 ① 음성적인 교류에 반응하는 것과 ②

표면적으로는 사교적으로 반응하면서, 이면에서 심리적으로 반응하는 것의 두 가지가 있다.

1. 대화분석의 기초(벡터의 방향)

- P → : 부모의 상태에서 나온 발언(비판/보호)
- A → : 사실에 근거해서 판단하고 나온 발언
- C → : 어릴 때의 행동양식, 자신의 생각대로 행동하거나 상대방의 기분을 해치지 않도록 행동

→ P : 상대에게 지시나 원조를 구함
→ A : 상대로부터 사실이나 정보를 구하기 위함(상대방을 성인으로 보고 있음)
→ C : 상대의 감정자극, 상대의 감정에 호소(상대를 하급자로 봄)

2. 대화분석의 실례

1) 상보교류

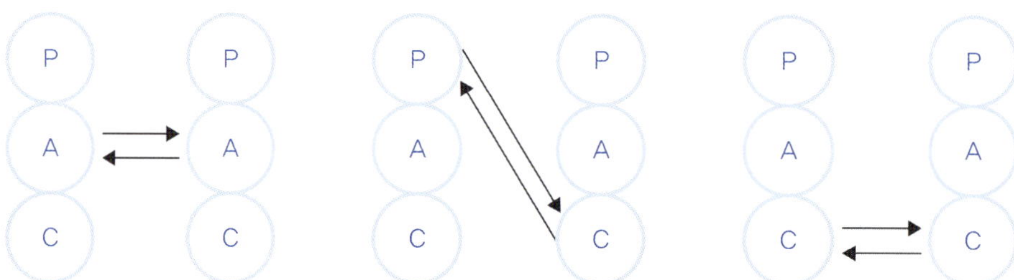

지금 몇 시입니까?	자네 이런 식으로 하면 곤란하잖아.	오늘은 한잔하러 갈까?
10시 30분입니다.	정말 죄송합니다.	아! 좋지요. 그렇게 합시다!

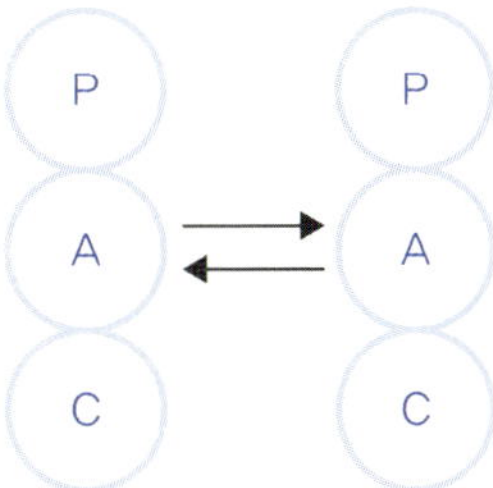

요즘 젊은이들은 칠칠치 못해. 정말 큰일이야.

동감일세. 우리 젊었을 때하고는 전혀 달라.

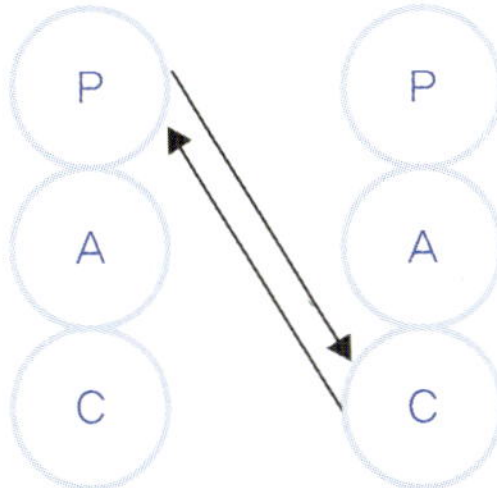

이 문장은 이렇게 써야 한다고 생각하네.

예, 알겠습니다. 그렇게 하겠습니다.

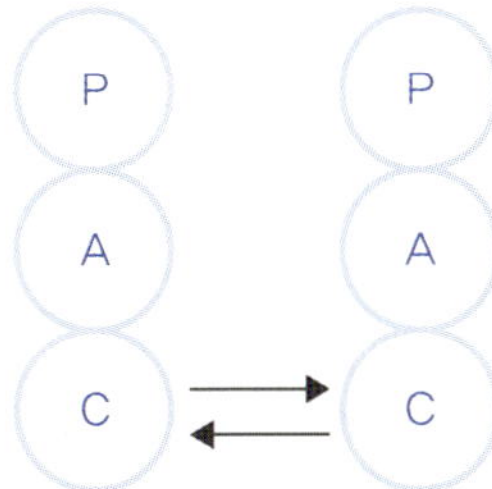

댁의 심정은 지금 어떻습니까?

정말 못해 나갈 것 같은 기분입니다만….

2) 교차교류

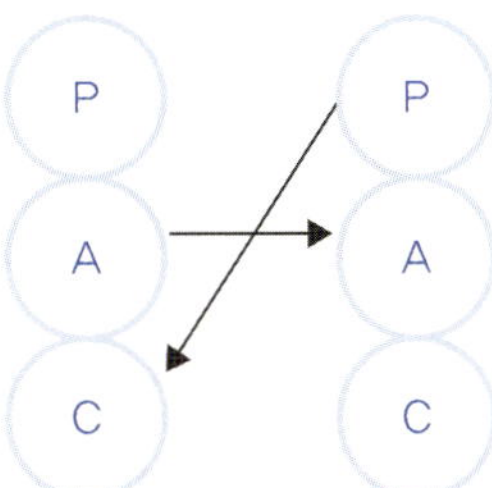

이 프로젝트는 아직 몇 가지 검토를 요하는 점이 있다고 생각됩니다만(부하)

잘 들어두게. 여기는 이치보다도 실행이 중요하단 말이야. 생각만 하고 있지 말고 실제로 해보란 말일세.(상사)

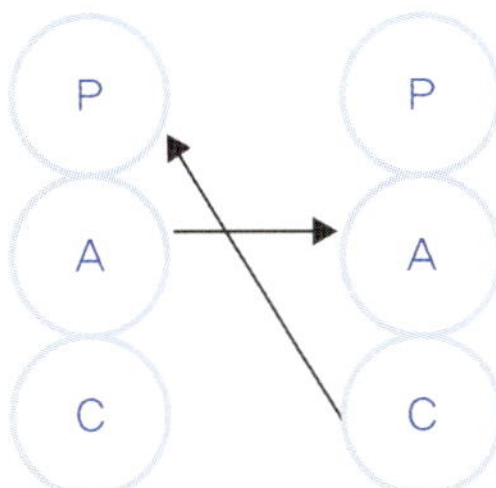

그 일, 얼마나 진척되었나?(상사)

진전이 없어 정말 난처한 지경입니다. 도와주시지 않으시겠습니까?(부하)

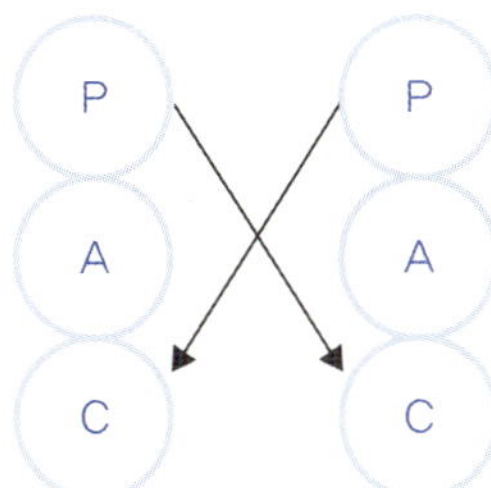

당신이 나빠, 쓸모없는 사람 같으니….(남편)

뭐예요! 나쁜 건 당신 쪽이잖아요!!!(아내)

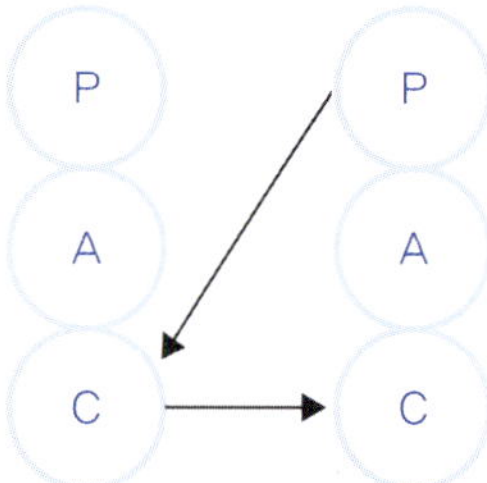

시장하군요. 과장님, 식사하러 가시지 않겠습니까?(부하)

당치도 않은 소리, 아직 근무시간 중이야!!!(상사)

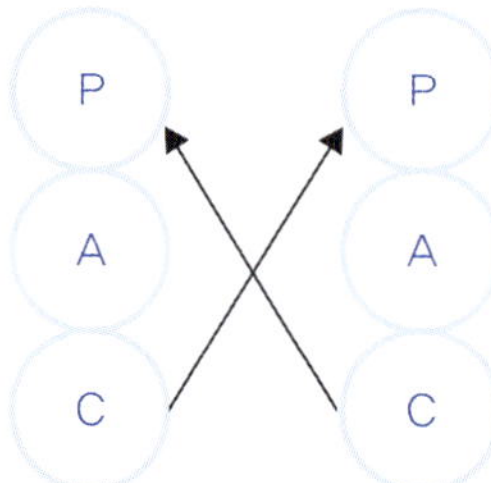

도저히 기한에 맞출 수 없을 것 같아요. 좀 도와줘요.(동료)

지금 그럴 정신이 아니야. 나야말로 좀 도와줘.(동료)

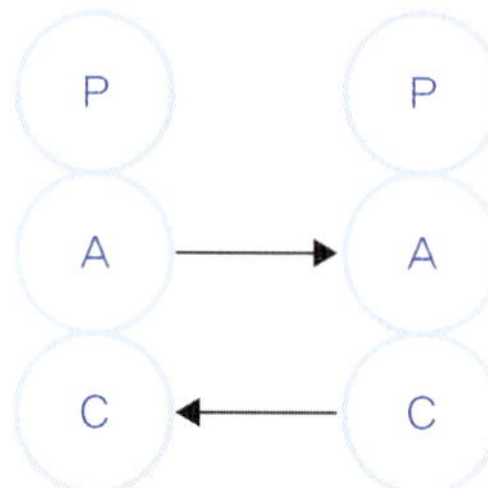

이제 몇 시간이나 가면 목적지에 도착할까?(친구)

그딴 것보다 술이나 마시자.(친구)

3) 이면교류

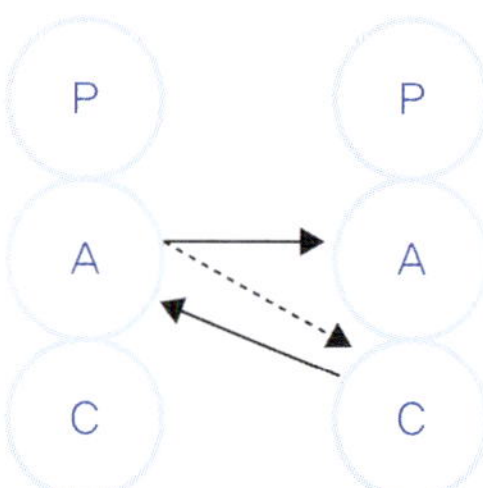

세일은 오늘까지입니다만……

(1) 살 기회를 놓치고 맙니다.

(2) 그것 주세요.

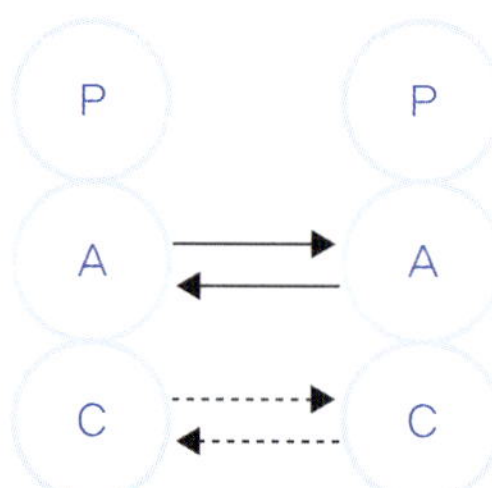

밖에서 의논 좀 하지.

그렇게 합시다.

(차 마시면서 담배 피우자.)

(그거 좋군요.)

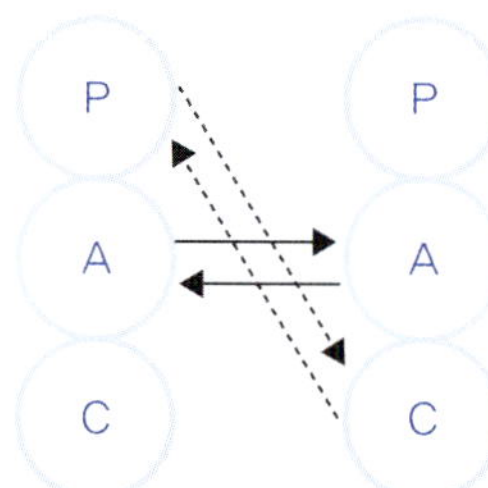

이웃집 아저씨는 이번에 과장님이 됐어요.

아 그래, 그거 잘됐군.

(당신은 배알도 없는 사람이구려.)

(어차피 나 같은 사람은 쓸모없는 인간이야.)

4) 적극적 경청

① 부하의 기분을 들어주지 않는 경우

반장: 주임님 그 명령은 납득할 수 없습니다. 오늘 중으로 한다는 것은 무리입니다. 윗분들은 우리를 어떻게 생각하고 계신지요?

주임: 그래도 명령인데 해야지. 금주는 바쁜데다 사실은 그 일을 될 수 있으면 빨리 해주면 좋겠소.

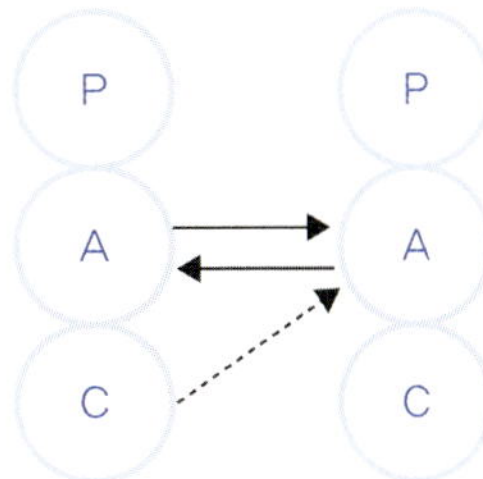

반장: 프레스가 고장이라 금주는 작업이 늦어지고 있습니다. 윗분들은 알고 계십니까?

주임: 그런 것은 알고 있지 않소. 나는 명령대로 작업이 진전되도록 감독할 뿐이오. 그것이 내 일이오.

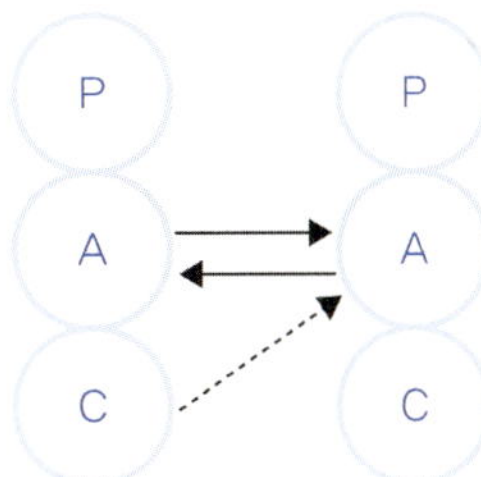

반장: 저희 부하들은 화를 낼 것입니다.

주임: 바로 그런 것을 당신이 어떻게든 해야 할 게 아니오.

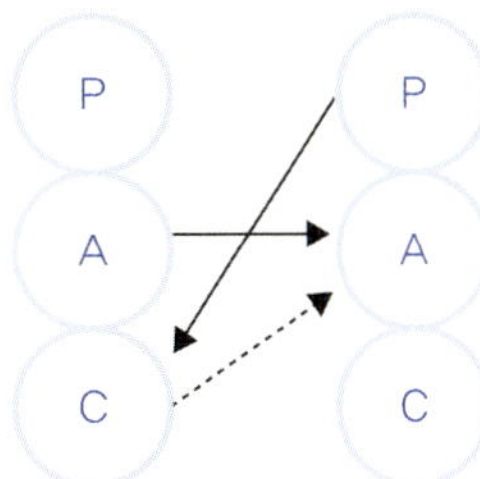

② 부하의 기분을 들어준 경우

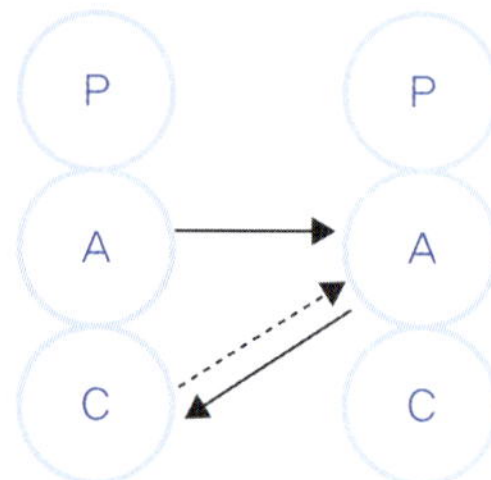

반장: 주임님, 그 명령은 납득할 수 없습니다. 오늘 중으로 한다는 것은 무리입니다. 윗분들은 우리를 어떻게 생각하고 있으신지요?

주임: 몹시 기분이 상했구먼.

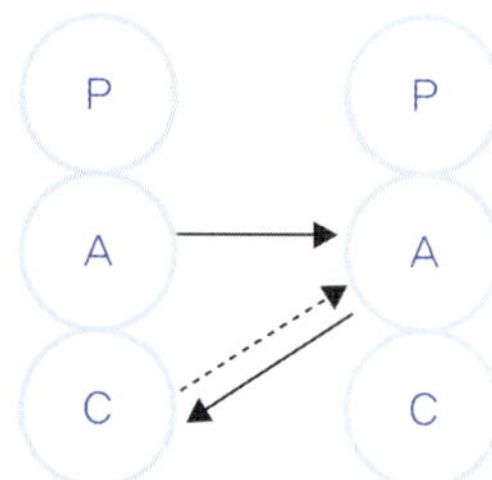

반장: 그럴 수밖에 없지 않습니까. 프레스가 고장이었기 때문에 일이 지체되었던 것을 이제 겨우 따라잡았다고 생각했는데 이 일을 하라니…?

주임: 인정미가 없다 그런 말이군. 놀고 있는 줄 아냐. 그렇게 명령만 내리면 다 될 줄 아냐－란 말이겠군.

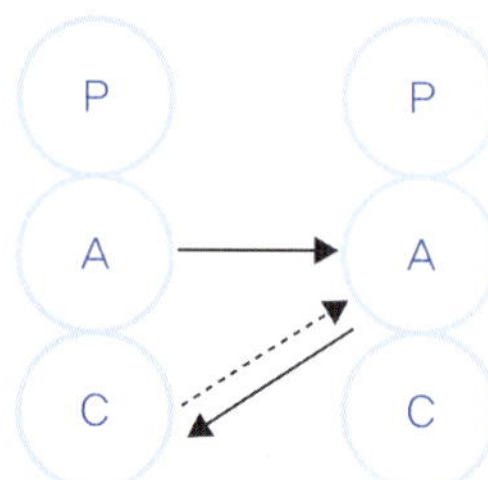

반장: 그렇습니다. 우리 멤버들에게 어떻게 설명해 주어야 할지 입장이 곤란합니다.

주임: 지금과 같이 바쁜 상태에서는 말하기가 거북하다 그거지?

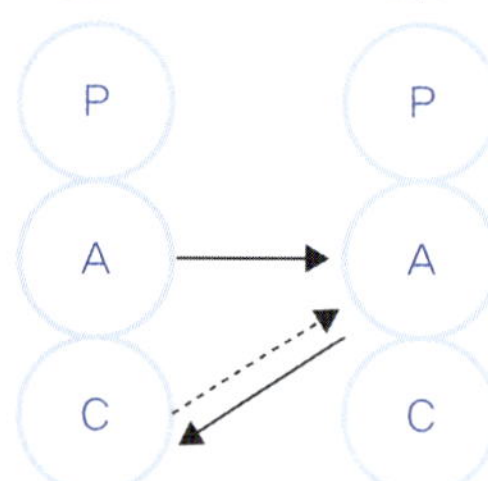

반장: 그렇습니다. 오늘은 무리를 하고 있으니까요. 이렇게 급히 서두르는 일이 많아서야 해낼 수가 없습니다.

주임: 멤버들이 가엾다고 생각하고 있군.

반장: 네 윗분들도 바쁘시겠지만……. 할 수 없군요. 어떻게든 해 보겠습니다.

농림축산식품부 한국농수산식품유통공사(2018). 식품산업 주요통계(2016 · 2017년도 기준).

문화체육관광부(2018). 2017년 기준 관광동향에 관한 연차보고서.

스기다미네야스(김현수 역)(1988). 교류분석. 서울: 민지사.

양혁승(2011). 전략적 인적자원관리. 서울: 박영사.

영목충의 編(1995). 현대관광론. 서울: 백산출판사.

유철형(1996). 호텔식음료 경영과 실무. 서울: 백산출판사.

이학종(1998). 조직행동론 -이론과 사례연구-. 서울: 세경사.

이학종 · 양혁승(2011). 전략적 인적자원관리. 서울: 박영사.

정규엽(2013). 호텔외식관광마케팅. 서울: 연경문화사.

정규엽(2015). 호텔외식관광마케팅. 서울: 연경문화사.

정규엽(2017). 호텔외식관광마케팅. 서울: CENGAGE Learning.

정규엽(2019). 호텔외식관광마케팅. 서울: CENGAGE Learning.

채신석 · 정해용 · 고재용(2015). 호텔경영론. 서울: 백산출판사.

최병호 · 이진택 · 오봉희 · 김정수(2013). 호텔외식 주방관리 실무론. 서울: 백산출판사.

HMC 호텔경영컨설팅 연구소 자료.

한국관광학회(2012). 한국현대관광사. 서울: 백산출판사.

International Airport Review(2019), http://www.internationalairportreview.com

Top 10 hotel Chains in the world(2018), https://corporatemaldives.com/top-10-largest-hotel-chains-in-the-world/

The World's 10 Biggest Restaurant Companies(2019), https://www.investopedia.com/articles/markets/012516/worlds-top-10-restaurant-companiesmcdsbux.asp

Andrews, J. F., Drew, J. H., English, M. J., & Rys, M.(1987). Service quality surveys in a telecommunications environment: an integrating force. in Czepiel, J. A.,

Congram, C. A., & Shannaham, C. A.(eds.). *The Service Challenge: Integrating for Competitive Advantage*, Chicago: American Marketing Association, 27-31.

Belk, R. W., Ger, G., & Askegaard, S.(2003). The Fire of Desire: A Multisited Inquiry into Consumer Passion. *Journal of Consumer Research*, 30(3), 326-351.

Bernays, E.(2013), Propaganda, 114p.

Berne, Eric (1964). *Games People Play - The Basic Hand Book of Transactional Analysis.* New York: Ballantine Books.

Bitner, M. J.(1990). Evaluating Service Encounters: The Effects of Physical Surrounding and Employee Responses. *Journal of Marketing*, 54(2), 69-82.

Cronin, J. J. & Taylor, S. A.(1992). Measuring Service Quality: A Reexamination and Extention. *Journal of Marketing*, 56(3), 55-68.

DBR(DongA Business Review)(2012, Aug.). Issue 1, No. 110.

Goleman, Daniel(Jan. 2004). What makes a leader? *Harvard Business Review*, 82-91.

Grönroos, C.(1984). A Service Quality Model and Its Marketing Implication. *European Journal of Marketing*, 18(4), 36-44.

Heskett, J. L., Jones, T. O., Loveman, G. W., Sasser, W. E. & Schlesinger, L. A.(1994). Putting the Service-Profit Chain to Work. *Hardvard Business Review*, 72(2), 164-174.

Howell, J. P. & Costley, Dan L.(2006). *Understanding Behaviors for effective leadership*, 2nd Ed., New Jersey: Prentice Hall.

Kavanaugh, R. R. & Ninemeier, J. D.(2001). *Supervision in the Hospitality Industry(3rd Ed.).* Lansing, Michigan: American Hotel & Lodging Educational Institute.

Kotler, P., Kartajaya, H., & Setiawan, I.(2010). *Marketing 3.0: From Products to Customers to the Human Spirit.* Wiley Online Library.

Lehtinen, J. R.(1983). *Customer oriented service system.* Service management institute working paper, Helsinki, Finland.

Olshavsky, R. W. & Miller, J. R.(1972). Consumer expectation, product performance and perceived product quality. *Journal of Marketing Research*, 9(1). 19-21.

Robbins, S. P.(1989). *Training in Inter-Personal Skills*, N.J.: Prentice-Hall.

Sherdon, W. A.(1988). Gaining the Service Quality Advantage. *Journal of Business Strategy*, 9(2), 45-48.

Vallen, G. K. & Vallen, J. J.(2000). Check-In Check-Out(6th ed.). NJ: Prentice hall.

Woods, R., Johanson, M. M. & Sciarini, M. P.(2012). *Managing Hospitality Human Resources*(5th ed.). Lansing, Michigan: American Hotel & Lodging Educational Institute.

Zeithaml, V. A.(1988). Consumer Perceptions of Price, Quality, and Value: A Means-End Model and Synthesis of Evidence. *Journal of Marketing*, 52(3), 2-22.

Zeithaml, V. A., Berry, L. L., & Parasuraman, A.(1985). A Conceptual Model of Service Quality and Its Implications for Future Research. *Journal of Marketing*, 49(4), 41-50.

저자 소개

이준혁

- 현) 영산대학교 호텔관광대학 외식경영학과 교수(학과장)
  한국호텔외식관광경영학회 부회장
  한국호텔관광학회 부회장
  한국관광학회 편집위원
- 경희대학교 경영대학원 관광경영학과(경영학석사)
- 세종대학교 일반대학원 경영학과 호텔외식마케팅 전공(경영학박사)
- 미국 플로리다국제대학교(FIU) 호텔관광학부 교환교수
- 미국 국제총지배인자격증 취득(AH&LA CHA)
- 라마다올림피아호텔 MTC(management training course)
  객실팀, 기획실 교육 담당, 고객관리 담당, 피트니스 담당, 당직 지배인
- 영산대학교 호텔관광학부장
- 한국외식경영학회 이사
- 대한관광경영학히 편집이사
- APEC 이후 부산관광이미지의 변화 외 논문 60편

정규엽

- 현) 세종대학교 관광대학 호텔관광경영학과 교수
- University of Massachusetts Amherst 호텔경영학석사
- 세종대학교 대학원 호텔마케팅 전공(경영학박사)
- The George Washington University 관광·교육학박사
- 미국 Hilton International 호텔 Management Trainee
- 한국 Hilton International 호텔 Convention/Banquet Manager
- Hotel room rate pricing strategy for market share in oligopolistic competition
  외 논문 다수 및 약 30여 회의 프로젝트

정연국

- 현) 동의과학대학교 국제관광계열 호텔관광서비스과 교수
- 경희대학교 대학원 경영학석사
- 세종대학교 대학원 경영학박사
- 미국 국제 총지배인 자격증 취득(AH & LA CHA)
- (주)삼립하일라리조트 근무
- (주)스위스로젠관광호텔 근무
- Service Quality, Relationship Outcomes, and Membership Types in the Hotel Industry(APJTR) 외 논문 다수

저자와의
합의하에
인지첩부
생략

서비스경영론

2018년 11월 10일 초 판 1쇄 발행
2019년 9월 10일 개정판 1쇄 발행

지은이 이준혁 · 정규엽 · 정연국
펴낸이 진욱상
펴낸곳 (주)백산출판사
교 정 박시내
본문디자인 이문희
표지디자인 오정은

등 록 2017년 5월 29일 제406-2017-000058호
주 소 경기도 파주시 회동길 370(백산빌딩 3층)
전 화 02-914-1621(代)
팩 스 031-955-9911
이메일 edit@ibaeksan.kr
홈페이지 www.ibaeksan.kr

ISBN 979-11-90323-33-8 93320
값 28,000원